Manual de
ORGANIZAÇÃO, SISTEMAS E MÉTODOS

MARÍA ESMERALDA BALLESTERO-ALVAREZ

Manual de
ORGANIZAÇÃO, SISTEMAS E MÉTODOS

Abordagem Teórica e Prática da
Engenharia da Informação

6ª Edição

SÃO PAULO
EDITORA ATLAS S.A. – 2015

© 2006 by Editora Atlas S.A.

1. ed. 1997; 2. ed. 2000; 3. ed. 2006; 4. ed. 2010; 5. ed. 2011;
6. ed. 2015

Composição: Formato Serviços de Editoração Ltda.

Dados Internacionais de Catalogação na Publicação (CIP)
(Câmara Brasileira do Livro, SP, Brasil)

Ballestero-Alvarez, María Esmeralda
Manual de organização, sistemas e métodos: abordagem teórica e prática da engenharia da informação / María Esmeralda Ballestero-Alvarez.
– 6. ed. – São Paulo : Atlas, 2015.

Bibliografia.
ISBN 978-85-224-9319-7
ISBN 978-85-224-9326-5 (PDF)

1. Administração – Metodologia 2. Análise de sistemas 3. Organização
I. Título.

97-4498
CDD-658.402
-658.4032

Índices para catálogo sistemático:

1. Análise de sistemas : Administração de empresas   658.4032
2. Organização e métodos : Administração de empresas   658.402

TODOS OS DIREITOS RESERVADOS – É proibida a reprodução total ou parcial, de qualquer forma ou por qualquer meio. A violação dos direitos de autor (Lei nº 9.610/98) é crime estabelecido pelo artigo 184 do Código Penal.

Depósito legal na Biblioteca Nacional conforme Lei nº 10.994, de 14 de dezembro de 2004.

Impresso no Brasil/*Printed in Brazil*

Editora Atlas S.A.
Rua Conselheiro Nébias 1384
Campos Elísios
01203 904   São Paulo SP
11 3357 9144
atlas.com.br

a quem
me deu a maior das artes: a vida;
me ensinou a maior das ciências: viver;
me mostrou o maior dos prazeres: amar;
me legou a maior das alegrias: sorrir;
me serviu como exemplo de Grande Mulher:
Maria Angélica Alvarez Santos de Ballestero.
A minha Mãe.

M.E.B-A.

AGRADECIMENTOS

Todos aqueles que um dia tenham pensado em escrever um livro certamente sabem o quanto é difícil, árduo e trabalhoso passar nossos pensamentos, desejos, imagens para o papel e fazer disso um texto coerente, didático, sério e que além de tudo isso seja também agradável e bonito de se ver.

As ajudas que alguns autores privilegiados recebem são tantas que no momento em que param para externar os agradecimentos, a lista é tão extensa que é inviável de ser publicada.

Exatamente esse foi meu caso. Fui privilegiada por ter a minha disposição (se não a melhor) uma das melhores equipes editoriais do Brasil (ou seria do mundo?).

Obrigada a todos vocês (corretores, revisores, diagramadores, digitadores, paginadores e um largo *et cetera*), artistas sem nome, sem rosto, sem identificação, que no silêncio do anonimato foram profissionais acima de tudo e se contentaram em ser "apenas" da ATLAS. Obrigada pela ajuda de fazer um sonho se tornar realidade. Que o Mestre os abençoe pelo muito que todos vocês me deram.

Que o leitor saiba que os erros são única e exclusivamente de minha inteira responsabilidade.

Sumário

Prefácio, xvii

1 Introdução, 1

1.1 Conceito de engenharia da informação, 2
    A. Teoria geral de sistemas, 3
    B. Sistemas de informação, 11
    C. Engenharia da informação aplicada à empresa, 14
1.2 Terminologia, 20

2 Direção de Projetos, 23

    A. Finalidade, 23
    B. Método, 24
2.1 Estrutura organizacional, 24
    A. Comitê de direção, 26
    B. Engenharia da informação, 29
    C. Equipes envolvidas no projeto, 30
2.2 Profissionais envolvidos, 32
2.3 Planejamento de projetos, 35
2.4 Controle de projetos, 43

3 Desenho de Sistemas, 49

    A. Análise de oportunidade, 49
    B. Análise e desenho do sistema, 50
3.1 Definição do problema, 52
3.2 Estudo da situação atual, 54
    A. Estudo da estrutura existente, 54
    B. Processo dos produtos, 58
    C. Fluxo de informações, 60
    D. Avaliação do sistema atual, 67
3.3 Necessidades e limitações, 70
    A. Objetivos do novo sistema, 70
    B. Estrutura, 71
    C. Informação e controle, 73
    D. Desenho global, 74
3.4 Desenho do novo sistema, 75
    A. Desenho do fluxo de informação, 75
    B. Desenho de arquivos do sistema, 76
    C. Análise para uso do processamento de dados, 78
    D. Necessidades de *hardware* e *software*, 82
    E. Definição de subsistemas, 83
    F. Revisão geral, 86

4 Desenvolvimento de Sistemas, 88

    A. Finalidade, 88
    B. Método, 89
4.1 Definição de subsistemas, 89
    A. Revisão, 90
    B. Fluxo, 91

C. Arquivos, 93
D. *Hardware* e *software*, 94
4.2 Especificação de programação, 95
A. Programação básica, 95
B. Desenvolvimento global, 95
C. Teste, 96
4.3 Especificação de procedimentos, 96
A. Procedimentos, 97
B. Formulários, 98
C. Conversão, 99
4.4 Desenvolvimento de programas, 101
A. Diagramas de programação, 101
B. Codificação dos programas, 102
C. Digitação dos programas, 103
D. Compilação dos programas, 103
E. Teste dos programas, 104
4.5 Desenvolvimento de procedimentos, 104
4.6 Teste de subsistema e sistema, 104

5 Implantação de Sistemas, 106

5.1 Treinamento e usuários, 106
A. Direção e gerência, 107
B. Usuários, 107
C. Manutenção, 108
5.2 Instalação do equipamento, 108
5.3 Cronograma e testes, 109
A. Variáveis do cronograma, 109
B. Tipos de cronogramas, 110
C. Cronometragem das entradas, 110
D. Conversão de programas e arquivos, 110
E. Início de operação, 110
5.4 Avaliação do sistema de informações, 112

6 Instrumentos e Ferramentas, 114

6.1 Técnicas de estruturação, 114
6.1.1 Organogramas, 115
6.1.2 Descrição de cargos e funções, 126
6.1.3 Quadro distributivo do trabalho, 136
6.1.4 Distribuição Física, 143
6.1.5 Integração de equipes, 165
6.2 Técnicas de investigação, 172
6.2.1 Entrevista, 173
6.2.2 Questionário, 180
6.2.3 Documentação, 187
6.2.4 Observação, 191
6.2.5 Medidas e estimativas, 197
6.3 Técnicas de gestão, 203
6.3.1 Planejamento de redes, 203
6.3.2 Tabela de decisão, 218
6.4 Técnicas de documentação, 225
6.4.1 Construção de diagramas, 226
6.4.1.1 Harmonograma, 226
6.4.1.2 Pictorial, 230
6.4.1.3 Mapofluxograma, 231
6.4.1.4 Funcionograma, 232
6.4.1.5 Diagrama de blocos, 233
6.4.1.6 Fluxograma, 236
6.4.1.7 Diagrama de fluxo de dados, 251
6.4.2 Análise de formulários, 261

6.4.3 Redação técnica, 290
6.4.4 Documentação de sistemas, 298
6.4.5 Apresentação de projetos, 310

Posfácio, 321

Bibliografia, 323

Índice remissivo, 327

Índice onomástico, 335

Índice de Quadros

1.1 Hierarquia de complexidade dos sistemas, 4

1.2 Conceitos fundamentais de sistemas, 6

1.3 Eixos epistemológicos da Teoria Geral dos Sistemas, 11

1.4 Esquema de Anthony revisto por Zani, 15

1.5 Natureza do esquema de decisão, 16

2.1 Habilidades e conhecimentos dos profissionais de engenharia da informação, 29

2.2 Profissionais × fases do projeto, 32

2.3 Relação de equivalência entre tarefas e atividades × profissionais envolvidos no projeto, 34

2.4 Estimativa geral de tempos nas fases do projeto, 36

2.5 Diagrama padrão de atividades básicas no desenvolvimento de um sistema de informações, 37

2.6 Descrição das atividades básicas para a análise de viabilidade, 38

2.7 Planejamento de alocação de mão de obra, 41

2.8 Orçamentação básica de sistemas de informação, 42

2.9 Relatório de andamento do projeto, 44

2.10 Acompanhamento da evolução do projeto, 45

3.1 Formulário de definição de objetivos de sistema, 53

3.2 Verificação de resultados do fluxo do produto, 60

3.3 Modelo de descrição de formulário ou arquivo, 65

3.4 Modelo de descrição de campo, 66

3.5 Verificação do fluxo de informações, 67

3.6 Modelo de definição dos objetivos do sistema, 72

3.7 Diagrama de avaliação de funções, 79

3.8 Diagrama de avaliação de arquivos, 79

3.9 Diagrama de uso de arquivos, 79

6.1 Classificação dos cargos em grupos, 127

6.2 Pontuação para instrução, 128

6.3 Pontuação de graus para habilidade, 128

6.4 Faixa salarial por nível, 129

6.5 Formulário para descrição e especificação de cargo, 130

6.6 Descrição de cargo administrativo, 133

6.7 Verso da descrição de cargo administrativo, 134

6.8 Descrição de cargo técnico, 135

6.9 Relatório de tarefas individuais, 137

6.10 Relatório de consolidação de atividades, 139

6.11 Quadro distributivo do trabalho, 140

6.12 Escalas de plantas, 146

6.13 Medidas para cálculo de lotação, 146

6.14 Análise de fatores do leiaute, 158

6.15 Inventário da motivação, 169

6.16 Folha de tabulação, 170

6.17 Cronograma de atividades, 207

6.18 Funcionograma da contabilidade de custos, 233

6.19 Modelo de fluxograma vertical, 238

6.20 Modelo para levantamento de formulários, 288

Índice de Figuras

1.1   Conceito de realimentação, 5

1.2   Conceito de Churchman, 7

1.3   Divisões relativas a estados pela estrutura de informação, 9

1.4   Esquema de Emery para sistemas de informação, 11

1.5   Uma taxonomia de sistemas de informação, 12

1.6   Sistema cibernético, 13

1.7   Esquema de Anthony para planejamento e controle, 14

1.8   Triângulo empresarial, 17

1.9   Triângulo setorial, 17

1.10   Pirâmide organizacional, 18

1.11   Amplitude organizacional, 18

1.12   Constituição piramidal do setor financeiro no nível operacional, 19

1.13   Constituição piramidal do setor financeiro no nível tático, 19

1.14   Constituição piramidal da diretoria de finanças no nível estratégico, 20

2.1   Estrutura organizacional de desenvolvimento de sistemas, 25

2.2   Atividades básicas para a análise de viabilidade, 38

2.3   Rede de eventos no desenvolvimento de um sistema, 46

3.1   Modelo padronizado de processo produtivo, 59

4.1   Diagrama das fases de desenvolvimento de subsistema, 90

4.2   Diagrama de utilização em paralelo de um sistema novo e outro existente, 100

5.1   Mudança imediata, 111

5.2   Processamento em paralelo, 111

5.3   Implantação modular, 112

6.1   Estrutura por função, 116

6.2   Estrutura por produto, 116

6.3   Estrutura por território, 117

6.4   Estrutura por projetos, 117

6.5   Estrutura por processo, 117

6.6   Organização linha, 118

6.7   Organização assessoria, 119

6.8   Organização funcional, 119

6.9   Organização matricial, 120

6.10   Diagrama clássico de estrutura linear, 123

6.11   Diagrama circular, 123

6.12   Diagrama bandeira, 124

6.13   Diagrama lambda, 124

6.14   Diagrama Afnor, 125

6.15   Convenções para desenhos, 147

6.16   Convenções elétricas para plantas de instalações, 148

6.17   Convenções para instalações prediais de luz e força, 149

6.18   Convenções de desenho para instalações hidráulicas, 150

6.19   Convenções de medidas, 151

6.20   Convenções para escoamento de pessoas, 152

6.21 Plantas e desenhos de escadas, 153

6.22 Dimensões e espaços necessários para o ser humano, 154

6.23 Dimensões de espaço para operários e operárias, 155

6.24 Dimensões médias de um posto de trabalho, 156

6.25 Elementos para o projeto de posto de trabalho, 157

6.26 Leiaute em linha e seus tipos, 159

6.27 Leiaute funcional, 160

6.28 Leiaute agrupado, 161

6.29 Diagrama Pert sem considerar tempo, 207

6.30 Diagrama Pert considerando tempo, 208

6.31 Harmonograma – aplicações para pessoas, 227

6.32 Harmonograma – aplicações em objetos e produção, 228

6.33 Harmonograma – aplicações em operações, 229

6.34 Mapofluxograma, 232

6.35 Símbolos para o diagrama de blocos, 234

6.36 Modelos de lógicas no diagrama de blocos, 236

6.37 Símbolos para o fluxograma vertical, 237

6.38 Régua de fluxogramas, 239

6.39 Razão harmônica, 265

6.40 Sin-carbon, 269

6.41 Processos de impressão, 269

6.42 Tipos de formulários, 270

6.43 Detalhes de picote, serrilha, crimpagem e remalina, 271

6.44 Detalhes das remalinas, 271

6.45 Detalhes das serrilhas horizontais intermediárias, 272

6.46 Detalhes das serrilhas intermediárias interrompidas, 272

6.47 Detalhe da serrilha vertical de remalina, 272

6.48 Detalhe da serrilha vertical intermediária, 273

6.49 Cilindro e imagem, 273

6.50 Princípios básicos de impressão, 280

6.51 Impressão em *offset*, 281

6.52 Impressão em talho-doce, 281

6.53 Impressão em rotogravura, 282

Índice de Tabelas

6.1   Valores de $\ell^{-\lambda}$ $(0 < \lambda > 1)$, 198

6.2 $(\lambda = 1, 2, 3, \dots , 10)$, 198

6.3   Valores da ordenada Y da curva normal reduzida no ponto Z, 201

6.4   Valores da área subentendida pela curva normal reduzida de 0 a Z, 202

6.5   Valores complementares de Z, 206

6.6   Medidas externas das séries, 265

6.7   Padronização ISO de gramaturas, 266

6.8   Níveis de contraste, 267

6.9   Medidas de cilindros e seus submúltiplos, 273

6.10 Informações para impressão de formulários contínuos, 274

6.11 Largura-padrão de papel para formulário contínuo, 275

Prefácio

Vários motivos me levaram em 2006 a pedir à Editora Atlas a oportunidade de preparar uma nova edição do *Manual de Organização, Sistemas e Métodos*, de minha autoria. Dois deles devem ser citados, por serem muito importantes, além de alertarem a respeito do que se encontra nas páginas seguintes.

O primeiro motivo foi provocado por variáveis externas e diz respeito à ciência e à arte de se fazer OS&M. Ele, em essência, nada mais é que uma aplicação do conhecimento humano que deve, sob pena de obsolescência, acompanhar todos os desenvolvimentos científicos e técnicos que ocorrem nas empresas e nas organizações de forma geral. Deve refletir novas práticas gerenciais, incluir ferramentas desenvolvidas em outras áreas do saber, explorar os avanços tecnológicos e trabalhar com as novas realidades daí advindas. Se não soubermos aproveitar adequadamente todas essas variáveis que constituem nosso ambiente natural de trabalho, estaremos fadados ao fracasso e seremos substituídos por outros profissionais que aceitem esse desafio e o transformem numa grande oportunidade de aprendizagem, desenvolvimento profissional e crescimento pessoal.

Pensando dessa forma foi que me dei conta de que algumas coisas haviam mudado de 1997, data da primeira edição deste livro, até o momento em que aparecia a terceira.

No início, não tínhamos a oportunidade de um contato tão direto e rápido com nosso público como temos hoje; a telemática mostrava-nos sua primeira face ainda jovem, incerta e sem forças; algumas profissões passavam por redefinições, entre elas a do analista de sistemas; os equipamentos a nossa disposição ainda não nos ofereciam segurança, credibilidade e rapidez conjugados de forma adequada a preço de mercado compatível com nosso poder aquisitivo.

Com o desenvolvimento das comunicações de um lado, dos equipamentos por outro e a mediação dos sistemas aplicativos mais consistentes e perfeitos houve a oportunidade ideal para oferecer um trabalho melhor, com mais qualidade e mais completo.

Essas, portanto, são as primeiras inclusões que o livro recebeu: a comunicação, a informática e os modernos aplicativos.

O segundo motivo foi provocado por variáveis internas e diz respeito a minha atuação profissional. Nos últimos dez anos dedico-me única e exclusivamente à carreira acadêmica, à docência e à pesquisa científica.

Foi só nesse momento que percebi que a vida acadêmica é um constante desafio. É um eterno mudar, inventar, criar e recriar para que possamos obter, cada vez mais, melhores resultados e mais satisfação.

A essa preocupação legítima, no entanto, devemos acrescentar as preocupações normais hodiernas que cercam esse profissional sempre muito apressado, que sai correndo de uma escola para ministrar a próxima aula em outra instituição.

Foi pensando nessa nossa vida atribulada, problemática, de dias curtos que não nos permitem fazer mais, que preparei, para a 3ª edição, material complementar para apoio ao professor, tanto para as exposições teóricas quanto para a aplicação de exercícios práticos em sala de aula, desejando, com isso, compartilhar com os demais docentes minhas apresentações, exercícios, comentários adicionais, dinâmicas e processos de avaliação que normalmente uso e aplico nos diversos cursos de graduação nos quais leciono a disciplina OS&M.

Esse material está organizado da seguinte maneira:

1. **Apresentação:** cada uma delas contempla e detalha um capítulo do livro; o número da apresentação equivale ao número do capítulo ou da parte de que trata.

2. **Exercício:** contém as atividades que proponho em cada caso como prática para exercitar os conceitos teóricos abordados. Em alguns deles julguei adequado inserir alguns comentários adicionais.

Esse material complementar está no *site*: <www.EditoraAtlas.com.br>, de onde os professores cadastrados podem efetuar o *download* dos arquivos.

No entanto, se a iniciativa para a 3ª edição foi minha, pois senti a necessidade de projetar no texto as mudanças que a área e o profissional sofreram ao longo de uma década, a "culpa" (se é que posso falar assim) da 4ª edição é da Editora Atlas. Coube a ela desta vez a iniciativa de me solicitar que revisasse o texto e seu conteúdo, aproveitando a necessidade de uma revisão gramatical completa que incluísse as últimas alterações inseridas em nosso idioma.

A ênfase segue a mesma: um texto completo, profundo e detalhado cada vez mais; ocorreram outras inclusões (como no caso das características da informação), alguns adendos (como os exercícios adicionais disponibilizados aos docentes).

No entanto, creio que a maior mudança que a 4ª edição sofreu diz respeito ao material de apoio oferecido aos professores. Ele é fruto e reflexo, uma vez mais, de minha própria atuação docente. Durante o período compreendido entre 2006 e 2009 tive a oportunidade de me envolver com a educação a distância (EaD), fazer inúmeros cursos de atualização e especialização nessa área, além de atuar como tutora, *design* instrucional e conteudista de diversas matérias, entre elas OS&M na graduação.

Essa experiência me fez ver de forma diferente o material oferecido ao professor, o que me levou a reestruturá-lo. Para fazer isso empreguei a mesma filosofia de desenvolvimento de sistemas, qual seja: investigar, entrevistar e verificar com o usuário suas necessidades. Essa também é uma indicação do *design* instrucional, a de em primeiro lugar identificar seu público-alvo e diagnosticar suas necessidades e expectativas.

Ao longo desse processo contei com a ajuda desinteressada de dois profissionais: Francesca Romanelli e Adalberto Girone. A ambos meus sinceros agradecimentos pelo apoio e disposição incondicional que me ofereceram.

A 5ª edição também sofreu revisões e acréscimos. Entre eles, a incorporação de um índice remissivo, tão necessário a este tipo de livro, e de um índice onomástico que oferecesse ao leitor referências para pesquisas complementares futuras. Além disso, foram localizadas referências e citações de autores que, anteriormente, não dispunha e que agora foram incluídas e aparecem no texto. Caso você, leitora e leitor, localize a omissão de alguma citação, não duvide em comunicar à Editora Atlas para que eu possa proceder à correção.

Desejo sinceramente que o material possa ajudar tanto aos professores quanto aos alunos e profissionais que me derem a honra de permitir que eu converse com vocês por intermédio de meu texto.

Bom proveito e... SUCESSO!

María Esmeralda Ballestero-Alvarez

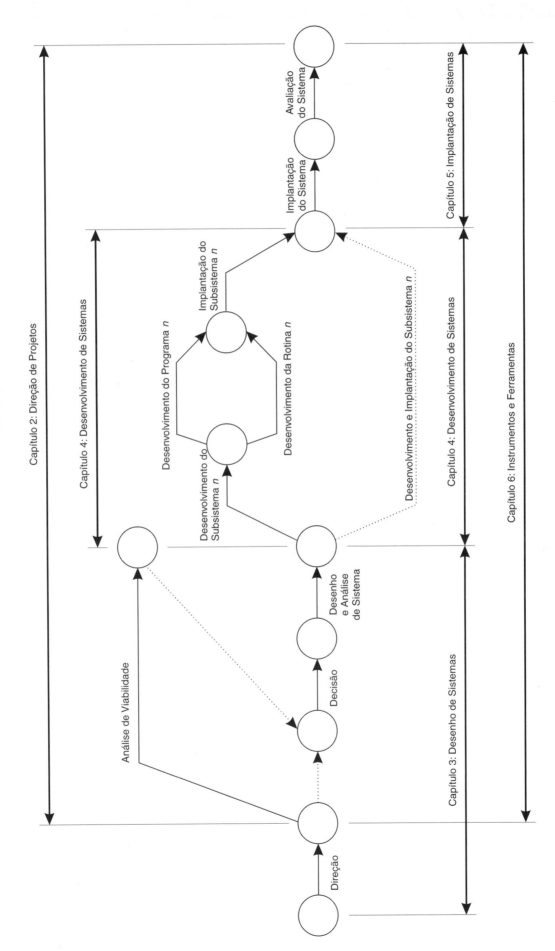

1

Introdução

Qualquer organização – um departamento do governo, um serviço público, uma companhia comercial ou mercantil ou qualquer outra associação de pessoas unidas por um interesse comum – pode ser definida por sua estrutura, pela combinação de pessoas, máquinas e normas de atuação. Porém, dentro do conceito dinâmico de "sistemas", pensamos a organização como um complexo entremeado de canais através dos quais os produtos, serviços, recursos e fluxo de informações transitam de um ponto a outro dentro da organização e, também, entre a organização e seu entorno.

Esse complexo, normalmente, é o produto de um longo processo de crescimento, de aquisição de experiência e da necessidade de adaptar-se às circunstâncias impostas pela necessidade de desenvolver as políticas e os objetivos da organização.

Como a aceitação dos produtos e serviços pelo mercado é vital para a organização, ela deve adotar apenas as políticas e objetivos que sejam compatíveis com seu meio natural e com as mudanças, estrategicamente planejadas, devendo adotar de forma coordenada seus canais e fluxos de informação.

É de vital importância, para uma organização, ter uma estrutura de fluxo que seja internamente eficiente e capaz de oferecer rápida e adequada resposta a todos os fatores relevantes em um entorno continuamente mutante.

Na indústria e no comércio – apenas para citar dois exemplos – o crescimento da necessidade de informação está na frente do crescimento real em complexidade da organização. Com isso, ocorre extraordinária demanda sobre a estrutura do fluxo com respeito ao volume e ao momento em que a informação deve ser facilitada aos tomadores de decisão.

A direção tomará decisões corretas apenas se dispuser de uma informação oportuna, adequada e facilmente acessível; muitos deles expressam frequentemente que, na atualidade, somente os modernos sistemas podem proporcionar esse tipo de informação.

Passou o tempo em que a manipulação da informação era considerada como uma tarefa trivial, apenas de coleta de dados; hoje, é plenamente reconhecida a impossibilidade de controlar uma empresa qualquer sem um sistema de informação adequado.

A necessidade de maior grau de flexibilidade dá lugar a um incremento nas normas de coordenação, tais como a centralização e integração gerencial e o controle das operações.

Por outro lado, o campo coberto pela informação está sendo paulatinamente ampliado para possibilitar que a direção se concentre nos aspectos inerentes à organização que são mais próprios dos cargos e de sua missão específica. Neste caso específico, valem alguns exemplos:

- alguns tipos de informação podem ser selecionados apenas em momentos críticos, sem necessidade de uma solicitação especial em cada caso particular (estão nesta categoria as informações por exceção);

- cálculos adicionais podem ser elaborados sobre a saída da informação normal, tais como o cálculo de rateio de metas correspondentes a determinados períodos;

- numa "situação de decisão", todas as hipóteses de ação possíveis podem ser expostas, juntamente com as consequências de cada uma delas, se adotada (são as "decisões programadas").

Hoje, é normal ver-se as equipes de manipulação de informação em qualquer tipo de organização. Mais, não se entende de forma coerente uma organização que não lance mão desse recurso, antes um luxo; a utilização de equipamentos integrados – computadores com ampla gama de periféricos – deve ser considerada como um fato decisivo na história da tecnologia.

Entretanto, a tecnologia dos computadores não fica apenas nas máquinas, assim como a necessidade de informação das organizações não cessa em seu crescimento. O grande desafio consiste em manejar estes dois gigantes de forma conjunta; dando satisfação ao grande apetite de um com a adequada utilização do grande potencial do outro.

1.1 Conceito de engenharia da informação

Muito se tem falado, nos últimos tempos, a respeito do tema "Engenharia da Informação" e sua importância, para as organizações, cresce de forma exponencial dia a dia. Assim, é importante que se discutam e esclareçam algumas ideias básicas conceituais envolvidas no tema, quando relacionado à administração. Mais ainda, sabemos que apenas o estudo de sistemas de informação aplicados ao computador é insuficiente para proporcionar ao tomador de decisões os conceitos básicos necessários à análise e à compreensão dos fenômenos relacionados com o processo de decisão das organizações.

Com base nessa premissa é que se faz necessário examinar as teorias envolvidas na Engenharia da Informação sob os diversos pontos de vista em que podemos contemplá-la. Longe de se contraporem, essas diferentes visões se complementam e ampliam de forma magnífica, oferecendo ao executivo uma compreensão plena e completa de um determinado problema.

Existem quatro enfoques básicos que podem ser destacados:

- enfoque técnico;
- enfoque comportamental;
- enfoque teórico;
- enfoque prático.

Esses diferentes enfoques permitem que se examine um sistema de informações de diversos modos:

- sob o aspecto da aplicação de equipamentos e outras ferramentas empregadas nos fluxos de informação;

- sob o aspecto do comportamento dos indivíduos envolvidos, dentro da organização, com as informações;

- sob o aspecto da teoria da automação e da teoria da informação, para explicar e prever fenômenos relacionados com a informação em si mesma;

- sob o aspecto pragmático o problema apenas consiste em descrever o sistema de informação existente numa determinada organização e proceder-se às generalizações possíveis baseado nessas informações.

Com esses enfoques, interessa neste momento rever os conceitos básicos teóricos que dão a base neste ramo do conhecimento humano, seu envolvimento com a Engenharia da Informação e sua aplicação e impacto frente às empresas.

A. Teoria geral de sistemas

Karl Ludwing von Bertalanffy (2006) é apontado como o precursor da teoria geral de sistemas, enunciada em 1936; biólogo húngaro, começou comparando sistemas nas diversas áreas das Ciências Físicas. Suas conclusões permitiram-lhe indicar os conceitos básicos de sistemas que seriam aplicáveis a outros campos. É sua a frase "os sistemas estão por toda parte" (2006, p. 21). Ou, em outras palavras: tudo é sistema!

Bertalanffy parte da ideia do que a tendência à segmentação nas ciências, existente naquele momento, não geraria resultados adequados e multiplicaria os trabalhos dos cientistas para chegar a conclusões semelhantes. Portanto, interessava elaborar conceitos que fossem aplicados aos mais diversos e distintos ambientes, para maximizar e facilitar os trabalhos e incrementar as aplicações.

Além desse aspecto, se existissem conceitos padronizados aplicáveis aos mais diversos campos, o trabalho de comunicação e divulgação dos achados científicos ficaria simplificado e mais ágil.

Não se deve pensar que ao usar conceitos padronizados para analisar um elemento qualquer se parta da simplificação ou redução do elemento a um denominador comum, nada disso. Bertalanffy percebe que podemos partir da análise dos meios alternativos para se atingir um determinado fim, considerando as semelhanças entre os elementos sem prejuízo de suas diferenças e as ações desenvolvidas por esses elementos visando a uma ação normativa e um determinado fim.

A partir daí pode-se **definir um sistema** como uma série de elementos inter-relacionados e interdependentes que mantêm entre si níveis diversos de organização para atingir um determinado fim específico e comum a todos eles. Essa organização variará em função do que ocorrer no ambiente dentro do qual o sistema se insere e participa.

Isso nos leva a identificar dois grandes **tipos de sistemas**: o sistema aberto e o sistema fechado. Por definição, sistema aberto é aquele que sofre influências do meio e também o influencia com suas ações; sistema fechado, ao contrário, não sofre influências do meio nem o influencia com suas ações.

Nesse contexto identifica-se a **função básica** de um sistema como a transformação dessas influências recebidas ou captadas no ambiente em elementos com natureza qualitativamente diferente da que lhe deu origem para, a seguir, devolvê-la ao meio.

Qualquer sistema é constituído de partes menores, denominadas **subsistemas**. São os subsistemas os elementos responsáveis pela captação, manipulação e transformação das influências colhidas do ambiente dentro do qual o sistema se insere. Cada uma dessas partes, denominadas subsistemas, possui uma função específica, no entanto todos eles possuem um objetivo maior em comum, que é o objetivo a ser atingido pelo sistema.

Complexa a explicação? Nem um pouco. Vamos a um exemplo bem simples que esclarecerá suas dúvidas: o corpo humano. O que é o corpo humano? Um sistema composto por uma infinidade de subsistemas. Temos o aparelho respiratório, que tem o objetivo de captar do meio o oxigênio e expelir o gás carbônico de nosso organismo. Temos o aparelho circulatório, que tem como objetivo purificar e nutrir o sangue distribuindo-o pelo corpo inteiro. Temos o aparelho digestivo, encarregado de ingerir, digerir, absorver e expelir alimentos. Observe que uso a palavra "aparelho" como sinônimo de subsistema, porque quando estudamos a anatomia humana esses "aparelhos" recebem o nome de sistemas. Mas essa denominação não é a mais adequada, porque todos eles (os subsistemas do corpo humano) são interdependentes, inter-relacionados, funcionam todos juntos de forma harmoniosa para atingir um fim maior comum a todos eles: manter o corpo humano vivo! Se você me perguntar por que na Medicina usam a palavra *sistema* para identificar um subsistema, eu lhe responderei tratar-se de um resquício daquele pensamento segmentado que Bertalanffy detectou existia nas ciências que ele resolve com a Teoria Geral dos Sistemas.

Perceba que essa interdependência e inter-relação entre as partes são fundamentais para a saúde, a vida e a integridade do sistema, seja ele qual for: uma empresa ou o corpo humano, não importa. Essa integridade do sistema depende do funcionamento dos subsistemas e da capacidade de produção, de manutenção e de adaptação. Quando **falha a produção** ocorre o comprometimento da sobrevivência (curto prazo); quando **falha a manutenção** compromete-se o equilíbrio (médio prazo); quando **falha a adaptação** compromete-se o ajuste do sistema às mudanças constantes que ocorrem no ambiente (longo prazo).

Mas, você deve pensar neste momento: se tudo é sistema, então um relógio é igual ao corpo humano? Sim! O que ocorre é que temos ao nosso redor uma grande quantidade de tipos de sistemas que se diferenciam por sua complexidade, conforme se observa no Quadro 1.1:

QUADRO 1.1

Hierarquia de complexidade dos sistemas.

Nível	Características
1	Sistema estático: mantém sempre a mesma estrutura; por exemplo, os cristais.
2	Sistema determinístico: possui movimentos previsíveis controlados externamente e apresenta homeostase; por exemplo, o relógio.
3	Sistema cibernético: possui características probabilísticas, capazes de autorregulação do funcionamento; por exemplo, um termostato.
4	Sistema aberto simples: programado para autopreservação, trabalha com condições externas mutáveis, é capaz de mudar seu comportamento e estrutura em função do ambiente pela retroalimentação; por exemplo, a ameba.
5	Sistema aberto diferenciado: capaz de autorregulação geneticamente determinada, apresenta especialização dos elementos encarregados da produção, manutenção e adaptação; por exemplo, as plantas.
6	Sistema aberto dinâmico: geneticamente determinado para adaptação ao ambiente, possui receptores especializados, capaz de ajustes internos e a formação de grupos associativos simples; por exemplo, os animais.
7	Sistema aberto dinâmico complexo: é autorregulado, adaptativo por meio de uma ampla gama de circunstâncias e eventos, possui capacidade autorreflexiva, abstração, comunicação simbólica; por exemplo, o ser humano.
8	Sistema social: é aberto, dinâmico e extremamente complexo, aberto à influência do ambiente, acumula e transmite conhecimento, manipula símbolos, linguagem, desempenho de papéis que estabelecem os perfis do ser humano, pode existir indefinidamente por meio da entropia negativa.
9	Sistema transcendental: trata a filosofia, livremente adaptável às circunstâncias porque está acima e além dos sistemas individual e social.

Do Quadro 1.1 destacamos três termos usados e que merecem explicação, pois esclarecem muito a respeito do comportamento dos sistemas: retroalimentação, entropia e homeostase. Vamos a eles.

Para entender esses conceitos, parta da premissa que cada um dos elementos e todos que compõem um sistema estão carregados de energia que o sistema recolheu do ambiente. Volte ao exemplo do corpo humano que citei antes: o oxigênio, a água, os alimentos são transformados pelos subsistemas de nosso organismo em energia. É justamente essa energia que nos permite respirar, andar, trabalhar, produzir enfim. Mas observe que, quando você respira, na realidade está inspirando oxigênio e expirando gás carbônico, ou seja, seu organismo se transforma em função do que recebeu do ambiente e também o modifica com seu comportamento; algumas vezes ocorre que você não se sente bem dentro de um ambiente fechado com muitas pessoas, dizemos "o ambiente está viciado" e nosso desejo é abandoná-lo, sair, buscar um lugar mais agradável. Não é assim? Isso nada mais é do que a **retroalimentação** ou *feedback*, como também é denominado. O *feedback* é determinante para denominar um sistema de "aberto". Na Figura 1.1 está ilustrado esse conceito.

FIGURA 1.1
Conceito de realimentação.

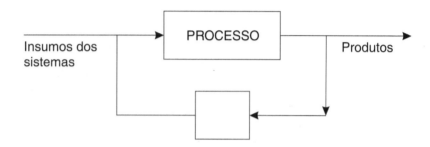

Chamamos sua atenção para o conceito de retroalimentação. Sem ele não teríamos como acompanhar, monitorar, controlar os resultados obtidos pelo sistema dentro do ambiente no qual se insere. Esse conceito é fundamental para as organizações, pois nos oferece as informações necessárias para sabermos quando devemos reavaliar os processos de execução.

Voltando ao conceito de energia, anteriormente citado, cada um dos elementos que compõem um sistema está carregado de energia; é essa energia que mantém os elementos em constante interação uns com os outros e com o ambiente. Encontramos dois tipos de energia: a positiva e a negativa. A **energia positiva**, ou centrípeta, é a que mantém os elementos reunidos ao redor de um objetivo comum. A **energia negativa**, ou centrífuga, é a que tende à desagregação e ao caos, ou seja, à autodestruição do sistema. Como um sistema não sobrevive quando a carga de energia centrífuga é muito grande, o sistema por meio da retroalimentação transforma essa energia desagregadora em energia centrípeta, positiva, que mantém o sistema em estado de equilíbrio constante; essa transformação recebe o nome de **homeostase**, ou seja, estado de equilíbrio dinâmico, de acordo com as variáveis captadas no ambiente.

Antes de prosseguir, resumimos os **conceitos fundamentais de sistemas** tratados até agora. Observe o Quadro 1.2.

QUADRO 1.2

Conceitos fundamentais de sistemas.

Conceito	Comentários
Entradas, insumos ou *input*	Constituem tudo que o sistema capta no ambiente para se alimentar e continuar vivo, no caso das empresas a matéria-prima, mão de obra, tecnologia, demanda etc.
Processamento, transformação ou *throughput*	Trata-se do processo usado pelo sistema para transformar os insumos obtidos no ambiente em produtos para consumo do próprio sistema ou serem devolvidos ao ambiente, no caso das empresas a produção, o processo decisório, planos, metas, estratégias etc.
Saídas, exsumos ou *output*	Tudo que o sistema coloca no ambiente resultante do processo de transformação do sistema, no caso das empresas o produto acabado, mão de obra treinada, preços praticados etc.
Retroalimentação, retorno ou *feedback*	Todas as informações que voltam do ambiente indicando o comportamento do sistema usadas para avaliar e acompanhar seu desempenho buscando a melhoria contínua, no caso das empresas a demanda, qualidade do produto, retorno sobre o investimento etc.
Subsistemas	Constituem as partes menores que compõem qualquer sistema; trata-se de número finito "m" quantificável; a quantidade maior ou menor de subsistemas depende do ponto de vista do observador, no caso das empresas a produção, administração, marketing, finanças etc.
Entropia	Energia negativa que tende a desagregação e destruição do sistema, no caso das empresas um avanço tecnológico não incorporado, perda de um importe cliente etc.
Homeostase	Estado de equilíbrio dinâmico a que tendem todos os sistemas, no caso da empresa incorporar a mudança tecnológica para acompanhar as mudanças no mercado, lançar um produto novo que atenda necessidades emergentes dos clientes etc.

C. West Churchman (1989) propõe cinco considerações básicas na descrição de um sistema:

- **objetivos**: que fixam o limite ou limites do próprio sistema;

- **componentes**: que são os elementos essenciais para seu funcionamento. É importante que se descreva cuidadosamente quais são esses componentes;

- **recursos**: são os insumos que o mesmo pode retirar dele próprio e do meio ambiente com a finalidade de executar suas funções;

- **meio ambiente**: é o entorno do sistema, portanto exógeno a ele. É importante, quando se analisa um sistema, delimitar criteriosamente seu começo e seu fim, bem como sua fronteira com o mundo exterior. Normalmente, os limites são estabelecidos com as variáveis que podem ser afetadas pelo sistema ou quais aquelas que ele é impotente para afetar. Assim, as variáveis independentes ou exógenas pertencem ao meio ambiente e as variáveis endógenas ou controláveis constituem parte do sistema;

- **administração**: engloba os métodos, pessoas e componentes que utilizam os recursos do sistema para atingir seus objetivos.

FIGURA 1.2
Conceito de Churchman.

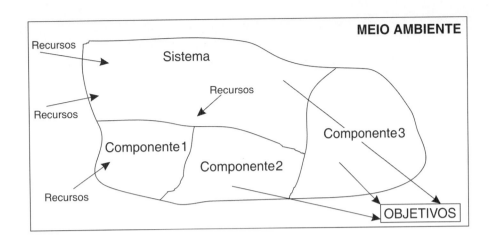

O esquema proposto por C. West Churchman (1989) tem como principal característica o fato de proporcionar cinco pontos básicos para a análise do administrador ou cientista. A Figura 1.2 mostra os cinco elementos fundamentais e sua inter-relação.

Por seu lado, o enfoque comportamental trata a construção de um sistema de informação sob um enfoque mais humanístico.

F. E. Emery e E. L. Trist (citados por Churchman, 1989) definem sistema enfatizando o meio ambiente. Eles o classificam em quatro classes:

- tranquilos e aleatórios;
- tranquilos e agrupados;
- conturbados e reacionários;
- turbulentos.

Essa classificação do meio ambiente caracteriza as maneiras como ele afeta os sistemas.

É interessante, neste ponto, examinar a utilização da informação. Os trabalhos de Karl Ludwing von Bertalanffy (1976) e de Norbert Wiener (1993) englobam a definição de sistemas dinâmicos. Posteriormente, Jacob Marschak (1969) estudou a economia de sistemas de informação. Inicialmente, utilizando os conceitos da cibernética, definiu capacidade de canal. "*Capacidade de canal*" é o limite da capacidade humana de absorver informações. As limitações de capacidade de canal vinculam-se estreitamente à qualidade da informação.

George Armitage Miller (1956), em seu famoso artigo, *O mágico número sete*, considerou que um tomador de decisões somente pode controlar sete variáveis simultaneamente. Dependendo da natureza do indivíduo, podem ocorrer variações em sua capacidade de agregação e interpretação da informação. Assim, Miller (1956) sugere um intervalo de variáveis com limite inferior cinco e limite superior nove, que uma pessoa poderia controlar no processo decisório. Isto não significa que somente se possa controlar de cinco a nove *dados*, mas que em média sete **variáveis** podem ser controladas pelo administrador (tais como, por exemplo, Produção, Propaganda, Produto Interno Bruto etc.).

Como consequência imediata do exposto anteriormente, sistemas de informações que proporcionem ao administrador informações em demasia deixam de ser funcionais, pois o obrigam a filtrar as informações a sua disposição.

Por outro lado, a qualidade da informação para a decisão é diretamente proporcional à intensidade com que essa informação modifica a visão do gestor e, portanto, a compreensão do problema dentro de um determinado ambiente para o tomador de decisões.

Isso significa que, se uma informação conduz o gestor a ver o fenômeno de modo diferente, essa informação tem valor positivo. Há ainda informações que frequentemente têm pouco valor para o administrador, porém, no caso de elas ocorrerem, passarão a ter extremo valor. Com isso, o que acaba ocorrendo é que se associa uma distribuição de probabilidade ao valor ou conteúdo da informação, em que certos tipos de informação de pequena frequência, porém de grande impacto, são considerados de valor positivo.

Normalmente se usa o conteúdo da informação como sendo expresso pela probabilidade de o evento ocorrer, multiplicada por uma avaliação quantitativa no grau de importância do evento, assim:

$$CI = P(Ai) \cdot I$$

onde:

CI = conteúdo ou valor da informação;

$P(Ai)$ = probabilidade do estado[1] i relativo ao evento A ocorrer;

Ii = importância deste evento.

Henry Theil (1989), porém, considera a qualidade de informação estimando-a como sendo o logaritmo do inverso da probabilidade de o evento ocorrer. Assim:

$$AI = \log \frac{1}{P(Ai)} = -\log P(Ai)$$

O conteúdo e o valor da informação são considerados, nessas fórmulas, em relação a eventos de caráter agregado. É necessário também examinar sua relevância e nível de agregação em relação à decisão em questão.

Jacob Marschak (1969), por sua vez, baseando-se no conceito de capacidade de canal, classifica as informações em: informação ótima, informação grosseira e informação fina e afirma que cada decisão tem seu nível de informação ótima.

Marschak (1969) afirma que para uma decisão ser ótima é necessário que a informação reflita cinco estados: *A, B, C, D, E*; e que a informação que se recebe expresse 10 estados: *a, a', b, b', c, c', d, d', e, e'*, que constituem simplesmente subdivisões dos cinco estados da informação ótima; diz-se que esta informação é *demasiadamente fina*. Dispondo-se apenas de três estados, quando para a decisão ótima se necessitaria cinco, diz-se que a informação é *demasiadamente grosseira*. Também é possível ter-se uma informação que discrimine estados pouco adequados e que essa informação misture estados relativos a essa decisão.

Note-se, quando a informação é *demasiadamente fina* não significa que seja inadequada, porém não é ótima. Ainda, se a informação estiver demasiadamente agregada (grosseira) ela deixará de ser relevante. Uma ilustração do que foi comentado aparece na Figura 1.3.

Para citar apenas um exemplo, podemos pensar numa decisão sobre a compra de ações, em que uma pessoa estaria interessada em investir no setor metalúrgico. Em nível desagregado, poderá receber informações diárias de cada uma das ações: suas cotações médias, altas e baixas durante os seis últimos meses. Num nível um pouco mais agregado, poderá receber informações do comportamento diário do setor metalúrgico nos seis últimos meses. E, finalmente, em um nível mais agregado ainda, acompanhar o comportamento global da bolsa por meio dos respectivos indicadores econômicos, como por exemplo o Índice da Bovespa. Neste último caso, para decidir em qual setor irá investir, ele poderá usar a informação proveniente do acompanhamento de índices setoriais da bolsa de valores. Essas informações serão classificadas como *ótimas*. Se, por outro lado, ele somente recebesse os dados desagregados a respeito de cada empresa do setor, deveria gastar seu tempo agregando essas informações e depois construindo um índice que refletisse o comportamento do setor; essa informação é denominada *demasiadamente fina*. Entretanto, se ele somente tivesse acesso a dados agregados do tipo Bovespa, isso não lhe permitiria

---

[1] Originalmente denominado de *State of the world*.

FIGURA 1.3
Divisões relativas a estados pela estrutura de informação.

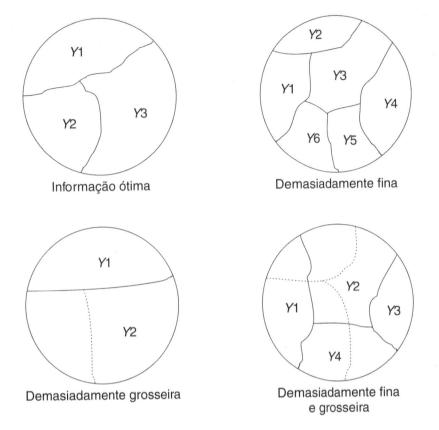

escolher o setor no qual investir, pois esse índice descreve o comportamento global da bolsa, mas não discrimina os diferentes estados dos diversos setores.

T. J. Mock (1971), finalmente, sumaria o valor de informação em planejamento, controle e tomada de decisão pelo impacto que provoca em três aspectos:

1. contribuindo diretamente ao processo de escolha;
2. melhorando a compreensão das inter-relações de variáveis do mundo real; e
3. identificando as ações ótimas definidas pela informação ótima.

Estas duas últimas áreas se referem especialmente ao aprendizado por parte do administrador e foram testadas empiricamente por Mock, T. J., Estrin, T. L. e M. A. Vasarhelyi (1973).

Além das considerações feitas até o momento com relação à teoria geral de sistemas, deve-se também levar em conta os principais aspectos referentes à produção de uma informação qualquer. Kenneth C. Laudon e Jane P. Laudon (1997, 1999, 2007) nos oferecem uma abordagem bastante completa que vale a pena citar e comentar. De acordo com esses autores as principais características que devem ser observadas quando produzimos uma informação qualquer são:

- **comparação**: qualquer informação produzida deve ser passível de comparar considerando algum padrão ou objetivo predeterminado;
- **confiabilidade**: diz respeito ao grau de confiança que o tomador de decisões concede à informação que recebeu; em sentido estatístico, é a porcentagem de vezes em que ela se apresenta dentro dos limites considerados precisos pelo sistema;
- **custo × benefício**: uma informação qualquer só será produzida quando proporcionar um resultado, pelo menos, equivalente ao custo de sua produção;

ou seja, é a relação entre o custo de produção da informação e o benefício que ela oferece ao tomador de decisões;

- **detalhamento**: tudo que prejudique ou dificulte o entendimento de uma informação chama-se ruído; para que ele não ocorra na transmissão, a informação deve ser adequada ao nível hierárquico ao qual se destina, assim: informações mais analíticas para níveis hierárquicos mais baixos (operacionais e transacionais); informações mais sintéticas para níveis hierárquicos mais altos (gerencial, tático, estratégico);

- **disponibilidade**: é o local e o momento em que a informação deve estar disponível;

- **exceção**: a partir do momento em que produzir uma informação tem custo, ela só deve ser gerada quando ocorrerem fatos anômalos, ou seja, dos desvios dos planos; se tudo corre de acordo, não haverá necessidade de ações ou correções;

- **frequência**: diz respeito a quantas vezes uma informação é oferecida dentro de um determinado período de tempo; a frequência de transmissão ou recepção afeta seu valor, muitas vezes quando a informação é produzida com excessiva frequência pode confundir e sobrecarregar o usuário;

- **intensidade**: diz respeito a quantos caracteres somos capazes de receber, compreender e retransmitir dentro de um determinado período de tempo; ela é calculada pelo tempo necessário para se compreender uma determinada situação;

- **padronização**: é aconselhável que as informações repetitivas sejam padronizadas para racionalizar os custos de emissão, bem como a compreensão por parte do receptor da informação;

- **precisa × correta**: tudo depende do uso que se dê à informação; há casos em que é suficiente que a informação seja apenas correta; em outros ela deve ser exata, precisa, isto é, que os seus dados sejam expostos no menor nível de detalhe possível;

- **previsão**: há momentos em que o tomador de decisões necessita projetar o comportamento atual no futuro, pois só a comparação com o anterior não é suficiente; portanto, há tipos de informação que devem propiciar essa visão de futuro;

- **redundância × eficiência**: é o excesso de informação que se tem por unidade de dado; quando se lança mão deste recurso é por questões de segurança contra erros no processo de comunicação. Para se verificar a necessidade da redundância basta suspender sumariamente a informação e verificar o que ocorre;

- **relevância**: indica o grau de significância de uma informação; deve ser apenas a necessária e suficiente para a tomada de decisão;

- **transmissão**: as informações devem ser transmitidas de forma eficiente passando pela quantidade mínima de pontos de transmissão, para que a informação chegue a seu destino sem distorções, omissões ou excessos e no tempo oportuno.

Alguns profissionais afirmam que todas essas características são importantes e imprescindíveis. Concordo com isso no entanto, observe que todas as vezes que se produz (por exemplo) apenas informação precisa e que também se atenda a oportunidade, tempo e lugar, aumenta-se o custo de produção e não seu valor intrínseco. Portanto, vale a regra do bom-senso. Há momentos em que precisamos considerar mais aspectos; outras vezes, nem tantos e continuaremos tendo uma informação adequada e com custo de obtenção compatível com a aplicação e o benefício esperado com sua aplicação. Lembre-se sempre: qualquer informação produzida deve agregar valor ao processo decisório, ao produto ou serviço que se oferece, à empresa e ao cliente. Se não agregar valor a esses quatro elementos, é custo, e quem paga o custo, em última instância, é o cliente.

QUADRO 1.3
Eixos epistemológicos da Teoria Geral dos Sistemas.

Antes de passar para o próximo tópico, é interessante resumir os principais eixos epistemológicos envolvidos na Teoria Geral dos Sistemas. Esses eixos estão descritos no Quadro 1.3.

Eixo Epistemológico	Comentários
Construtivista	• associação e interdependência entre as partes
Fenomenológico	• relativização do todo em relação às partes
Genético	• origem e posição que os elementos ocupam no todo
Interacionista	• relações que as partes estabelecem entre si
Estruturalista	• análise interna de uma totalidade
Sistêmico	• o todo resultante é maior que a soma de suas partes

B. Sistemas de informação

Uma vez definidos os pontos básicos sobre sistemas, o passo seguinte é aplicar esses conceitos aos sistemas de informação. Um exemplo do enfoque tecnicista é o apresentado por James C. Emery (citado por Vasarheyi; Mock, 1974), muito conhecido pelos especialistas em processamento de dados. Entretanto, é necessário observar que este esquema tanto é aplicável a um processo de decisão (sistemas) "computadorizado", como a qualquer processo de decisão, inclusive do tipo informal. Emery sugere sete componentes básicos para um sistema de informação. Como se pode supor, os componentes mantêm inter-relações como se observa na Figura 1.4.

FIGURA 1.4
Esquema de Emery para sistemas de informação.

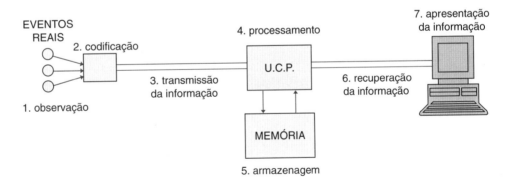

Exemplificando, vamos supor a decisão sobre o aumento nos pedidos de fabricação de um tipo especial de automóvel de passageiros em uma fábrica. Dispõe-se de informações, tais como aumento das exportações do tipo de veículo, aumento da população, aceitação no mercado consumidor do produto e outras. Essas informações são codificadas em números, no caso de exportações, e provavelmente conceitos, nos outros casos. Estes códigos são transportados (ou teletransmitidos) para uma unidade central de processamento, onde os dados são manipulados (processados) em tabelas compreensíveis ou organizados e colocados em memória ou arquivo. Quando necessário, esses dados são recuperados e apresentados como informação aos tomadores de decisão.

Para melhor compreender um sistema de informação, é necessário analisar os tipos de sistema que podem ser encontrados. Para tanto, usaremos uma taxonomia[2] de sistema

---

[2] Ciência das classificações.

de informação sugerida por Richard O. Mason (citado por Bertalanffy, 1976). Ele define cinco módulos básicos que diferenciam os sistemas de informação:

1. **Fonte**: eventos econômicos ou relacionados com o sistema de informação.
2. **Dados**: contabilização desses eventos e seu armazenamento.
3. **Predições e inferências**: são métodos de predição e inferência baseados nos dados.
4. **Valores pessoais e escolhas**: baseados em predições e inferências, são os métodos de escolha que envolvem também valores pessoais.
5. **Ação**: é a implementação que o sistema de informação propõe.

Assim descritos, Mason estabelece seis tipos diferentes de sistemas de informação:

1. Sistema banco de dados.
2. Sistema de predições.
3. Sistema de tomada de decisão.
4. Sistema executor de decisões.
5. Sistema cibernético.
6. Sistema sistêmico.

Em termos esquemáticos teríamos a configuração da Figura 1.5.

Algumas observações sobre cada um deles se fazem necessárias:

1. O sistema banco de dados apenas observa os fatos do mundo real e os agrega em um Banco de Dados, o qual é utilizado para o processo decisório. Dentro desse sistema não há nenhuma atividade de inferência ou predição. Constam apenas os dados a serem usados para facilitar os processos decisórios.
2. O sistema de informação, baseado em dados, utiliza modelos para fazer predições.
3. O sistema tomador de decisões considera a fonte de dados, predições e inferências; usa algoritmos ou modelos para tomar uma decisão. Cumpre ao executivo executar esta decisão.

FIGURA 1.5

Uma taxonomia de sistemas de informação.

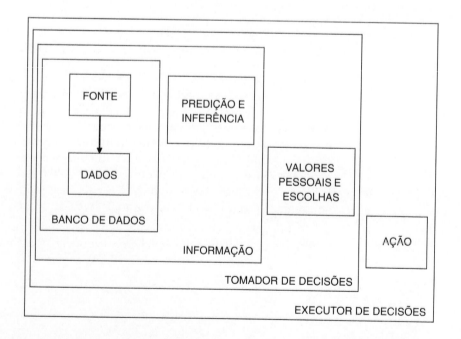

4. O sistema executor de decisões é um sistema de *feedback*[3] completo, análogo ao tomador de decisões, exceto quando a decisão é também executada automaticamente, sem interferência do executivo;

5. O sistema cibernético promove uma reavaliação dos valores pessoais e realiza uma escolha em função dos dados obtidos com o *feedback* do processo. É um sistema dinâmico, no qual há o controle do processo e sua constante reavaliação. O sistema cibernético tem a característica de constantemente reavaliar seu próprio processo. Enquanto que em outro tipo de sistema de informação o *feedback* só ajusta os resultados do processo, este tipo de sistema reavalia o próprio sistema. Uma visão esquemática do sistema cibernético pode ser observada na Figura 1.6.

6. Finalmente, o sistema sistêmico tem como valor especial a análise dos fatores primordiais do sistema em consideração. Este sistema de informação tem mais valor científico e metodológico, e não é adequado para um sistema de informações destinado à direção ou à gerência empresarial.

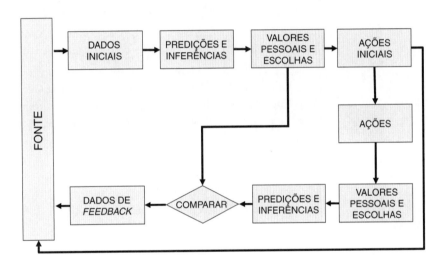

FIGURA 1.6
Sistema cibernético.

Para se realizar uma avaliação sistêmica da fonte e dos dados, deve ser examinado, na fonte, se os eventos observados são realmente adequados aos objetivos do sistema de informação de que se trata.

Nestes casos, o que se analisa é se os eventos são corretamente observados. A avaliação dos dados não só permite verificar se as fontes são relevantes, como também observar se os dados da fonte são realmente aqueles de que se necessita.

Os testes realizados com as predições e inferências possibilitam verificar se elas são coerentes com a realidade. Por exemplo, vários tipos de sistemas de informação preditivos utilizam projeções lineares da realidade, isto é, usam uma linha de regressão para relacionar variáveis. A avaliação sistêmica pode vir a sugerir que o fenômeno em questão não é linear e que seria mais aconselhável o uso da curva exponencial.

A avaliação de valores pessoais e escolhas deve examinar quais são os fatores que norteiam e direcionam a decisão. A preocupação principal neste ponto é a de verificar se todos os fatores são especificados no modelo ou se há fatores subjetivos que tornaram a decisão tendenciosa.

Por sua vez, ao se realizar a avaliação sistêmica do módulo ação, no caso de um sistema executor de decisões, é muito importante verificar se a decisão em execução é

---

[3] Existem termos dentro da Engenharia da Informação que se estabeleceram de uso comum no idioma Inglês.

realmente a decisão que surgiu do sistema. Muitas vezes se verifica que até mesmo a implementação automática de uma decisão pode ser tendenciosa, pois tendenciosa foi a alimentação dos dados iniciais da fonte.

No entanto, a tendência atual é a de incluir cada vez mais o indivíduo no sistema de informação global. R. O. Mason e I. I. Mitroff (1972) definem que

> "*um sistema de informação consiste de, pelo menos, uma **pessoa** com certas características **psicológicas** que enfrenta um **problema** dentro de um **contexto organizacional** para a qual necessita de **dados**, com a finalidade de obter uma solução e estes dados são apresentados através de um **modo de apresentação***".

Note-se que as palavras grifadas pelos autores são aquelas que no seu entender são as variáveis-chave, que devem ser consideradas em qualquer sistema de informação.

C. Engenharia da informação aplicada à empresa

Engenharia da Informação trata do conjunto integrado de técnicas formais pelas quais modelos de empresas, modelos de dados e modelos de processos são construídos, a partir de uma base de conhecimentos de grande alcance, para criar e manter Sistemas de Informações.

O exame de conceitos gerais ligados à Teoria Geral dos Sistemas, Teoria da Informação e Engenharia da Informação proporcionam o embasamento necessário às taxonomias mais diretamente aplicadas à Administração.

Robert N. Anthony (citado por Vasarhelyi; Mock, 1974) propõe um esquema para o exame de Sistemas de Planejamento e Controle composto por três partes:

1. Planejamento Estratégico.
2. Controle Administrativo.
3. Controle Operacional.

Poderíamos ter a seguinte configuração:

FIGURA 1.7

Esquema de Anthony para planejamento e controle.

Com o objetivo de melhor descrever a hierarquia dentro da empresa e suas aplicações em planejamento e controle, William M. Zani (citado por Vasarhelyi; Mock, 1974) reviu o esquema de Robert N. Anthony, destacando atividades empresariais específicas.

Dentro dessa visão, *Planejamento Estratégico* é reservado aos altos escalões da empresa. Preocupa-se em definir a filosofia e a estratégia a longo prazo do sistema empresa. Com isto, detalhes operacionais fogem a este nível de controle.

O *Controle Gerencial*, por sua vez, serve para avaliar o desempenho dos processos administrativos dentro da empresa. Muitas vezes, em empresas de maior porte utiliza-se centros de custo ou de lucro com a finalidade de atribuir responsabilidades, mesmo para executivos de alto nível. O princípio básico do controle administrativo é o de atribuir o mínimo possível de responsabilidade ao administrador que atua sobre fatos que não pode controlar e o máximo sobre os que estão sob seu controle. Algumas vezes esta separação é difícil.

O *Controle Operacional* preocupa-se com o desempenho das atividades-fim da empresa. Preocupa-se com o nível operacional, tal como o número de peças produzidas, o número de horas trabalhadas e outros. É o maior nível de detalhe.

Esta descrição pode ser sumariada conforme apresentado, a seguir, no Quadro 1.4.

QUADRO 1.4

Esquema de Anthony revisto por Zani.

PLANEJAMENTO ESTRATÉGICO	CONTROLE GERENCIAL	CONTROLE OPERACIONAL
Escolher os objetivos da organização	Formular orçamentos	Controlar contratações
Planejar a organização	Planejar níveis de pessoal	Controlar crédito
Estabelecer as políticas de pessoal	Planejar capital de giro	Controle de propaganda
Estabelecer as políticas de marketing	Formular projetos de propaganda	
Estabelecer política de pesquisa	Selecionar projeto de pesquisa	
Escolha de novas linhas de produtos	Escolha de melhoras no produto	
Compra de novas unidades de negócios	Decisão de reorganização de fábricas	Controle de produção
Decisão sobre gastos extraordinários de capital	Decisão sobre gastos de capital	
	Formular regras de decisão sobre controle operacional	Controle de estoques
	Medir, avaliar e melhorar desempenho administrativo	Medir, avaliar e melhorar eficiência do trabalhador

Por outro lado, Herbert Simon e James March (1981) se preocuparam não com o sistema geral da empresa, mas com o processo decisório interno. Eles dividem o processo decisório em três passos fundamentais:

1. **Levantamento**: que implica na identificação do problema decisório e no levantamento preliminar de dados a ele referentes. Pounds já mostrou que uma grande parte do esforço na solução de problemas ou na tomada de decisões é a simples identificação deles mesmos. O estudante universitário, por exemplo, não está treinado para lidar com essa fase do problema. Em sua educação formal, ele sempre recebe todos os seus problemas já formulados e simplesmente se dedica à segunda e terceira fases descritas a seguir.

2. **Desenvolvimento**: implicando na seleção do método a ser utilizado e a estruturação do problema para sua solução.

3. **Escolha**: em que se executa o processamento necessário e, no caso de múltiplas possibilidades de decisão, efetua-se a escolha de acordo com critérios (ou mesmo valores pessoais) o caminho a ser seguido.

Dentre os muitos seguidores de Herbert Simon e James March, que modificaram seu esquema fundamental, encontram-se T. P. Gerrity e Vasarhelyi (citado por Vasarhelyi; Mock, 1974), que ampliaram a estrutura básica e aplicaram-na em sistemas de tempo real, diferenciando-os em estrutura rígida (estruturados), que são os mais automatizáveis, em relação aos de estrutura flexível (não estruturados), que em seu nível extremo só poderão ser automatizados com a adição de sistemas artificialmente inteligentes. Uma comparação dos esquemas se encontra no Quadro 1.5.

QUADRO 1.5

Natureza do esquema de decisão.

Natureza do nível	SIMON	GERRITY	VASARHELYI
Pouco estruturados	1. Levantamento	1. Levantamento	1. Estabelecer objetivos 2. Formulação do problema
	2. Desenvolvimento	2. Desenvolvimento	3. Geração de alternativa
Estrutura rígida	3. Escolha	3. Escolha	4. Avaliação de alternativas
			5. Escolha de alternativas
Estrutura mista		4. Implantação	6. *Feedback*
		5. Controle	7. Controle
		6. Estrutura do processo de decisão	8. Metacontrole

Lembre-se, ainda, que os princípios aqui colocados tanto são válidos para uma megaempresa transnacional quanto para a microempresa, tanto para o sistema altamente automatizado quanto para o sistema totalmente manual e, finalmente, tanto para os sistemas formais quanto para os informais.

Antes de encerrar este capítulo desejamos fazer algumas observações ao esquema proposto por Anthony, muito difundido e utilizado. Refere-se à imagem da pirâmide para identificar os diferentes níveis de decisão existentes nas empresas, constante na Figura 1.7 e que agora repetimos na Figura 1.8 acrescentando o tipo de decisão e o planejamento que ocorre em cada um dos níveis e mais a subdivisão em áreas funcionais.

FIGURA 1.8
Triângulo empresarial.

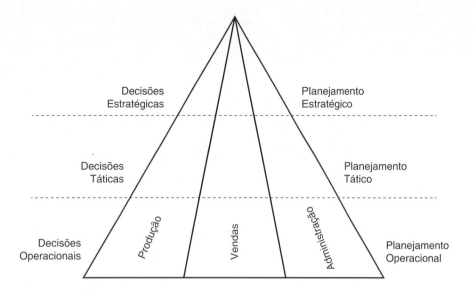

Mas essa imagem não é usada apenas para ilustrar as decisões e o planejamento dentro das empresas, ela vai além. Mesmo quando diagramamos uma área no organograma, tema tratado mais adiante, usa-se a mesma configuração. Observe a Figura 1.9 que ilustra o que comentamos.

FIGURA 1.9
Triângulo setorial.

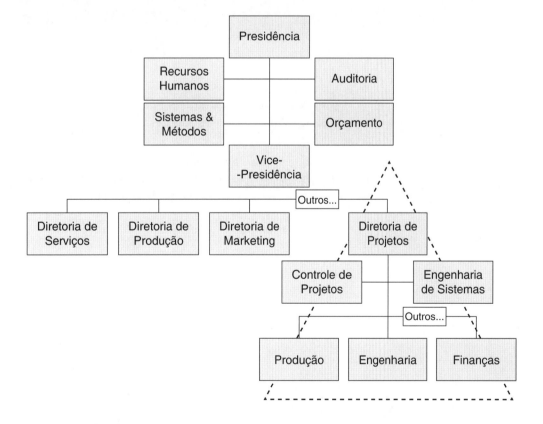

Quando olhamos para essas imagens temos a impressão de que podemos "isolar" uma determinada área ou função mudando-a de acordo com nossa necessidade sem que isso afete as demais áreas ou funções empresariais. Então, a pergunta que se coloca é: onde fica a visão sistêmica de interdependência e inter-relação entre as partes? Não fica. A visão sistêmica foi deixada de lado.

Por que isso ocorre dessa maneira? Muito simples! Há um detalhe bastante importante que foi deixado de lado: na realidade isso que aí está (nas Figuras 1.7 a 1.9) não é uma pirâmide, mas um triângulo chapado. A grande característica da "pirâmide" é a tridimensionalidade, ela apresenta amplitude, altura e profundidade e essa noção não existe nesse triângulo normalmente empregado para ilustrar esse conceito. Então propomos que você imagine uma pirâmide com a noção de tridimensionalidade. Imaginou? É provável que ela se pareça com imagem colocada na Figura 1.10.

FIGURA 1.10

Pirâmide organizacional.

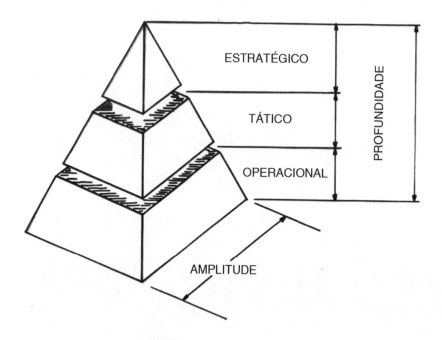

Agora sim! Agora temos de fato uma pirâmide; observe que colocamos as divisões dos níveis decisoriais, pois eles caracterizam a profundidade no tratamento de qualquer decisão nas empresas.

Mas o que temos então na amplitude? Para responder essa questão imagine que a pirâmide nada mais é que um edifício com paredes; então vamos retirar as paredes laterais e observar o que encontramos dentro. Essa imagem aparece na Figura 1.11.

FIGURA 1.11

Amplitude organizacional.

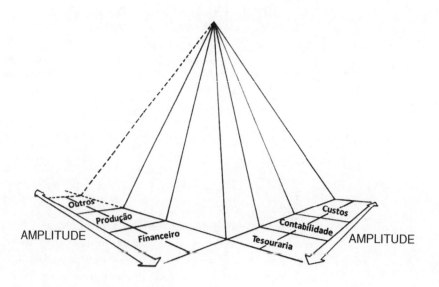

Veja só! Encontramos as áreas funcionais da organização, cada uma com sua contribuição específica no edifício empresarial, ou, melhor, na pirâmide organizacional. Mas vamos continuar em nossa exploração desse edifício. Vamos devolver as paredes e entrar na "casa" do Financeiro para ver o que temos lá dentro. Veja a Figura 1.12.

FIGURA 1.12
Constituição piramidal do setor financeiro no nível operacional.

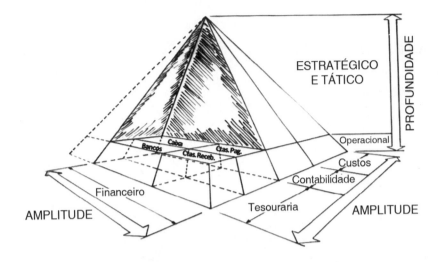

Com a imagem que você tem na Figura 1.12 você observa, agora sim, a interdependência entre as partes, a influência que uma área provoca em outra, como elas por meio de suas atividades se complementam, se completam e são, umas em relação às outras, interdependentes; qualquer mudança que façamos em qualquer uma delas repercutirá nas demais. Temos, portanto, a inclusão da visão sistêmica.

Mas vamos prosseguir em nossa exploração desse edifício. Imagine que podemos entrar no elevador e visitar o andar de cima. Veríamos o que aparece na Figura 1.13.

FIGURA 1.13
Constituição piramidal do setor financeiro no nível tático.

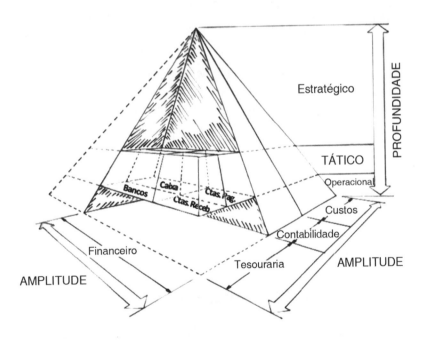

Percebemos que toda e qualquer decisão tomada no nível operacional gera informações para o nível tático. Mais ainda: observe que propositadamente retiramos o nível operacional para que você percebesse como o nível tático fica sem apoio, sem informações quando mudamos apenas um dos níveis. Isso quer dizer que qualquer alteração em um nível afetará todos os demais.

Mas prossigamos em nossa visita turística pelo edifício da empresa. Tomemos novamente o elevador e vamos ver o que há no andar superior. Veja a Figura 1.14.

FIGURA 1.14

Constituição piramidal da diretoria de finanças no nível estratégico.

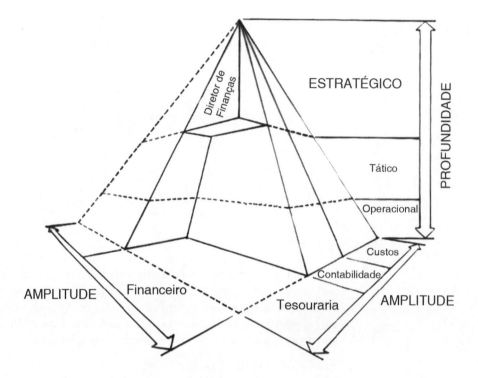

Todas as ações e decisões oriundas dos níveis operacional e tático alimentam e subsidiam o estratégico; sem os dois anteriores não teríamos como tomar decisões no estratégico porque faltaria fundamento para sustentar nossas decisões.

Durante o desenvolvimento da visão sistêmica da organização usamos a área de finanças apenas como exemplo, portanto considere que esse comentário se aplica a qualquer área e a todas dentro de uma empresa. Essa visão é fundamental para tudo que virá a seguir neste livro.

Finalmente, chamamos sua atenção para o fato de que a visão sistêmica deve sempre considerar os seis eixos epistemológicos enunciados antes e resumidos no Quadro 1.3 se todos não estiverem presentes teremos qualquer coisa, menos a Teoria Geral dos Sistemas. A visão sistêmica nos obriga a olhar para a realidade com um olhar diferente, mais amplo e prospectivo.

1.2 Terminologia

Ao longo do desenvolvimento deste texto, são usados muitos termos que, embora familiares para os iniciados na área, podem ser interpretados erroneamente ou mesmo ser desconhecidos para alguns que apenas começam a se interessar pelo tema Engenharia da Informação. Não é objetivo deste capítulo proporcionar uma lista detalhada e comentada de todos os termos, apenas definem-se aqueles usados ao longo dos próximos capítulos e que, por um motivo ou outro, podem provocar dúvidas ou duplas interpretações.

As palavras que aparecem em itálico nas definições podem ser encontradas ao longo da presente relação.

análise de sistemas	pesquisa, investigação e avaliação metódica de uma situação atual
área do problema	campo de atividade dentro da organização sobre o qual o desenvolvimento do sistema se centra
arquivo do projeto	coleção ou série ordenada dos documentos produzidos ou reunidos durante o *desenvolvimento* do sistema
arquivo histórico	coleção ordenada de documentos produzidos ou coletados durante o *desenvolvimento* do sistema
atividade	subdivisão de uma *fase*
conversão	*atividade* de traduzir dados e arquivos em formatos e representações de acordo com as *necessidades* do novo *sistema* ou *subsistema* de informação
desenho (de sistema)	processo criativo de tradução dos *serviços* ou *necessidades* num *sistema* de informação e especificar as relações de trabalho entre seus elementos
desenvolvimento (de sistema)	processo criativo de levar à prática os resultados do *desenho* transformando-o em *programas* e *procedimentos* prontos para *implantação* e *funcionamento*
desenvolvimento do sistema	termo de caráter geral usado para descrever o trabalho executado durante a criação do *sistema* desde o comando inicial até o momento de sua *implantação*
especificação	documentos que representam o estado atingido dentro de um *projeto* num determinado ponto ou numa data específica
estandar	critério padronizado ou medida preestabelecida para execução, prática, desenho, terminologia ou outros; regra ou padrão usado para avaliar
execução ou processo de programa	realização contínua e por uma só vez de um *programa* ou de um conjunto ordenado deles dentro do computador
fase	soma de *atividades*
fase geral	um dos passos em que pode ser dividido o *desenvolvimento do sistema*
função	execução de uma tarefa específica
implantação (do sistema)	processo de transformar em operativos os *sistemas* ou *subsistemas* desenvolvidos
necessidades (requisitos)	especificações que devem ser cumpridas por um sistema de informação ou por alguma parte dele
objetivo	finalidade e área de atuação de um *sistema* de informação, expresso pelo impacto sobre a efetividade do controle de uma organização
procedimento	coleção ou série ordenada de instruções que especificam as operações a serem desenvolvidas em seu conjunto
programa (de computador)	encaixe modular de uma ou mais *rotinas* e *sub-rotinas* para executar *funções* ou parte de funções dentro de um *subsistema*
projeto	o *desenvolvimento* geral de um *sistema* como um todo

rotina	conjunto de instruções ordenadas numa sequência exata para efetuar no computador uma determinada tarefa. Neste texto a rotina é considerada como um dos elementos modulares de um *programa*
serviços ou limitações	*especificação* das restrições que um *sistema* de informação apresenta e que devem ser consideradas nas definições
sistema de informação	conjunto organizado de pessoas, máquinas, programas e procedimentos que são executados para atingir um determinado objetivo
sub-rotina	subdivisão da *rotina* dentro da visão modular
subsistema	parte do *sistema* para a execução de uma ou mais *funções* dentro do mesmo
técnica	método usado para a execução de uma *atividade* ou para o controle do *projeto*

2

Direção de Projetos

Este capítulo aborda a forma de conduzir o desenvolvimento de um sistema de informações sob a filosofia básica da Engenharia da Informação. Para que um novo enfoque seja efetivo, deve se constituir numa parte integrante da organização. Os custos e benefícios envolvidos em tal atividade são similares àqueles necessários aos altos investimentos de capital. Por essa razão em especial, e por outras que serão descritas ao longo das páginas seguintes, é importante que a empresa inteira envolva-se em todas as fases do trabalho de Engenharia da Informação.

O desenvolvimento de um sistema em concordância com tempos preestabelecidos é o que normalmente se denomina *projeto*. Este capítulo mostra os métodos de direção de projeto que usam e integram o trabalho de diversas equipes de profissionais cujos membros podem ou não pertencer à organização.

Algumas dessas contribuições profissionais podem ocorrer ao longo do desenvolvimento do projeto, enquanto que outras, eventualmente, não. Isso não importa. O que é importante frisar é que quanto maior a quantidade de profissionais envolvidos ao longo do processo, tanto mais fácil será que todos lutem pelo sucesso da empreitada.

Este capítulo serve de base para o desenho (Capítulo 3), desenvolvimento (Capítulo 4) e implantação (Capítulo 5) de sistema. Além do que, em todos eles se empregam os instrumentos e ferramentas (Capítulo 6).

A. Finalidade

A finalidade básica do projeto é iniciar, administrar, dirigir e controlar as atividades associadas com o desenvolvimento do sistema, para obter os melhores resultados dos recursos disponíveis, tais como tempo, capacidade, orçamento. A abrangência do projeto inclui:

- definição dos limites do projeto referente aos departamentos envolvidos e às operações que serão afetadas;
- determinação e quantificação dos objetivos que o sistema deve alcançar;
- planejamento global e definição de profissionais e recursos;
- medidas de custo e desenvolvimento;
- comparação com orçamentos e cronogramas;
- avaliação dos êxitos atingidos com o novo sistema em comparação com os objetivos preestabelecidos.

B. Método

Como se pode perceber, a direção do projeto afeta não só aos sistemas, mas também ao desenvolvimento dos subsistemas. A supervisão da direção de desenvolvimento dos sistemas, nesses casos, deve ser atribuída a um comitê consultivo. A direção e o controle dos recursos diários deve ser delegada à Engenharia da Informação,[1] a qual dirigirá as atividades dos diversos especialistas das diversas áreas (Engenharia de Sistemas, Análise de Sistemas, Programação, outros).

Para a execução e coordenação do desenvolvimento do sistema, a equipe encarregada do projeto deve incluir profissionais dos departamentos (ou áreas) que estejam implicados no projeto, além dos engenheiros de sistemas e dos analistas de sistemas. Os analistas e programadores, por sua vez, podem ser incluídos no projeto ou em uma área determinada ou, também, fazer parte da equipe do projeto. O líder da equipe do projeto deve ser um representante do usuário ou, na sua falta, um engenheiro de sistemas que conheça profundamente a organização e a área para a qual o projeto será desenvolvido. Essa equipe de projeto, assim constituída, será a responsável pela qualidade e pela efetividade do sistema.

A direção do desenvolvimento dos subsistemas é responsabilidade da equipe de projeto e das equipes de desenvolvimento dos subsistemas e está intimamente vinculada com o planejamento geral e a coordenação exigida no desenvolvimento de esforços paralelos.

O líder de cada equipe de subsistema é responsável pela direção e controle de sua equipe e deve assegurar adequada comunicação entre a equipe e os demais integrantes do projeto geral.

2.1 Estrutura organizacional

Um dos conceitos mais importantes dentro do desenvolvimento de sistemas é o da formação das equipes de trabalho dentro da organização.

Naturalmente, o ideal é que os profissionais envolvidos no projeto combinem a experiência prática na elaboração de tarefas em linha com os conhecimentos especializados e técnicos, objetivando a coordenação das tarefas entre os departamentos e entre as diferentes pessoas de diferentes especialidades. Quando isto não é possível dentro da própria organização, deve-se lançar mão da contratação de consultores externos (ou especialistas), por exemplo, junto aos principais fornecedores de equipamentos, e envolvê-los no primeiro momento do projeto.

Cada equipe deve conhecer sua tarefa e sua participação na responsabilidade comum de desenvolver um sistema de informações eficiente. Naturalmente, não se faz necessária uma submissão hierárquica expressa oficialmente entre as equipes. Acima de tudo, os componentes das diversas equipes devem ter liberdade e autonomia de comunicação entre si e sentir-se pertencentes e membros de uma única organização.

O percentual de tempo dedicado ao desenvolvimento do projeto pelas diversas equipes é variável, tanto para a equipe de desenvolvimento como para as outras equipes que sejam formadas.

A seguir, encontra-se um modelo de organograma e os respectivos envolvimentos entre as diversas equipes. Vale ressaltar que se trata apenas de uma sugestão.

---

[1] Não se atribui o título de diretoria, departamento ou qualquer outra nomenclatura. Com isso se deseja dizer que essa estrutura deve estar posicionada dentro do primeiro escalão decisório da empresa, não importando seu título. Por esse motivo, também, usa-se o termo *líder* em substituição a diretor, gerente, encarregado, chefe ou supervisor.

Direção de Projetos 25

FIGURA 2.1
Estrutura organizacional de desenvolvimento de sistemas.

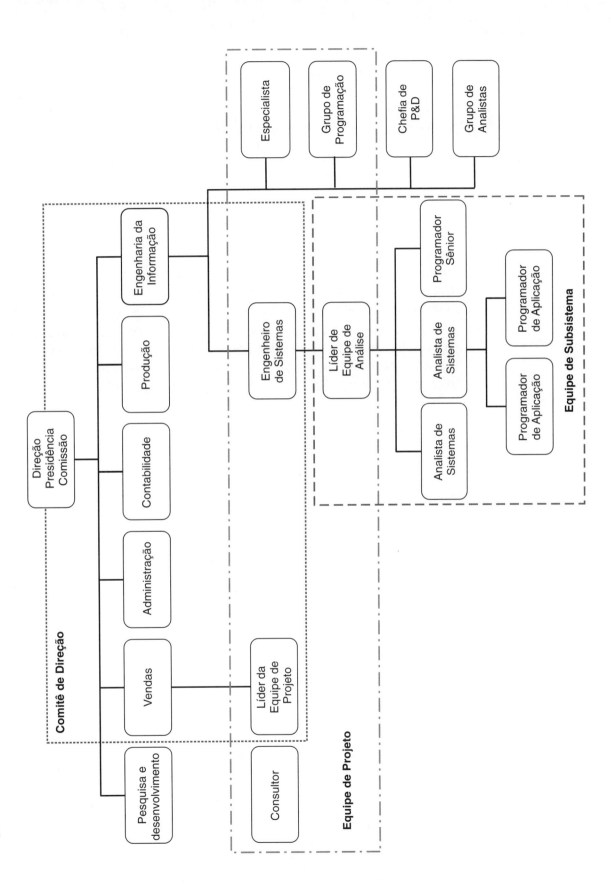

Nos capítulos a seguir são detalhadas as atribuições e responsabilidades de cada uma das diversas estruturas.

A. Comitê de direção

No processo de criação de qualquer tipo de sistema, uma das primeiras responsabilidades da alta direção é proporcionar as diretrizes e a filosofia de desenvolvimento, estabelecer a política da empresa e investigar os objetivos que melhor atendam a essa política. A contínua e ativa participação da alta direção definindo objetivos, viabilizando sua realização, ajudando sobre todos os aspectos e fornecendo apoio positivo é essencial quando o propósito maior é o de oferecer subsídios para todas as operações da organização.

Apesar disso, em qualquer organização podem ser detectados pontos ou áreas de especial dificuldade – tais como respeito às datas de entrega do sistema, tempo de reação frente às mutantes circunstâncias de mercado, níveis de serviço com estoque mínimo – que apresentam fortes efeitos sobre a eficiência e o aproveitamento. Para que estas metas sejam alcançadas se faz necessário um sistema de informações eficaz.

A crescente necessidade de informação de uma organização em expansão ultrapassa, inevitavelmente, os limites normais dos departamentos, provocando problemas organizacionais e psicológicos. Estes problemas só serão resolvidos se considerados dentro do contexto dos objetivos e da filosofia estabelecidos pela alta direção.

Estrutura

Para dirigir o desenvolvimento de sistemas deve ser formado um Comitê Dirigente onde estejam presentes todos os pontos de vista da Direção e a experiência operacional dos usuários, além da própria equipe de sistemas, especialistas em engenharia da informação (sejam ou não da empresa). Além disso, deve ser garantida a participação das áreas que serão afetadas pelo desenvolvimento desde o início do projeto. Via de regra, este Comitê deve ser presidido por um membro da alta direção e secretariado pela área de engenharia da informação.

A estrutura do Comitê deve ser restrita a um mínimo de pessoas. Aqueles que sejam especialmente nomeados para o estudo de viabilidade podem ser considerados como membros temporários. O Comitê deve ser ampliado de acordo com as áreas que sejam envolvidas ou que posteriormente sejam identificadas como participantes do projeto.

Funções

As funções e atividades atribuídas ao Comitê são:

1. Estabelecer as diretrizes para o estudo de viabilidade.
2. Dirigir e participar da fase de estudo de viabilidade.
3. Decidir a continuidade ou não do desenvolvimento.
4. Definir qualitativa e quantitativamente os objetivos para o subsequente desenvolvimento de sistema.
5. Decidir a aquisição de *hardware*.[2]

---

[2] Nomenclatura mantida em inglês respeitando o uso comum.

6. Definição de pessoal para a equipe do projeto, liberando-os de outras atividades ou funções.

7. Aprovar as indicações de outros grupos de profissionais necessários ao desenvolvimento.

8. Comunicar o desenvolvimento do sistema internamente na organização.

9. Definir e estabelecer os formatos e as frequências dos relatórios de acompanhamento das equipes.

10. Instituir os procedimentos de planejamento e controle.

11. Autorizar e apoiar os calendários do projeto.

12. Aprovar os orçamentos.

13. Definir prioridades, estudar e avaliar o atingimento de objetivos.

14. Aprovar os cálculos de custos e benefícios.

15. Aprovar e autorizar o desenho do novo sistema.

16. Proporcionar um controle detalhado sobre os progressos, a qualidade, os custos e as realizações do projeto.

17. Introduzir e promover o uso do novo sistema na organização.

18. Estimular a introdução de aplicações semelhantes para garantir eficiente desenvolvimento dos sistemas.

19. Avaliar os resultados do projeto após sua implantação.

Estudo de viabilidade

A tarefa do Comitê de Direção durante o estudo de viabilidade é definir as políticas afetas ao desenvolvimento do sistema; formular e aprovar objetivos e proporcionar os meios para que os mesmos sejam alcançados.

Os membros participantes do Comitê devem ser informados desde o início quais são os objetivos e o alcance do estudo, as diretrizes e as alternativas para o acompanhamento dos trabalhos, o tempo concedido para o estudo e o pessoal mínimo que deve ser consultado sobre o assunto.

O estudo de viabilidade deve fornecer informação suficiente em quantidade e qualidade para a decisão de parar ou prosseguir o desenvolvimento do sistema; quais objetivos, definidos por rateio de desempenho, devem ser atingidos pelo novo sistema; quais recursos organizacionais devem ser considerados; quais os *hardware* e *software* requeridos. O resultado final desse relatório deve servir de base e guia constante durante o desenvolvimento do novo sistema.

Cabe, assim, ao Comitê de Direção decidir ou não o prosseguimento do sistema; cabe, ainda, considerada a opinião da Engenharia da Informação, decidir pela aquisição e uso de *hardware*; cabe, também, garantir que todos, na empresa e no grupo de projeto, entendam os objetivos do desenvolvimento e, em última instância, o alcance do projeto.

Este Comitê pode se reunir uma vez por mês, dependendo dos progressos do projeto, porém deve manter sempre estreita comunicação com toda a equipe do projeto. Como o líder de engenharia da informação faz parte desse comitê, ele deve estar sempre preocupado com as informações e o processo de comunicação entre o Comitê e a equipe do projeto.

Relatórios

O objetivo básico é o de proporcionar uma informação adequada do estado atual dos trabalhos e obter a aprovação dos planos propostos, bem como dos orçamentos. Com isto, prepara-se um calendário de relatórios para o Comitê de Direção (pelo menos nas circunstâncias indicadas a seguir).

1. Início do desenho e análise do sistema:

- composição da equipe do projeto;
- plano geral e orçamento estimado;
- cronograma para o desenho e análise do sistema;
- medidas especiais que devem ser tomadas;
- necessidades de treinamento;
- padrões de informações e documentação;
- cronograma de entrega de equipamentos.

2. Fim do desenho e análise do sistema:

- subsídios e recursos necessários ao sistema;
- especificações de desenho do sistema;
- solução para o problema, descrevendo todas as características, as várias alternativas, vantagens e desvantagens de cada uma;
- custo do desenvolvimento até o final da primeira fase;
- informações sobre custos e benefícios;
- necessidades detalhadas de *hardware* e *software*;
- cronograma de desenvolvimento do sistema até implantação.

O Comitê deve, neste momento, aprovar a solução que será desenvolvida e implantada; aprovará os cronogramas e orçamentos; autorizará os *hardware* e *software* definidos.

3. Início do desenvolvimento do sistema:

- cronograma de desenvolvimento, se adequado, rever orçamentos para o desenvolvimento e implantação do sistema;
- composição das equipes de subsistemas;
- programas de conversão;
- cronograma de entrega do equipamento;
- treinamento necessário para implantação.

4. Fim do desenvolvimento do sistema:

- documentação final do usuário;
- resultados dos testes de subsistemas e das simulações;
- custo total até o momento;
- procedimentos organizacionais para implantação.

5. Implantação e avaliação:

- composição das equipes de conversão e de implantação;
- plano e orçamento para a implantação;
- plano de conversão, implantação e acompanhamento.

O Comitê deve avaliar os planos de implantação, considerar os objetivos iniciais, verificar os orçamento e, caso necessário, indicar novas prioridades. Cabe ao Comitê definir se o objetivo inicial foi alcançado e, caso contrário, promover ações para sua consecução.

B. Engenharia da informação

O objetivo da área de Engenharia da Informação é combinar todos os recursos e subsídios necessários para apoiar a criação de sistemas de informação e contribuir com as habilidades requeridas para a introdução de métodos científicos mais modernos e novas formas e técnicas de gestão.

O líder da área de Engenharia da Informação é participante permanente do Comitê de Direção é responsável pela coordenação do desenvolvimento do sistema. Ele, ou um profissional desta área, executará as funções de secretário geral tanto no Comitê quanto nas outras equipes que serão formadas ao longo do desenvolvimento e implantação do sistema.

Formação, habilidade e conhecimentos dos profissionais

A disponibilidade de recursos humanos dentro da área de Engenharia da Informação é um dos pontos cruciais no desenvolvimento de qualquer projeto, mais ainda, no momento em que se elaboram cronogramas e planos que partem da premissa que a empresa têm o recurso humano necessário internamente.

QUADRO 2.1

Habilidades e conhecimentos dos profissionais de engenharia da informação.

HABILIDADE/CONHECIMENTO	Engenheiro de Sistemas	Analista de Sistemas	Programador
Sistemas da Empresa			
Conhecimento da Organização	M	N	N/A
Áreas Envolvidas	M	M	B
Objetivos do Sistema	M	M	B
Hardware			
Capacidades	M	N	N
Características	B	B	M
Operação	N/A	B	M
Software			
Padrões	N	B	M
Linguagens	N	B	M
Organização de Arquivos	M	M	M
Técnicas de Instrução	B	N	M
Aplicações	M	M	M
Geral			
Relações Humanas	M	M	B
Direção	M	M	M
Normas e Padrões	M	M	M
Programação	B	B	M
Lógica	M	M	M
Capacidade de convencer	M	M	N
Capacidade de sintetizar	M	M	N

Legenda: M = muito
           N = normal
           B = básico
           N/A = não se aplica

Normas e padrões de controle

Entre as atribuições mais importantes da área de Engenharia da Informação dentro do desenvolvimento de sistemas está o estabelecimento e manutenção de normas e padrões de procedimentos e a adoção e implantação de normas de controle padronizados. Esta tarefa é executada pelo grupo responsável por normas e padrões. Uma dessas aplicações diretamente atribuída à Engenharia da Informação é o processamento de dados, porém este fica fora do método de desenvolvimento de sistemas aqui estabelecido.

O uso de normas e padrões uniformes para métodos e procedimentos por todos os envolvidos no sistema é necessário e imprescindível para o bom entendimento e a comunicação e mantém todas as premissas de controle de todo o trabalho desenvolvido pela área.

As normas – relacionadas com o desenvolvimento de sistemas – podem ser divididas em dois tipos: normas de método e normas de procedimento.

1. Normas de método e controle de qualidade:

As normas de método envolvem os métodos de operação e proporcionam a base para o controle formal da qualidade do trabalho. Os motivos para que eles sejam estabelecidos de forma centralizada, são:

- uniformidade na terminologia, na identificação, na documentação reduzindo o impacto da rotatividade de pessoal no desenvolvimento de sistemas e facilitando a manutenção e o controle das mudanças;

- uniformidade nos métodos de planejamento, orçamento, acompanhamento dos trabalhos reduzindo os custos de desenvolvimento;

- estabelecimento de normas de método como base para estabelecer as normas de procedimento.

Para obter todos os benefícios possíveis do estabelecimento das normas, sua manutenção, atualização e modernização, é necessário uma equipe destinada ao controle dessas normas.

(Algumas formas de normas estão descritas ao longo dos capítulos seguintes em cada uma das seções.)

2. Normas de procedimento, planejamento e controle:

As normas de procedimento permitem relacionar o volume de trabalho com o uso dos recursos necessários. Por este motivo, os padrões e as normas de procedimento, somente podem ser desenvolvidas a partir de experiências anteriores em outros projetos de características semelhantes. Isto significa que as normas de procedimento nunca podem ser tão rígidas como as dos métodos, o que faz com que exijam muito mais atenção e experiência em sua aplicação.

A disponibilidade de normas de procedimento pode servir de ajuda na concepção de planos mais realistas e cronogramas de desenvolvimento mais exatos e orçamentos mais viáveis. As normas de procedimento são as medidas usadas e aplicadas para avaliar as tarefas executadas pelas equipes que desenvolvem atividades programadas.

C. Equipes envolvidas no projeto

Como se pode perceber por tudo que já foi dito, várias equipes podem ser formadas ao longo do processo de desenvolvimento de um sistema de informações. A seguir são feitos alguns comentários sobre as mais frequentes.

- **Equipe do projeto**: reunindo os diversos profissionais das várias áreas envolvidas pelo projeto que será executado. A composição desta equipe pode ir sendo adaptada conforme o projeto vai se desenvolvendo, com o intuito de manter o interesse de todas as áreas em linha com os progressos do sistema. Porém, a equipe do projeto propriamente dito, essa permanece do começo ao fim da implantação do sistema, tendo a responsabilidade primitiva da efetividade e da qualidade do desenvolvimento. Essa mesma equipe será, também, responsável pela adoção das normas e padrões estabelecidos e assegurará o controle de qualidade dos trabalhos. A equipe do projeto é a responsável, em última instância, pelo respeito aos cronogramas e orçamentos e, no final, efetuará o balanço entre a qualidade do trabalho, os custos e as defasagens eventuais com os cronogramas propostos.

- **Outras equipes**: para a execução de tarefas específicas, a equipe do projeto pode promover a formação de outros grupos especialistas. As tarefas que serão desenvolvidas por esses novos grupos dependem da situação, porém é aconselhável que elas possuam nítida definição de início e fim e de resultados finais. Um exemplo é o suficiente: pode ser estruturada a equipe de projeto e esta, por questões de cronograma, atribuir a outro grupo a responsabilidade de estudo e seleção de *hardware* para futura aquisição e incorporação ao projeto. Uma vez atingido esse objetivo, o grupo se desfaz e volta a suas atividades normais.

- **Formação das equipes**: pode parecer redundante, mas vale a pena chamar a atenção para alguns aspectos que, via de regra, acabam esquecidos:

  ⇒ o pessoal *mais* capacitado deve *sempre* estar disponível para participar do desenvolvimento do sistema;

  ⇒ uma vez escolhidos, eles devem ser relevados de todas as outras atividades a eles atribuídas;

  ⇒ deve ser dado treinamento adequado frente às necessidades detectadas;

  ⇒ é importante que no início os profissionais se familiarizem com cronogramas, objetivos, orçamentos;

  ⇒ devem saber, em detalhes, como esta organizada sua equipe de trabalho, sua relação com outras equipes, pessoas de outras áreas que estejam envolvidas;

  ⇒ detalhar a forma que se espera que as tarefas se desenvolvam, os padrões e normas que devem ser obedecidos, o tipo de documentação que será aplicada e o tipo de controle que será exercido;

  ⇒ deve ser apresentada toda a documentação que até o momento exista, nada é *confidencial* para um participante da equipe;

  ⇒ equipes auxiliares serão controladas por um dos membros da equipe do projeto;

  ⇒ a montagem das equipes depende do tipo de atribuições que ela terá e não de preferências pessoais.

No Quadro 2.2 apresentam-se alguns dos profissionais e as fases de envolvimento.

QUADRO 2.2

Profissionais × fases do projeto.

Profissionais	Estudo de Viabilidade	Desenho e Análise do Sistema	Desenvolvimento do Sistema		Implantação e Avaliação
			Programas	Rotinas	
Líder Engenharia Informação					
Equipe de Projeto					
Representante do usuário					
Engenheiro de Sistemas					
Analista de Sistemas Sênior					
Analista de Sistemas					
Programador Sênior					
Programador					
Especialista*					
Equipe de Subsistema					
Equipe de Conversão					
Equipe de Manutenção					

* Em todas as fases de desenvolvimento do projeto podem ser consultados especialistas, outras equipes ou pessoas envolvidas diretamente com as fases do projeto ou em especial com um determinado problema ou aspecto.

2.2 Profissionais envolvidos

Ao longo dos capítulos seguintes, em cada uma das áreas de abordagem, se faz referência aos profissionais envolvidos. Além disso, no final deste item, se oferece uma relação não exaustiva de atividades. Não se inclui nessas relações as reuniões de acompanhamento que os integrantes da equipe do projeto devem provocar. Porém, não se deve esquecer que todos os profissionais devem ter muito o que fazer e do que cuidar para não perderem tempo com encontros da turma (e não reuniões) quando elas não sejam necessárias.

Apesar destes chamamentos, é oferecida a seguir uma descrição sumária das atividades e responsabilidades de cada um dos diversos profissionais envolvidos num projeto.

- **Líder de equipe**: responsável pelo planejamento, coordenação e informação da execução das tarefas atribuídas à equipe. Possui o mesmo nível de responsabilidade que todos os demais integrantes da equipe no que diz respeito à qualidade do trabalho desenvolvido.

- **Secretário da equipe**: na maioria dos casos, deve ser um engenheiro de sistemas ou, quando muito, um experiente analista de informações. Além de sua função como membro normal da equipe, será responsável por planejar e organizar as reuniões, acompanhando os acordos efetuados nelas, criando e mantendo um dossiê completo das atas e sua respectiva distribuição entre os profissionais envolvidos.

- **Representante do usuário**: são membros essenciais do projeto. Devem constar sempre em todas as fases de desenvolvimento do sistema, não apenas para fornecer detalhes importantes ao longo dos trabalhos, o que de outra forma poderia ser oneroso, mas principalmente por que ficam diretamente envolvidos e afetados pelos resultados do desenvolvimento do sistema. Sua participação torna mais fácil a venda de um sistema para a organização. Devem ser dispensados de suas tarefas normais para que possam dedicar todo seu tempo ao sistema. É aconselhável que alguns poucos membros do usuário acompanhem o projeto na íntegra e outros sejam chamados para trabalhos ou detalhes específicos e assim possam contribuir de forma adequada. Esses representantes possuem responsabilidades específicas. Assim: auxiliam na preparação e na efetivação das entrevistas e pesquisas para estabelecer e documentar os métodos atuais de operação; representam sua estrutura quando se discutem e determinam os recursos e subsídios necessários para o novo sistema; colaboram com as definições de objetivos e limitações; representam o usuário nas reuniões de avaliação dos desenhos alternativos para o novo sistema; ajudam na definição de novos procedimentos ou relatórios e formulários; auxiliam na compilação dos dados para os testes de mesa, de rotina, de programa, de subsistema; ajudam e participam da avaliação dos resultados dos testes; aconselham e opinam quanto à melhor forma de treinamento para a implantação. Para que possam exercer todas essas funções a contento, devem ser profissionais com conhecimentos profundos de sua área, das funções, das relações com outras unidades, seus objetivos e das relações informais. É aconselhável que estejam familiarizados com os desenvolvimentos de engenharia da informação.

- **Engenheiro de sistemas, analista de sistemas**: estes componentes da equipe são os responsáveis por transformar em produtos as necessidades dos usuários. Devem, para tanto, interpretar os fatos logicamente e avaliar as relações e operações da organização, com o objetivo de isolar claramente as verdadeiras necessidades do sistema daquelas que são apenas desejos ou anseios do usuário. Eles são responsáveis, junto com os outros membros da equipe, pela: eficácia e eficiência com que o sistema atenderá às necessidades; especificação das necessidades dos programas; execução e desenvolvimento de toda documentação do usuário, inclusive de procedimentos; adequação do treinamento para a implantação do sistema na organização.

- **Programador**: é responsável pela tradução dos programas definidos em instruções de máquina; elaboração dos desenhos de programação; elaboração da documentação dos mesmos e os testes de mesa de programa e de subsistemas.

- **Especialista**: durante qualquer fase do desenvolvimento, pode ser necessária a ajuda ou o conhecimento mais profundo sobre um aspecto específico que a própria equipe não detêm. Nestes casos, é mais interessante contar com a colaboração de especialistas chamados temporariamente para estes trabalhos. A seguir são listadas algumas tarefas que podem ser atribuídas a eles: especialistas em *hardware* para a definição de configuração ou capacidades; especialistas em teleprocessamento ou comunicação de dados; especialistas em *software*, sistemas operacionais, aplicativos, *packages*; especialistas em auditoria, para definição dos programas de proteção ou segurança; especialistas em segurança do trabalho, relações e legislação trabalhistas; engenheiros industriais para novas matérias-primas, cronogramas de produção; analistas de formulários. Esta é apenas uma pequena relação de profissionais especializados que se encontram no mercado e não pretende em momento algum ser exaustiva.

Nas páginas seguintes é oferecida, apenas para uma complementação do que foi colocado até este momento, uma lista de tarefas e atividades e sua respectiva competência em relação aos profissionais envolvidos no projeto.

QUADRO 2.3 Relação de equivalência entre tarefas e atividades x profissionais envolvidos no projeto.

TAREFA/ATIVIDADE	COMITÊ DIRETIVO OU ENGENHARIA INFORMAÇÃO	LÍDER DE PROJETO	USUÁRIO	ENGENHEIRO DE SISTEMAS	ANALISTA DE SISTEMAS	PROGRAMADOR
• Definição de objetivos da empresa						
• Definição de objetivos do estudo de oportunidade						
• Definição do problema						
• Desenvolvimento do estudo de oportunidade						
• Preparação de cronogramas						
• Preparação de orçamentos						
• Preparação de relatórios de custos x benefícios						
• Desenho do plano global						
• Decisão sobre continuidade dos trabalhos						
• Encomenda inicial de *hardware*						
• Formação da equipe do projeto						
• Implantação de normas e padrões						
• Exame da necessidade de treinamento						
• Análise global do sistema atual						
• Identificação das necessidades do sistema						
• Desenho do novo sistema						
• Divisão do sistema em subsistemas						
• Preparação do cronograma de desenvolvimento						
• Revisão de orçamentos						
• Revisão de especificações do sistema						
• Revisão dos custos x benefícios						
• Informações sobre o desenvolvimento da análise						
• Confirmação definições sistema a implantar						
• Aprovação de orçamentos e cronogramas						
• Cronograma de instalação de equipamento						
• Planejamento de conversão e implantação						
• Revisão das necessidades de treinamento						
• Preparação das instalações físicas						
• Desenvolvimento de subsistemas						
• Definição das equipes de conversão						
• Ajuste dos pedidos de *hardware* e *software*						
• Especificação das necessidades de programação						
• Especificação das necessidades de rotinas						
• Preparação da conversão						
• Desenvolvimento de programas						
• Desenvolvimento de rotinas						
• Treinamento dos usuários						
• Treinamento de operadores						
• Instalação do equipamento						
• Testes do equipamento						
• Testes de subsistemas						
• Elaboração do cronograma para operação						
• Ajuste do cronograma de implantação						
• Informações sobre o desenvolvimento ao Comitê de Direção						
• Decisão sobre a implantação do novo sistema						
• Aprovação de orçamentos e cronogramas						
• Definição das equipes de implantação						
• Coleta dos dados para arquivos						
• Complementação dos arquivos						
• Teste dos arquivos convertidos						
• Manutenção dos arquivos convertidos						
• Início da operação do novo sistema						
• Avaliação dos primeiros resultados						
• Entrega de subsistemas aos usuários						
• Definição da equipe de manutenção						
• Manutenção do sistema implantado						
• Avaliação do sistema em funcionamento total						

2.3 Planejamento de projetos

O objetivo básico do planejamento do projeto é o de preparar os cronogramas das atividades que serão desenvolvidas no projeto real, estabelecer quais recursos são necessários e suas quantidades e, assegurar a obtenção e existência dos referidos recursos. O planejamento do projeto deve incluir a conversão de cronogramas, apresentados basicamente em ordem temporal, para uma orçamentação de pressupostos de ordem financeira e monetária.

Não se deve esquecer que um bom planejamento não garante o êxito do projeto, porém sua ausência aumenta de forma concreta as dificuldades no desenvolvimento das atividades e, provavelmente, o uso inadequado de tempo e esforços, provocando custos excessivos antes de se obterem resultados desejáveis.

O planejamento não é e não deve ser visto como algo que se faz uma vez e depois se esquece. Para que seja efetivo, deve ser encarado como um processo dinâmico e contínuo. Está deve ser a primeira conscientização do projeto. O cronograma, ou mais especificamente, o calendário, em termos de datas, deve ser ajustado progressivamente para que se aproveite a experiência e os fatos que vão ocorrendo durante o desenvolvimento do próprio projeto.

Os cronogramas, calendários e os recursos necessários devem ser revistos e atualizados, sempre e quando:

- os objetivos são modificados ou se percebem como diferentes daqueles estabelecidos inicialmente;

- ocorrem complicações inesperadas ou não previstas no cronograma, como, por exemplo, mudança no desenho do sistema;

- são detectados desvios nos cronogramas apresentados inicialmente e autorizados.

No capítulo anterior estabeleceu-se que a autoridade máxima da organização, e o comitê diretivo são afetados, pelos aspectos de longo prazo, no desenvolvimento de um sistema de informações. São os responsáveis pelo estabelecimento dos objetivos da organização, do sistema de informações, das políticas de aquisição e uso de recursos e, consequentemente, da disponibilidade desses mesmos recursos.

As equipes designadas para executar as atividades de desenvolvimento do sistema devem participar na confecção dos cronogramas que lhes digam respeito e que as envolva. Mesmo que os orçamentos sejam preparados por outros profissionais, a equipe envolvida deve conhecer os custos previstos para o desenvolvimento.

O método de confecção de um calendário desse tipo pode resumir-se em cinco ações básicas. Observe-se que, embora cada uma das ações tenha sua precedente, as ações quatro e cinco devem formar um ciclo repetido tantas vezes quantas seja necessário adaptando-se às limitações existentes ou que eventualmente ocorram. São elas:

1. Identificação das atividades que devem ser executadas para a obtenção do resultado final desejado. O Quadro 2.5 apresenta, de forma resumida, as atividades normalmente empregadas no desenvolvimento de um sistema.

2. Identificação do relacionamento entre atividades. O Quadro 2.5, apresenta apenas atividades classificadas como "padrão". Naturalmente, as circunstâncias que cercam um projeto acabam estabelecendo as relações lógicas entre as diversas atividades. Uma das formas mais adequadas de se estabelecerem relações de precedência e dependência entre as diversas atividades é descrita no item 6.4.1 – Planejamento de redes.

3. Determinação do tipo e quantidade dos recursos necessários para completar cada atividade. Não existe regra para esta estimativa. A experiência dos profissionais envolvidos com projetos anteriores é uma das principais referências. O Quadro 2.4 proporciona um parâmetro para as fases básicas do projeto.

4. Determinação dos grandes pontos de controle ou objetivos específicos no desenvolvimento do sistema, inclusive as datas de entrega de subsistemas ao usuário, identificação de atividades com prazo crítico. Atenção especial para fatos corriqueiros que, via de regra, passam despercebidos, como, por exemplo, férias do pessoal de desenvolvimento. Obviamente, os cronogramas das diversas fases não devem ser concorrentes, pois isto acabaria criando impasses de difícil solução.

5. Preparação dos cronogramas de uso de recursos de acordo com as limitações de tempo em cada atividade. Caso ocorra insuficiência de qualquer um dos recursos necessários, deve, neste momento, ficar estabelecido que tipo de ação será tomada e qual atividade será priorizada.

QUADRO 2.4

Estimativa geral de tempos nas fases do projeto.[3]

Fases de Desenvolvimento do Sistema	Desenvolvimento do Sistema em Meses	
	Empresa Industrial	Outros Tipos de Empresas
Estudo de Viabilidade	4 a 10	3 a 6
Análise do Sistema Atual (para cada área do problema)	3 a 10	2 a 8
Determinação de Necessidades do Novo Sistema	5 a 12	4 a 10
Desenho e Desenvolvimento (para cada subsistema)	6 a 48	6 a 36
Implantação e Implementação (para cada subsistema)	4 a 8	3 a 6

Os cronogramas e calendários devem ser desenvolvidos desde o início e serão detalhados e atualizados conforme o progresso do projeto. Os cronogramas e orçamentos derivados, bem como as especificações do sistema, devem ser incluídos no planejamento de cada uma das fases do projeto. As especificações de *hardware* e *software* e as informações de custos e benefícios devem ser adicionadas sempre que ocorram mudanças em suas definições. Naturalmente, os detalhes de cada tipo de cronograma serão ampliados de acordo com as necessidades das equipes envolvidas. A seguir, são apresentados alguns tipos de cronogramas utilizados:

- **Cronograma para o estudo de viabilidade**: as atividades que o compõem estão descritas no capítulo seguinte. O estudo de viabilidade é, eventualmente, um desenho preliminar do sistema, porém não apresenta detalhes suficientes para que seja possível seu desdobramento em subsistemas. Algumas dessas atividades estão relacionadas na Figura 2.2.

- **Cronograma geral de desenvolvimento do projeto**: o diagrama de atividades apresentado no Quadro 2.5 estabelece o inter-relacionamento entre as atividades gerais das fases. As operações e os setores e áreas envolvidas deverão por sua vez elaborar os cronogramas setorizados. O cronograma geral deverá contemplar todas as áreas que serão envolvidas, em qualquer momento, no projeto. Será elaborado ao final da Análise de Viabilidade.

---

[3] De acordo com W. Hartman, H. Metthes e A. Proeme.

QUADRO 2.5 Diagrama padrão de atividades básicas no desenvolvimento de um sistema de informações.

Equipes e Profissionais	Início	Fase de Estudo de Viabilidade	Fase de Análise e Desenho do Sistema	Fase de Desenvolvimento do Sistema	Fase de Implantação e Avaliação do Sistema
Alta Direção	Diretrizes Básicas; Formação do Comitê de Direção.	Avaliação do Plano Geral frente aos Objetivos; Decisão sobre prosseguimento do projeto.			
Comitê de Direção Componentes do Estudo de Viabilidade		Diretrizes para o Estudo de Viabilidade (EV); Escolha dos Profissionais para o EV; Apresentação do EV à Empresa; Definição da Equipe de Profissionais; Cronograma do EV; Preparação de cronogramas dependentes; Preparação do relatório de custos e benefícios; Definição do Problema; Estudo da Estrutura Atual; Identificação do fluxo de produção; Identificação do fluxo de informações; Avaliação do Sistema Atual; Identificação de necessidades; Definição do nível de eficácia do novo sistema; Definição de necessidades de informações; Definição da necessidades para o desenho geral; Desenho do novo fluxo de Informações; Preparação das definições de arquivos do sistema; Estudo dos aspectos de processamento de dados; Preparação das necessidade de *hardware* e *software*; Encomenda de equipamento; Divisão do Sistema em Subsistemas; Revisão das Especificações do Sistema; Determinação do plano geral.	Confirmação do Subsistema a Desenvolver; Introdução de Normas e Padrões; Formação da Equipe do Projeto; Treinamento da Equipe com o Plano Global; Definição das necessidades de treinamento; Controle da evolução da análise e desenho; Revisão de custos e benefícios.	Aprovação dos cronogramas de desenvolvimento; Aprovação dos cronogramas de implantação; Ajustes da necessidade de *hardware* e *software*; Controle dos desenvolvimento do sistema; Revisão de custos do sistema; Revisão da documentação do usuário.	Aprovação do cronograma de implantação; Aprovação do orçamento de implantação; Introdução do novo sistema na empresa; Avaliação dos primeiros resultados; Entrega de subsistemas do usuário; Avaliação do sistema implantado.
Equipe de Projeto Outras Equipes			Formação de equipes; Confirmação do cronograma de análise e desenho; Relatórios de acompanhamento ao Comitê de Direção; Preparação de relatórios sobre cronogramas de análise e desenho; Preparação de relatórios sobre custos e benefícios; Análise total do sistema atual; Detalhamento do novo sistema; Definição global de necessidades; Identificação global de necessidades; Teste das definições para o novo sistema; Desenho final do novo fluxo de informações; Complementar desenho de arquivos; Estudo dos aspectos de Processamento de Dados (PD); Detalhamento das necessidades de *hardware* e *software*; Definição e seleção de hierarquia de subsistemas; Cronogramas de desenvolvimento; Detalhamento de necessidades e definições; Preparação das especificações do sistema.	Informações ao Comitê de Direção sobre o desenvolvimento; Diretrizes da Gerência; Definição das equipes de subsistemas; Coordenação e controle de desenvolvimento de subsistemas; Definição de programas e arquivos a converter; Planejamento da conversão e implantação; Ajustes do cronograma de implantação; Revisão das necessidades dos subsistemas; Desenvolvimento do fluxo dos subsistemas; Desenvolvimento dos arquivos dos subsistemas; Revisão das necessidades de *hardware* e *software*; Necessidades específicas de programação; Necessidades específicas de rotinas; Revisão das necessidades de treinamento; Formação de programadores; Programas de conversão; Preparação de programas de conversão; Preparação dos arquivos de conversão; Desenho de diagramas, fluxos e organogramas; Codificação de programas; Preparação de testes de compilações; Teste de programas; Documentação de programas; Preparação das normas e padrões de processamento; Desenvolvimento das rotinas e formulários; Seleção de rotinas; Documentação das rotinas; Descrição final do sistema; Testes de subsistemas; Complementação da documentação de usuário; Treinamento do usuário no novo sistema.	Definição da equipe de manutenção; Preparação dos cronogramas de operação; Coleta de dados para conversão; Teste dos arquivos convertidos; Operação dos arquivos convertidos; Manutenção dos arquivos convertidos; Início da operação do novo sistema; Avaliação dos resultados; Entrega dos subsistemas ao usuário; Implantação dos sistemas de manutenção.
Área de Sistemas de Informações	Nomeação do Secretário do Comitê de Direção.	Estabelecimento de Normas e Padrões.	Definição do Secretário para a Equipe do Projeto; Estabelecimento de Normas e Padrões.	Cronograma de Instalação e preparação física do local; Revisão das Necessidades de *Hardware* e *Software*; Preparação física do local; Instalação do Equipamento; Testes e Provas do Equipamento.	Implantação das Rotinas de Manutenção; Estabelecimento das Responsabilidades da área de PD.

FIGURA 2.2
Atividades básicas para a análise de viabilidade.

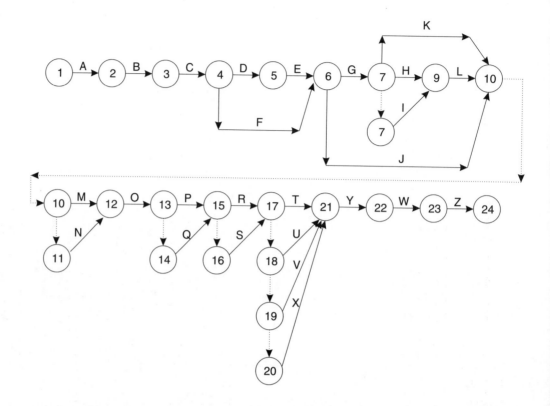

QUADRO 2.6
Descrição das atividades básicas para a análise de viabilidade.

ATIVIDADE	DESCRIÇÃO
A	Estabelecimento de Diretrizes Básicas pela Alta Direção;
B	Formação e Nomeação do Comitê de Direção;
C	Diretrizes para o Estudo e Análise de Viabilidade;
D	Definição de Membros Especiais para a Análise de Viabilidade;
E	Apresentação da Análise de Viabilidade à Empresa;
F	Definição do Problema;
G	Estudo da Estrutura Atual;
H	Identificação do Fluxo de Produtos;
I	Identificação do Fluxo de Informações;
J	Definição dos Produtos do Novo Sistema;
K	Identificação dos Recursos e Subsídios Necessários na Organização;
L	Análise e Avaliação do Sistema Atual;
M	Definição das Necessidades de Recursos e Subsídios da Informação;
N	Definição das Necessidades de Recursos e Subsídios do Desenho Geral;
O	Desenho do Novo Fluxo de Informações;
P	Elaboração dos Desenhos dos Arquivos;
Q	Estudo dos Aspectos Relacionados com o Processamento de Dados;
R	Elaboração das Definições de Necessidades de *Hardware* e *Software*;
S	Divisão do Sistema em Subsistemas;
T	Revisão das Especificações do Sistema;
U	Elaboração de Cronogramas para as Tarefas Posteriores;
V	Elaboração do Relatório de Análise de Custos e Benefícios;
W	Elaboração do Plano Geral;
X	Avaliação do Plano Geral Frente aos Objetivos Definidos;
Y	Decisão de Prosseguimento para Tarefas Posteriores;
Z	Aquisição Preliminar de *Hardware*.

- **Cronograma de análise e desenho do sistema**: pode apresentar três enfoques diferentes:

⇒ o Comitê de Direção, tendo encerrado a análise de viabilidade dá prosseguimento ao desenho do sistema;

⇒ uma vez finalizada a análise de viabilidade, uma nova equipe é nomeada para dar continuidade ao trabalho;

⇒ encerrada a análise de viabilidade, várias equipes são nomeadas para trabalhar em paralelo.

A atividade de análise e desenho do sistema é basicamente criativa, é muito difícil estabelecer com rigidez os tempos. Assim, este cronograma deve prever tempo suficiente para:

⇒ elaborar vários desenhos alternativos;

⇒ treinar novo pessoal que seja necessário;

⇒ obter a cooperação adequada do usuário;

⇒ especificar e detalhar os desenhos do sistema;

⇒ estabelecer grande cooperação com os fabricantes de máquinas e equipamentos que sejam necessários.

- **Cronograma de desenvolvimento do sistema**: ao final da fase de análise e desenho do sistema se efetua a divisão em subsistemas. O cronograma de desenvolvimento deverá estar fundamentado nessa divisão e deve retratar todas as ações necessárias para operacionalizar cada um e todos os subsistemas. Os passos seguintes constituem as bases para sua elaboração.

1. Especificar a sequência e os passos em que os subsistemas deverão ser implantados;

2. Estabelecer a relação entre os diversos subsistemas parcialmente desenvolvidos e aqueles já implementados;

3. Definir as datas em que os subsistemas estarão em operação, especificando se serão implantados isoladamente ou de forma parcial;

4. Descrever as atividades e fases a serem executadas contemplando a revisão das definições do subsistema; programas, procedimentos, forma de desenvolvimento; necessidade de treinamento do usuário e a documentação final do usuário.

- **Cronograma de entrega do equipamento**: certamente as previsões de instalação se relacionam diretamente com a evolução das demais fases do projeto. Este cronograma deve contemplar e prever o tempo de teste do próprio equipamento e dos *software*s adicionados para atender às necessidades do sistema. O cronograma irá variar de acordo com:

⇒ o nível do *hardware* já existente em comparação com o que está sendo adquirido;

⇒ o nível de instalação existente, se no caso se tratar do primeiro sistema baseado em computadores, prever o tempo de substituição de sistema totalmente manual;

⇒ a substituição de equipamentos semimecanizados.

No primeiro caso apresentado, o processo é mais fácil devido à existência de experiência anterior. Nos seguintes casos, o estudo, efetivamente, deve começar pela análise de viabilidade e só terminará exatamente antes da implantação, percorrendo as seguintes atividades:

1. *Viabilidade*: ou seja, a resposta à pergunta de se será instalado um computador. A resposta afirmativa leva à encomenda da configuração provisória do equipamento.

2. *Análise e Desenho do Sistema*: após esta etapa, será revista a definição inicial dada para o *hardware*. A ordem de compra deve refletir esta revisão.

3. *Implantação do Sistema*: deve ser elaborado um cronograma para a preparação física do local e teste do equipamento e dos *software*s.

Não se deve esquecer que a preparação física do local pode até incluir reformas em construções já existentes, não só no que se refere ao equipamento propriamente dito, mas pode implicar até o usuário como nos casos de estocagem de formulários, impressos, e demais. É interessante que se mantenha estreita relação com o fornecedor para, em caso de necessidade, contar com a colaboração de seus especialistas.

- **Cronograma de implantação**: no início da fase geral de desenvolvimento do sistema, já é possível estabelecer um cronograma provisório para a implantação que irá sendo revisto e atualizado conforme a evolução dos trabalhos. Via de regra, o maior tempo será consumido com o trabalho de conversão de dados. Para isto deve haver perfeito equilíbrio entre usuários e arquivos que devem ser adaptados ao formato próprio de processamento de dados. O cronograma de implantação inclui as atividades de:

1. Preparação dos procedimentos de conversão.

2. Treinamento dos usuários para a conversão e uso dos novos procedimentos.

3. Desenvolvimento dos programas de conversão.

4. Programação da conversão dos arquivos.

5. Programação dos testes de conversão de arquivos.

6. Processamento e amostragem da conversão de arquivos.

No caso de que a conversão e a implantação tenham sido definidas como ocorrendo em paralelo, deve ainda prever:

⇒ descrição dos procedimentos de conversão;

⇒ existência dos formulários necessários;

⇒ coordenação entre as atividades desenvolvidas pelo usuário e pela área de processamento de dados;

⇒ preparação dos documentos e manuais do usuário;

⇒ conversão e primeiros testes do novo sistema;

⇒ entrega do sistema final ao usuário.

Além dos cronogramas, no processo de planejamento do sistema serão também incluídos os **orçamentos**. Um **orçamento** nada mais é do que a tradução, em dados financeiros, do uso planejado dos recursos. Estes instrumentos, junto com os demais já descritos até agora, irão compor um dos subsídios básicos para as análises de custo e benefício. Como os demais documentos, deve ser atualizado sempre e quando uma das variáveis, seja ela qual for, mude. A experiência anterior com outros projetos similares pode ser um auxílio valioso na determinação mais apurada da ponderação das variáveis intervenientes. Além disto, é aconselhável que se crie o hábito de manter, por parte de todos os envolvidos, registros diários de atividades, progressos, interferências, tempos. Estes relatórios parciais e individuais, ajudarão no momento em que novos orçamentos devam ser elaborados, além de servirem como base para o controle do próprio projeto. Veja os Quadros 2.7 e 2.8 como sugestões para alguns tipos de orçamentos.

QUADRO 2.7 Planejamento de alocação de mão de obra.

Sistema:_____ Projeto _____
Subsistema:_____ Página: _____
Data:_____ Substitui anterior de:_____

FASE/ ATIVIDADE	TIPO DE PROFISSIONAL	PERÍODO: 19___ / 19___												TOTAL H/M*
		J	F	M	A	M	J	J	A	S	O	N	D	
PROJETO BÁSICO	Engenheiro de Sistemas													
	Analista de Sistemas Sr.													
	Analista de Sistemas Jr.													
	Estagiários de Sistemas													
	Programador Sr.													
	Programador Jr.													
	Estagiários de Programação													
	Usuário													
TOTAIS	Programador Sr.													
	Programador Jr.													
	Estagiário de Programação													
	Usuário													

* Horas/mês totais.

QUADRO 2.8   Orçamentação básica de sistemas de informação.

Sistema:_____   Projeto _____

Subsistema:_____   Página: _____

Data:_____   Substitui anterior de:_____

FASE/ ATIVIDADE	TIPO DE RECURSO	PERÍODOS TRIMESTRAIS: 19___ / 19___												CUSTO TOTAL
		1	2	3	4	1	2	3	4	1	2	3	4	
PROJETO BÁSICO	Recursos Humanos													
	Treinamento													
	Equipamentos													
	Instalações													
	Outros													
TOTAIS														

2.4 Controle de projetos

Apesar de o controle do projeto estar colocado separadamente do planejamento do projeto, o controle só terá sentido e razão de existir se for precedido pela elaboração do planejamento e a ele se reportar. Mais ainda, pressupõe, também, a existência de normas e padrões que deverão ser acompanhados ao longo do desenvolvimento do sistema até a sua manutenção.

O controle, nestes casos, irá consistir na avaliação constante do desenvolvimento, da execução, de acordo com normas e padrões, dos planos estabelecidos e o início das ações corretivas, quando forem necessárias.

As ações corretivas devem ser tomadas quando houver:

- variações nas necessidades de recursos e subsídios;
- defasagem de tempo em termos de cronograma;
- desvio em relação às normas e padrões estabelecidos.

O controle do projeto é efetuado pela equipe do projeto, sendo supervisionado pelo Comitê de Direção e pela área de Engenharia da Informação. Este, em especial, executa o controle de fato sobre o uso de padrões e normas.

Por outro lado, uma das preocupações do controle do projeto deve ser o de manter todos os envolvidos no projeto, desde o Comitê de Direção até usuários, informados da situação e o estado do projeto. Naturalmente, espera-se que exista um mínimo de informações oficiosas e informais, porém, no desenvolvimento do projeto, devem existir relatórios com frequências preestabelecidas que informem o andamento dos trabalhos.

Qualquer relatório de controle deve apresentar duas partes: a primeira descritiva, resume todos os trabalhos apresentados, os problemas encontrados e as soluções adotadas; a segunda especifica a situação de cada uma das tarefas de acordo com os cronogramas e com os orçamentos e revisa as estimativas do projeto onde seja necessário. Duas formas de apresentar estas informações podem ser observadas nos Quadros 2.9 e 2.10.

Algumas observações importantes devem ser feitas com relação a estes dois tipos de relatórios.

- **Parte descritiva**: para que ele possa atingir o seu objetivo deve estar composta no mínimo de:
  a. *Trabalhos/atividades realizadas*: identificando as metas significativas que foram atingidas desde o relatório anterior, qualquer mudança na definição do ambiente do sistema, no cronograma ou nos cálculos dos custos será relatado nesta parte.
  b. *Problemas enfrentados*: relatar os problemas que, eventualmente, tenham surgido ou tudo aquilo que tenha produzido um desvio sobre o planejado, sobre o cronograma, sobre o custo. O fato, além de relatado, deve ser analisado. É importante que se estabeleçam as situações que possam ser problemas em potencial e em que circunstâncias elas ocorreriam. Além disso, deve, também, indicar as ações corretivas a serem adotadas em tais casos e quais equipes ou profissionais estarão envolvidos nestes casos.
- **Andamento do projeto**: basicamente é a apresentação em quadros, mapas e diagramas da situação atual do projeto. Via de regra, estes instrumentos facilitam a comparação de valores em cronogramas e orçamento. Três pontos são os mais importantes: custos, recursos, datas. Cada um deles pode ser apresentado nos itens: estimativa inicial, estimativa anterior, custo até a data, estimativa atual. Essa colocação permite fácil e rápida comparação entre valores. As estimativas

QUADRO 2.9   Relatório de andamento do projeto.

Sistema:_____   Projeto _____

Subsistema:_____   Página: _____

Data de elaboração:_____   Informação anterior em:_____

TAREFA OU ATIVIDADE	CUSTO				DATA DE TÉRMINO			PROFISSIONAIS – MÊS			
	A	B	HOJE	C	A	B	C	A	B	HOJE	C
Definição Inicial											
Projeto Básico											
Totais											

A = Estimativa Inicial
B = Estimativa Anterior
C = Estimativa Atual até Término

QUADRO 2.10 Acompanhamento da evolução do projeto.

Sistema:_____ Projeto _____
Subsistema:_____ Página: _____
Data de elaboração:_____ Informação anterior em:_____

TAREFA, ATIVIDADE OU ETAPA	OBS.	SITUAÇÃO DO TRABALHO EM %										MESES											
		10	20	30	40	50	60	70	80	90	100	J	F	M	A	M	J	J	A	S	O	N	D
Especificações de processos	P											▨	▨	▨									
	R	■	■	■	■	■	■	■	■	■	■	■	■	■									
Definição de formulários de codificação	P														▨	▨	▨						
	R	■	■	■	■	■	■	■	■	■	■				■	■	■	■					
Desenvolvimento de processos	P																		▨	▨			
	R	■	■	■	■	■	■	■	■	■									■	■			
Preparação da descrição dos processos	P																					▨	▨	▨
	R																							
Desenvolvimento dos formulários de codificação	P																					▨	▨	
	R																							
Treinamento dos usuários	P															▨	▨	▨					
	R	■	■	■	■	■	■	■	■	■	■					■	■	■					

▨ P = Previsto

■ R = Realizado

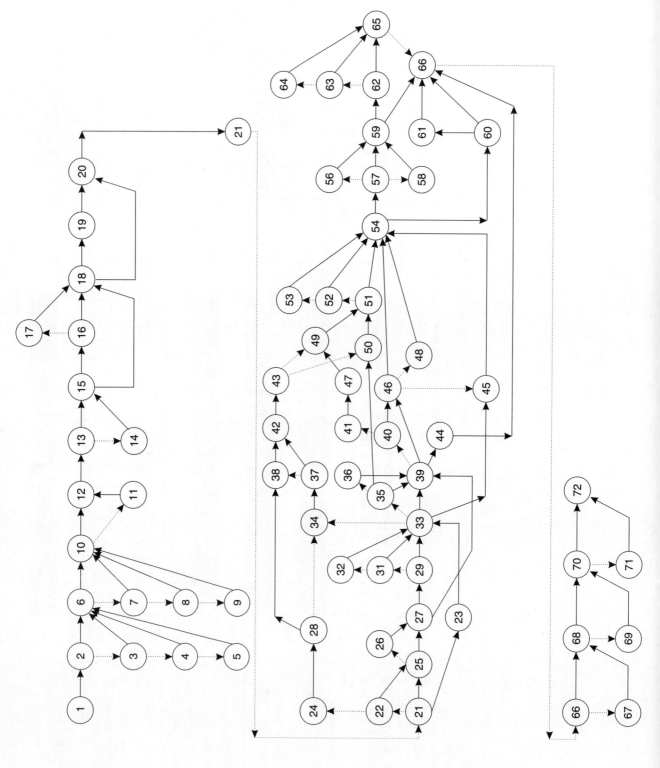

FIGURA 2.3 Rede de eventos no desenvolvimento de um sistema.

iniciais oferecem um ponto de referência no que diz respeito ao cronograma e elas não devem ser mudadas a menos que as fronteiras do projeto sejam modificadas. As estimativas anteriores devem ser retiradas do relatório de andamento do projeto imediatamente anterior às quais se acrescentam os valores correspondentes até a data e estimativa total para que as informações fiquem completas (verifique no Quadro 2.9). Finalmente, o título até a data significa o esforço e custo investido até o momento em cada uma das tarefas, desde o início do projeto até o dia do relatório.

Na Figura 2.3 acrescentou-se a rede completa de eventos para o desenvolvimento de um sistema completo. Vale ressaltar que o diagrama também pode ser aplicado aos diversos subsistemas que compõem um sistema. A técnica usada é a de estruturação de redes, como já usada anteriormente.

Neste caso específico e considerando a complexidade do diagrama, optou-se pela descrição das atividades de acordo com seu trajeto. Para maiores esclarecimentos sobre as técnicas de construção de redes, remetemos o leitor ao item 6.4.1 – Planejamento de Redes. Será obedecida a numeração dos eventos.

TRAJETO	DESCRIÇÃO
1 → 2	Nomeação e constituição da equipe do projeto.
2 → 6	De acordo legal dos cronogramas pela equipe do projeto.
3 → 6	De acordo legal do planejamento geral pela equipe do projeto.
4 → 6	Verificação da necessidade de treinamento.
5 → 6	Definição de normas e padrões para relatórios e documentação.
6 → 10	Complementação da análise do sistema atual.
7 → 10	Avaliação do sistema atual.
8 → 10	Diagnóstico de necessidades de recursos e subsídios organizacionais.
9 → 10	Definição dos produtos do novo sistema.
10 → 12	Definição e controle das necessidades de recursos e subsídios.
11 → 12	Fixação das necessidades de recursos e subsídios do desenho do sistema.
12 → 13	Complementação de diagramas gerais.
13 → 15	Complementação do desenho dos arquivos.
14 → 15	Estudo dos aspectos relacionados com o processamento de dados.
15 → 16	Identificação de subsistemas.
15 → 18	Detalhamento das necessidades de *hardware* e *software*.
16 → 18	Seleção de subsistemas a implantar.
17 → 18	Elaboração do cronograma de desenvolvimento do sistema.
18 → 19	Definição das necessidades de recursos e subsídios dos subsistemas.
18 → 20	Elaboração dos relatórios de custos e benefícios.
19 → 20	Revisão das especificações do sistema.
20 → 21	Relatórios de acompanhamento sobre a fase de análise e desenho para o comitê de direção.
21 → 23	Planejamento para conversão e implantação.
22 → 25	Aprovação de cronogramas e orçamentos.
23 → 33	Definição das equipes de conversão.
24 → 28	Cronograma de instalação do equipamento e preparação física do local.
25 → 27	Definição das equipes de subsistemas.
26 → 27	Revisão das necessidades de treinamento do pessoal.
27 → 29	Revisão das necessidades dos subsistemas.
27 → 39	Acompanhamento das equipes de conversão.
28 → 38	Preparação física do local para instalação do equipamento.
29 → 33	Diagramas genéricos dos subsistemas.
31 → 33	Arquivos dos subsistemas.

TRAJETO	DESCRIÇÃO
32 → 33	Revisão das necessidades de *hardware* e *software*.
33 → 45	Preparação da conversão dos arquivos.
33 → 39	Necessidades específicas de programação.
34 → 37	Ajustes nas aquisições de *hardware* e *software*.
35 → 39	Necessidades de rotinas.
36 → 39	Necessidades de formatos dos dados.
35 → 50	Preparação dos programas de conversão.
37 → 42	Formação de operadores.
38 → 42	Instalação do equipamento adquirido.
39 → 46	Desenvolvimento de formulários.
39 → 44	Coordenação da direção do projeto.
40 → 46	Desenvolvimento de rotinas.
41 → 47	Diagramas.
42 → 43	Teste do novo equipamento.
44 → 66	Treinamento e formação dos usuários no novo sistema.
45 → 54	Coleta de dados para a conversão de arquivos.
46 → 54	Preparação da descrição de procedimentos.
47 → 49	Codificação de programas.
48 → 54	Teste das rotinas.
49 → 51	Preparação das primeiras compilações.
50 → 51	Programas de conversão.
51 → 54	Teste de programas.
52 → 54	Elaboração dos manuais para o centro de processamento de dados.
53 → 54	Elaboração da descrição dos programas.
54 → 57	Elaboração da descrição do sistema.
54 → 60	Conversão de arquivos.
56 → 59	Ajustes e revisões dos cronogramas para implantação.
57 → 59	Teste dos subsistemas.
58 → 59	Complementação dos manuais e documentos para os usuários.
59 → 62	Relatório ao Comitê de Direção sobre a fase de desenvolvimento.
59 → 66	Elaboração dos cronogramas para operação.
60 → 66	Teste dos arquivos convertidos.
61 → 66	Manutenção dos arquivos convertidos.
62 → 65	Aprovação de orçamentos e cronogramas.
63 → 65	Definição das equipes de implantação.
64 → 65	Revisão e ajustes dos cronogramas de implantação.
66 → 68	Início de operação do novo sistema.
67 → 68	Avaliação dos primeiros resultados.
68 → 70	Entrega dos subsistemas aos usuários.
69 → 70	Definição das equipes para manutenção.
70 → 72	Implantação da manutenção do sistema.
71 → 72	Avaliação do sistema em pleno funcionamento.

3

Desenho de Sistemas

Antes de se falar especificamente no desenho do sistema é interessante que se chame a atenção sobre o que, neste texto significa a palavra *análise*. Não se trata apenas de uma simples coleta de dados e sua posterior ordenação no que, via de regra, se denomina sistema atual. É bem mais que isso.

Trata-se de um exame cuidadoso das relações que existem entre a estrutura organizacional do usuário e seu meio ambiente; a comparação crítica dessa estrutura com outras entidades que lhe sejam semelhantes; e, principalmente, a identificação, avaliação e, se necessário, uma explicitação dos próprios objetivos da organização.

Somente a partir dessa visão é que se poderá chegar a ter uma apreciação inteligente da conduta que mais à frente se exigirá da organização. Além disso, será possível desenhar um sistema de informações realmente integrado e que tenha a capacidade adequada e a flexibilidade necessária para a futura manipulação pelo usuário e pela equipe de manutenção.

Por outro lado, durante o desenvolvimento do desenho do sistema deve-se ter em mente o impacto total que o sistema irá provocar na organização. Assim, um desenho de sistema realmente integrado deverá contemplar as funções que executará, tanto com procedimentos como com programas, e deve identificar e resolver os problemas psicológicos que as mudanças possam, eventualmente, provocar.

As fases de análise de oportunidade e de análise e desenho do sistema estão sendo descritas juntas nesta introdução por guardarem entre si muitos aspectos semelhantes, embora não sejam iguais. Diferem quanto à finalidade e objetivo.

A. Análise de oportunidade

Oferece a informação básica que a direção precisa para tomar a decisão de iniciar ou não o desenvolvimento do sistema. Existem três formas básicas de conduzir a análise de oportunidade:

- avaliação global da estrutura do usuário para obter (ou não) a justificativa teórica do uso de computadores;
- avaliação setorizada (por exemplo: faturamento ou folha de pagamento) com a finalidade de demonstrar que a automação, mesmo restrita a uma única tarefa da empresa, proporcionaria grandes benefícios para a empresa;
- estudo amplo e extenso da organização.
- **I. Finalidade**: avaliação técnica e econômica do novo sistema que será proposto. Para tanto, a análise prévia e a determinação de necessidades devem ser desenvolvidas a nível tal de profundidade que responda à finalidade estabelecida.

Deve-se prestar atenção à existência de áreas que eventualmente tenham problemas e de pontos de conflito no sistema existente. Além disso, observar o nível de experiência que o usuário tenha no uso de computadores; o tipo de benefícios e as expectativas que a direção apresenta com relação ao novo sistema; e, as mudanças que a implantação do novo sistema pode provocar na organização.

II. Resultados: os resultados tangíveis da análise de oportunidade podem ser apresentados na forma de um plano global para o novo sistema; esta opção oferece a vantagem de fornecer uma base teórica sólida para futuros desenvolvimentos adicionais de sistemas que sejam requeridos. No entanto, não se pode esquecer que o fim último deste documento é obter a anuência do usuário para o desenvolvimento. Assim, tanto o plano geral como sua apresentação são meios para atingir um fim. Portanto, sua apresentação deve ser elaborada para ressaltar os aspectos que mais facilmente ajudem o usuário a tomar essa decisão. O conteúdo mínimo de um plano geral deve ser:

- descrição genérica dos objetivos do sistema (3.1);[1]
- descrição sumária da organização do usuário (3.2);
- definição das necessidade iniciais (3.3);
- desenho global inicial do sistema com possíveis alternativas (3.4);
- especificação inicial de *hardware* e *software* (3.4);
- planejamento global do desenvolvimento do sistema (2.3, 3.5);
- previsão de custos e benefícios (2.4);
- recomendação quanto ao início ou não do projeto;[2] no caso afirmativo, deve ser apresentada uma descrição das medidas a serem adotadas (3.5).

B.   Análise e desenho do sistema

Se a decisão do usuário é favorável, o passo seguinte é a fase de análise e desenho do sistema. Neste momento, uma análise mais aprofundada leva a uma especificação detalhada das necessidades do novo sistema e, com certeza, maior probabilidade de satisfação dessas necessidades.

I. Finalidade: coletar dados e analisar informações do sistema atual para possibilitar completa descrição das necessidades e limitações do novo sistema. Deve, então, ser definido um sistema que atenda às necessidades e supere as limitações. É especificado o fluxo de informações; desenham-se os arquivos e selecionam-se o *hardware* e o *software*. No fim desta fase já será possível a divisão do sistema em subsistemas passíveis de desenvolvimento e de implantação em separado. Apresenta-se, assim, a especificação do sistema.

II. Resultados: a especificação do sistema engloba os resultados da tarefa global de análise e desenho do sistema e proporciona a base para o prosseguimento

---

[1]   Salvo indicação contrária, os números entre parênteses indicam em que item da presente obra o tema é tratado.

[2]   Indiscutivelmente, esta indicação pode soar como suspeita aos ouvidos mais desavisados. Qualquer profissional que já teve essa experiência saberá que o que mais se deseja nesse momento é que o projeto seja aprovado e que nossa tendência natural é argumentar que é a melhor coisa do mundo. Cuidado! Não é apenas isso. Existe outro aspecto e ele diz respeito ao tipo de solução que será adotada. Há coordenadores de equipes que advogam a tese de que esta posição é tendenciosa e que não se deve emitir um juízo de valor. Outros defendem a tese que, apesar da tendenciosidade, ninguém melhor do que os profissionais envolvidos no estudo e na análise de oportunidade para emitir uma opinião avalizada e séria.

dos trabalhos. Esta especificação deve oferecer, portanto, respostas e soluções claras para todos os problemas que possam surgir no detalhamento. O conteúdo desse relatório pode ser o seguinte:

- diretrizes do sistema (3.1);
- descrição do sistema atual (3.2);
- necessidades do sistema (3.3):
  * detalhamento dos objetivos do sistema,
  * necessidades e limitações da organização,
  * necessidades e limitações de informação e controle,
  * necessidades e limitações do desenho global;
- desenho do sistema (3.4):
  * fluxo da informação,
  * formulários de trabalho funcionais,
  * gráfico de ponderação de funções,
  * gráfico de ponderação de arquivos,
  * definição dos arquivos dos sistemas,
  * necessidades de *hardware* e *software*;
- necessidades do subsistema (3.5):
  * definições das entradas,
  * definições das saídas,
  * desenho dos arquivos,
  * lógica de processo de cada função no fluxo do subsistema;
- cálculo de custos e benefícios do novo sistema (2.4);
- cronogramas para desenvolvimento do sistema (2.3, 3.5);
- definição da equipe de subsistema para as fases seguintes (2.1);
- normas e padrões de documentação para a fase de desenvolvimento do sistema (2.1).

III. Início da análise: via de regra este tipo de estudo têm início quando a direção da empresa identifica uma ou mais áreas com problemas e convoca os chefes afetados para uma reunião para que a questão seja discutida.[3] Após a aprovação pela alta direção e da nomeação do comitê de direção (2.1), este considerará como diretrizes básicas as decisões tomadas e procurará a ajuda que seja necessária, tanto dentro quanto fora da empresa.

IV. Nível de profundidade da análise: a este comitê, neste ponto, e à equipe de projetos que ficou constituída ao final da análise de oportunidade cabe a decisão de definir o nível de profundidade que será empregado. Para tanto, considere-se que:

- deve-se ter conhecimento adequado das operações atuais para perfeita definição de necessidades;
- deve-se conhecer a capacidade da empresa para responder às necessidades de mudanças;

---

[3] Sinto muito mas, apesar de se tratar de um texto técnico de nível superior, não posso omitir que algumas vezes, nestas reuniões, "algumas cabeças rolam". Como conduzir essas e outras reuniões de forma produtiva é o tema do item 6.4.

- deve-se ter informações suficientes para elaborar um completo relatório de custos e benefícios do novo sistema e do atual.

Vale ressaltar que há profissionais que afirmam que as atividades descritas nesta introdução devem ser omitidas ou mesmo abolidas, alegando que existe um consumo de tempo que, eventualmente, pode tornar a solução apresentada, obsoleta. Via de regra se justificam alegando a inexistência de mão de obra ociosa, ou a complexidade das organizações, ou os altos índices de crescimento ou mudanças a que estão sujeitas as empresas de forma geral. Bem, se o problema é mão de obra, é provável que a própria equipe de Engenharia da Informação precise de reciclagem profissional, e se o problema é a obsolescência, não se pode esquecer que um sistema não é feito para um único período fiscal, por exemplo, mas sim para funcionar até que os benefícios hauridos sejam superiores aos investimentos.

Mais do que isso. Quando a análise é omitida, abreviada ou feita às pressas, podem-se esperar os seguintes problemas:

- prepara-se um tipo de informação incorreta;
- usa-se uma equipe inadequada;
- devido a uma estrutura de dados defeituosa, a informação necessária é de difícil acesso ou inexistente;
- soluções desconexas para a mesma área de problema, não permitindo posteriores interligações entre subsistemas;
- objetivos não atingidos por definições incompletas ou pela ausência da informação-chave ou por problemas na estrutura da organização não detectados;
- desenvolvimento longo e oneroso pois inexiste um desenho com qualidade e gabarito do sistema ou que esteja baseado em informações incorretas;
- se por acaso o sistema consegue ser colocado em funcionamento, com certeza o usuário julgará que é inadequado, pois ninguém contou com sua ajuda, opinião e sugestões.

3.1 Definição do problema

Dificilmente as diretrizes oferecidas pela alta direção são tão claras e precisas que ofereçam uma definição exata do problema. Podem ser tanto muito genéricas como muito específicas. Por este motivo, o primeiro passo no desenvolvimento do projeto é formular claramente o objetivo do sistema e qual o problema que se deve resolver.

Esta definição deve ser aprovada pela alta direção antes de se dar prosseguimento aos trabalhos e, uma vez definidos, devem ficar registrados em formulário próprio, veja Quadro 3.1. Uma finalidade deste formulário é oferecer uma declaração oficial dos objetivos que todos possam ver e entender. Sem este entendimento o fracasso se torna muito provável. Os formulários gerados na definição do problema farão parte do arquivo do projeto (2.3).

Nessa definição do problema buscam-se respostas para as seguintes perguntas:

- Quais os objetivos principais para esta solicitação?
- É possível expressar quantitativamente esses objetivos?
- Os objetivos podem ser desdobrados em itens específicos?
- A direção exige economias imediatas ou aceita benefícios em potencial a médio e longo prazos?

- Existem limitações orçamentárias ou de verba?
- Existem limitações de tempo nos cronogramas?
- Como podem ser estruturados os recursos necessários?
- Com que mão de obra pode-se contar para o projeto?
- Qual a diretriz básica, centralização ou descentralização, para o controle das operações na empresa?
- Qual a diretriz básica, centralização ou descentralização, para os equipamentos de processamento de dados?
- Quais departamentos/áreas/setores/seções serão afetados pelo sistema?
- Essas áreas foram informadas do fato e foi solicitado que cooperem nos trabalhos?
- Este estudo é parte de outro maior em conjunto?
- Este sistema deve ser integrado com outros?

QUADRO 3.1

Formulário de definição de objetivos de sistema.

DEFINIÇÃO DE OBJETIVOS

Sistema: _____

Subsistema: _____

Início Previsto: _____

Projeto nº: _____

Etapa: _____

Página: _____

Data Requisição: __/__/__

Objetivos/Definição do Problema:

Razões para Início do Projeto:

Outras Observações:

Data de Início do Projeto:	Data do Primeiro Relatório:	Data de Decisão de Início:	Data de Aprovação dos Orçamentos:	Data de aceite da Alta Direção:

3.2 Estudo da situação atual

Existem três grandes razões para se estudar o sistema existente na organização: obter uma visão de conjunto da empresa; avaliar o sistema atual em termos de custo e de efetividade; e pesquisar em detalhe operações específicas.

Cada uma dessas razões conduz a formas diferentes de análise. O primeiro, fornece uma visão ampla e é mais adequado para a análise de oportunidade, já tratado no início deste capítulo. O segundo, como consequência do primeiro, proporciona meios para uma comparação com a proposta que se vai apresentar. O terceiro se aprofunda em áreas específicas e em problemas individuais.

Por sua vez, a forma que será escolhida depende das necessidades do sistema que se pretende analisar. Em qualquer dos casos citados, o analista de sistemas (ou o componente da equipe de sistema) deve se preocupar em saber a natureza exata da área do problema ou da função empresarial que se pesquisa.

É importante que o analista de sistema seja apresentado em cada departamento/área/setor/seção por um membro da alta direção e que este explique a finalidade do trabalho. Isto ajudará o analista a conseguir a cooperação e ajuda do pessoal que compõe o departamento em estudo.

Para desenvolver estas atividades, normalmente são usados os seguintes instrumentos:

- técnicas de levantamento de dados (6.2):
  ⇒ entrevistas, medidas e estimativas;
- técnicas de documentação (6.3):
  ⇒ redação técnica, construção de diagramas, gráficos;
- técnicas de gestão (6.4):
  ⇒ tabelas de decisão;
- técnicas de programação.

A. Estudo da estrutura existente

O estudo do sistema existente deve começar pela organização à qual ele pertence e pela qual ele funciona. Neste sentido, duas podem ser as abordagens: a primeira aborda a empresa frente ao seu meio ambiente; a segunda se refere à estrutura da organização.

1. Empresa e meio ambiente

Quando as diretrizes formuladas para o sistema estabelecerem que o estudo de oportunidade não deve ficar restrito a uma área específica, mas que deve contemplar a avaliação da empresa inteira, é aconselhável que se comece pelo estudo da empresa frente ao seu ramo de atividade. Com relação ao ramo ao qual pertence, não deve ser considerado apenas como ele é hoje, mas também como evoluiu e qual foi seu passado. Este enfoque proporciona uma visão dinâmica e a percepção de áreas de crescimento ou decadência e oferece oportunidade a uma extrapolação para o futuro. Os temas de interesse passam por:

- tecnologia usada no ramo de atividade:
  * desenvolvimento histórico do ramo de atividade, seus produtos e serviços,

- tendências de pesquisa e desenvolvimento no ramo,
- hábitos, tendências, problemas típicos do ramo em resposta a novas tecnologias,
- tipos mais comuns de diversificação no ramo;

• estrutura econômica do ramo de atividade:

- evolução do ramo em relação à quantidade e dimensão das empresas estabelecidas,
- tendências da demanda dos produtos do ramo;
- tendências de suprimento de recursos utilizados no ramo, inclusive mão de obra;
- tendências do ramo quanto a investimentos e níveis de lucratividade;
- desenvolvimento histórico da empresa, inclusive aquisições, parcerias, desmembramentos;
- tendências sobre produtos, clientes e demanda de produtos e grau de penetração no mercado do ramo em questão,
- hábito de uso de recursos e pagamentos da empresa;
- tendências de investimentos e lucratividade da empresa;
- posição competitiva no conjunto da empresa dentro do ramo de atividade;

• leis e regulamentos governamentais:

- restrições e incentivos ao conjunto do ramo de atividade;
- restrições e incentivos às empresas do ramo;
- fatores legais que afetem o funcionamento da empresa de forma individual;

• desenvolvimento futuro:

- projetos de expansão, inclusive filiais, produtos, mercados, técnicas de engenharia, de produção, instalações.

Fica apenas a questão de onde encontrar essas informações. A resposta é: nas mais variadas fontes e alternativas. A primeira sem dúvida é a própria empresa. A área de marketing, por exemplo, com certeza possui muitas dessas informações, os informativos anuais da empresa e do ramo de atividade, folhetos explicativos, manuais técnicos de produtos.

Há, ainda, publicações industriais ou comerciais especializadas do ramo e que, normalmente, apresentam artigos de interesse geral para as empresas de um determinado ramo dos negócios. Muitas dessas publicações também trazem artigos sobre automação e sobre a maneira como essas inovações afetam as empresas e as alternativas de soluções encontradas por algumas delas.

Existem ainda as publicações de negócios (*Quem é quem, 500 maiores, Fortune, Business Week, Financial Times, Economisch-Statische Berichten*, são alguns exemplos conhecidos por todos) que constituem leitura obrigatória e que apresentam estudos profundos de ramos de atividades e empresas e condensam, para o leitor, muitas horas de pesquisa em algumas poucas páginas.

Apesar disso tudo, não se deve descartar a alternativa de consultar especialistas industriais, comerciais, financeiros, de sistemas ou de qualquer outro tipo que se faça necessário para complementar a informação que se está recolhendo. É muito difícil (para não dizer impossível) que os componentes do Comitê de Direção ou da equipe de projeto consigam estar atualizados com sua própria área, o que dizer, então, de forma semelhante em outras atividades humanas. Nestes casos, deve-se lançar mão dos especialistas existentes para que eles aportem sua contribuição.

2. Estrutura da organização

O objetivo principal desta atividade é o de se obter uma ideia geral da política e da estratégia da direção da empresa e pesquisar a organização existente. As perguntas podem abordar os seguintes tópicos:

- **Controle**: forma de estruturação, quadros de comando e coordenação e práticas de controle;
- **Estratégias e políticas**: sistema de planejamento estratégico e sua forma de implementação, estratégias e políticas adotadas pelas áreas principais da empresa;
- **Estrutura organizacional**: definição de níveis hierárquicos, relações organizacionais e funcionais, níveis de atribuições e responsabilidades nas principais áreas, organogramas em vários níveis de detalhamento, situação geográfica e descentralização, considerações legais a respeito de sua estrutura.

A maior fonte de informações desta atividade é a própria empresa e seus registros e relatórios. Porém, não se deve descartar a necessidade de conversas e reuniões com as pessoas envolvidas nas respectivas áreas que se pesquisa.

Em outras situações, devemos estar atentos para empresas que estão mudando em crescimento e rápida expansão. Nestes momentos, pode ser difícil obter dados que sejam considerados seguros. Nestes casos, a equipe do projeto deve saber o que ocorre e a natureza da situação e submeter a um exame cuidadoso a interpretação dos dados coletados.

Em todo momento deve se ter o cuidado de recolher dados atualizados e, de preferência, que foram produzidos antes do início dos trabalhos. A experiência demonstra que, quando desejamos, podemos mostrar outros resultados, pois o papel tudo aceita. Dados ou registros "ajeitados" resultam, via de regra, pouco confiáveis e enganosos. O analista, apesar disso, deve registrar tanto as impressões favoráveis como as desfavoráveis que obtenha. Estes apontamentos serão conservados em separado e usados para comprovar o "achado", mas nunca como fonte de informação primária.

A seguir são oferecidas algumas questões que podem servir como guia básico durante estas tarefas. Elas estão divididas por áreas básicas:

a. Empresa

⇒ Qual a participação da empresa no ramo de atividade e no território em que opera?

⇒ As informações podem ser confirmadas com estatísticas?

⇒ Quais são os concorrentes nacionais ou internacionais?

⇒ Qual a opinião dos principais diretores sobre a tendência do negócio, do ramo de atividade e da empresa em si?

⇒ As opiniões podem ser confirmadas com estatísticas?

⇒ Qual a política sobre lucratividade e rentabilidade de investimentos?

⇒ Qual a política de preços e qual a fórmula para fixá-los?

⇒ Qual a política orçamentária e de previsão?

⇒ Qual é a política de vendas?

⇒ Os produtos estão protegidos por patentes? Em caso afirmativo, quem são os proprietários da patente?

⇒ Qual a política de atendimento ao cliente?

⇒ Nos assuntos importantes, como se chega a conclusão: comprar ou vender?

⇒ Qual a política de produção?[4]

⇒ Os índices indicadores da atividade condizem com os da empresa?

b. Marketing

⇒ Existem normas escritas sobre política de vendas?

⇒ Qual é a participação de cada produto no valor total de vendas anuais?

⇒ Qual é o custo de venda de cada produto? Difere do custo médio de vendas?

⇒ Existem produtos que dão lucro e outros prejuízo?

⇒ Por que seguem em linha os que dão prejuízo?

⇒ Qual a política de descontos?

⇒ Onde estão localizados os clientes?

⇒ Algum cliente representa mais do que 5% do total de vendas no período?

⇒ Como é a publicidade?

⇒ Qual é a política sobre planejamento de produtos?

⇒ Como são usados os valores vendidos de outros produtos no desenvolvimento ou lançamento de novos produtos?

⇒ A empresa faz pesquisa de mercado? Como usa as informações obtidas?

⇒ Existe programa de pesquisa para produtos novos?

c. Produção

⇒ Como são definidos os objetivos da produção?

⇒ Os instrumentos usados são específicos?

⇒ A empresa pretende modernizar os instrumentos?

⇒ Em qual proporção se subcontrata?

⇒ Qual o tipo de produção?

⇒ Como é feito o controle de produção?

⇒ Como é feito o controle de qualidade?

⇒ Qual é o maior problema no controle da produção?

d. Compras

⇒ São feitas compras especulativas?

⇒ Qual a proporção das compras por tipo?

⇒ Quantos fornecedores tem a empresa?

⇒ Qual o percentual entre vendas totais e compras?

⇒ Existe algum fornecedor exclusivo?

⇒ Existem normas escritas de compras?

---

[4] O termo produção é usado aqui em seu sentido mais amplo possível. Desde que uma empresa, seja ela qual for, de qualquer ramo, oferece um produto ao mercado, ela tem uma política de produção. Assim deve ser entendido o termo ao longo deste texto.

⇒ Como se coordenam as políticas de compras com as de produção e vendas?

⇒ Qual o valor máximo autorizado para as compras?

⇒ Quais as condições gerais das compras?

e. Contabilidade

⇒ Devem ser obtidos os cinco últimos balanços e os respectivos demonstrativos de lucros e perdas.

⇒ Existe um manual da Contabilidade?

⇒ Como se elaboram os orçamentos de novos projetos?

⇒ Como se calculam os preços de novos produtos?

⇒ Como se calculam os custos de financiamento?

⇒ Qual é a política de depreciação?

⇒ O preço de venda se baseia no mercado?

⇒ Quais os relatórios financeiros produzidos e com que frequência?

⇒ Qual a política para financiamento, liquidez, solvência, rentabilidade?

⇒ São comparados os resultados obtidos com o ramo?

f. Pessoal

⇒ Existe uma área de Recursos Humanos?

⇒ Qual a situação dos sindicatos na região?

⇒ Ocorrem greves?

⇒ Como são os antecedentes da empresa em termos de relações trabalhistas?

⇒ Existe algum plano de incentivos?

⇒ Como se estabelecem os percentuais de tarefa?

⇒ Existe convênio coletivo?

⇒ Usa algum sistema de sugestões?

⇒ Usa algum sistema de avaliação de desempenho?

⇒ Usa algum sistema de ponderação de tarefas?

⇒ Quais os projetos ou políticas para seguro em grupo, hospitalização, auxílio doença, aposentadoria?

B. Processo dos produtos

O objetivo básico desta atividade é familiarizar a equipe do projeto com os processos de produção da empresa e ajudar a descobrir os pontos fortes e fracos do fluxo de produção.

A forma mais comum de atingir esse objetivo é fazendo uma visita à linha de produção. Por outro lado, isto demonstra ao usuário que a equipe do projeto se interessa pelas atividades efetivas da empresa, além de fundamentar os estudo na realidade e não em fontes de informações secundárias. Durante esse percurso, os profissionais de sistemas devem ter em mente o fator tempo e as relações entre os fluxos de produção de um lado e o fluxo de informações de outro.

No aspecto tempo, não basta apenas verificar o tempo total de cada uma das séries de operações, deve-se observar os atrasos da produção, a quantidade de trabalho, níveis de estoques. Os estoques, neste caso, são necessários para estabelecer o período de aquisição para compras.

Apesar de o fluxo de informações ser importante, durante a visita na fábrica deve-se percorrer o caminho da produção e não das informações.

A visita deve ser feita com a quantidade de tempo necessário e suficiente para observar realmente a produção inteira. Uma "rápida olhada" de uma hora pela manhã, não é uma visita. Com certeza, a execução perfeita desta atividade vai consumir alguns dias ou até mesmo semanas de observações e anotações. Porém, existirá uma economia de escala no desenvolvimento efetivo do sistema e a certeza absoluta que as medidas e parâmetros usados representam a realidade.

Algumas regras básicas podem ajudar na visita. São elas:

- informe-se com antecedência sobre o fluxo da produção, se necessário peça, antes, um relatório de atividades;
- faça a visita acompanhado por alguém da produção que entenda do assunto e esteja familiarizado com os processos;
- procure que todos, seu acompanhante e o pessoal da produção, saibam com antecedência de sua visita e qual é o motivo para tal;
- percorra o fluxo produtivo de forma lógica;[5]
- tome notas ou desenhe fluxos, diagramas (6.3) em rascunho que o ajudem a compreender o fluxo e a memorizá-lo, aproveite para assinalar se algum setor deve ser estudado em detalhe posteriormente;
- observe e anote todas as normas da empresa sobre o controle de produtos;
- dê especial atenção à organização de materiais, como estrutura da fábrica, cronograma de trabalho, definição de tarefas e controle de materiais;
- detectar os pontos onde ocorrem ações de "início";
- as informações podem ser transformadas em diagramas (6.3) ou no modelo de produção apresentado na Figura 3.1, onde linhas diferentes indicam o fluxo de material e o de informação;

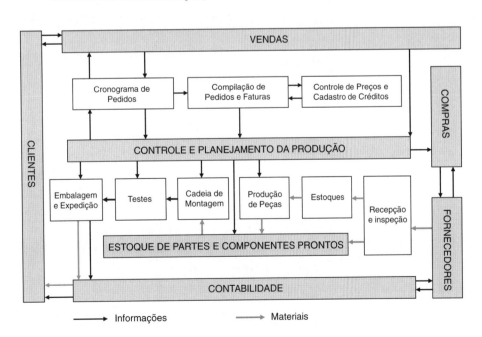

FIGURA 3.1
Modelo padronizado de processo produtivo.

---

[5] Por incrível que possa parecer, alguns analistas tem o péssimo hábito de "pular" processos ou etapas de produção, o que lhes acaba proporcionando uma visão incoerente e confusa do fluxo em geral.

- lista de verificação que serve como guia para a ponderação da eficiência e utilidade dos processos. Exemplo no Quadro 3.2.

QUADRO 3.2

Verificação de resultados do fluxo do produto.

COMPROVAR	EXEMPLO DE QUESTIONAMENTOS
Oportunidade	• Qual é o tempo total do processo em análise? • Qual a relação entre atrasos e tempos do processo? • Qual a proporção do volume de trabalho atual com o total? • Qual a relação entre tempos de transporte e de processo? • Existem componentes ou matéria-prima disponíveis antes do momento de sua utilização?
Exatidão	• Qual o percentual de material enviado a destinos errados? • Qual percentual de trabalho é necessário refazer? • É exata a distribuição de tarefas de produção? • Existe inspeção e controle de qualidade no nível 100%? • Não pode ser feita por amostragem?
Utilidade	• São necessários todos os transportes? • Existem produtos armazenados por muito tempo? • Existem produtos armazenados por um ou dois ciclos? • Os equipamentos usados na produção são adequados? • São fabricados produtos com venda não garantida?
Necessidade	• Existem trabalhos que são feitos duas vezes? • O trabalho é feito em tarefas muito pequenas que poderiam ser combinadas de forma mais proveitosa?
Perfeição	• Estão disponíveis todos os elementos quando necessários? • A produção consegue a informação suficiente quando ela é necessária para um modo mais eficiente de produção? • Há espaços e superfícies suficientes?
Custos	• São feitas inspeções de produtos durante o processo de produção ou só quando já foram incorporados aos custos?
Eficiência	• O setor de expedição seleciona logicamente os pedidos? • Ocorrem devoluções?

C. Fluxo de informações

O objetivo desta atividade é de compreender o fluxo existente de informações, inclusive com seus documentos de origem (ou qualquer tipo de suporte usado) que controlam atualmente as ações da empresa. Mesmo quando não for preciso ou não se pretenda informatizar um procedimento, o fluxo de informações revela frequentemente possibilidades de simplificação, combinação, nova localização ou até eliminação, com o subsequente aproveitamento do sistema.

Via de regra, nesta atividade, são usadas técnicas e instrumentos os mais diversos, para não afirmar que todos, quase que sem exceção, podem ser empregados.

No momento em que se estuda o fluxo de informações, algumas divisões conceituais se fazem necessárias para que o objetivo seja mais facilmente alcançado. O estudo pode ser dividido por:

- **departamento**: é a mais óbvia, ela proporciona uma visão completa das operações desenvolvidas por um departamento em especial. Porém, é preciso estar atento à forma como uma informação passa de um departamento para outro; as interligações na informação nem sempre são claramente evidentes;

- **entrada**: uma forma de eliminar a dificuldade anterior é acompanhando uma determinada entrada (por exemplo, fatura do fornecedor) e seguindo seu trajeto até o término. Nesta alternativa, deve-se ter certeza de que cada uma e todas as entradas, tanto internas como externas, estão contempladas e qual, ou quais ações são geradas dentro da empresa;

- **atividade**: pode ser usado em conjunto com qualquer um dos métodos anteriores e consiste em estudar a informação necessária para iniciar ou controlar uma única atividade (por exemplo, emissão de pedido de matéria-prima);

- **objeto**: consiste em estudar um objeto específico produzido ou controlado (por exemplo, atendimento ao cliente);

- **saída**: consiste em estudar os processos no sentido inverso, pelas suas saídas (internas ou externas). Percorre-se, em retrocesso, os documentos, arquivos e processos intermediários dos dados até chegar à criação dos documentos originais.

Independente do método empregado, deve-se prestar especial atenção ao momento em que determinados fatos importantes ocorrem no fluxo da informação. Um fato importante é aquele que afeta um determinado nível de tomada de decisão ou pode dar início a uma série de operações a ele diretamente associadas. Em ambos os casos, o tempo de resposta do destinatário é importante em relação ao ciclo de processo do sistema.

Outro conceito importante que se deve ter em mente é o que diz respeito à significância dos resultados. Para que isso seja possível é necessário que se registrem todas as reclamações, problemas, sugestões, queixas de todos os envolvidos ao longo das diversas entrevistas. Além disso, devem ser procuradas as causas de trabalhos apressados, gargalos, estrangulamentos, variações importantes na carga de trabalho, procedimentos de exceção e trabalhos desenvolvidos em horas extras. É interessante, uma vez mais que se use um relatório padronizado de verificação, conforme consta no Quadro 3.5.

Todo o material coletado ou elaborado durante a análise do fluxo de informações deve ser guardado no arquivo do projeto, de acordo com o que já foi estabelecido no item 2.3.

É interessante que, independente do método que seja usado para a análise do fluxo de informação, mantenham-se em mente algumas observações importantes, tais como:

- Avaliar todos os documentos coletados considerando seu conteúdo e utilidade.

- Registrar todas as duplicações, discrepâncias ou soluções inadequadas detectadas.

- Verificar se as respostas, quanto ao uso das informações, são confirmadas por componentes hierarquicamente inferiores que aqueles que a forneceram, para confirmação de respostas.

- Estabelecer a responsabilidade funcional sobre a informação para cada usuário pesquisado.

- Observar se as datas de recebimento das informações é coerente com aquelas de preparação ou consistência.

- Verificar, efetivamente, quantos objetivos primários ou secundários, são contemplados pela informação.

- Observar que muitas vezes a informação acaba ajudando na tomada de decisões que, aparentemente, nada tem a ver com a produção da informação, propriamente dita.

- Verificar se algum relatório após o recebimento é conferido, ou verificado se está correto; observe que não podem pairar dúvidas quanto à veracidade da informação que é veiculada, se isto ocorrer, algo não está corretamente definido.

- Registrar se a informação é usada de forma isolada ou em conjunto com outra que proceda de outras áreas, nestes casos, deve haver sincronicidade, ou ambas as informações serem proporcionadas juntas.

- Registrar o tempo médio gasto em cada informação e a quantidade de referências que a ela se fazem.

- Indagar a respeito da opinião de todos sobre a forma como, atualmente, a informação é oferecida.

- Verificar os volumes quantitativos informados pelo pessoal operacional ou de níveis inferiores; geralmente, essas pessoas possuem uma visão muito estreita da organização ou não têm ideia de conjunto e tendem a dar uma ênfase inadequada às cargas de trabalho ou a fatos recentes.

- Registrar exatamente os períodos e os volumes de ocorrência de uma informação.

- Detectar os tratamentos de exceção; algumas vezes eles são a regra, outras vezes eles ainda não ocorreram.

- Observar qual a subdivisão de tempo que é empregada; é preferível sempre trabalhar com períodos pequenos que podem nos fornecer uma ideia das ocorrências, se necessário é possível a partir daí a consolidação; porém, quando se trabalha com valores totais, não podemos fazer o inverso, teremos que retomar o levantamento.

- Observar quais as medidas de controle interno do sistema atual para a informação.

- Documentar o fluxo de informações que é investigado com fluxos, diagramas, modelos dos relatórios, modelos dos formulários; identifique exatamente de onde eles vieram, onde entram no fluxo, quem emite e demais esclarecimentos.

É provável que a lista seja muito maior do que esta. No entanto, as outras variáveis a serem observadas, anotadas e registradas podem ser subdivididas em grandes unidades agregadoras ou fornecedoras de informações aos departamentos de uma empresa, tais como:

1. Análise dos documentos

O termo documento é usado neste texto para identificar qualquer meio duradouro que pode conter uma informação mediante a complementação de campos com dados. Neste contexto, o meio ou suporte usado é um dos itens que será analisado. Portanto, neste momento, documento é: disquetes, fitas, áudio, papel, qualquer material que contribua com um dado ou uma informação completa ou não. Com esta premissa, podem se estabelecer alguns tipos de documentos a serem analisados:

- *Fonte*: é o que oferece novos dados ao sistema. São exatamente estes que devem ser convertidos quando o sistema passa de manual para mecanizado.

- *Intermediário*: constituem pequenos resumos que podem sintetizar, num determinado momento, uma série de informações provenientes de uma parte do sistema. Normalmente na mecanização ela assume esta função.

- *Registro*: série de dados conexos que sempre são guardados juntos e historicamente. Normalmente formam parte de um arquivo que sofre processo de atualização e acréscimos.

- *Relatório*: normalmente é um documento que contém informações operacionais ou administrativas. Em geral, estes documentos terminam na tomada de decisão ou no início de uma ação. Podem ser divididos em: periódicos (como um balanço); de resultados (como o de lucros e perdas); administrativos (para que a direção tome decisões ou controle resultados e operações); formulários (ou operacionais que representam os pontos de comunicação na cadeia operacional).

Os aspectos que devem ser considerados na análise são:

ASPECTO	OBSERVAR
Identificação	• Número do documento • Nome oficial • Código ou sigla (para uso em indexações cruzadas) • Nomes secundários
Origem	• Área/Departamento/Setor/Seção, pessoa, procedimento ou agente que lhe dá origem
Finalidade	• Descrição dos motivos que existem para a elaboração • Atividade ou função da qual é uma saída
Distribuição e uso	• Quantidades de cópias • Destino das cópias • Razão e motivo para a existência de cada uma das cópias • Descrição dos campos que cada um dos destinatários usa • Decisão ou ação que dará origem em cada destinatário • Nomeação de todos os processos que usam o formulário
Conservação	• Descrever como é conservada cada cópia • Especificar o fim do documento em cada receptor
Frequência	• Emissão normal ou por pedido especial • Se for previsto, especificar a quantidade de vezes que é emitido num determinado período • Se for solicitado, especificar quem pode fazê-lo • Descrever as razões para os pedidos e sua frequência
Volume	• Especificar a quantidade usada num determinado período • Quantidade média e máxima de elementos por documento (página, linhas, bloco) • Nível percentual de crescimento
Tempo	• Solicitação x disponibilidade dos dados necessários • Níveis de atraso mínimo, médio, máximo
Suporte	• Forma como é oferecido (papel, bloco impresso, disquete, CD, DVD, USB etc.)
Conteúdo	• Campos incluídos com especificação de nome e características • Uso dos campos para os fins propostos • Campos usados para outros fins • Frequência de uso de um campo • Tamanho do campo • Resumos, totais, consolidações que ocorram • Normas de inclusão • Medidas de controle
Formato	• Tamanho, tipo do papel, forma de reprodução de cada documento e de cada cópia se for o caso • Descrição da sequência e do formato em termos de eficiência

2. Análise dos arquivos

Arquivo é uma coleção de registros relacionados entre si e considerado como uma única unidade[6] armazenada de tal maneira que seus dados são acessíveis para uso.

Assim, para os efeitos deste texto, considera-se arquivo desde os de aço com gavetas, pastas suspensas, classificadores A-Z, fichas, catálogos, livros de referência, tabelas de percentuais, disco magnético rígido, fitas, disquetes, discos digitais, discos óticos, enfim tudo que represente a expressão da definição apresentada.

Cuidado especial deve-se ter na existência de arquivos extraoficiais ou não produzidos diretamente pelo sistema. Todos eles devem ser registrados no levantamento e avaliados posteriormente. Com relação aos arquivos observe-se:

- nome e código de identificação;
- outros nomes ou siglas secundários ou alternativos;
- objetivo básico;
- origem, onde ou por que nasce;
- tipo de suporte empregado;
- área ou funcionário responsável pela manutenção;
- utilização, quem, por que, onde, quando;
- facilidade de acesso à informação;
- tipos de pesquisas ou consultas solicitadas;
- tempo médio de resposta às pesquisas ou consultas;
- pesquisas ou consultas não respondidas, por que, frequência;
- descrição do conteúdo por campo, com tamanho, classificação, sequência, quantidades máxima, média e mínima, nível de crescimento;
- frequência de atualização;
- normas de manutenção;
- saídas que utilizam o arquivo.

No Quadro 3.3 se oferece um modelo de folha de registro para a descrição de formulários ou de arquivos.

---

[6] Definição fornecida pela ASA – American Standard Association.

QUADRO 3.3

Modelo de descrição de formulário ou arquivo.[7]

DESCRIÇÃO DE ARQUIVOS ATUAIS

Sistema: _____

Subsistema: _____

Início Previsto: _____

Projeto nº: _____

Etapa: _____

Página: _____

Data Requisição: __/__/__

Nome Oficial: _____   Código ou Número: _____

Nomes Secundários: _____

Objetivo: _____

_____

Usado em: _____

  Função: _____

  Procedimento: _____

  Programa: _____

  Formulário: _____

Forma de Arquivamento: _____

  Período: _____

  Sequência: _____

Quantidade de cópias: _____

Quantidade por dia: _____

Média: _____

Máximo: _____

Data de Início: _____

Atraso na Informação: _____

Unidade de Apresentação: _____

Tipo de Suporte: _____

Cor: _____

Etiqueta de Início: _____

Etiqueta de Encerramento: _____

Campo		Linha	Caracteres		Ale*	Frequência	Observações
Nome	Código		Máximo				
			alfa	num.			

* Aleatório.

3. Análise dos campos

A análise e a descrição dos campos deve ser usada para especificar e detalhar todas as informações referidas a um único campo. Se pretendemos uniformizar a linguagem dentro da empresa e simplificar as tarefas, não podemos esquecer que, para cada campo só pode existir uma única identificação e definição, e todas as vezes que o mesmo campo aparecer, ele deverá ter exatamente a mesma configuração. Com esta diretriz o que ocorre é que se revisam todos os campos de dados empregados no sistema e, simultaneamente, se define seu uso facilitando as futuras manutenções. Um exemplo é apresentado no Quadro 3.4.

---

[7] Naturalmente quando nos referimos aos suportes de processamento de dados, cada um deles, tela, relatório, listagem, arquivo, registro, possuem seus formulários próprios de codificação.

QUADRO 3.4

Modelo de descrição de campo.

ANÁLISE E DESCRIÇÃO DE CAMPO

Sistema: _____

Subsistema: _____

Início Previsto: _____

Projeto nº: _____

Etapa: _____

Página: _____

Data Requisição: __/__/__

Nome Principal:	Abreviatura:		Código:	
	Tamanho		Área Responsável:	
Nome Secundário:	Min.	Máx.		

CARACTERÍSTICAS

Modo	Tipo	1	2	3	4	5	6	7	8	24	25	26	27	28	29	30
Entrada	Alfanumérico															
Edição	Modelo															

Usado por:

Entrada	Saída	Registro	Rotina	Programa

Observações:

QUADRO 3.5

Verificação do fluxo de informações.

COMPROVAR	EXEMPLO DE QUESTIONAMENTOS
Oportunidade	• Existem gargalos? • Há funcionários ociosos pelo atraso na circulação? • As informações chegam atrasadas para a decisão? • Chegam atrasadas para a realimentação?
Exatidão	• São feitas verificações em excesso ou com insuficiência? • São feitas muitas correções? • Os valores são muito exatos para a decisão a que se destinam?
Utilidade	• O procedimento realmente fornece a informação necessária? • O procedimento ajuda a aumentar os benefícios? • Existe outra forma melhor? • A informação tem valor para a tomada de decisão? • São usadas todas as cópias que existem? • As exceções são tratadas como tal? • Se já existe computador, ajuda a todos o só alguns?
Necessidade	• Há duplicidade de trabalho? • Pessoas diferentes, de áreas diferentes, fazem trabalhos iguais ou semelhantes que poderiam ser combinados ou consolidados? • Há relatórios frequentes que só são usados esporadicamente?
Perfeição	• Os clientes são informados sobre problemas de produção? • A direção recebe informações com antecedência para prever eventuais problemas? • O controle é por exceção para a tomada de decisão?
Responsabilidade	• Estão claramente definidas as responsabilidades pelas decisões em cada um dos processos? • Os limites das responsabilidades estão definidos?
Eficiência	• Há necessidade de procurar em muitos lugares para se obter uma informação ou uma resposta a uma pergunta? • Os contatos de vendas podem ser modificados para serem mais baratos e efetivos? • Os produtos menos vendidos são realmente anunciados?
Confiança	• A direção aceita as informações ou verifica sua veracidade por conta própria? • As previsões que são feitas revelam a tendência real? • A margem de erro nas previsões é muito diferente de ±5%?

D. Avaliação do sistema atual

O objetivo desta fase é reunir e revisar todas as informações coletadas nas três fases anteriores em que se estudou o sistema atual. Como resultado, obtém-se a valoração quantitativa da empresa no que diz respeito a:

- posição atual na área de atuação;
- seus objetivos básicos;
- suas estratégias e métodos;
- sua estrutura organizacional;
- o sistema atual;
- alternativas para melhorias.

Eventualmente, a equipe que está desenvolvendo os trabalhos por vezes chega a discussões sobre alternativas de mudanças na organização ou nas alternativas ou nos métodos que podem interferir no desenho e na continuidade do sistema que se pretende desenvolver. Nesse momento, o Comitê de Direção deve ser consultado sobre qual alternativa escolher. Com isso ficará claro para a equipe quanto, efetivamente, se pretende investir e em que tipo de solução e, para o Comitê de Direção, a segurança de que os trabalhos estão caminhando conforme definido anteriormente. Isto nada mais é do que um retorno à definição do problema (3.1), porém num nível de detalhamento muito mais elevado.

No ponto em que se avaliam os estudos desenvolvidos em *A*, *B* e *C* (imediatamente anteriores), o sistema atual é avaliado desde os pontos complementares de eficiência e custo. Atualmente, é impossível separar estes dois aspectos, pois muitos dos aspectos dizem respeito ao investimento financeiro.[8]

1. **Fluxos do produto e de informações:** durante sua execução, deve-se ter prestado atenção sobre os pontos de contato entre eles. O resultado dessas pesquisas será analisado neste momento de forma detalhada e cuidadosa. Para que seja possível descrever a eficiência conjunta do fluxo do produto é necessária perfeita compreensão dos pontos de decisão nos quais a eficiência é afetada e determinada pelo fluxo de informações (veja um exemplo no Quadro 3.5). Durante o processo de avaliação deste último, deve-se estar atento às características de controle e das áreas que apresentem algum tipo de problema. As questões básicas neste momento são:

   - o controle das várias operações é executado adequadamente pelo sistema atual?

   - existem pontos importantes de decisão?

   - quando ocorrem desvios do planejamento as ações corretivas são tomadas com rapidez suficiente?

   - essa realimentação é adequada?

   - é adequada a direção para a realimentação das exceções?

2. **Uso de modelos:** muitas das técnicas atuais de avaliação de um sistema ou de parte dele estabelecem o uso de modelos.[9] A construção e aplicação de um modelo tem por função verificar a existência de eventuais inconsistências ou deficiências no sistema atual. Comparações entre resultados dos módulos do sistema, ou entre funções individuais ou mesmo entre os problemas detectados. Vários são os tipos de modelos passíveis de utilização, entre eles podem ser destacado:

   - *Modelo matemático*: via de regra, expressa o desenvolvimento do sistema em relação com uma série de equações. Deve-se ter cuidado, pois a quantidade de equações necessárias para comprovar um sistema, mesmo que simples, é muito grande.

   - *Simulador*: um modelo matemático nos permite predizer o comportamento do sistema, porém não reproduz na íntegra a estrutura do sistema. Um simulador representa com muita mais fidelidade as funções e as relações

---

[8] Nunca será demais lembrar que, se houver necessidade de um profundo estudo financeiro sobre o sistema, é aconselhável que a equipe de projeto peça a ajuda dos profissionais da área contábil-financeira pois eles são especialistas em análise de investimento, análise de risco, análise de retorno sobre investimentos.

[9] O termo "modelo" é usado em seu sentido mais amplo possível. Uma tabela de verificação é um modelo. Um resultado estatístico da tabela normal é um modelo. Dizer que, quando no processo de análise devemos responder sempre às perguntas: "o que, quando, por que, quem, onde, como" é, também, um modelo.

atuais e isso só pode ocorrer desde que sua configuração seja absolutamente correta.

- *Simulação diagramada*: elabora-se um diagrama (6.3.1) que represente por meio de setas conectoras, por exemplo, o desempenho do sistema. Um diagrama, bem elaborado, pode demonstrar muitas das falhas de um sistema. Além disso, se for levado em conta os resultados das várias ações acionadoras às quais a própria empresa responde, com certeza serão localizadas as inconsistências ou erros do sistema atual.

- *Simulação computadorizada*: alguém já disse que "o melhor simulador de um sistema é o próprio sistema". Em etapas posteriores do desenvolvimento do sistema, como nesta segunda fase, e em especial no momento da avaliação da execução, a disponibilidade de arquivos e programas atualizados e da configuração de *software* e *hardware* permitem efetivamente que se faça a simulação no próprio equipamento.

- *Modelo financeiro*: o aspecto financeiro, quer se deseje ou não, forma parte mais ou menos importante da maior parte das medidas de eficiência de um sistema. Para definir uma melhoria ou decidir se pode havê-la, a equipe do projeto deve saber o que, ou quanto será considerado como eficiente. Na realidade, é muito difícil, para não afirmar que é impossível, estabelecer um valor fechado que seja o padrão de eficiência para o sistema inteiro. Porém é muito mais fácil dividi-lo em partes menores, por exemplo, as funções, e atribuir um elemento quantitativo. As unidades podem ser tempo, dinheiro, mão de obra ou qualquer unidade que possua uma relação com custos diretamente quantificável.

- *Coeficiente de rendimento*: são selecionados pares ou grupos de elementos que se correspondam entre si para atingir diferentes resultados do sistema e se verifica o percentual de ocorrência. O cuidado reside na seleção desses elementos, pois devem apresentar exatamente as mesmas dimensões para que seja possível a comparação dentro de um modelo financeiro. Um exemplo do que se quer dizer é a relação entre: quantidade de pedidos fora do padrão *versus* quantidade total de pedidos; quantidade de pedidos cancelados *versus* quantidade total de pedidos.

3. **Custo do sistema atual:** neste momento, o analista deve considerar não só os custos de processamento de dados, mas incluir o custo pela ausência da informação, ou pela informação insuficiente ou pelo controle ineficiente. Estas análises podem derivar-se do cálculo de custos e benefícios (2.3) e podem ser aplicadas igualmente tanto ao sistema atual quanto ao proposto.

- *Comparação de custos*: não se deve perder muito tempo em comparações se a Direção houver definido que o aspecto custo não será considerado na seleção. Neste casos é preferível trabalhar com os índices de rendimento do sistema. No caso de a Direção basear a decisão em custos, não se esqueça que eles só serão comparáveis se ambos os sistemas executarem exatamente a mesma coisa no mesmo âmbito se essa definição for diferente, a comparação perderá o sentido.

- *Custos de pessoal*: o trabalho que será realizado administrativamente deve relacionar-se com o custo dos procedimentos operacionais. A tendência natural é de que os custos dos procedimentos manuais sejam desproporcionais em relação aos salários, com quase nenhum aumento no volume da produção. Para se comprovar este aspecto, relacione o volume de uma série determinada de anos de trabalho manual (por exemplo, cinco anos) com os custos do departamento ao longo dos anos e verifique.

- *Custos de equipamentos*: observe que para cada peça do equipamento deve-se saber, entre outros aspectos:
  - tipo e modelo;
  - dados instalados;
  - se for equipamento comprado:
    - valor atual;
    - valor residual;
    - depreciação anual;
  - pagamento anual no caso de aluguel;
  - se for equipamento arrendado com opção de compra:
    - valor do pagamento anual;
    - data de encerramento do contrato;
  - custos anuais de manutenção e serviços;
  - data prevista de substituição e motivos:
    - desgaste e quebras;
    - insuficiente capacidade.

3.3 Necessidades e limitações

O objetivo principal desta atividade é especificar de forma detalhada todas as necessidades e todas as limitações do novo sistema. Também proporciona a oportunidade de estabelecer uma detalhada lista de objetivos tanto geral como específicos juntamente com a estimativa do grau de atingimento desses mesmos objetivos e a especificação completa das mudanças organizacionais necessárias para que o sistema seja capaz de funcionar com a eficiência desejada.

Naturalmente, a maior parte do trabalho que será desenvolvido toma como base as informações coletadas nas atividades imediatamente anteriores. Porém vale ressaltar que tanto as necessidades como as limitações do novo sistema terão como base o sistema atual. Isto não significa que o novo sistema seja uma extensão do atual. Nada disso. Pelo contrário, o novo sistema deve apresentar uma concepção inteiramente nova e de mudança efetiva. A seguir são descritas as fases necessárias para esta atividade.

A. Objetivos do novo sistema

A meta principal desta fase, como o próprio nome indica, é estabelecer com o maior nível de detalhe possível todos os objetivos do novo sistema e prever o grau de sucesso desses mesmos objetivos. Esta responsabilidade, pela importância das definições, recai sobre o Comitê de Direção. Basicamente, podem ser apontados três grandes motivos para esta preocupação inicial:

- comparar custos e benefícios do antigo e do novo sistema;
- avaliar a execução em função dos objetivos definidos;
- estabelecer a hierarquia dos objetivos perseguidos pelo sistema.

Para essa definição, é aconselhável que se desenvolvam os seguintes passos:

- rever os objetivos do sistema e hierarquizá-los;

- subdividir os objetivos gerais em específicos e, na medida do possível, quantificá-los;

- determinar as medidas que serão usadas em cada caso;

- prever o comportamento de cada objetivo durante uma série de períodos (por exemplo, cinco anos).

1. **Revisão dos objetivos**: em função do novo sistema, revisar os objetivos previamente estabelecidos e definir uma ordem de prioridade para eles. Isto supõe uma reavaliação que algumas vezes provoca uma redefinição nos objetivos que foram estabelecidos. Nesta tarefa, deve-se ter cuidado para não basear o novo estudo apenas no sistema atual, mas em todas as informações coligidas desde o início dos trabalhos. A comparação da empresa com outras similares e as formas de solução de problemas por elas, pode fornecer indícios muito importantes neste momento.

2. **Objetivos específicos**: além da definição, neste momento a preocupação é estabelecer formas de se quantificar o nível de atingimento dos objetivos. Isto supõe, naturalmente, que os objetivos sejam passíveis de quantificação. Via de regra, os objetivos fixados na fase anterior são, de fato, muito genéricos, como, por exemplo, "aumentar a flexibilidade", e não são próprios à quantificação. Neste momento é o ponto de se caracterizarem o mais especificamente possível quais os objetivos específicos e quais medidas estarão a cada um deles associadas para que se possa medi-los. Certamente, algumas vezes não é tão fácil, como se possa imaginar de imediato, estabelecer uma relação ou proporção entre variáveis que seja quantificável. Apesar disto, podem ser elaboradas proporções cuja razão na mudança sejam quantificáveis, por exemplo, tempo é uma das grandes medidas de resultados em termos do sistema.

3. **Padrões das medidas**: após a decisão sobre o coeficiente de proporção ou razão que será usado, é necessário fixar os padrões e normas para se efetuar a medição. Todas essas medidas devem ser efetuadas e verificadas repetidas vezes para que se comprove, realmente, que a medida mede o que se pretende. Apesar disto, não podemos esquecer que a forma de apuração dessas medidas padronizadas deve ficar escrita, registrada e divulgada, sem o que o trabalho terá sido em vão.

4. **Previsões**: não é suficiente que hoje a medida-padrão estabelecida e o sistema desenvolvido atenda às necessidades da empresa, é necessário prever-se o comportamento desses fatores ao longo de alguns períodos, normalmente essa previsão é para cinco anos.

5. **Documentação**: a finalização de todas as fases descritas neste capítulo devem ficar registradas em formulário próprio. Um modelo é apresentado no Quadro 3.6.

B. Estrutura

O objetivo desta fase é prever as necessidades e limitações na estrutura que existirão no momento em que o novo sistema se torne operacional e, também, após esse momento durante o maior período de tempo possível, no mínimo, como já foi dito, cinco anos.

Com certeza estas necessidades e limitações aqui estabelecidas mudarão com o tempo, como reflexo das próprias mudanças da empresa para satisfazer as necessidades internas e externas sentidas e detectadas.

QUADRO 3.6   Modelo de definição dos objetivos do sistema.

DEFINIÇÃO E QUANTIFICAÇÃO DE OBJETIVOS DO SISTEMA

Sistema: _____

Subsistema: _____

Início Previsto: _____

Projeto nº: _____

Etapa: _____

Página: _____

Data Requisição: ____/____/____

REF. ORD	DEFINIÇÃO DE OBJETIVOS	MENSURÁVEL		FORMA DE CÁLCULO	PREVISÕES				
		SIM	NÃO		1997	1998	1999	2000	2001
A	Melhorar o atendimento aos clientes			–	–	–	–	–	–
A1	Percentual de pedidos atendidos			$\dfrac{n^{\underline{o}}\ pedidos}{n^{\underline{o}}\ total\ de\ pedidos} \cdot 100$	10	15	20	25	30
A1a	• num período específico de tempo			$\dfrac{n^{\underline{o}}\ pedidos}{n^{\underline{o}}\ total\ de\ pedidos} \cdot 100$	15	20	25	30	35
A1b	• com uma semana de atraso			$\dfrac{n^{\underline{o}}\ pedidos}{n^{\underline{o}}\ total\ de\ pedidos} \cdot 100$	20	15	10	05	-o-
A1c	• com uma semana de antecedência			$\dfrac{n^{\underline{o}}\ pedidos}{n^{\underline{o}}\ total\ de\ pedidos} \cdot 100$	05	05	05	05	05
A1d	• com duas semanas de atraso			$\dfrac{n^{\underline{o}}\ pedidos}{n^{\underline{o}}\ total\ de\ pedidos} \cdot 100$	05	04	03	02	01

1. **Redefinição de finalidade**: em muitas empresas a definição de se iniciar o desenvolvimento de um sistema faz parte do planejamento de longo prazo e pode envolver, também, a reavaliação parcial dos objetivos do negócio e também dos métodos ou políticas da empresa, o que pode acabar numa reorganização da própria empresa. O objetivo básico destas redefinições ou reorganizações é tornar a empresa mais adaptável ao meio ambiente no qual ela se insere. Em consequência, qualquer mudança que ocorra a nível organizacional deve estar refletida no desenho do novo sistema. Por exemplo, se uma empresa mantêm seu estoque de mercadorias centralizado e concentrado geograficamente num único local e se decide passar a trabalhar geográfica e decisoriamente descentralizada, isto afetará de forma considerável as definições e delimitações do sistema, do fluxo de informações e do processo de tomada de decisão.

2. **Adaptação aos objetivos**: certamente, em alguns casos será necessário que a estrutura mude para poder atingir os objetivos estabelecidos no sistema. Por meio das questões respondidas até este momento, a análise do sistema atual deve ter detectado muitas vantagens que o novo sistema deve manter e muitos problemas ou disfunções que o novo sistema deve tentar eliminar. Este diferencial pode ser muito difícil de ser atingido se a estrutura organizacional existente não mudar em um mínimo necessário. Por sua vez, qualquer uma dessas mudanças pode provocar também mudanças nas necessidades e limitações do novo sistema.

3. **Resultados**: como produto final desta fase surgirá uma lista de mudanças a serem realizadas na estrutura e as datas estimadas em que elas estarão em vigor. Se algumas destas mudanças suporem modificação nos objetivos estabelecidos anteriormente, elas devem ser oficialmente incluídas no item imediatamente seguinte.

C. Informação e controle

O objetivo desta fase é estabelecer as necessidades e limitações que suportará o novo sistema como consequência das informações que usar ou produzir ou por solicitações da Direção sobre os controles internos necessários ou, então, por métodos jurídicos ou empresariais a seguir. Nesta etapa determinam-se as necessidades e limitações de informação que sejam pré-requisitos para o novo sistema, as demais serão desenvolvidas quando do desenho do sistema. De forma similar, os arquivos do sistema não são contemplados neste momento por serem mais um meio do que um fim em si mesmos.

1. **Áreas e funções**: denomina-se área de problema[10] qualquer função ou grupo de funções independentes com fronteiras claras e interligadas entre si. A identificação dessas áreas, bem como a inclusão de novas, já foi feita na atividade anterior.

   a. *Cooperação da direção*: deve ser assegurada e garantida, inclusive de áreas que até o momento não tenham participado do projeto.

   b. *Documentação*: é aconselhável cuidadoso registro dos resultados das análises, tais como:

   - áreas a incluir por ordem de importância;
   - exame de cada uma, enumerando as funções priorizadas;

---

[10] A palavra "problema" é usada neste contexto mais com o sentido de área que requer atenção por parte dos profissionais de sistemas. Isto não quer dizer, obrigatoriamente, que a área apresente disfunções ou erros de operação.

- descrição de cada função em formulário adequado, contendo o objetivo, entradas, saídas, processos.

2. **Necessidades e limitações**: estas definições devem ser em termos das entradas, processamento de dados e saídas que serão atendidas pelo novo sistema já detectadas na análise anterior. Deve-se ter especial cuidado para a verificação de se houve a inclusão de mais alguma área problema do que as já estudadas anteriormente.

3. **Recomendações**: retomar as solicitações efetuadas pela Direção em termos de entradas, processos e saídas das funções dentro do novo sistema.

4. **Necessidades legais e políticas**: servem também como guias para a determinação exata do tipo de saídas que o sistema deve oferecer.

   a. *Fontes de informação*: manuais de políticas, manuais de procedimentos, chefes ou encarregados das respectivas áreas envolvidas e, agências governamentais;

   b. *Limitações*: políticas e diretrizes internas da empresa que podem afetar às definições do sistema;

   c. *Legal*: são estabelecidas por força da lei. Leis da folha de pagamento, leis da contabilidade, leis de depreciação, e tantas outras.

5. **Controle interno**: como o sistema alvo de estudo deve se ater e atender os controles internos da empresa, eles são levados em consideração no momento em que se define o sistema de informação. Alguns cuidados necessários dizem respeito a:

- separação de responsabilidades funcionais: quem executa não controla;

- ação restrita dentro dos limites permitidos pela normas;

- comparação com informações externas;

- comparação com o fluxo do produto;

- comparação com os dados de origem;

- exatidão.

Tanto o controle automático como o manual impõem necessidades e limitações ao novo sistema que devem ser consideradas neste momento.

D. Desenho global

O objetivo desta fase é determinar as necessidades e limitações que acabam influenciando o desenho do novo sistema de informações. Todos os parâmetros que sejam estabelecidos neste momento, são fundamentais para a equipe do projeto no momento em que se inicie o desenho do sistema efetivamente. É aconselhável que se contemplem:

1. **Manutenção**: é a capacidade que o sistema apresenta de suportar modificações futuras que tanto podem incluir a depuração de programas como modificações de técnicas empregadas.

2. **Flexibilidade**: é a capacidade de aceitar mudanças fundamentais nos programas e nos procedimentos. Uma das formas de se conseguir tanto a manutenção quanto a flexibilidade é desenvolvendo um desenho modular.

3. **Compatibilidade**: diz respeito aos diversos usuários que utilizarão o sistema e às diversas limitações que cada um deles pode impor, mais ainda se forem empregados *softwares* de aplicações específicas.

4. **Expansão**: diz respeito ao nível de crescimento posterior que o sistema suportará para atender às áreas constantes na definição.

5. *Hardware e software*: qual a configuração disponível e se ela inclui algum limite para o sistema.

6. **Eficiência**: o desenho deve produzir um sistema que funcione dentro do orçamento disponível; certamente isto acarretará um específico tratamento das operações de processamento de dados do sistema.

7. **Resultados**: elaborar uma relação de todas as necessidades e limitações que determinarão o desenho global; deve-se acrescentar uma descrição de cada uma delas. Seus impactos sobre o desenho do sistema são descritos no capítulo seguinte.

3.4 Desenho do novo sistema

O objetivo desta atividade é criar um novo sistema de informação de acordo com as necessidades e limitações já estabelecidas. O desenvolvimento e a aplicação seguinte deste sistema proporcionam o atingimento dos objetivos já estabelecidos (3.2, 3.3). A atividade inclui:

- desenho do fluxo de informações, destacando o controle do novo sistema sobre as operações, identificando e detalhando as diferentes funções;

- a transformação do fluxo de informações em processamento de dados, buscando as respostas para:

  ⇒ em quais funções é necessário o computador?

  ⇒ quais tipos de dados são necessários?

  ⇒ como serão organizados os dados de um sistema com arquivos?

  ⇒ que tipo de equipamento e ferramentas são necessários?

Devido à estreita relação entre a estrutura de arquivos e seu uso em processamento de dados, é aconselhável que as fases B e C (descritas a seguir) sejam desenvolvidas em conjunto.

Os instrumentos e ferramentas mais usadas nesta atividade estão descritos no Capítulo 6.

A. Desenho do fluxo de informação

O objetivo desta primeira fase é contemplar graficamente o fluxo de informação definindo todos os elementos. O fluxo de informações constitui a base do novo sistema, sua maior ou menor qualidade afetará o perfeito desenvolvimento do sistema, bem como seu funcionamento.

1. **Elaboração do fluxo de informação**: trata-se de combinar as funções identificadas e registradas nas folhas de trabalho das funções (3.3) num fluxo de informação conforme os passos seguintes:

   - comece por uma saída de uma função controlada diretamente pelo fluxo de produtos;

   - caminhe em direção contrária até a função administrativa e de controle no fluxo de informação;

- outra forma alternativa é iniciando por uma entrada e acompanhando-a na íntegra; somente o enfoque, neste caso, será diferente;

- mantenha o fluxo tão simples e direto quanto possível; para revisão selecione uma única função e faça a verificação;

- se o número de funções for grande para trabalhar simultaneamente, vá des-crevendo-as de forma individual, junte-as por blocos e substitua os blocos;

- outra alternativa é separar por área de problema, porém neste caso corre-se o risco de esquecer o sistema completo, pois o que se contempla são as áreas;

- não se preocupe em selecionar as funções que melhor se adaptem a uma aplicação via computador;

- não esqueça as diferenças de frequência nas entradas e saídas de funções diferentes;

- procure eliminar os documentos intermediários típicos dos sistemas manuais;

- associe tantas operações afins seja possível ao fluxo principal;

- verifique se é possível eliminar algum relatório acrescentando campos aos já existentes ou mudando sua frequência;

- estabeleça onde devem ocorrer os controles do fluxo; desloque os controles para as entradas dos dados;

- verifique se foram contempladas todas as necessidades e se foram levadas em conta todas as relações estabelecidas;

- use as técnicas de diagramas para desenhar o fluxo (6.3.1).

2. **Soluções alternativas**: descreva as soluções alternativas encontradas; não fique satisfeito com a primeira solução; a equipe do projeto deve encontrar duas ou três possibilidades para o novo fluxo de informação.

3. **Ponderar soluções**: avalie cada uma das soluções comparando os resultados obtidos com as necessidades definidas (3.3). O recurso usado para avaliar o sistema atual (3.2) pode servir como guia neste momento.

4. **Dúvidas**: não se acanhe, se surgirem dúvidas, saia de sua redoma, não se isole. Discuta com o usuário, converse com os outros profissionais da equipe, provoque uma reunião de intercâmbio de ideias, critique a si mesmo, mas, principalmente, preste atenção aos comentários das outras pessoas, não se feche, não se isole, você não é perfeito e nem tem a solução única e perfeita para tudo.

5. **Nível de detalhe**: a pressão do tempo e do cronograma muitas vezes pode fazer com que a equipe do projeto abandone o detalhe e deixe o desenho do sistema a nível teórico. Lembre-se que se ficarem muitos detalhes para o desenvolvimento, apenas adiaremos o momento de atraso no cronograma. Pare e reavalie prazos.

B.   Desenho de arquivos do sistema

O objetivo desta fase é desenhar os arquivos do sistema.[11] Esta diferenciação é interessante para que se estabeleça a necessidade de arquivos intermediários, como os de

---

[11]   Os arquivos do sistema são aqueles usados por diversos subsistemas.

entrada ou os de saída. Via de regra, cada arquivo deve ser, inicialmente, considerado como um arquivo do sistema em potencial, no entanto quando as funções se combinam num subsistema, o arquivo é do subsistema.

O desenho do arquivo deve ser criado observando:

- desenhar um fluxo para processamento de dados; isto é necessário, pois podem haver consolidações nas quais a organização é de primordial importância;
- estabelecer as necessidades de *hardware* e *software* (C). O formato e o desenho do arquivo são aspectos intimamente relacionados com os tipos de periféricos de entrada e saída e com as formas de memórias externas onde ficarão armazenados os arquivos. Se existirem limitações de *hardware*, este será o momento de considerá-las;
- dividir o sistema em subsistemas, com o menor número de intercâmbios possível.

O agrupamento dos elementos dos dados em arquivos deve-se basear no fluxo de informações, desta forma se destacam as relações entre as funções e se determinam as funções e os elementos requeridos nos dados.

1. **Arquivo definitivo**: reúne todos os campos ou elementos de dados conhecidos e propostos que apresentem um denominador comum. Este cuidado proporciona uma força integradora no desenvolvimento do projeto, pois obriga a equipe do projeto a se concentrar nas relações que ocorrerem no sistema inteiro. No entanto, esta filosofia provoca um trabalho árduo de ordenação de arquivos para se estabelecer a compatibilidade entre dados derivados de origens diferentes.

2. *Hardware* e *software*: as memórias externas interferem na maior ou menor liberdade para a definição dos desenhos dos arquivos. O tema está exposto mais à frente. No entanto, neste momento é aconselhável que se leve em consideração as restrições orçamentárias para o *hardware* e *software*.

3. **Diagramas**: desenhar um arquivo significa interligar funções a desenvolver por um computador e os elementos de dados que são necessários para sua aplicação. Assim, o desenho de um arquivo tem dois aspectos principais:
    - a colocação dos elementos de dados no arquivo;
    - a avaliação do uso dos arquivos para executar as tarefas.

Existem muitas alternativas para o equilíbrio adequado destes aspectos. Uma forma de estabelecer as relações é:

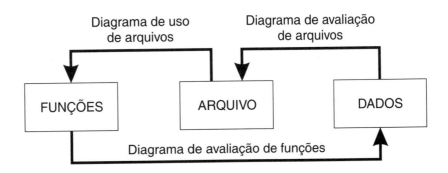

O diagrama de uso e o de avaliação de arquivos são instrumentos úteis para avaliar o desenho do arquivo, pois proporcionam uma perspectiva completa dos dados que lhe dizem respeito.

a. ***Diagrama de avaliação de funções***: estabelece as afinidades entre os dados. A afinidade mais importante entre funções é participar de dados comuns a vários arquivos. Deve-se elaborar um diagrama onde essas relações fiquem claramente estabelecida. Veja Quadro 3.7.

b. ***Diagrama de avaliação de arquivos***: estabelece as relações entre objetos de categorias iguais (relação de peças para reposição, produtos diferentes e categorias iguais) ou diferentes (pedido é uma relação entre um cliente e um produto). Veja Quadro 3.8.

c. ***Diagrama de uso de arquivos***: as relações entre funções e arquivos é da maior importância para a divisão do sistema em subsistemas e será estudado mais à frente. Veja Quadro 3.9 como exemplo.

4. **Arquivo-mestre**: um arquivo será definido como mestre quando requerer um acesso individual às transações do arquivo. É necessário identificar os diferentes itens que o compõem e as relações entre eles, além de determinar quais elementos de dados do diagrama de avaliação de funções se referem a um item ou a uma relação específica.

5. **Memória externa**: deve ser feito o cálculo estimado de cada arquivo utilizando quantidades aproximadas. Nesses cálculos deve-se ter cuidado com o nível de crescimento dos registros. A diferença entre informação "*viva*" e informação "*morta*" e qual a forma de diferenciação entre uma e outra.

6. **Divisão de arquivos**: se durante o processo de desenho dos arquivos ocorrer que um deles tenha um volume muito grande, que supere a capacidade de armazenamento das memórias disponíveis, é necessário dividi-lo, usando um dos seguintes princípios: tipo de objeto (por exemplo, produtos, clientes, matéria-prima etc.); função (pedidos de compra, pedidos de reposição, ordens de serviço etc.); frequência (arquivos de uso diário, semanal, mensal etc.). Apesar disto, a organização dos arquivos deve considerar o tipo de equipamento que será utilizado.

7. **Documentação**: cada um dos arquivos deve ser documentado nos detalhes que digam respeito à: identificação, características, conteúdo, volume, organização do arquivo, meios e formas planejadas de armazenamento, tempo de retenção, formulários de registros.

C. Análise para uso do processamento de dados

Desde um ponto de vista prático e cotidiano, sabemos que a definição de *hardware* e *software* acaba sendo determinada muito mais pela disponibilidade orçamentária do que pelas características definidas no sistema. Se isto for verdade, não podemos deixar de retomar as definições e reavaliar tudo que foi feito. As considerações apresentadas a seguir são aplicáveis tanto quando existe restrição como quando não; são aspectos que não devem, em nenhum dos dois casos, passar em branco.

Para a seleção das funções que podem ser realizadas com a ajuda de um computador, alguns fatores importantes são considerados em separado, tais como:

- exceções às regras gerais no processamento das funções;
- possível identificação mecânica das exceções;

QUADRO 3.7

Diagrama de avaliação de funções.

AVALIAÇÃO DE FUNÇÕES

Projeto nº: _____

Sistema: _____

Etapa: _____

Subsistema: _____

Página: _____

Início Previsto: _____

Data Requisição: __/__/__

ELEMENTOS DOS DADOS	CÁLCULO	REGISTRO	RELATÓRIO	
Número da peça	▓	▓	▓	
Nome da peça	▓	▓	▓	
Número da operação	▓	▓		
Custo de máquina	▓	▓	▓	
Número da ferramenta	▓			

QUADRO 3.8

Diagrama de avaliação de arquivos.

AVALIAÇÃO DE ARQUIVOS

Projeto nº: _____

Sistema: _____

Etapa: _____

Subsistema: _____

Página: _____

Início Previsto: _____

Data Requisição: __/__/__

ELEMENTOS DOS DADOS	PRODUTO	MÁQUINA	FERRAMENTA	TAREFA
Número de reposição	▓			
Nome de reposição	▓			
Número de operação	▓			
Número de ferramenta		▓	▓	
Número de pedido			▓	

QUADRO 3.9

Diagrama de uso de arquivos.

USO DE ARQUIVOS

Projeto nº: _____

Sistema: _____

Etapa: _____

Subsistema: _____

Página: _____

Início Previsto: _____

Data Requisição: __/__/__

ARQUIVOS	CÁLCULO	REGISTRO	RELATÓRIO	
Produtos	▓	▓	▓	
Tarefas	▓	▓	▓	
Máquinas	▓	▓		
Ferramentas	▓	▓	▓	

- acúmulo de carga de trabalho que origina atrasos nos procedimentos manuais;

- existência de cálculos ou processos complexos e que consomem muito tempo quando manuais;

- quantidade elevada de dados para tratamento manual.

As respostas a estas observações darão o direcionamento possível a estas variáveis. É interessante frisar que, ao se chegar a este ponto, uma comparação detalhada de custos não proporciona a base suficiente para a tomada de decisão de usar ou não um computador. Esses cálculos são feitos no conjunto do sistema inteiro. Algumas operações serão rentáveis, outras não, quando desenvolvidas por computadores. Porém, pode ser necessário que ambas sejam executadas por meio de equipamento compu-tadorizado, para que seja possível atingir os objetivos do sistema.

1. **Funções efetuadas por computador**: após a seleção das operações que serão desenvolvidas por computador, não se pode esquecer daquelas que não receberão este tratamento, pois também serão afetadas pela automação de outras. A apresentação das saídas é fator preponderante para a seleção do equipamento e para a configuração do fluxo de processamento de dados. Alguns métodos de representação de saídas são:

   a. *Listagens*: informação detalhada, de volume considerável, baseada em grandes arquivos e entradas volumosas; são adequadas quando o tempo de resposta não é fator crítico;

   b. *Tabulação*: o computador fornece apenas os subtotais e totais da listagem;

   c. *Exceções*: via de regra é subproduto de processo, saída breve e seletiva ocorrendo somente quando uma determinada situação seja verdadeira;

   d. *Gráfico*: associação quantitativa de dados numéricos de no mínimo duas variáveis;

   e. *Impressos*: informação detalhada, requer confecção de formulários pré-impressos especiais;

   f. *Pesquisa*: normalmente é a resposta a uma única questão, com acesso direto a todos os dados, que oferece um resumo breve e com tempo de resposta rápido.

2. **Forma de tratamento**: após a definição das funções realizadas por computador e suas respectivas formas de saída, escolhe-se a forma como os dados serão tratados. A seguir são apresentadas as alternativas possíveis:

   a. *Sequencial*: um arquivo-mestre, ou série de arquivos com ordem idêntica são atualizados em cada movimento. Normalmente é o tipo usado com arquivos grandes. Devido ao trabalho de preparação e ordenação dos dados, são arquivos que levam grandes períodos de tempo para uma resposta, onde só se justifica sua execução quando a quantidade de alterações seja significativa;

   b. *Aleatório*: movimento de entrada, por ordem de chegada, sem tratamento prévio, proporciona tempo de resposta rápido. Cuidado especial deve existir com as cópias de segurança, uma vez que a atualização aleatória eliminará os dados anteriores, o que pode dificultar a segurança no sistema;

Desenho de Sistemas **81**

    c. *Imediato*: ou *on-line*,[12] isto requer que o computador esteja livre e disponível quando o fato ocorrer; neste caso, os arquivos fornecerão imediatamente a ocorrência de qualquer ação. Esta alternativa proporciona tempo de resposta muito rápido, em especial para usuários situados geograficamente distantes, interligados via linhas de transmissão.

3. **Fatores determinantes**: para cada uma das funções é necessário optar por uma forma de tratamento que seja a mais adequada ao caso. Os aspectos que devem ser estudados são:

    a. *Tempo de resposta*: um tempo rápido de resposta requer saída de aviso de exceção, as respostas sem tempo podem usar qualquer forma de saída;

    b. *Informação detalhada*: requer a emissão de listagens, fora o caso de poucas ocorrências;

    c. *Uso de arquivos*: o uso constante de arquivos pode consumir tempo de operação, em especial se esses arquivos são extensos e a busca de uma determinada ocorrência ou item podem consumir tempo nas consultas;

    d. *Carga de comunicação*: especial para os sistema *on-line* com conexão remota de longa distância, deve-se considerar a frequência de consultas e o tempo de resposta;

    e. *Frequência de saída × volume de solicitações*: via de regra, são inversamente proporcionais, muito frequente para baixos volumes, pouco frequente para grandes volumes, mesmo porque o inverso pode ser inviável, depende do tipo de equipamento e da necessidade de tempo de resposta para a decisão;

4. **Programas principais**: a partir do momento que se decidiu o uso de um computador, deve-se ter como preocupação principal a elaboração de uma aplicação global de um sistema. Nada seria mais contraproducente do que uma infinidade de pequenos programas que ocasionariam deficiências do tipo:

- leitura frequente de um arquivo extenso de entrada para uma única transação;

- grande quantidade de programas que manipulam pequenos volumes de transações quando é mais aconselhável o inverso;

- frequentes atualizações com poucos movimentos;

- tratamento de dados não integrado e independente e que acarreta constantes operações de verificação e controle;

- grande quantidade de buscas, pesquisas, preparação de saídas consumindo muito tempo.

Apesar das vantagens provenientes da combinação de funções, também há algumas limitações:

- quantidade de arquivos passíveis de conexão simultânea;

- tamanho da memória interna;

- restrições da memória externa;

- frequência da execução;

- forma do controle interno e sua alternativa para execução posterior.

Na construção dos principais programas, existem três formas alternativas para sua definição:

---

12   Literalmente, em linha, ligação direta entre o computador e a operação que dá origem a uma modificação no sistema. O termo é mantido em inglês pela força do hábito.

a. *Horizontal*: combinando tarefas similares procedentes de diversas funções, produzindo um programa de pesquisa de entradas e um programa geral de atualização e manutenção de arquivos;

b. *Vertical*: combinando diferentes tarefas de uma ou mais funções, produzindo um programa que efetua a pesquisa de entradas, atualização de arquivos, preparação de saídas;

c. *Combinado*: nas formas de programação mais modernas os métodos horizontal e vertical se combinam para poder maximizar as vantagens e minimizar as desvantagens dos dois métodos. O enfoque vertical é adequado para tempos de respostas baixos e o horizontal para facilitar a manutenção, verificação e controles. Neste tipo de fluxo é muito mais fácil incluir programas de aplicação normal. Via de regra, esta programação é denominada "modular".

5. Resultados: no final da análise dos aspectos referentes ao processamento de dados teremos como resultados finais:

- relação das funções que devem ser preferentemente combinadas para um sistema desenvolvido para processamento de dados;

- uma lista preliminar de programas com base na relação anterior de funções;

- breve descrição dos programas mais importantes em termos de saídas, entradas, arquivos e respectivos tratamentos.

D. Necessidades de *hardware* e *software*

Devido à grande importância que irá exercer no futuro o tipo e as características do equipamento usado, ao chegar a este ponto do desenho do sistema é necessário efetuar a seleção de *hardware* e *software*. Com isto, o objetivo desta fase é especificar a configuração ou a estrutura específica que seja adequada para fazer funcionar o sistema. Naturalmente, ainda não estão disponíveis todas as informações necessárias, por isso pode ser necessário terminar esta atividade e, ao seu final, voltar à definição de equipamentos novamente.

Podem existir três situações básicas de início:

- não se dispõe de equipamento de nenhum tipo, deve ele ser escolhido na íntegra, respeitando os orçamentos;

- já existe algum tipo de equipamento, está em estudo sua substituição e não se descarta a hipótese de ampliação e aproveitamento do existente;

- já existe o equipamento, não se pretende adquirir nada mais e o sistema deve ser adaptado a ele. Certamente, esta postura não é a melhor de todas, mas temos que contar também com esta alternativa.

Este texto está estruturado para uma escolha completa de equipamento, porém, devido à modularidade na apresentação, podem ser extraídas partes importantes que dizem respeito à ampliação do equipamento que por ventura exista na empresa e com o qual se deva contar.

A definição deve ser suficiente para que sirva como base para cotações de preços e comparações de ofertas. Deve ser considerado:

⇒ **Arquivos:**

- tamanho dos arquivos e níveis de crescimento;

- organização dos arquivos;

- quantidade de arquivos ativos simultaneamente e níveis de crescimento;
- quantidade de arquivos que serão acessados simultaneamente e que não podem fazer parte da memória externa;
- níveis de atividade dos arquivos;
- tamanho dos registros lógicos;
- formato dos registros lógicos.

⇒ **Tratamentos:**

- estimativa dos programas a serem desenhados e desenvolvidos;
- forma de tratamento que será dada aos programas;
- quantidade de programas a serem executados;
- frequência de execução dos diferentes programas.

⇒ **Saídas:**

- volume e frequência das saídas;
- frequência e forma de entrega;
- método de apresentação;
- flexibilidade necessária para a apresentação e conteúdo;
- desenho dos registros lógicos.

⇒ **Entradas:**

- volume e níveis esperados de crescimento;
- frequência e forma de entrega;
- tempo de resposta de entrada e saída;
- método de representação;
- flexibilidade necessária para a apresentação e conteúdo;
- desenho dos registros lógicos.

É importante que a definição seja tão genérica quanto possível, pois correríamos o risco de elaborar uma definição por si só autodefinida em termos de fabricante. Contudo, cuidado, genérica não quer dizer "vago" ou "não saber".

E. Definição de subsistemas

O objetivo básico desta fase é o de dividir o sistema, que será desenvolvido, em partes menores denominadas subsistemas. Desenvolver um sistema não é uma tarefa fácil ou rápida. Partindo-se das premissas da Engenharia da Informação, apresentadas no início, podemos dividir o todo em partes menores que, embora independentes, estão interligadas e interatuantes. Com isto, os diferentes subsistemas podem ser desenvolvidos simultaneamente por diversas equipes.

Com isto em mente, alguns lembretes que justificam este método de trabalho se fazem necessários:

a. a quantidade de detalhes que giram em torno de um único sistema são de tal magnitude que, ao trabalharmos com todas as funções simultaneamente, a oportunidade de erros é muito mais acentuada;

b. se optarmos por manter uma equipe pequena para economia financeira de mão de obra, acabaremos consumindo tanto tempo que as perdas serão muito maiores;

c. o método de sistema total, via de regra, provoca atrasos nos cronogramas, pois o sistema só poderá ser testado quando houver finalizado seu desenvolvimento;

d. no início do projeto, a equipe envolvida ainda são sabe das características da implantação ou implementação;

e. havendo sobreposição de desenvolvimento, as fases economizam tempo e os objetivos são mais rapidamente atingidos;

f. a priorização na conversão e implantação dos arquivos de base de dados ou históricos fará com que a fase seja muito mais rápida e o teste possa ser feito mais cedo.

Apesar destes aspectos positivos no desenvolvimento por subsistemas, existem ainda outros que, frequentemente, causam graves problemas. Os mais importantes são:

a. desenvolvimento de uma série de sistemas (e não **sub**sistemas) independentes uns dos outros e que no momento da interligação eles não se unam;

b. documentação produzida insuficiente para a próxima fase ou documentação muito sintética, que não esclarece nada;

c. divisão dos subsistemas completamente inadequada e, após o desenvolvimento, cada uma das partes não atinge objetivo algum.

Com isso fica clara a importância que a divisão em subsistemas atinge neste ponto do desenvolvimento do sistema.

1. **Identificação dos subsistemas**: a equipe de sistemas envolvida neste momento nos trabalhos deve possuir autonomia total e absoluta para estabelecer a melhor e mais adequada divisão dos subsistemas. Os cuidados especiais que devem ser tomados pela equipe dizem respeito a:

   a. *Necessidade*: determinar se é necessário dividir o sistema em subsistemas, se é possível desenvolvê-lo sem sobreposições e sem atrasos nos cronogramas. Geralmente, a resposta a estas duas questões acaba dirigindo a solução para a necessidade de subdividir o sistema em subsistemas. Neste caso, os aspectos seguintes devem ser considerados:

      • número de profissionais disponíveis;

      • data efetiva de finalização prevista do projeto;

      • envolvimento de todos os departamentos relacionados;

      • tempo necessário para as mudanças empresariais;

      • tempo para os testes de equipamento e eventuais correções.

   b. *Funções*: se for adotada a decisão dos subsistemas, a primeira tarefa que deve ser realizada é uma listagem exaustiva das funções por tarefas que devem ser executadas pelo sistema. Normalmente, esta relação é o ponto de partida, óbvio, para a divisão em subsistemas.

   c. *Hierarquia*: após a listagem das funções por tarefas, deve-se hierarquizar essas funções em ordem de prioridade e de precedência. Ou seja, qual função serve de base para a seguinte. A outra pergunta diz respeito à hierarquia na implantação do sistema, o que deve ser implantado antes e o que deve ser depois.

   d. *Desenvolvimento*: durante o processo de criação do subsistema, e se essa quantidade for elevada, deve-se ter cuidado com:

- arquivos: sua definição e seu uso, em especial quando um arquivo seja usado por vários subsistemas. Uma forma de reduzir as eventuais duplicidades é empregando as tabelas de cruzamento de arquivos e tarefas;

- processo dos dados: comprovar se os programas usam apenas as funções que estão dentro do subsistema em estudo, caso contrário verificar outra localização;

- *software*: verificar se a função não pode ser efetuada por um *software* já existente. Se este uso afetar vários subsistemas, provavelmente a divisão não está correta;

- encaixe: deve ser o máximo possível limitado, pois parte-se da premissa de que o subsistema é autônomo.

e. ***Cronograma***: deve ser desenvolvido um novo cronograma que estabeleça e deixe claro a simultaneidade dos eventos quando o desenvolvimento ocorre por subsistemas, pois várias equipes estarão envolvidas em vários subsistemas ao mesmo tempo.

f. ***Simultaneidade***: esta é uma consideração muito importante em se falando de subsistemas e que interfere diretamente na duração total do projeto. Além desse aspecto, afeta também no processo de conversões, testes e verificações de resultados e de objetivos dos subsistemas e do sistema inteiro.

2. **Escolha da divisão de subsistemas**: após o estudo a respeito das diversas alternativas de divisão em subsistemas, decide-se qual a divisão que será usada e que se ajusta melhor à situação existente. Algumas questões, neste ponto, podem ajudar nesta decisão:

- a ordem proposta para implantação é compatível?

- a ordem de desenvolvimento está de acordo com os objetivos do sistema?

- os coeficiente quantitativos estabelecidos podem ser atingidos?

- o cronograma estabelecido será respeitado?

- os subsistemas foram estudados com tempo suficiente?

- os equipamentos[13] estarão disponíveis quando necessário?

- os aplicativos[14] estarão disponíveis quando necessário?

- a sequência de desenvolvimento e implantação atende às necessidades da empresa?

- o cronograma será atendido em termos de tempo e profissionais disponíveis?

- o desenho e as subdivisões estão claras para o usuário?

- o usuário está de acordo com as mudanças?

- o encaixe entre informações é simples entre os subsistemas?

- o tamanho do subsistema permite desenvolvimento e implantação individual?

- o processamento de dados se altera pela divisão em subsistemas?

- as funções de um único programa pertencem a um único subsistema?

- o cronograma global do projeto será respeitado com a divisão apresentada em subsistemas?

---

[13] Observe que a palavra "equipamento" é usada como sinônimo de *hardware*.

[14] Observe que a palavra "aplicativo" é usada como sinônimo de *software*.

3. Necessidades dos subsistemas: deve-se documentar e estabelecer as necessidades dos subsistemas para facilitar o desenvolvimento harmônico e sincronizado de cada uma e de todas as partes. Os documentos que serão gerados podem acompanhar os definidos até este momento fazendo-se a ressalva que se trata de subsistema. Assim:

- fluxo de informações que será gerado a partir do fluxo geral já descrito (Quadro 3.5);

- lista de funções do subsistema com os relatórios de funções (Quadro 3.7);

- relação de arquivos usados pelo subsistema (Quadro 3.8);

- dados de entrada provenientes de outros subsistemas (Quadro 3.4);

- processamento de dados que será realizado pelo subsistema;

- cronograma de desenvolvimento;

- definição de necessidades comuns a vários subsistemas (como *hardware*, *software*, arquivos) para evitar duplicações;

- relação dos encaixes e conexões que ainda não estejam perfeitamente definidos. Se esta relação for muito extensa é um dos sintomas de que o desenho do sistema não está completo. Não prossiga, é preferível voltar ao desenho do sistema e revê-lo para que todas as informações necessárias estejam disponíveis e sejam do conhecimento da equipe de sistemas.

F.   Revisão geral

Nunca será demais repetir que todos os documentos produzidos até o presente momento devem ser recolhidos e compilados no arquivo do projeto, conforme já foi dito no item 2.3.

Ao final do estudo de viabilidade, foi preparado um documento informativo à Direção Geral da empresa contendo os resultados do estudo. O mais importante era que as recomendações e as conclusões fossem fáceis de entender por todos e que se prestassem a uma tomada de decisão consciente por parte da Direção da empresa. Naturalmente, para a equipe do projeto, existem todos os demais documentos descritos ao longo destas páginas até aqui.

Neste momento, o relatório que se prepara para a Direção deve ir mais longe do que simplesmente responder à pergunta de se o problema pode ser resolvido ou não. Embora se mantenha o mesmo tipo de linguagem simples, clara e acessível a todos, independente de sua formação, o objetivo fundamental deste documento é possibilitar que a Direção tome uma nova decisão.

O plano apresentado deve proporcionar conclusões claras das consequências da decisão na empresa, na estrutura, no planejamento empresarial, nos custos e benefícios para que se decida seriamente sobre a alternativa de prosseguir ou não com o desenvolvimento de um sistema. É desejável que nessa apresentação sejam, novamente, examinados todos os aspectos importantes do sistema, de tal sorte que se garanta o nível de informação e envolvimento de todos.

Esse relatório pode apresentar o seguinte conteúdo:

I.   Descrição resumida das características da empresa, tais como: organograma; objetivos do negócio; linhas de produtos, mercados, instalações de produção.

II.   Descrição das necessidades e limitações incluindo: objetivos detalhados com informações quantitativas sobre o impacto do sistema proposto na empresa;

consequências de sua implantação; revisão das áreas que sejam afetadas pelo desenvolvimento direto ou indireto.

III. Desenho do sistema com uma ou mais soluções alternativas para satisfazer as necessidades descritas, contendo: os fluxos de informação; desenho de arquivos, suas relações e estimativa de volumes; possível divisão em subsistemas; descrição de funções.

IV. Especificação de *hardware* e *software*.

V. Conclusão em forma de recomendação sobre se continuar ou não com o desenvolvimento do sistema. Deve estar fundamenta em arrazoados prós e contras, vantagens e desvantagens.

VI. Justificativa da recomendação expressa em cálculos tangíveis e intangíveis de benefícios do desenvolvimento do sistema.

VII. Cronograma de trabalho para as fases e atividades futuras, indicando a sequência em que serão executadas e da formação da equipe do projeto, início e evolução de mudanças na estrutura, datas de entrega de *hardware* e *software*, preparação das instalações físicas.

Os resultados de todas estas atividades acrescentam ao arquivo do projeto os seguintes documentos:

- descrição do sistema atual;
- necessidade e limitações do sistema:
  - objetivos do sistema;
  - necessidades e limitações da empresa;
  - necessidades de informação e controle;
  - necessidades do desenho global;
- desenho do sistema:
  - fluxo de informações;
  - definição de funções;
  - gráficos de uso de arquivos;
  - avaliação de funções;
  - avaliação de arquivos;
  - especificações dos arquivos;
- necessidades de *hardware* e *software*;
- necessidades do sistema:
  - definições de entradas;
  - definições de saídas;
  - formatos dos arquivos;
- cálculo de custos e benefícios;
- cronograma de desenvolvimento;
- cronograma de implantação;
- definição das equipes de sistemas;
- padrões de documentação para o desenvolvimento.

4

Desenvolvimento
de Sistemas

Este capítulo aborda as atividades necessárias ao desenvolvimento de um sistema e suas fases constitutivas. Ao encerra a atividade anterior, se chegou a conclusão da necessidade de dividir o sistema em unidades menores que foram denominadas subsistemas e na especificação de suas necessidades individuais. A partir deste instante, será detalhado o desenvolvimento de um único subsistema. Porém, claro está que o que for aplicável a um será a todos, caso contrário não se trataria de método, mas sim da análise de exceções. Todas as vezes em que for necessário algum tipo especial de atividade em função do sistema global, será indicado no texto.

A. Finalidade

A finalidade básica desta fase é produzir efetivamente o sistema que foi definido e desenhado na fase anterior. Durante esta fase os subsistemas serão desenvolvidos individualmente em termos de programas e procedimentos; observe-se que não se pode, em momento algum, esquecer as inter-relações e interligações entre cada um deles, preparando-os para a implantação final.

Apesar da separação didática e de método apresentada neste texto, o analista não pode e nem deve esquecer que, mesmo tendo superado uma fase (no caso, a **3 – Desenho de Sistemas**), a ela sempre se fará referências, pois todo o escopo existente neste momento ali foi originado e teve sua definição. Trata-se mais especificamente de uma diferença qualitativa, ou de nível de detalhamento, como se quiser. As considerações que possam ser feitas sobre o desenvolvimento de um sistema e dos subsistemas apresenta muito maior limitação do que na fase anterior. Por exemplo, as modificações ocorridas num subsistema na fase de desenvolvimento terão, comparativamente, pouco efeito sobre as fronteiras delimitadas no sistema visto em seu conjunto. Principalmente com isso, não se esqueça que os erros existentes, em termos de desenho do sistema, não poderão ser corrigidos neste momento.

Os resultados que serão obtidos nesta fase são os mais diversos possíveis. Aqui serão, efetivamente, construídos os componentes do sistema, tais como lotes de programas, novos formulários, modelos de relatórios, documentação do usuário. Dentro deste último tópico, os documentos mais importantes produzidos, dizem respeito a:

- descrição do sistema com a documentação;
- descrição dos programas;
- descrição de procedimentos;
- instruções de processamento de dados e cálculos.

B. Método

Para a execução desta fase, certamente serão nomeadas novas equipes de trabalho, cada uma delas sendo responsável por um subsistema. Como já foi mencionado (2.2), essas equipes serão formadas por analistas, programadores e usuários.

Não se pode deixar de frisar que o momento de transferência das responsabilidades da equipe de desenho para as equipes de subsistemas é crucial para o sucesso dos trabalhos que serão desenvolvidos. Deve existir total compreensão do esforço desenvolvido até o momento; não podem existir "segredos" da primeira (desenho) para a segunda (desenvolvimento); não podem conviver "ciúmes" com colaboração num esforço comum; não deve existir sonegação de informações ou, mais especificamente, a documentação produzida pela primeira (desenho) deve ser transferida e de acesso completo à segunda (desenvolvimento); nada é "segredo" ou "confidencial", nem poderia.

Pela inclusão de novos membros nas equipes, deve-se chamar a atenção, novamente, sobre os padrões e normas que foram anteriormente estabelecidos. Em alguns casos, deve ser feita a conscientização conjunta dos diversos grupos, para a necessidade de que as normas e padrões, em todos os sentidos, sejam cumpridos por todos.

Com certeza, algumas mudanças se farão patentes durante esta fase, mesmo que todas as fases anteriores tenham sido efetuadas com o maior cuidado possível. Não importa, essas mudanças devem respeitar tudo o que foi colocado anteriormente sobre este tema (2.4). Independente da forma ou do tamanho da mudança que seja efetuada, toda a equipe deverá ser informada do fato e tomar consciência das consequências dessas ações.

Finalmente, todas as equipes de subsistemas devem ter total e pleno conhecimento dos cronogramas e orçamentos aprovados, verificar seu cumprimento e respeitá-los. Para uma visão esquemática do método de trabalho, remetemos o leitor à Figura 4.1.

As ferramentas e instrumentos empregados durante esta fase são os mais diversos possíveis e estão descritos na Capítulo 6. Em especial, observem-se:

- técnicas de diagramação (6.3.1);
- tabelas de relações (6.3.1);
- tabelas de decisão (6.4.2);
- diagramação de formulários (6.3.2);
- medidas e estimativas (6.2.5).

Naturalmente, existem aqueles referentes à programação e às linguagens de programação que sejam utilizadas. Como já foi dito anteriormente (2.1, 2.2) não é alvo deste texto entrar no mérito da questão. Quando for necessário, será apenas citado.

4.1 Definição de subsistemas

Nas atividades anteriores (3.4, *e*) foram definidas as necessidades dos subsistemas e se chegou até a definição prévia dos arquivos necessários por eles. Neste momento o que se pretende é desenvolver os diagramas de detalhes, as tabelas de decisão dos programas e procedimentos, descrevendo-se o uso dos dados e o detalhamento das operações no processamento de dados.

FIGURA 4.1

Diagrama das fases de desenvolvimento de subsistema.

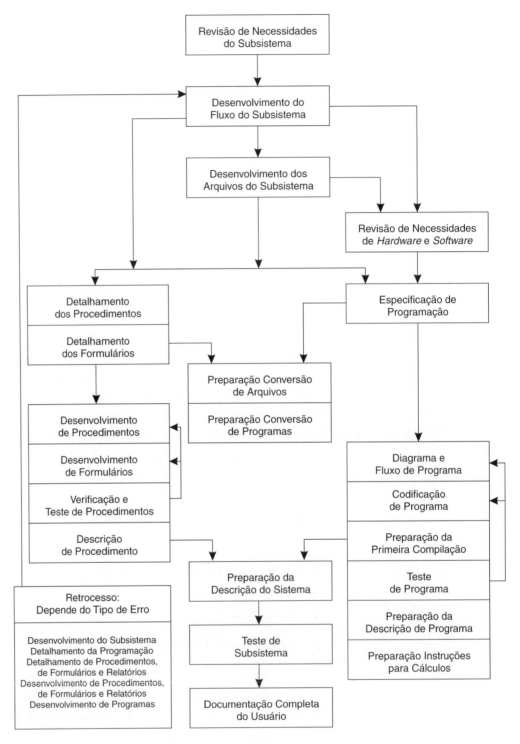

A. Revisão

A equipe de subsistema deve iniciar fazendo uma completa revisão de todas as definições estabelecidas nas atividades anteriores. O uso dos padrões de documentação ajudam a equipe neste trabalho e garantem que as revisões sejam feitas em sua totalidade. Remetemos o leitor para as técnicas de documentação, em especial de construção de diagramas (6.3.1), em que podem ser encontrados exemplos desta atividade.

Neste momento do projeto deve-se dar atenção especial às conexões e às inter-relações entre os diversos subsistemas e à harmonia entre as diversas atividades desenvolvidas em cada um deles, para que seja possível sua posterior conexão de forma adequada. Vale a pena lembrar que, antes de se iniciar o desenvolvimento das atividades que serão executadas é praticamente impossível afirmar com certeza absoluta que as características estão adequadamente definidas para as necessidades estabelecidas ao subsistema. Se for detectada alguma inconsistência, toda a equipe do projeto envolvida deve ser informada e proporcionar a oportunidade de estudo e análise da situação, sem o que não se devem prosseguir os trabalhos de desenvolvimento do subsistema.

Não se deve esquecer que, durante todo o processo, deverá ser produzida a documentação apropriada definindo, entre outros aspectos, os inter-relacionamentos existentes no sistema.

B. Fluxo

É o detalhamento diagramado do subsistema que se deve desenvolver. Devem ser elaborados tantos diagramas quantos sejam necessários para a completa e total descrição e especificação das funções e operações que serão executadas em cada subsistema. Em hipótese alguma podem existir dúvidas ou incertezas quanto ao que será executado por um ou outro programa ou procedimento.

O fluxo de informações, desde a coleta de dados no ponto de origem até o uso final da informação e de relatórios, será especificado e detalhado em diagramas de fluxo onde se identifiquem os programas e os procedimentos necessários. É aconselhável, nesse desenho, observar que:

- sempre que possível, evitar interrupções no processo;
- as entradas, uso de arquivos e saídas devem ser especificadas e devem ser compatíveis com as conexões descritas;
- definição clara dos padrões e normas que serão usados na execução dos programas e procedimentos.

Na elaboração deste fluxo é aconselhável que se tenham alguns cuidados especiais, tais como:

- inicie usando os elementos das folhas de descrição de funções;
- faça um diagrama genérico colocando as entradas, os arquivos, o procedimento solicitado e as saídas necessárias;
- defina as relações lógicas e as conexões;
- estabeleça uma diretriz que descreva o fluxo;
- relacione as possíveis sequências para o procedimento;
- defina vantagens e desvantagens de cada alternativa de sequência e selecione a mais adequada;
- verifique todas as possibilidades de combinações ou arranjos entre as operações necessárias;
- defina e preveja os possíveis problemas ou quebras de processamento[1] que podem ocorrer;
- defina cada uma das possíveis interrupções ou quebra no processamento, estabelecendo as ações alternativas de correção que devem ser tomadas, se as quebras persistirem, deve-se voltar à definição (3.4) e ao controle do projeto (2.4);
- defina os controles de processamento e de execução.

---

[1] *Abnormal end* também chamado "*abend*".

Além disso, devem ser observados cuidados especiais quanto a cada um dos componentes integrantes do fluxo, ou seja, as entradas, o processamento, os controles, o equipamento e as saídas. Alguns desses cuidados estão apresentados a seguir:

Entradas

- todos os dados utilizados pelos arquivos devem ter no mínimo uma entrada;
- todos os dados utilizados em linha[2] no processamento devem ser cuidadosamente descritos e suas origens especificadas;
- definir as datas de validade e prazos para conservação e manutenção das diversas entradas;
- observar a existência de restrições quanto à organização e estrutura das diferentes entradas;
- alocar os registros dos dados próximos à entrada evitando transferências ou reprocessamento;
- alocar pontos de controle inicial logo após a entrada inicial dos dados;
- evitar processos de síntese ou resumo de dados em arquivos de entrada;
- detalhar cada uma e todas as entradas em documentos próprios.

Processamento

- adaptar os dados ao processamento eletrônico, tanto no que diz respeito à origem quanto à forma;
- acompanhar a evolução e transformação do dado ao longo do processamento;
- minimizar a quantidade de execuções em cada período-base;
- verificar a estrutura dos arquivos e sua compatibilidade;
- dar preferência a que cada processo sofra apenas uma execução;
- evitar a conversão de suporte sempre que possível;
- evitar a classificação de arquivos, saídas e entradas (nesta ordem de prioridade);
- verificar as sequências das operações e sua conexão;
- especificar claramente quando ocorrem os processamentos de exceção.

Controles

- definir a necessidade de verificações em lote;[3]
- definir a existência de dígitos de controle e sua forma de execução;
- evitar verificações manuais intermediárias.

Equipamento

- definir os gargalos que podem ocorrer;

---

[2] *On-line.*

[3] *Batch.*

- definir as capacidades de memória interna e externa, quantidades de canais de entrada e saída;
- evitar a diversificação de equipamentos.

Saídas

- restringir quanto à organização e estrutura dos dados;
- reduzir a quantidade de saídas ao apenas necessário;
- especificar em documentos as saídas;
- definir quais relatórios podem ser solicitados e quais os períodos de tempo e sua frequência;
- nunca descartar a hipótese de substituir um relatório por uma informação apenas na tela.

C. Arquivos[4]

Um subsistema pode acessar arquivos do sistema, de outros subsistemas ou apenas os seus próprios. Por esta razão as especificações dos arquivos do sistema podem apresentar alguns requisitos especiais para que possam ser compartilhados em qualquer um dos casos citados acima. A palavra de ordem, neste momento, é a uniformização na identidade dos dados objeto de análise. São também válidas todas as observações já mencionadas anteriormente (3.4) para a construção dos arquivos do sistema.

Não se deve descartar, neste momento, a possível consolidação de arquivos já existentes. Em especial isto é verdade quando passamos de um sistema manual para o mecanizado. Nestes casos, o advento de um arquivo a mais pode modificar a definição do próprio sistema, sendo aconselhável tratar o assunto com cuidado e sob o ponto de vista global do sistema, havendo necessidade de uma avaliação cuidadosa do fato.

Sob esse aspecto, a consolidação de arquivos existentes pode ser uma das formas de aprimorar o sistema inteiro, fazendo com que seus objetivos sejam atingidos de forma mais rápida e exata.

Em todas essas observações são contemplados os arquivos de trabalho do sistema, sejam eles temporários, de entrada, de compilação, de erros, de movimento. No entanto, existem outros tipos de arquivos utilizados pelo sistema e que são representados pelas tabelas.

As tabelas (ou índices) são arquivos especiais empregados para validar dados, elaborar cálculos, traduzir dados de entrada ou transformá-los em novas representações que serão usadas pelo sistema. Via de regra, as tabelas se modificam somente quando alguma premissa estabelecida na definição do sistema é modificada.

Da mesma forma que os anteriores, os arquivos devem ser detalhados de forma documentada, em que, além de outras informações julgadas importantes pela equipe, conste:

- forma de organização;
- identificação do processo ou procedimento que é utilizado;
- identificação com os fluxos e diagramas nos quais consta;
- frequência de atualização;
- prazo de validade e forma de expurgo;

---

[4] *File.*

- etiqueta de identificação.

Se for o caso, os registros e campos também devem ser documentados de acordo com o estabelecido anteriormente (3.4). Deve-se, ainda, acrescentar às informações:

- contador de registro;
- fator de bloco;
- áreas de controle e comparação.

D. *Hardware e software*

Esta fase é a continuação lógica do que foi estabelecido no item *d* anterior (3.4) e terminará com a elaboração final da configuração de máquina e aplicativos necessários.

O ideal neste momento é que se possa contar com o apoio de simuladores automáticos que permitam executar as avaliações de forma mais exata e que sejam passíveis de comparação.

Além disso, deve-se prestar especial atenção a dois aspectos que podem ser definidos como principais: os arquivos que o sistema usará e a própria definição do sistema. Por partes:

Arquivos: todas as definições já efetuadas sobre os arquivos são usadas, neste momento, para especificar volumes e as características dos vários arquivos envolvidos durante o processamento. Todos os parâmetros já estabelecidos podem ser usados, neste momento, para cronometrar o processo total e determinar as necessidades de armazenamento. O arquivo, neste momento, será definido em termos de:

- código do arquivo ou número, que estabelecerá uma identificação única por arquivo definido;
- nome do arquivo que o descreverá, usando as folhas de descrição de arquivo (Quadro 3.3);
- quantidade de registros lógicos dentro do arquivo;
- quantidade de caracteres por registro;
- quantidade de campos por registro numérico e alfanumérico;
- tipo de arquivo, se é de entrada, de processamento, de saída;
- tipo de suporte usado no arquivo.

Definição do sistema: esta definição especifica as necessidades de processamentos e elas, por sua vez, estão expressas em termos de processamento individual simultâneo ou em paralelo e em termos de tempo real da ocorrência. Elas serão descritas pelas operações executadas e pela forma de execução. Cada uma das execuções será descrita contendo:

- identificação do processo, dando-lhe um número de registro e especificando a frequência de uso;
- identificação dos arquivos que o sistema manipula simultaneamente e dos parâmetros individuais e totais que serão processados;
- identificação dos procedimentos internos e dos parâmetros que serão usados nas seguintes categorias:
    - **genérica**: intercalação, sincronização e controle dos arquivos de entrada durante processos de atualização, classificações, sequência interna, intercalações;

- **tratamento**: atualização, cálculo de adição e subtração, validações, resumos, cálculo de multiplicação e divisão, operações auxiliares;

- **matemática**: raiz quadrada, logaritmo, seno, coseno, tangente, ponto flutuante, exponenciação.

- **matrizes e tabelas**: soma, multiplicação, transformação matricial, inversão de matrizes, tabelas binárias, em série e combinadas;

- **processamento**: movimentação de dados, divisão e multiplicação de dados, comparação, edição, tradução, subtração e adição de dados;

- **preparação**: para a emissão de listagens, relatórios, fornecendo os formatos de impressão dos arquivos de saída.

Cada um dos processos deve ser identificado em termos de:

- código de identificação do processo com a frequência;
- definição de execução em lote;
- definição de execução em tempo real;[5]
- definição de compilações.

4.2 Especificação de programação

Embora não seja alvo deste texto falar-se em programação propriamente dita ou se entrar no mérito da questão quanto às linguagens de programação disponíveis, existem informações e análises importantes que serão feitas e cuidados especiais que serão tomados, independente da linguagem que seja adotada, e que se convertem, mais ou menos, em padrões de análise.

A programação pode ser dividida em três tópicos principais: programação básica, desenvolvimento global e teste. Elas serão detalhadas nessa mesma ordem.

A. Programação básica

Deve conter, no mínimo:

- objetivo do programa; posição do programa na execução do processo; relacionamento com outros programas, processos, procedimentos ou subsistemas, de preferência usando diagramas próprios;
- limitações do desenvolvimento em função do *hardware, software* e da própria linguagem de programação escolhida; grupos de aplicativos padronizados que serão empregados;
- características do procedimento, detalhando as entradas, os arquivos, as saídas, os processos e os requisitos de teste e verificação; de preferência usar os documentos e formulários produzidos para tal fim nas fases anteriores;

B. Desenvolvimento global

Deve conter, no mínimo:

---

[5] *Real time.*

- manutenção: diz respeito às esperanças de crescimento com a inclusão de modificações ou acréscimos de módulos de outros desenvolvimentos, podem envolver: as mudanças dos processos lógicos nos modelos usados para a tomada de decisão, nas sub-rotinas, na sequência das instruções; mudanças nos dados, como o formato do registro, fator de bloco, códigos, tabelas; acréscimo ou eliminação de sub-rotinas para atender a novas necessidades do programa;

- compatibilidade: tanto pode se referir a equipamentos maiores ou menores, como pode dizer respeito à compatibilidade de programas, considerando as linguagens fonte, de compilação, de interpretação, de máquina e autocodi-ficação; a compatibilidade dos dados, no que diz respeito aos arquivos usados, aos formatos, às unidades de memória; compatibilidade geral entre máquina e aplicações no que diz respeito ao controle de tarefas e de operações manuais;

- níveis previstos de crescimento e expansão dos programas;

- tempos estimados de resposta nos processamentos.

C. Teste

Deve conter, no mínimo:

- definição dos procedimentos de teste e verificação;
- tipos de verificação e nível de profundidade;
- formas de obtenção dos dados de controle que serão testados;
- cronograma de verificação e teste;
- criação e aplicação de entradas de teste dos arquivos;
- comparação de resultados das verificações e testes;
- medidas de depuração no multiprocessamento;[6]
- medidas de segurança na multiprogramação;[7]
- medidas de controle interno no caso de processamento concorrente;
- métodos de análise interna para os programas supervisores e depuradores e seus interruptores.[8]

4.3 Especificação de procedimentos

O desenvolvimento dos procedimentos e formulários do (sub)sistema está intimamente relacionado com o desenvolvimento dos programas e, na realidade, é executado em paralelo, mesmo que por equipes diferentes, pois é necessário o domínio e conhecimento de técnicas, como estudo de tarefas (6.1.3), análise de formulários (6.3.2), análise de relatórios (6.3.3). Nunca será demais frisar as vantagens destes conhecimentos no analista:

---

[6] Execução simultânea de vários programas, para que seja possível deve possuir mais de um processador operando em conjunto.

[7] Execução simultânea de vários programas num único equipamento. A simultaneidade não existe, o que ocorre é que tempos muito pequenos são empregados no processamento concorrente, o que nos provoca a sensação de que existe a simultaneidade.

[8] Switches.

- a necessidade de qualidade, conteúdo e duração devem ser definidas de forma muito mais exata num sistema de informações automatizado do que no manual;

- as mudanças que se provocam afetam muito mais diretamente aos empregados com menos preparo e estudo do que se pode imaginar. Este fato obriga a uma rápida intervenção da equipe de sistemas e de processos de continuidade das novas formas de execução. Os procedimentos escritos facilitam a uniformização nas ações;

- os efeitos da substituição de empregados são minimizados pela manutenção de normas e procedimentos escritos, além de facilitar o treinamento dos novos empregados;

- a preparação dos procedimentos auxilia na definição dos controles sobre as operações e ajuda na avaliação do trabalho e na redação da descrição das tarefas;

- a implantação ou implementação do (sub)sistema é facilitada quando se possuem documentos oficiais e padronizados.

A. Procedimentos

Devem ser documentados e constar do arquivo do sistema, devem ser contemplados no controle de mudanças e acabam constituindo uma parte da documentação que será entregue ao usuário, seja por meio dos próprios procedimentos ou do manual do usuário. Devem ser especificados em termos de procedimentos principais e procedimentos de apoio. Por sua vez, os procedimentos principais podem ser subdivididos em independentes e dependentes com relação ao processamento de dados. Os primeiros ocorrerão mesmo que não seja usado o computador. Os segundos somente quando se empregar um meio computacional de execução.

As informações que devem ser fornecidas com relação aos procedimentos dizem respeito a:

- objetivo do procedimento;

- posição do procedimento dentro do (sub)sistema, suas relações com outros procedimentos, interfaceamento com o equipamento e (sub)sistema; deve ser especificado por meio de diagramas próprios (6.3.1);

- fronteiras e limites do procedimento, especificando áreas envolvidas, cargos ou funções de interesse, níveis de responsabilidades exigidas;

- equipe envolvida no procedimento e eventuais ajudas ou contribuições de outros profissionais;

- materiais, ferramentas, outros suportes necessários;

- arquivos, tabelas, diretórios;

- armazenamento das informações e probabilidades de transmissão de dados via teleprocessamento;

- características completas do procedimento, tais como as entradas especificadas em formulários e/ou modelos; arquivos detalhados; saídas especificadas e descritas; operações e normas de controle descritas em tabelas de decisão, fórmulas ou outros instrumentos.

Além destas informações devem ser acrescentadas aquelas que se referem às medidas de eficiência que devem ser observadas no desenvolvimento do procedimento. Essas medidas devem levar em consideração a manutenção e os tempos de execução.

Com relação à manutenção, devem ser estabelecidas as medidas de sua execução, mudanças e possíveis desvios que ocasionalmente ocorram no procedimento. Deve-se observar, neste momento, a divisão do procedimento em partes menores, para que seja possível o processamento em paralelo e simultâneo de diversas partes para redução dos tempos.

Os tempos de processo, por outro lado, podem requerer tratamentos especiais nos casos de exceção ou nos casos de relação causal ou consecutivos que, via de regra, não permitem sua execução em paralelo.

Independente dessas características, algumas regras básicas podem ser estabelecidas quando se especificam os procedimentos. São elas:

1. Identifique as funções e operações que logicamente serão combinadas no procedimento.

2. Determine os campos dos dados e suas relações com as funções ou operações no diagrama do (sub)sistema.

3. Identifique as áreas da empresa que fornecem os dados solicitados nos suportes adequados.

4. Avalie as datas ou frequência de realimentação dos dados e o tempo de resposta.

5. Verifique se há necessidade, em função dos tempos, de processamento em paralelo.

6. Separe os procedimentos que não estejam envolvidos com uma mesma entrada ou início.

7. Identifique os procedimentos individualmente e determine se algum deles deve ser melhor documentado.

8. Identifique se existe relação causal entre eles, entre áreas, entre funções.

9. Verifique se é possível algum procedimento individual ser executado manualmente.

10. Revisar o esquema de controle proposto e os procedimentos de correção de eventuais erros.

B. Formulários

Antes de iniciar o desenvolvimento eficiente de um formulário ou de um relatório ou listagem, seja ele qual for, é necessário saber claramente por que e para que aquela informação específica é necessária. Todos estes aspectos já foram levantados anteriormente (3.1, 3.2, 3.3, 4.1). Além disso, deve-se ter em mente os seguintes cuidados:

1. Especifique claramente o conteúdo do formulário (Quadro 3.3).

2. Verifique a forma de preenchimento (6.3.2).

3. Adapte a forma de preenchimento com as solicitações.

4. Identifique a necessidade de destacar algum campo específico por alguma razão.

5. Adapte as necessidades de formato ou legibilidade, isto varia muito dependendo de formulário interno ou externo.

6. Identifique a necessidade de tamanhos especiais e se ocorrer limitações em função da forma de preenchimento.

7. Verifique se em função das exigências de manipulação e das condições ambientais existe alguma restrição.

8. Identifique exigências de leitura seja humana ou por computador.
9. Avalie os trajetos sequencial e em paralelo para o formulário:

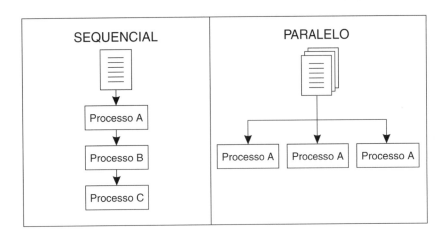

O processo sequencial pode ser necessário quando a informação deva ser acrescentada a cada passo ou a cada procedimento em operações sucessivas. Este processo economiza custos de formulários, porém aumenta o tempo total de procedimento e não fornece histórico aos usuários.

O processo paralelo, por sua vez, elimina essas desvantagens, porém deve-se ter cuidado com o número excessivo de cópias que pode transformar o formulário em inviável na impressão ou no preenchimento manual. Isto pode ser corrigido lançando mão de formulários caros especialmente tratados para esse fim, além de proporcionar aumento da mão de obra para manutenção dos arquivos.

Além desses aspectos relacionados diretamente com a fase que se trata neste capítulo, remetemos o leitor ao item específico que trata da análise de formulários e relatórios (6.3.2).

C. Conversão

O objetivo desta preparação neste momento é o de avaliar a função conversão, para que seja possível seu planejamento adequado mais à frente. Neste momento se estabelecem as normas e diretrizes para a conversão de arquivos, identificação de funções que devem ser executadas, os programas e os procedimentos; também são estabelecidas as medidas para teste e manutenção dos arquivos convertidos.

Alguns dos motivos para que se efetue a conversão de arquivos neste momento podem ser sintetizadas como sendo:

1. No formato atual os arquivos não podem ser acessados.
2. Os arquivos estão em suportes não reconhecíveis pelo novo equipamento.
3. As mudanças nos formatos dos registros de um arquivo exigem ajustes nos campos.
4. É necessário a consolidação dos arquivos.
5. Existência de novas necessidades em função do novo sistema.

A conversão do formato atual pode ser executada por programas de conversão ou por programa especial e utilizada em paralelo, assim:

FIGURA 4.2

Diagrama de utilização em paralelo de um sistema novo e outro existente.

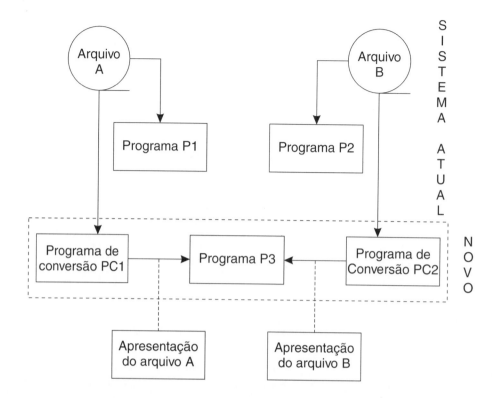

Não se pode esquecer que a conversão global dos programas e procedimentos deve ser executada uma única vez. Assim, não se deve, neste momento, perder muito tempo verificando tempos de execução. Agora o que interessa é estabelecer um plano detalhado para a conversão que será efetuada mais à frente (Capítulo 5). Esse plano deve:

1. Definir a equipe que estará encarregada da conversão.
2. Informar a equipe que a executará.
3. Estabelecer os padrões e normas para a conversão.
4. Estabelecer os padrões e normas para a documentação dos arquivos existentes, das tarefas, das rotinas para garantir a possibilidade de correção de erros eventuais.
5. Elaborar uma lista completa de todos os arquivos existentes, sejam manuais ou não.
6. Sintetizar as características desses arquivos, tais como: tipo de suporte, tamanho, complexidade, frequência de utilização, níveis de alteração, organização do arquivo, compatibilidade.
7. Verificar os arquivos existentes em termos de amplitude, precisão e compatibilidade.
8. Identificar os arquivos necessários aos processos, tanto os que devem ser convertidos como aqueles que devem ser criados.
9. Identificar os conteúdos de todos os registros e campos dos novos arquivos.
10. Definir a sequência de conversão ou criação.
11. Identificar e especificar a necessidade de programas de conversão de arquivos.
12. Identificar e definir as condições necessárias para conversão ou criação de arquivos.
13. Desenvolver os controles necessários para verificação após a conversão.

14. Estabelecer rotinas de atualização dos arquivos convertidos até que o sistema esteja pronto e implantado.

15. Definir os arquivos de dados existentes.

16. Criar novos arquivos de dados.

17. Desenvolver e implementar procedimento de correção de erros.

18. Comprovar os arquivos convertidos ou criados.

19. Elaborar as novas descrições dos arquivos convertidos.

20. Arquivar toda a documentação produzida no arquivo do projeto.

Não se deve, apesar de tudo, descartar a hipótese de que o (sub)sistema seja passível de imitação ou simulação. Este aspecto pode facilitar em muito o processo de implantação e reduzir, substancialmente o tempo gasto em conversões.

No entanto, em alguns momentos é necessário lançar mão da reprogramação. Isto pode ocorrer em duas circunstâncias: existência de programas muito alterados que exigirão um investimento de tempo muito grande ou um número muito pequeno de programas que representam a carga principal da instalação. A reprogramação, nestes casos, garante um máximo benefício no tratamento dos dados e no desenvolvimento inteiro.

4.4 Desenvolvimento de programas

O objetivo básico desta atividade é desenvolver, para o nível operacional e de acordo com as necessidades do programa, um programa cuja representação seja compreensível tanto para a máquina quanto para os profissionais de programação envolvidos no processo. Este programa será acompanhado pela documentação necessária para seu uso e manutenção.

Qualquer ajuda que proporcione economia de tempo na programação deve ser usada. Assim, codificação automática, programação-padrão, depuração e os diagramas são alguns exemplos que devem ser usados sempre que possível. Em especial, deve-se ter cuidado quando for usada a multiprogramação e o multiprocessamento, pois esses aspectos aumentam a complexidade da programação.

A. Diagramas de programação

Antes do início da programação propriamente dita, é aconselhável que se comprove se o programa, após terminado, executará, realmente, o que deve executar. Para isso, uma ajuda que se deve lançar mão é a confecção de diagramas (6.3.1). As vantagens de seu emprego podem ser sumariadas como sendo:

- é uma representação de uma solução possível feita antes de se perder tempo com outras etapas;

- descreve, antecipadamente, como será o processamento;

- ajuda na avaliação das diferentes soluções possíveis;

- fornece subsídios para uma adequada seleção da melhor solução;

- serve como documentação após a codificação e compilação, caso sejam necessárias alterações.

É aconselhável que na elaboração dos diagramas de programação se mantenham as seguintes regras básicas:

- leia toda a documentação existente do sistema antes de iniciar a elaboração dos diagramas;

- não desenvolva diagramas orientados especificamente para uma máquina, portanto, os diagramas não devem conter códigos de instruções, por exemplo; estes aparecerão no momento da codificação;

- tenha a certeza de que cada rotina e sub-rotina contém apenas as respectivas ações e operações que serão executadas;

- use, sempre que puder, rotinas ou procedimentos que já estejam padronizados;

- vise produzir instruções conversacionais entre o sistema e o usuário, evitando, assim, a interferência futura de operadores;

- tenha o máximo cuidado com as medidas de controle e exceção, visando, principalmente, à:

  ⇒ certeza de correção e exatidão na recuperação de erros;

  ⇒ certeza de que os arquivos não sejam lidos duas vezes;

  ⇒ certeza da leitura completa das entradas;

  ⇒ certeza de não processar duas vezes uma mesma instrução;

  ⇒ segurança no fornecimento de arquivos históricos;

  ⇒ prevenção para não perder os registros de saída;

- tenha certeza que a diagramação feita obedece uma sequência compatível e de acordo com a linha principal de processamento;

- após o término da diagramação, faça sempre a verificação completa de todos os diagramas.

Naturalmente, a construção dos diagramas, qualquer um dos diversos tipos disponíveis, é muito mais complexa do que se possa imaginar de início. No entanto, essa complexidade será tratada mais adiante, no item 6.3.1 (Construção de diagramas).

Neste momento, vale a pena que se chame a atenção para o último item colocado, que diz respeito à verificação, ou como é mais conhecido, o "teste de mesa". Em especial, procure respostas para as seguintes perguntas:

1. A estrutura proposta é compatível com a divisão dos subsistemas?

2. Os símbolos, códigos, convenções, comentários, desenhos diagramas respeitam os padrões existentes?

3. Os objetivos do programa foram respeitados e são atingidos na íntegra?

4. A estrutura lógica é adequada integralmente (inicialização, processos iniciais, tratamento de dados, fechamento de rotinas, repetições e seus controles, pontos de quebra, acessos de entrada e saída, contadores de início e sequência)?

5. Há necessidade de algum tipo de equipamento especial?

6. Há necessidade de algum tipo de aplicativo especial?

B. Codificação dos programas

O que ocorre neste momento nada mais é do que a tradução das descrições, especificações e do desenho diagramado do programa, para uma linguagem que seja compreensível pelo equipamento no qual será tratado.

Toda codificação, em qualquer tipo de linguagem, apresenta uma série de regras e normas que deverão ser conhecidas profundamente pelos programadores. É essa característica básica das linguagens de programação que proporciona grande rapidez e facilidade no trabalho do programador.

Um *feedback* importante para o analista é que quanto melhor definido e diagramado o programa estiver, tanto mais fácil e rápido será o trabalho no momento da programação.

Durante muitos anos os cientistas da computação, relegaram a um segundo plano as linguagens de programação. No entanto, neste momento, não é o caso. As linguagens são fáceis, rápidas e potentes para trabalharem de forma interativa com o usuário.

Por esses e outros motivos, neste texto as linguagens de programação não serão contempladas. Mesmo porque, o grande objetivo é o trabalho de desenvolvimento do sistema e não sua programação.

C.   Digitação dos programas

Agora, todas as folhas de codificação produzidas pelo programador devem ser digitadas, para que seja possível fazer a transferência de todas as informações para o computador numa linguagem que seja compreensível pela máquina.

Após sua execução, deve ser efetuada uma conferência, no sentido de se verificar se o que foi programado é o que realmente foi digitado.

Além disso, toda digitação produz algum tipo de produto final, seja ele uma listagem, um disco ou qualquer outro tipo de suporte. Este produto final recebe, via de regra, o nome de "*programa-fonte*".[9] É esse programa-fonte que deve ser submetido à compilação.

D.   Compilação dos programas

A finalidade da compilação é transformar o programa-fonte em "*programa-objeto*".[10] Normalmente, o próprio equipamento, através de aplicativos especiais, efetua as verificações de lógica e erros de processamento. Se um destes eventos ocorrer, o programa deverá ser enviado ao programador para as respectivas verificações e acertos.

Naturalmente, a compilação deverá ser repetida tantas vezes quantas sejam necessárias até que o programa "rode", cumprindo exatamente o objetivo inicial proposto.

O maior cuidado que se deve ter neste momento é com relação às eventuais correções que se façam necessárias. Só quem programou deve alterar o programa, pois corre-se o risco de que, ao longo das alterações, a definição e objetivos do programa se percam ou dados de saída sejam alterados, inviabilizando, depois, a conexão entre os módulos dos subsistemas.

---

[9]   O programa-fonte sempre é produzido em linguagem de alto nível, assim denominadas aquelas cujos comandos se assemelham à linguagem natural do usuário ou, eventualmente, notações matemáticas.

[10]   O programa-objeto sempre é produzido em linguagem de máquina, notação binária (∅ –zero– e 1 –um–) que acionam ou não determinados circuitos do computador. Esta linguagem não é conversacional e não é, via de regra, entendida pelo programador ou usuário.

E. Teste dos programas

Sem dúvida, o grande teste do programa, que é a compilação, já foi feito. A compilação assegura a lógica e a coerência interna do programa. No entanto, deve-se voltar à pergunta inicial: o objetivo inicial do programa é atingido?

Pode parecer redundante, mas, todos aqueles que um dia já sentiram as dificuldades provenientes de um processo de recompilação sabem que o investimento em tempo, profissionais, máquinas (paciência, dores de cabeça e madrugadas afora) é muito grande e, via de regra, desproporcional ao custo e ao tamanho do programa.[11]

Portanto, não se esqueça: faça a recompilação; ela evitará problemas futuros muito mais difíceis de solucionar do que este que será enfrentado neste momento, mesmo porque, se trata apenas de um único programa por vez e, após isso, todos eles juntos.

4.5 Desenvolvimento de procedimentos

Normalmente, tanto os programas quanto os procedimentos são desenvolvidos em paralelo. Embora, didaticamente falando, eles foram descritos em separado (4.2 e 4.3), devem ser vistos lado a lado, um em função do outro, uma vez que é praticamente impossível separá-los. O procedimento acaba sendo a documentação, gráfica ou escrita, do usuário.

É aconselhável que se trabalhe em estreita relação com o usuário, percebendo suas dificuldades, suas dúvidas, recebendo e incluindo, quando for possível, comentários sobre as eventuais práticas que possam acarretar problemas, para que estas não sejam trazidas à luz no momento da implantação ou implementação, o que seria muito mais trabalhoso.

Elaboração dos manuais, procedimentos, circulares, formulários são algumas das tarefas que neste momento serão executadas. Cada uma delas é descrita em detalhes ao longo do Capítulo 6.

4.6 Teste de subsistema e sistema

Neste momento, cada programa e procedimento já foi testado individualmente; agora, é necessário reuni-los primeiro por subsistema e, posteriormente, por sistema, para a verificação exata do resultado final que será obtido.

O teste global pode se apresentar em três fases:

1. **Simulação**: ocorre com dados de entrada e arquivos especialmente montados para o teste. Via de regra, os profissionais de Engenharia de Sistemas é que elaboram esta *massa* de teste. Propositadamente, são incluídos todos os tipos de erros possíveis, todas as operações inválidas e todas as exceções possíveis. Todas as deficiências e todos os erros ou inconsistências deverão ser corrigidos; a simulação será repetida tantas vezes quantas sejam necessárias, até que o subsistema funcione corretamente.

2. **Execução**: é feita com dados reais, iniciando com a menor frequência possível (por exemplo, movimento de um dia) e aumentando gradativamente (por

---

[11] É a *velha* lei de *Murphy*: quanto mais insignificante for o programa, maior o estrago que um erro irá provocar.

exemplo, movimento de um ano) até o ponto que foi previsto em condições normais.

3. **Resultados**: conforme sejam gerados, devem ser comparados com os previstos e efetuada sua verificação.

A cronometragem só ocorrerá após o teste completo do subsistema, se ela for necessária. Normalmente, ela aparece quando estamos trabalhando em sistema de controle da produção.

Não se esqueça que depois tudo isto ocorrer, é necessário promover uma reunião de revisão com a equipe inteira do projeto. Nessa reunião (6.4.4) devem ser analisados todos os erros verificados, as eventuais correções feitas devem estar documentadas, e, se houver necessidade de modificações, efetuar uma análise sobre o impacto que elas provocarão no sistema.

Normalmente, o que ocorre é que o subsistema acaba sendo testado várias vezes e é normal que durante a primeira reunião de resultados apareçam os problemas mais complicados e que acabam requerendo maior tempo em trabalhos de revisão. Os erros deverão ser corrigidos e uma nova reunião de revisão deverá ser organizada.

Deverá também ser gerada uma ata onde fique registrado de forma oficial qualquer tipo de problema ou desacordo que, eventualmente, surja durante a reunião.

5

Implantação de Sistemas

A implantação[1] é o processo em que ocorre a colocação em funcionamento efetivo e prático do sistema desenvolvido. Aqui está incluído o processo de treinamento, reciclagem operacional, verificação de equipamentos. Além disso, como é praticamente impossível que se desenvolva um sistema que não apresente correções quando implantado, neste momento se efetuam os últimos acertos do sistema.

Um ponto sensível nesta tarefa é a conversão tanto de arquivos, programas, bibliotecas, banco de dados, como consequência da mudança de definição no tratamento ou de suporte dos dados empregados pela organização.

O resultado final deve ser um sistema de informações ou processamento sem erros, conforme foi definido e desenhado em 3.3.

5.1 Treinamento e usuários

Esta atividade se relaciona com a instrução e atualização de todos os profissionais envolvidos com o sistema, no momento em que ele for colocado definitivamente em funcionamento. Seu objetivo principal é assegurar que todos os envolvidos adquiram o conhecimento e a habilidade necessários para o uso diário e trabalho com o novo sistema.

Naturalmente, o maior trabalho reside em implantar o sistema de informações de forma física e efetiva e que deve estar completa antes que se inicie o treinamento dos usuários. Naturalmente, se houver necessidade de treinamento de operadores ou programadores, ele deve ocorrer antes do desenvolvimento do sistema (Capítulo 4). No entanto no caso dos usuários, deve ser visto como um processo contínuo e que já deve ter-se iniciado até antes do início do desenvolvimento.

Neste capítulo, apesar disso, descrevem-se todos os tipos de treinamento por questões apenas didáticas.

---

[1]   Dois termos são frequentemente usados neste caso: *implantação* e *implementação*. É aconselhável que antes de prosseguir, se faça uma diferenciação entre eles. A *implantação* é a palavra usada quando o sistema é novo, o equipamento é novo, e o usuário até o momento não trabalhava da forma que se está propondo. Ou seja, estamos provocando uma mudança drástica na forma de elaborar o trabalho na organização. Tudo o mais é implementação. A *implementação* é o termo mais adaptado para o caso de melhorias nos equipamentos, mudanças de formulários, aperfeiçoamento das formas de controle de produção e similares. Neste texto se emprega apenas o termo *Implantação*, pois toda implementação é uma implantação porém, o inverso não é verdadeiro.

Os programas de treinamento são integrados por:

- apresentação à gerência, como forma de introdução geral do sistema, para que se compreenda perfeitamente o problema que existia e a necessidade do desenvolvimento;

- apresentação à direção, para ressaltar a necessidade de envolvimento de usuários e seus representantes nas muitas e variadas tarefas e atividades do sistema;

- programa de treinamento de usuários, para os que estejam diretamente relacionados com a preparação ou utilização das entradas e saídas do sistema, ou envolvidos de uma forma ou outra em procedimentos contidos ou relacionados com o novo sistema. Este programa deve incluir uma instrução intensiva, não só sobre o uso do novo sistema de informações, como também todas as atividades prévias preparatórias, em especial a conversão de arquivos, se for o caso;

- treinamento de programadores, operadores ou digitadores, se for o caso. Aqui a referência é em relação ao pessoal técnico que, eventualmente, será responsável pela manutenção futura do sistema de informações.

A. Direção e gerência

Naturalmente, as instruções e informações que devem ser dadas à direção,[2] devem começar no mesmo momento em que se inicia a direção do projeto (Capítulo 2), para garantir a cooperação em todos os níveis.

Com certeza, os membros da direção que estejam envolvidos no sistema já devem estar familiarizados com alguns dos aspectos do novo sistema, porém é aconselhável que também se faça uma comunicação formal da filosofia que regeu o desenvolvimento dos trabalhos e dos resultados finais obtidos.

Essa comunicação, que pode ocorrer durante uma apresentação (subitem 6.4.4), pode conter:

- explicação dos objetivos do sistema;

- perspectiva das mudanças planejadas na organização e nos procedimentos e que serão implantadas;

- identificação das responsabilidades dos departamentos[3] envolvidos na implantação;

- explicação do planejamento de conversão;

- explicação da forma de substituição das informações existentes pelas novas geradas pelo sistema de informações que está sendo implantado;

- explicação sobre os custos e benefícios do novo sistema.

B. Usuários

Como usuário, entende-se não só o pessoal envolvido na preparação das entradas, ou que execute os procedimentos ou utilize as saídas do novo sistema, como também todos aqueles que de uma forma ou outra, direta ou indiretamente, sejam afetados por ele.

---

[2] A referência aqui é em relação aos primeiro e segundo escalões hierárquicos da estrutura organizacional.

[3] Ou áreas, setores, seções.

Alguns cuidados prévios devem ser observados:

- Se a implantação do sistema coincide como uma mudança estrutural da organização, está última deve ser tratada em primeiro lugar, produzindo, inclusive, descrições de cargos e funções (6.1.2), descrição de execução de trabalho (6.1.3) e se a distribuição física (6.1.4) será afetada.

- Os detalhes completos do trabalho que será efetuado no novo sistema devem estar disponíveis e documentados de forma adequada e padronizada (3.4). A documentação do sistema, incluindo formulários, disponível e em quantidade adequada.

- Todos os usuários devem estar disponíveis para o treinamento. Se houver necessidade de novas contratações, elas já devem ter sido providenciadas quando do início do treinamento.

- Cada uma das sessões de treinamento será planejada com antecedência e informada para que todos estejam preparados para essa atividade.

- O treinamento deve sofrer processo de avaliação pela equipe de desenvolvimento antes da substituição efetiva do sistema, que só deve ocorrer quando todos os envolvidos tenham adquirido os novos conhecimentos.

C. Manutenção

Normalmente, a manutenção do sistema de informações que foi implantado é efetuada por analistas, programadores e operadores, estes últimos se forem necessários. Todos eles devem participar do projeto desde o seu desenvolvimento (Capítulo 4) para que estejam aptos a efetuar o trabalho de manutenção futura e acompanhamento dos resultados.

Devem possuir todas as informações e conhecerem toda a documentação existente do sistema em todas as suas fases. Caso não tenham participado do desenho (Capítulo 3) e do desenvolvimento (Capítulo 4) devem passar por treinamento, inclusive de equipamento junto aos fornecedores e de linguagens (se for o caso).

5.2 Instalação do equipamento

Pode parecer à primeira vista que, com o advento dos microcomputadores e das redes de micros (que tanto proliferaram nestes últimos tempos), não é mais necessário que se mantenha a preocupação com a instalação do equipamento. Ledo engano. O mais das vezes o que ocorre são improvisações desajeitas e muitas vezes perigosas, com falta ou ausência total de estudos ergonométricos, e que acabam, em geral, prejudicando o funcionário.

Nunca será demais que se volte a atenção para o conforto aliado à beleza nas instalações das áreas de trabalho. Mais detalhes serão vistos na análise de distribuição física (6.1.4), mas alguns itens podem ser listados neste momento.

Sem dúvida os fabricantes e fornecedores de equipamentos são a melhor fonte de informações no que diz respeito às necessidades de local.

Não adianta apenas termos uma sala, há necessidade de que se verifique se a carga de energia que será requerida é compatível com a instalação. Se as tomadas existentes são as adequadas.

Equipamentos, impressoras, arquivos de discos, cofres para as cópias de segurança[4] ocupam espaço e podem tornar um ambiente, antes confortável, num apinhado de coisas.

Com isto se faz referência ao espaço físico disponível, às fontes de energia e iluminação, ao tipo de luz empregado, seja natural ou artificial, ao piso existente e sua tolerância ao peso dos equipamentos, à existência de condicionadores de ar, a instalações de segurança contra fogo e incêndios. Mais detalhes serão oferecidos no capítulo sobre ferramentas e instrumentos (6.1.4).

Outro ponto importante diz respeito aos móveis que serão utilizados para os equipamentos. Deve-se levar em conta não apenas a beleza estética, a cor ou o preço, mas o conforto físico que ele oferecerá ao funcionário *versus* a quantidade de horas que essa pessoa passará sentada na frente de um monitor e suas necessidades físicas naturais, como altura dos braços, postura das costas, altura dos pés, fadiga visual pelo reflexo dos monitores. Estes *pequenos* detalhes fazem a diferença entre concluir um dia de trabalho com satisfação ou terminá-lo cansado física e mentalmente.

5.3 Cronograma e testes

O objetivo básico desta fase é projetar a programação das ações operacionais, assegurando que todas as saídas do sistema sejam produzidas no momento e tempo corretos e que promovam o melhor uso possível dos recursos alocados.

Os cronogramas estabelecem as datas em que devem ocorrer:

- cada uma das saídas;
- execução dos processos para geração de saídas;
- disponibilidade das entradas necessárias a cada operação.

As informações necessárias para a elaboração dos cronogramas serão obtidas do desenvolvimento dos procedimentos (4.5).

A. Variáveis do cronograma

A construção de um cronograma é a resultante da relação entre as necessidades do sistema e a disponibilidade de tempos de máquina. Esta abordagem inclui fatores, como:

- necessidades operacionais, inclusive frequências de tratamento, tempo de resposta e volumes de entrada e saída;
- cronometragem de programas e processos desenvolvidos durante o teste (4.6);
- sequência dos programas dentro dos processos;
- tempos de máquina para cada programa ou processo;
- procedimentos manuais intermediários;
- último tratamento da saída antes de seu encerramento (corte de formulários, triagem, encadernação e outros);
- possibilidades de tratamento simultâneo ou hierárquico.

---

[4] Trata-se dos *back-up's*.

B. Tipos de cronogramas

Nestes casos são necessários dois tipos de cronogramas operacionais:

- por grupo de programas que serão processados ininterruptamente. Este cronograma pode ser elaborado pela equipe de subsistema com as descrições do processo;
- por processamento diário, considerando a sequência dos grupos de programas e suas precedências.

C. Cronometragem das entradas

Os dados que serão processados devem estar disponíveis no momento exato, de acordo com o que foi especificado nas descrições de procedimentos (4.3).

A programação das horas de entrega deve permitir adequada utilização dos equipamentos. Todas as transações de entrada serão programadas com relação ao processo ao qual pertencem. Assim, a programação horária de entradas é a primeira preocupação na descrição de um processo.

D. Conversão de programas e arquivos

Esta atividade se refere ao processo de execução da transformação dos anteriores programas e arquivos no processo atual definido. Sua preparação foi estabelecida anteriormente (4.4) e será necessário sempre que os programas sejam executados em nova configuração. No caso dos arquivos, ela se faz necessária quando sejam incorporados novos arquivos ou seu formato foi modificado:

- Programas: esta fase deve ser executada de acordo com as necessidades e as normas já comentadas exaustivamente, quando do desenvolvimento do sistema (4.4).
- Arquivos: em muitas conversões, é necessário reunir e transformar toda ou parte da informação para os novos arquivos, muitas vezes partindo de uma grande variedade de pontos de origem não legíveis pelos equipamentos que são utilizados no novo sistema. Nestes casos, os procedimentos devem ser descritos em detalhes e os formulários desenhados e produzidos especialmente para esta fase. Muitas vezes é necessário iniciar o treinamento dos usuários tendo em vista esta conversão.

E. Início de operação

É o momento em que o novo sistema trabalha com dados reais e em circunstâncias normais de operação. Várias são as formas alternativas para este início de atividades:

1. **Mudança imediata**: é o abandono imediato do processo anterior, no mesmo instante em que o novo sistema inicia sua operação. Isto também ocorre quando o processo alvo do sistema não existia anteriormente.

   Vantagens: ausência de duplicidade no processamento;
   ausência de duplicidade de mão de obra;
   redução do custo de processamento.

Desvantagens: novo sistema pode não atender necessidades;
novo sistema não opera com dados reais;
ausência das saídas necessárias.

FIGURA 5.1
Mudança imediata.

2. **Processamento em paralelo:** os dois sistemas funcionam simultaneamente durante um ciclo completo. O tempo de duração de um ciclo varia de um para outro sistema. O que se procura é oferecer todas as ocorrências possíveis para que o novo sistema possa efetuar o processamento.

Vantagens: recuperação das informações em caso de erro;
correção fácil em caso de erros;
fácil comparação entre resultados;
permanência dos dados históricos.

Desvantagens: duplicidade de operações;
duplicidade de controles;
repetição de operações;
aumento do risco de erros;
aumento da mão de obra.

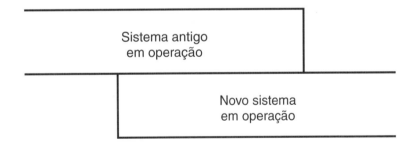

FIGURA 5.2
Processamento em paralelo.

3. **Modular:** neste caso o sistema é dividido em módulos ou processos e cada um deles é executado primeiro em paralelo, tantas vezes quantas sejam necessárias, até que não apresente divergências, e só então o antigo é abandonado.

Vantagens: segurança na implantação; os resultados podem ser comparados;
correção imediata dos erros;
evita perda de informações ou arquivos.

Desvantagens: não verifica a lógica global do sistema;
aumento de tempo de processamento;
aumento do consumo de mão de obra;
grande proliferação de documentos.

FIGURA 5.3

Implantação modular.

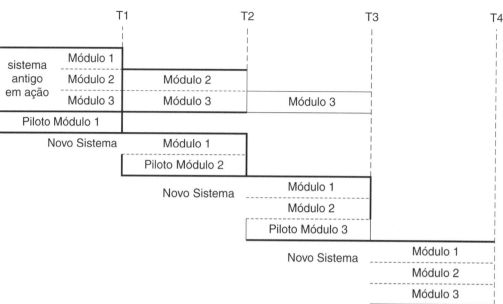

Como se pode notar, todos os métodos apresentam vantagens e desvantagens. Porém qualquer um deles que seja escolhido deve introduzir um sistema no qual se tenha absoluta confiança e certeza de seus resultados.

Para a seleção do método mais adequado, deve-se levar em consideração os seguintes itens, que influenciarão nessa escolha:

- mudança imediata é necessária quando ocorre uma demanda de urgência na introdução a curto prazo no usuário;
- mudança modular é aconselhável quando existe complexidade e vulnerabilidade do sistema, grande diferença com relação ao sistema existente, ou grandes divergências de credibilidade;
- incerteza sobre o atingimento das necessidades ou do que será oferecido ao usuário incentivará a implantação modular ou o paralelo, pois com essas alternativas se oferece um resultado imediato ao usuário e lhe dá a certeza do que ele obterá;
- grandes volumes de transações ou arquivos muito grandes podem gerar um tempo excessivamente alto quando a execução é em paralelo. Nestes casos o custo é um dos fatores mais importantes na escolha da alternativa;
- disponibilidade de alternativas de segurança em caso de emergências podem facilitar a mudança imediata.

Uma vez mais vale a penar ressaltar que, independente do método que seja adotado, ele deverá ser escolhido de forma interdisciplinar, contando com a participação e anuência de todos os envolvidos no processo e no sistema.

5.4 Avaliação do sistema de informações

Qualquer sistema, entre três e seis meses, após sua entrega definitiva ao usuário, deve ser avaliado de forma criteriosa. Posteriormente, com intervalos regulares, será efetuada uma reavaliação do sistema inteiro.

No entanto, a primeira avaliação de resultados deve ser feita pelo comitê de direção, por dois motivos principais:

1. verificação dos benefícios provenientes do novo sistema em função dos custos de implantação e execução;
2. verificação das necessidades atendidas pelo novo sistema e se elas ocorrem de forma adequada.

Alguns cuidados devem ser tomados na realização da avaliação do sistema, tais como:

- consultar a documentação do usuário para verificar as necessidades do sistema, suas limitações e os objetivos quantificáveis (3.1);
- consultar a documentação do sistema a respeito dos detalhes do projeto (2.4);
- estudar a última versão do orçamento do projeto e as informações de custos e benefícios;
- verificar os custos iniciais do desenvolvimento e compará-los com os orçados;
- verificar os custos operacionais e compará-los com os orçados;
- verificar se os profissionais que não são mais necessários no projeto já foram designados para outros projetos;
- descrever os benefícios atuais do novo sistema e compará-los com os estimados inicialmente (3.3);
- determinar até que ponto os objetivos foram alcançados;
- no caso de o sistema atingir outros objetivos que não só os estabelecidos, a documentação será atualizada efetuando a inclusão desses novos objetivos.

6

Instrumentos e Ferramentas

Durante o desenvolvimento de todos os capítulos anteriores, a grande preocupação era de estabelecer um caminho alternativo que, quando percorrido, conduzisse à execução de um sistema, e, nesse momento, a grande preocupação era a lógica utilizada no percurso do trabalho de Desenvolvimento de Sistemas de Informações.

Nesta última parte, o enfoque é diferente. A grande preocupação é descrever as atividades inerentes à Engenharia de Sistemas.

Trata-se de uma coleção de documentos contendo as técnicas, padrões e normas que são utilizados na Engenharia de Sistemas e outros detalhes tão relevantes como produção de um texto técnico, integração de equipes de trabalho e demais.

Todos os capítulos apresentam a mesma estrutura:

A. Objetivo: descrevendo e apresentando a finalidade básica;

B. Definição: definindo do que se trata e quando usar;

C. Descrição: apresentando suas características, regras, normas, peculiaridades, premissas;

D. Aplicação: apresentando as facilidades e as dificuldades provenientes de seu uso e o momento, dentro do desenvolvimento de um sistema de informações, em que ele se aplica.

Vale a pena ressaltar que a relação de ferramentas e instrumentos aqui descritos não é a única nem é completa, e nem poderia ser pois a técnica e a tecnologia, em especial a Engenharia de Sistemas, evoluem a cada dia, a cada instante.

Esteja atento a essas mudanças e incorpore-as ao seu modo de pensar e agir, pois o mais importante é que você pertence a uma das áreas do conhecimento humano que mais evoluem na atualidade.

Não tenha receio, experimente, estude, aprenda, para que quando você precise, o conhecimento já tenha se incorporado ao seu modo de analisar e desenvolver sistemas.

6.1 Técnicas de estruturação

Como o próprio título estabelece, estão voltadas para auxiliar na construção das formas de divisão do trabalho e de detectar, estabelecer e definir as inter-relações que se criam a partir de cada um dos aspectos estruturais de que tratam.

Assim, se encontram como técnicas de estruturação a construção dos organogramas, as descrições de cargos e funções, os quadros distributivos do trabalho, a distribuição física[1] das áreas onde é executado o trabalho, pois este fator está diretamente relacionado com os primeiros.

Além disso, o que transforma e dá vida a essas técnicas e que intervêm como seu grande agente modificador e vivificador é o ser humano, que está envolvido em qualquer forma estrutural. É justamente por esse motivo que este capítulo se encerra com a atenção voltada para as pessoas, os profissionais, os seres humanos que, interagindo entre si, fazem da estrutura e, mais genericamente, da organização inteira, um ser vivo, dinâmico, mutável e adaptável.

Não se deve, nem se pode, pensar numa estrutura, organização ou empresa, sem que se pense o ser humano. Por estes motivos, o capítulo se encerra com os aspectos mais relevantes relacionados à integração das equipes que desenvolvem as funções, as atividades e as tarefas nas organizações.

6.1.1 Organogramas

A. Objetivo

- Definir e estabelecer a divisão do trabalho.
- Definir e estabelecer o tipo de relação de autoridade.
- Definir e estabelecer as relações de comando.
- Definir e estabelecer os níveis hierárquicos.
- Definir e estabelecer o processo de tomada de decisão.
- Definir e estabelecer as relações funcionais.

B. Definição

- É o instrumento usado para configurar e estabelecer a estrutura formal de uma empresa ou de uma de suas partes em um determinado momento; é uma forma estática de configurar a empresa ou uma de suas partes.

C. Descrição

- **Tipos de subordinação**: define como se reportam as áreas ou estruturas componentes entre si. Podem ser:
    1. **Linha**: é quando um funcionário *B* tem como atribuição cumprir as ordens emanadas pelo chefe *A*; esse chefe *A*, por sua vez, tem o poder de emitir ordens ao subordinado *B*. Sua representação é feita com uma linha cheia de conexão vertical.
    2. **Assessoria**: não tem autoridade para dar ordens, seu papel é o de aconselhar, dar sugestões, emitir pareceres dentro de seu tema de especialidade. Sua representação é feita com uma linha cheia de conexão horizontal.
    3. **Funcional**: é o poder de determinar funções, métodos ou políticas a outras áreas ou a outros subordinados. Sua representação é feita com uma linha pontilhada.

---

[1] *Layout* ou leiaute, cf. Aurélio Buarque de Holanda.

- **Formas estruturais**: estabelecem, por meio de diagramas padronizados, as relações. São considerados os princípios e as formas de departamentalização:
    1. **Princípios de departamentalização**: dizem respeito aos conceitos básicos usados no momento de aglutinar as áreas no organograma. Podem ser:
        ⇒ **Maior uso**: aquela área que mais utiliza um determinado serviço se encarrega dele, pois seus resultados afetarão diretamente o desempenho de todos;
        ⇒ **Maior interesse**: é o caso típico do controle de qualidade nas fábricas atribuído à área industrial; seu interesse sobre as outras áreas é de perfeição absoluta na produção;
        ⇒ **Separação de controle**: quem executa não deve controlar. A apuração dos resultados deve ficar sob a supervisão de outra área que não aquela que executa. Quando executamos e controlamos o trabalho, a tendência natural e não percebermos os erros cometidos.
        ⇒ **Supressão de concorrência**: típica de áreas de vendas separadas, onde a concorrência é salutar para o faturamento da empresa, mas não entre áreas de faturamento descentralizadas.
    2. **Tipos de departamentalização**: dizem respeito à forma de estrutura que definirá como o objetivo básico da empresa será alcançado. Podem ser:
        ⇒ **Por função**: nesta forma de estrutura se procura dar mais ênfase à função. É imprescindível que, neste ponto, os indivíduos ou grupos que exerçam as posições no organograma sejam devidamente especializados para o que são contratados. Considera-se, portanto, neste caso, as atividades comuns ou homogêneas. Sua configuração básica é:

FIGURA 6.1
Estrutura por função.

```
          Presidente
              |
         Vice-presidente
        _____|_____
       |       |       |
    Finanças Fabricação Vendas
```

⇒ **Por produto**: neste caso todas as funções relacionadas com um mesmo produto estão concentradas sob uma única direção. Essas direções devem dominar as técnicas de administração e coordenação de trabalhos. É a mais adequada, desde que o produto tenha uma participação significativa na empresa. Sua configuração básica é:

FIGURA 6.2
Estrutura por produto.

⇒ **Por território**: totalmente voltado para o fator geográfico, é o tipo de departamentos de vendas por região em função das características do mercado e da economia. Sua configuração gráfica é:

FIGURA 6.3
Estrutura por território.

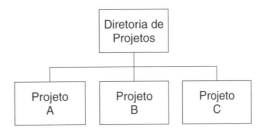

⇒ **Por projeto**: combina as estruturas por função e por produto. Está voltada para o atingimento de objetivos muito claros, exige grande dose de motivação, é típico da engenharia na construção de obras.

FIGURA 6.4
Estrutura por projetos.

⇒ **Por processo**: É típico de seções fabris, onde se considera a disposição dos equipamentos em cada uma das fases produtivas. Sua configuração básica é:

FIGURA 6.5
Estrutura por processo.

⇒ **Por quantidade**: aplicado em grandes silos industriais, separados por grupos de trabalhadores e capatazes.

⇒ **Por cliente**: os contatos são efetuados com base no conhecimento pessoal e nas características particulares de cada cliente.

⇒ **Por tempo**: é a supervisão efetuada por turnos de trabalho, em especial em empresas que funcionam 24 horas por dia em turnos de 8 horas cada.

⇒ **Por distribuição**: considera como base a forma como o produto final é distribuído.

- **Tipos organizacionais**: unem coerentemente os tipos de subordinação, os princípios e os tipos de departamentalização. Os tipos organizacionais mais comuns são:

    1. **Linha**: é o mais simples de todos, o mais fácil de ser implantado e o mais fácil de ser entendido por todas as pessoas. É baseado na estrutura militar, por isso mesmo é uma estrutura rígida, difícil de ser mudada. As ordens fluem de cima para baixo apenas, as comunicações horizontais são dificultadas pela própria estrutura. Recebe, também, os nomes de: clássico, estrutural, linear, hierárquico, militar. Sua representação clássica é a seguinte:

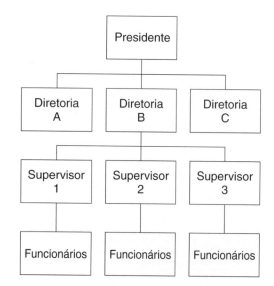

FIGURA 6.6
Organização linha.

       Vantagens: fácil entendimento por todos;
       clara definição de autoridade;
       clara definição de tarefas.

       Desvantagens: difícil provocar mudança;
       comunicações lentas;
       tomada de decisão é lenta.

  2. **Assessoria**: também chamada Linha-staff. É uma variável da linha pura. À linha se associam grupos especiais de profissionais com a missão de auxiliar a linha em algumas análises ou trabalhos específicos sobre um determinado problema de sua área de atuação. Sua representação gráfica é:

FIGURA 6.7

Organização assessoria.

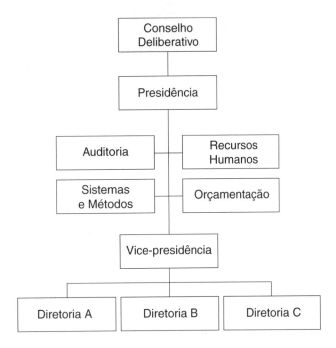

É interessante que se observe que as linhas de conexão vertical, representam a linha, enquanto as linhas de conexão horizontal representam o trabalho da assessoria.

Vantagens: conta com a colaboração de especialistas;
solução de problemas por consultores;
tecnicamente são profissionais atualizados.

Desvantagens: confusão entre ordem da linha e conselho da assessoria gerando problemas com quem efetivamente deve decidir e dar ordens;
relegar o trabalho da assessoria em função de amizades e tráfico de influências.

3. **Funcional**: sua vantagem é que conta com altos especialistas nos postos-chave e grandes generalistas no segundo escalão. Sua representação gráfica é:

FIGURA 6.8

Organização funcional.

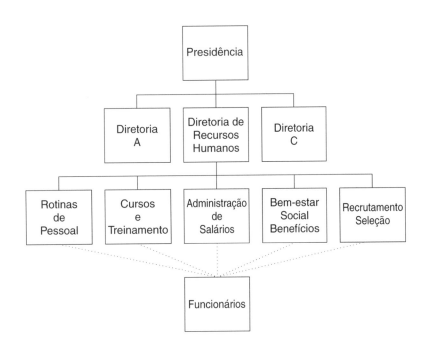

Vantagens: altos especialistas nos postos-chave;
grandes generalistas no segundo escalão;
decisões setorizadas e especializadas;
segundo escalão fácil de recrutar;
segundo escalão fácil de substituir;
segundo escalão com salários baixos.

Desvantagens: especialistas são difíceis de recrutar;
salário dos especialistas é alto;
impasses em questões de prioridades dos trabalhos que são executados;
multiplicidade de ordens sobre cada um dos diversos funcionários.

4. **Matricial**: também chamada por projetos, é o mais complexo de todos os tipos existentes. Exige a presença de profissionais altamente qualificados e habituados a trabalharem em equipes dinâmicas e mutantes. Sua aplicação é típica da área de projetos. Sua representação gráfica é:

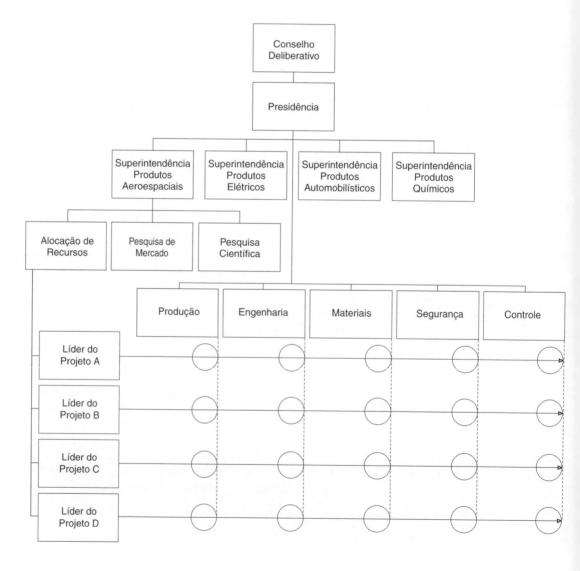

FIGURA 6.9
Organização matricial.

As principais características, e que diferenciam este tipo dos demais, são:

⇒ entrada de autoridade dupla: uma de linha em relação à especialização técnica; outra funcional em relação à participação no projeto;

⇒ autoridade e processo decisório: pode ser complexo em níveis inferiores, persistindo a impressão de duplo comando;

⇒ existência simultânea de duas estruturas: uma de linha e outra funcional;

⇒ redução de conflitos de pouca importância no primeiro escalão;

⇒ maximização de resultados em termos de mão de obra, desde que não ocorra ociosidade;

⇒ profissionais em constante mudança nos projetos pode provocar insegurança;

⇒ exige dos profissionais de primeiro escalão conhecimentos de programação de projetos e domínio das técnicas de orçamentação;

⇒ necessidade de que as direções respeitem os cronogramas na íntegra, tanto no que diz respeito aos recursos como ao tempo.

Vantagens: maximização de resultados de todos os recursos empregados no projeto: baixos custos operacionais, emprego adequado de mão de obra, alta produtividade, cooperação entre técnicos envolvidos, alta qualidade do produto final.

Desvantagens: se usada por profissionais não treinados e/ou desconhecedores da técnica provoca altos custos, pessoal ocioso, perda do moral, sentimento de incompetência, perda da qualidade do produto final.

- **Confecção**: quando se elabora o organograma de qualquer organização ou setor dela, consideram-se os seguintes aspectos:

1. **Delegação de poderes**: é o ato de se atribuir a um subordinado parte da execução de um trabalho e um mínimo de planejamento. A delegação de poder se fará de acordo com o tipo de autoridade que for delegada. Pode ser:

⇒ *Autoridade legal*: é aquela estabelecida juridicamente;

⇒ *Autoridade máxima*: é a fonte original de onde se retira o direito de praticar determinados atos;

⇒ *Autoridade técnica*: é a do perito, do especialista, é estabelecida pelo conhecimento, não pode ser delegada, é inseparável do indivíduo;

⇒ *Autoridade executiva*: é a parcela que será considerada no momento da delegação de autoridade dentro da organização, é a que estabelece a relação chefe/subordinado.

Em decorrência da delegação é que se estabelecem os seguintes aspectos:

⇒ distribuição das tarefas de cada um dos cargos;

⇒ atribuição da autoridade decorrente da permissão;

⇒ estabelecimento da responsabilidade e sua obrigação;

⇒ cadeia escalar de comando e controle.

Um último aspecto com relação a este item diz respeito à relação entre autoridade e responsabilidade. Elas devem estar equilibradas entre si, isto significa que nunca uma deve ser maior do que a outra ou vice-versa, elas devem ser compatíveis entre si.

2. **Amplitude de supervisão**: diz respeito a quantos subordinados podem ser adequadamente supervisionados por um só chefe. Observem-se as seguintes regras:

⇒ tipo de atividade que será supervisionada, sua complexidade e a rotina existente;

⇒ relação com todas as demais atividades do supervisor ou chefe;

⇒ a competência dos subordinados e de seu treinamento, quanto maior a competência, mais fácil é delegar o trabalho;

⇒ qual a importância relativa dos custos de supervisão;

⇒ verificar se, eventualmente, quando a área se torna muito grande não é mais aconselhável dividi-la em duas.

3. **Níveis de centralização e descentralização**: estabelece o grau de liberdade no controle, no planejamento e na supervisão que uma determinada área terá. Define, também, quais os níveis da organização em que serão tomadas as decisões, e todas as outras fases do trabalho devem ser ajustadas a esta definição. Alguns fatores podem afetar a descentralização. Tais como:

⇒ qual a necessidade da rapidez nas decisões;

⇒ quem conhece os fatos que podem alterar a decisão;

⇒ quem sabe tomar decisões adequadas para um determinado tema;

⇒ há ou não necessidade de coordenação com outras atividades;

⇒ quando a decisão é importante;

⇒ qual a carga atual de atividades dos tomadores de decisão;

⇒ há ou não iniciativa por parte de todos os trabalhadores.

Finalmente, vale a pena ressaltar que descentralização é diferente de dispersão física. Ou seja, podemos ter uma área longe, geograficamente falando (dispersão física), porém, em termos de decisão, ela ocorre em outro lugar (centralização).

4. **Representação gráfica**: é o tipo de desenho que será usado para representar o organograma de uma empresa ou de uma área. Cuidado especial se deve tomar neste momento. Há *desenhos* e desenhos, pois o papel tudo aceita. Esteja atento na escolha da alternativa e não permita que se camufle a verdadeira estrutura hierárquica que está sendo proposta numa determinada organização. Acima de tudo, opte pela simplicidade, pela honestidade e pela ética; não se deixe levar por modismos que nada mais fazem do que confundir e enganar. Veja, nos exemplos a seguir, como isso pode ser fácil.

Este é o desenho clássico de uma estrutura linear:

FIGURA 6.10
Diagrama clássico de estrutura linear.

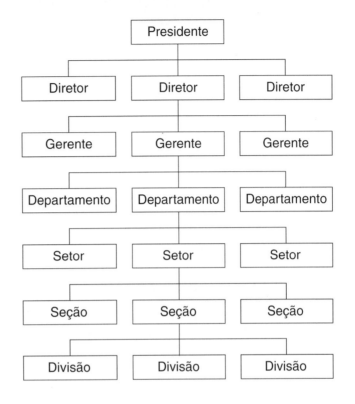

Pode não parecer, mas este também é estrutura linear:

FIGURA 6.11
Diagrama circular.

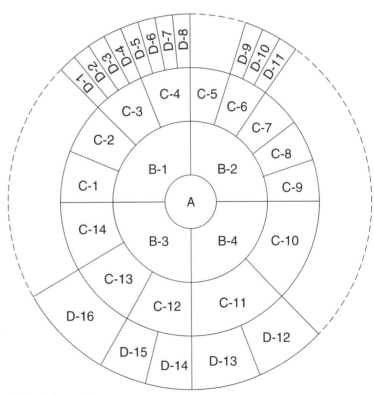

A – Presidência
B.3 – Gerência de RH
C.12 – Divisão de Recrutamento
D.15 – Setor de Treinamento

Isso não significa que não existam outras alternativas gráficas, existem sim. Veja quais são, com seus aspectos centrais:

⇒ Bandeira: visualmente é semelhante ao colocado anteriormente; é diferente em sua aplicação, pois em cada um dos retângulos se representa a unidade inteira.

FIGURA 6.12
Diagrama bandeira.

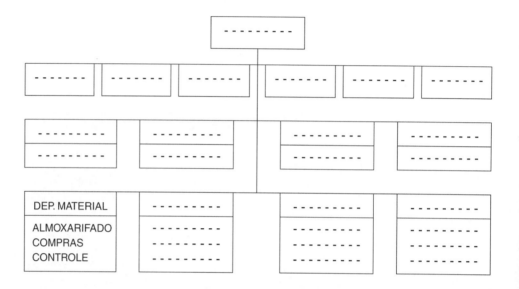

⇒ Lambda: é especial para descrever a divisão por território ou geográfica, conforme descrito anteriormente.

FIGURA 6.13
Diagrama lambda.

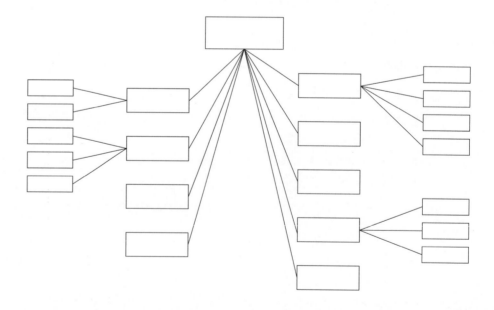

⇒ *AFNOR — Association Française de Normalisation*: tem como característica básica apresentar, em pouco espaço, muitas informações. É construído da direita para a esquerda. Sua leitura ocorre da esquerda para a direita, sendo que as informações colocadas significam: centro de custos, função, subfunção, quantidade de funcionários alocados e nome dos responsáveis. Se girarmos o organograma no sentido horário teremos, na ordem vertical, a escala de poder e autoridade.

Instrumentos e Ferramentas **125**

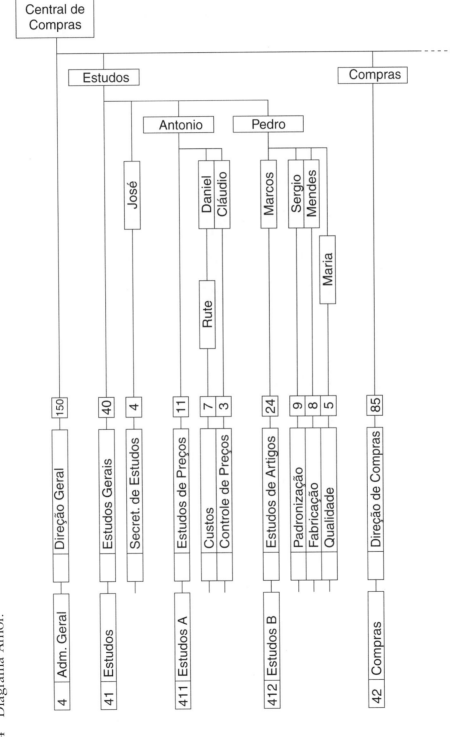

FIGURA 6.14 Diagrama Afnor.

D. Aplicação

Lembre-se que o organograma nada mais é que um gráfico e, como tal, sujeito a limitações. Umas são decorrentes do tipo de instrumento e outras estão relacionadas com as pessoas que o lêem. As mais consideráveis são:

- Grau de autoridade e responsabilidade não está relacionado com o tamanho ou a posição do retângulo no diagrama.
- Nível de descentralização das decisões não é estabelecido pela simples visão do organograma.
- Definição de atividades em assessoria ou linha são diferentes de uma empresa para outra e algumas vezes é difícil esta separação absoluta e clara.
- Níveis de hierarquia muitas vezes não coincidem com a importância do cargo dentro da empresa.
- Estrutura salarial não está relacionada com o organograma e não é sua preocupação estabelecer uma relação entre hierarquia e salário.
- Canais de comunicação não são contemplados pelo organograma, bem como os meios de comunicação empregados pela áreas.
- Relações informais não são passíveis de diagramação, embora existam e todos as usem, assim também os grupos informais e suas comunicações.
- Desenhos muito elaborados podem ocultar ou camuflar a estrutura, quando não dificultar o entendimento por todos.

No desenvolvimento do projeto de sistemas de informação, sua plena aplicação ocorre na etapa 3 (Desenho do Sistema).

6.1.2 Descrição de cargos e funções

A. Objetivo

- Padronizar os títulos dos cargos de uma estrutura.
- Padronizar os conteúdos dos cargos de uma estrutura.
- Definir as características básicas do ocupante de um cargo.
- Estabelecer a complementaridade das funções.
- Estabelecer os requisitos para cada cargo de uma estrutura.

B. Definição

- É a sistematização de todos os dados que compõem a Análise de Cargos. É um dos documentos que acompanha e complementa o Manual Organizacional, podendo ou não, compor um manual específico. Esclarece, detalhada e faz parte do Organograma.

C. Descrição

Fundamenta-se em levantamento de dados (pesquisas e questionários) aplicados em sentido vertical descendente. Esta direção objetiva estabelecer a complementaridade entre os cargos e entre os diversos níveis hierárquicos.

Em sua elaboração, tomam-se como base dois aspectos fundamentais. São eles:

- requisitos exigidos pelo cargo, que representam o conhecimento, a experiência, a responsabilidade;
- natureza da tarefa que será executada; diz respeito ao tipo de atividade que será desenvolvida.

Usam-se, via de regra, as seguintes abreviaturas:

N = identifica a *natureza da tarefa*;

R = identifica o *requisito do cargo*;

M = significa mesma, mesmo, idêntico, igual;

D = significa diferente, distinto, diverso.

Com apenas esses conceitos básicos, temos as seguintes alternativas possíveis:

- MN/MR = mesma natureza das tarefas e mesmos requisitos do cargo e que, portanto, devem estar reunidos num único cargo; representam a situação ideal;
- MN/RD = mesma natureza e requisitos diferentes, devem estar separados em descrições diferentes, mesmo que ambos pertençam a uma mesma área;
- ND/MR = diferente natureza e mesmos requisitos, devem estar separados, pois sua junção pode provocar um excesso de padronização que não é aconselhável;
- ND/RD = diferente natureza e diferentes requisitos, devem estar separados pois são dois cargos que nada têm em comum.

Com isto o que se percebe é que só podem ser unidos os cargos que tenham a mesma natureza e os mesmos requisitos. Não se pode esquecer que estas definições serão a base futura para a análise do desempenho do empregado e que, anteriormente, serão usadas para estabelecer as faixas salariais, perfil profissiográfico para contratação e encarreiramento dentro da empresa.

Complementar a essas definições, são as empregadas aos termos específicos que são tratados, tais como:

- **Cargo**: conjunto de funções de natureza e requisitos iguais;
- **Função**: conjunto de tarefas afins e complementares;
- **Tarefa**: menor unidade componente do trabalho, possui ordem cronológica, coerência e consome recursos para sua execução.

Com estas definições é consequente afirmar-se que uma nova função apenas será criada quando novas tarefas forem incorporadas às anteriores e o tempo disponível para sua execução superar o horário normal de trabalho.

1. **Classificação dos grupos**: é um dos primeiros passos para a padronização dos cargos e se concentra em dividir as ocupações em grupos de acordo com sua afinidade. Por exemplo:

QUADRO 6.1

Classificação dos cargos em grupos.

Cargos Manuais	Cargos Semiprofissionais
Mecânica	Contabilidade
Elétrica	Tesouraria
Hidráulica	Pessoal
n	*n*
Obras	Secretariado

2. Avaliação dos requisitos: dizem respeito às características que o funcionário deverá apresentar para melhor desempenhar suas funções. Podem ser analisadas com relação a:

- habilidade: diz respeito à educação formal, cursos de especialização e experiência anterior em trabalhos similares ou idênticos;

- esforço: diz respeito ao físico, mental, visual, auditivo;

- responsabilidade: com a supervisão do trabalho de outros empregados, com verbas financeiras, com equipamento ou máquinas, com a segurança de terceiros, com informações confidenciais, contatos com clientes;

- condições de trabalho: local de trabalho, riscos físicos, periculosidade, insalubridade.

Cuidado especial que deve ser tomado neste momento e diz respeito a não permitir que nossa própria escala de valor conduza a análise. Para tanto, normalmente, são usadas tabelas padronizadas de ponderação e atribuição de pontos a cada uma dessas variáveis. Por exemplo:

QUADRO 6.2

Pontuação para instrução.

NÍVEL	DESCRIÇÃO	PONTOS
I.	Curso Primário até 4 anos de estudo	5
II.	Primeiro Grau de 4 a 8 anos de estudo	10
III.	Segundo Grau de 8 a 11 anos de estudo	15
IV.	Segundo Grau Profissionalizante de 8 a 11 anos de estudo	20
V.	Curso Superior Completo mais de 16 anos de estudo	25
VI.	Pós-graduação Lato Sensu	30
VII.	Mestrado com Título Reconhecido	35
VIII.	Doutorado com Título Reconhecido	40

De forma semelhante será montada uma tabela para cada um dos fatores que compõem o cargo e, posteriormente unem-se todos os relacionados com o mesmo fator. Assim:

QUADRO 6.3

Pontuação de graus para habilidade.

Subfatores	Graus							
	I.	II.	III.	IV.	V.	VI.	VII.	VIII.
Instrução	5	10	15	20	25	30	35	40
Especialização	1	2	3	4	5	6	7	8
Experiência	1	2	3	4	5	6	7	8

Caso se deseje, a pontuação final pode ser também usada para a definição das faixas salariais para os níveis. Por exemplo:

QUADRO 6.4

Faixa salarial por nível.

NÍVEL	PONTOS		FAIXA SALARIAL		UNIDADE DE REFERÊNCIA
	MIN.	MÁX.	MIN.	MÁX.	
I.	0	50	200	500	até 5 S.M.
II.	51	100	501	1.000	até 10 S.M.
III.	101	150	1.001	1.500	até 15 S.M.
IV.	151	200	1.501	2.000	até 20 S.M.
V.	201	250	2.001	2.500	até 25 S.M.
VI.	251	300	2.501	3.000	até 30 S.M.
VII.	301	350	3.001	3.500	até 35 S.M.
VIII.	351	400	3.501	4.000	até 40 S.M.

Finalmente, todos os dados serão transcritos para um formulário especial que descreva e especifique o cargo na íntegra, fornecendo, além disso, a pontuação respectiva para cada um dos fatores analisados. O Quadro 6.5 apresenta uma sugestão para esse formulário.

3. **Nomenclatura dos Cargos**: uma vez efetuada a classificação, atribuem-se nomes aos cargos. Esta etapa só deve ser efetuada ao final do trabalho, quando se possuam todas as informações, pois só então é que se conhecerá o tamanho do universo de referência, todas as variações e nuanças, seus conteúdos e a especificidade de cada um.

Os títulos atribuídos, por sua vez, serão apresentados como sugestão aos usuários e com eles discutidos, pois a aprovação final dependerá deles.

Observe, na montagem dos títulos, o seguinte:

QUADRO 6.5

Formulário para descrição e especificação de cargo.

NOME DA EMPRESA	**DESCRIÇÃO E ESPECIFICAÇÃO DE CARGO**
Título do Cargo:	
Área:	
Sumário:	

AVALIAÇÃO DE CARGO				
FATORES			**NÍVEL**	**PONTOS**
Habilidade	a.	Instrução		
	b.	Especialização		
	c.	Experiência		

Tipo de Esforço	a.	Esforço Físico		
	b.	Esforço Mental		
	c.	Esforço Visual		
	d.	Esforço Auditivo		

Responsabilidade	a.	Supervisão		
	b.	Verbas/Equipamentos		
	c.	Segurança de Terceiros		
	d.	Informações Confidenciais		
	e.	Contatos com Terceiros		

Condições de Trabalho	a.	Local de Trabalho		
	b.	Riscos Físicos		
	c.	Periculosidade		
	d.	Insalubridade		

CLASSIFICAÇÃO DO CARGO			
PONTOS:	**NÍVEL:**	**FAIXA SALARIAL:**	**SALÁRIO PROPOSTO:**

Responsável pela Avaliação:	**Data:**

Instrumentos e Ferramentas **131**

- use títulos consagrados universalmente, pois concedem a vantagem de fácil identificação pela leitura;

- evite os títulos que não descrevem o trabalho (tais como assistente, assessor e similares);

- evite os títulos que não identificam o trabalho (tais como técnico, operador);

- adote títulos que descrevam a função e que sejam curtos e objetivos;

- observe as funções reconhecidas oficialmente, elas possuem descrição própria e o grau de escolaridade (administrador, dietista, enfermeiro, eletrotécnico etc.);

- dê títulos específicos, quando os requisitos variarem (por exemplo: escolaridade); use níveis ou classificações (por exemplo: Escriturário I, Escriturário II);

- adote termos acrescentando sufixos da própria profissão (por exemplo: analista, programador, auditor, pintor);

- use o termo *ajudante* quando o ocupante efetivamente ajuda no desenvolvimento de uma tarefa (por exemplo: ajudante de eletricista);

- use o termo *auxiliar* quando o ocupante efetivamente auxilia de modo geral nas diversas atividades de uma operação (por exemplo: auxiliar de produção);

- evite a subjetividade, denominando cargos diferentes com nomes de significado semelhante;

- evite exageros com denominações pomposas e rebuscadas que nada acrescentam à descrição (por exemplo: denominar um arquivista de especialista em arquivos).

4. **Regras gerais**: a tarefa de descrever um cargo é, em si mesma, um produto final. Será a base empresarial para as contratações futuras, o pano de fundo para análise de desempenho e a fonte base de informações para a análise do quadro de distribuição do trabalho. Portanto, é aconselhável que se estabeleçam regras gerais para sua execução. Algumas delas são:

- cada descrição é única e diversa, as tarefas ali descritas devem compreender o cargo em sua extensão e significado;

- deve ser clara e concisa; não use termos vagos, construções prolixas ou vazias;

- detalhe o necessário para que seja entendida perfeitamente por todos;

- elimine banalidades ou detalhes que não contribuem para sua interpretação;

- evite termos técnicos específicos, quando forem realmente necessários, defina-os;

- comece as frases com verbos ativos, na terceira pessoa do indicativo;

- detalhe cada tarefa de forma clara, especificando: *o que* é feito; *como* é feito; *por que* é feito; *quando* é feito;

- divida e descreva as tarefas usando uma ordem: importância, cronologia, variedade ou complexidade;

- separe as tarefas de acordo com a frequência: diária, semanal, mensal, periódica, ocasional;

- relacione a tarefa com um fator: origem, graduação, duração;

- dê por encerrada a descrição apenas quando estiver clara, completa e uniforme;

- elimine da descrição as qualificações que dizem respeito à pessoa que ocupa o cargo;

- descreva o cargo, não o empregado, pois a descrição é feita em função dos objetivos empresariais;

- peça a um leigo no assunto para ler a descrição feita: se ele entendeu, ela está perfeita;

- sua própria integridade profissional como analista será o fator decisivo para que você possa fazer uma real descrição de cargo.

D. Aplicação

Alguns fatores organizacionais podem indicar a necessidade de se efetuar um estudo detalhado dos cargos e funções numa estrutura, tais como:

- Cargos criados especialmente para dar emprego a determinadas pessoas.
- Excesso de chefes, encarregados, supervisores sem justificativa.
- Partição excessiva de tarefas entre vários empregados.
- Trabalhos criados para manter ocupadas pessoas em condições precárias de saúde, capacidade física ou mental.
- Cargos criados para promover pessoas sem justificativa.
- Cargos criados para a satisfação pessoal de alguns empregados.
- Funções criadas como resultantes de pressões indevidas.

É indiscutível a grande quantidade de informações que se pode obter de uma empresa com a simples análise de seus cargos e funções. Muitas são as vantagens que esta ferramenta aporta ao trabalho do Analista de Informações. Entre elas, as principais são:

- Define de forma clara as atribuições de cada empregado.
- Reduz a ansiedade nos empregados, por saberem exatamente o que será cobrado em seu desempenho.
- Elimina as expectativas infundadas de promoções, aumentos e semelhantes.
- Oferece parâmetros sólidos e concretos para a seleção de pessoal.
- Define eventuais necessidades de treinamento.
- Complementa com detalhes o organograma.
- Dá os subsídios para o encarreiramento profissional.
- Define de forma clara os níveis de decisão.
- Descreve as relações normais de trabalho.
- Estabelece prioridades, prazos, frequências no trabalho.
- Serve como base para o controle empresarial.
- Estabelece os parâmetros para a avaliação de desempenho.
- Estabelece as formas de promoção indicando o sentido e a direção do encarreiramento profissional.

A seguir são apresentados dois tipos básicos de descrição de cargo.

QUADRO 6.6

Descrição de cargo administrativo.

Nome da Empresa	**DESCRIÇÃO DE CARGO**

Cargo: GERENTE REGIONAL	**Código:** 1.4.G	**Centro de Custos:** 1.4.021

Área/Departamento/Setor/Filial
OPERACIONAL / ADMINISTRATIVA / RIO DE JANEIRO

Sumário:
- coordena e supervisiona as áreas operacional e administrativa do Banco;
- exerce a interligação entre a Gerência Geral em São Paulo e o Banco de Investimentos no Rio de Janeiro;
- representa o Banco, como elemento decisório;
- executa outros serviços correlatos.

Descrição:
- estabelece as condições para efetivação das operações e prestações de serviços que melhor atendam às conveniências e interesses do Banco, obedecendo as instruções vigentes;
- efetua contatos com clientes em alto nível para estabelecer as linhas alternativas de negócios;
- toma decisões de alto nível sobre assuntos de Pessoal, Crédito, Empréstimos nacionais e internacionais;
- coordena a agência filial, visando seu funcionamento harmonioso;
- controla diretamente os diversos subgerentes, visando aprovações, alterações e fixação de normas operacionais em decisões por estes tomadas;
- responsabiliza-se pelo desenvolvimento e manutenção da imagem positiva do Banco, inclusive participando de associações, clubes, reuniões e demais atividades;
- executa outros serviços correlatos.

Subordina-se à: • Gerência Geral São Paulo	**Supervisiona:** • 40 funcionários ou mais

QUADRO 6.7

Verso da descrição de cargo administrativo.

ESPECIFICAÇÃO DO CARGO

Instrução:
Curso Superior Completo.

Outros cursos:
Especialização em Relações Humanas, Mercado de Capitais, Finanças, Administração, Comércio Exterior.

Características pessoais:
Disponibilidade para viajar, inteligência fluida, habilidade para resolver problemas numéricos complexos, capacidade de concentração, memória numérica e verbal, memória visual e fisionômica, capacidade de planejar e organizar, adaptabilidade, fluência oral e escrita em português e inglês, iniciativa, liderança, sociabilidade, aparência pessoal requintada.

Responsabilidade por verbas / fundos / valores / equipamentos:
Autoridade para liberar ou aprovar a saída de grandes somas em espécie ou não, por iniciativa própria, sem consulta a supervisores, devendo seguir, apenas, a orientação geral. Pode discriminar e selecionar os campos de operações de verbas, podendo trazer importantes consequências futuras. Pode causar prejuízos acima de 20.000 S.M.

Autonomia:
Supervisiona e dirige o trabalho de vários setores, estabelece padrões e designa objetivos a serem atingidos.

Assuntos confidenciais:
Informações operacionais confidenciais.

Precisão dos serviços:
Erros podem acarretar grande perda de prestígio externos e altos prejuízo financeiros.

Contatos:
Envolve importantes negociações com diretores e personalidades importantes exigindo alto grau de diplomacia.

Esforço físico: 25%	**Esforço visual**: 25%
Esforço mental: 75%	**Risco de vida**: 25%

QUADRO 6.8

Descrição de cargo técnico.

Nome da Empresa	**DESCRIÇÃO DE CARGO**

Cargo: DESENHISTA PROJETISTA	**Código:** 5.3.DP	**Centro de Custos:** 5.3.021

Área/Departamento/Setor/Filial INDUSTRIAL / DESENHO / RIO DE JANEIRO

Sumário:
- Planeja, calcula e desenha conjuntos de ferramentas e dispositivos, para a fabricação de componentes de produtos.

Descrição:
- verifica dados recebidos, para a fabricação de produtos, através de folhas de planejamento e desenhos da Engenharia;
- efetua análise de material indicado, operações envolvidas, facilidade de equipamentos, produção desejada e tempo de duração;
- verifica o leiaute das instalações, adaptações objetivas e econômicas do desenho original do produto;
- mantêm contatos com a supervisão local, Engenharia e Planejamento, para solução de problemas ligados ao seu trabalho;
- projeta, através de cálculos e desenhos, material, montagens e especificações de ferramentas para a fabricação de estampas de corte, repuxo, progressivos, combinados, dispositivos para máquinas operatrizes, conquilhas para fundição, estruturas e pequenas máquinas;
- desenha o conjunto final aprovado, indicando material a ser empregado, especificações e medidas;
- recomenda alterações ou revisões dos desenhos, para melhorar especificações e reduzir custos, superar falhas e defeitos;
- se necessário, desenvolve perspectivas de desenhos mais complexos, visando melhor compreensão;
- prepara desenhos de conjunto para a Ferramentaria, quando necessário.

Instrumentos e equipamentos empregados:
- todo o material convencional de desenho;
- computador de última geração com *softwares* especiais de desenho e projetos, como AUTOCAD, 3D, PROJECT.

Subordina-se à: - Gerência Industrial	**Supervisiona:** - Trabalho isolado.

Finalmente, como todas as ferramentas e instrumentos, a Descrição de Cargos e Funções também pode apresentar alguns inconvenientes. No entanto eles dizem respeito muito mais às pessoas que dele fazem um uso inadequado, do que do instrumento em si mesmo. As mais destacáveis podem ser apontadas como sendo:

- não divulgar a descrição de cargo por julgá-la *confidencial*;

- exigir que o funcionário cumpra a descrição de cargo sem conhecê-la;

- alegar que a descrição não é veiculada por que associa o salário do empregado; isto é perfeitamente contornável excluindo este dado da descrição;

- quando o analista de informações desconhece a ferramenta, eventualmente pode provocar superposição de atribuições, conflito de autoridade, diluição de responsabilidade, beneficiar uma determinada área por afinidade com as pessoas;

- fazer da descrição de cargos e funções uma camisa de força rígida e estanque. Ela deve sempre ter flexibilidade e ser passível de modificações e novas inclusões que espelhem o processo adaptativo da própria empresa.

6.1.3 Quadro distributivo do trabalho

A. Objetivo

- Identificar as atividades executadas pelos funcionários.
- Quantificar as atividades executadas pelos funcionários.
- Definir quem faz o quê.
- Identificar a tarefa desenvolvida mais importante.
- Estabelecer o fluxo da atividade principal.
- Verificar a fluência do processo produtivo.
- Detectar sobrecarga ou ociosidade de trabalho.
- Analisar o fracionamento do trabalho.
- Analisar a compatibilização dos cargos e funções.
- Analisar a formação do pessoal com a tarefa efetuada.

B. Definição

- É o instrumento que descreve as tarefas desenvolvidas dentro de uma área, especificando o tempo gasto entre os participantes em tal atividade.

C. Descrição

O instrumento é desenvolvido, obedecendo-se alguns passos muito claros. São eles:

1. **Definição de tarefas individuais**: visa identificar claramente:
   - Quem faz o quê.
   - Qual a frequência.

- Quantidade de tempo gasto.

Estas informações, via de regra, são coletadas pelo Analista de Informações, em formulário próprio (veja exemplo no Quadro 6.9), durante entrevista com o funcionário, dentro da área onde são desenvolvidas as atividades.

Normalmente, as pessoas nas entrevistas, relatam *tudo* o que fazem sem separar uma determinada atividade. Cabe ao Analista efetuar, posteriormente, a depuração das informações recebidas e perceber eventuais exageros.

Outro detalhe importante, neste momento, é o de estabelecer um período-padrão, que tanto pode ser a semana, a quinzena ou o mês. Não importa a escolha, desde que ela esteja justificada e seja coerente com a tarefa em estudo.

QUADRO 6.9

Relatório de tarefas individuais.

Nome da Empresa	**RELATÓRIO DE TAREFAS INDIVIDUAIS**

Departamento:	Setor:
Funcionário:	Cargo:

Ordem	Tarefa	Quantas Vezes	Tempo Consumido	Frequência/ Periodicidade

Comentários Adicionais:

Analista Executante:	Data da Entrevista: ____ / ____ / ____

2. **Consolidação das atividades**: de posse de todos os relatórios de uma determinada área, proceder-se à consolidação dessas informações. O objetivo principal é a definição das atividades, o tempo total gasto em cada uma, o desdobramento em tarefas, a participação de cada funcionário e o tempo gasto na elaboração de cada atividade. Além disso, é importante fixar:

138 Manual de Organização, Sistemas e Métodos • Ballestero-Alvarez

- atividades complementares: aquelas que para sua execução exigem a execução prévia de outras. Normalmente, essa sequência é rígida, prefixada, não oferecendo alternativas possíveis; uma depende da outra para alcançar o resultado final;

- atividades semelhantes: são aquelas que possuem em comum a mesma base, no entanto, não apresentam relação de complementaridade;

- atividades de mesma natureza: estão relacionadas com o atendimento das principais necessidades empresariais, divididas em grandes grupos, por exemplo: fiscal, jurídica, contábil, financeira e demais.

Esta consolidação pode ser efetuada junto com a equipe que respondeu às entrevistas. No caso de ser muito numerosa, pode-se optar apenas com a ajuda do principal encarregado. Outra alternativa é que a equipe de análise desenvolva uma primeira consolidação de forma autônoma e, posteriormente, submeta-a à apreciação da área envolvida.

Não se questiona como esta parte do estudo será desenvolvida. O que vale a pena uma vez mais dizer é que o trabalho não deverá ser encerrado antes de exposto, debatido e criticado pela área envolvida, para que se tenha a certeza de que, o que a área desenvolve, em seu dia a dia, é exatamente o que ficou registrado.

Após este consenso, se elabora o quadro de consolidação de atividades analisadas, conforme modelo no Quadro 6.10.

Este quadro deve receber a aprovação do usuário pois servirá como base aos posteriores desenvolvimentos e fará parte da documentação do sistema.

3. **Elaboração do quadro distributivo do trabalho**: é a consolidação de todas as informações e será feita na seguinte ordem:

- listar todas as atividades desenvolvidas pela área em estudo por ordem decrescente de importância, aparecendo, assim, as menos importantes em último lugar;

- alocar, a seguir, para cada atividade, o total semanal (ou na frequência que foi estabelecida) de horas gastas;

- especificar uma a uma todas as tarefas que compõem a atividade em estudo, separadas por funcionário envolvido;

- fornecer o total de horas semanais que cada um console naquela tarefa específica;

- somar as horas semanais de cada funcionário;

- observar que a soma das horas semanais dos funcionários seja igual ao total de horas semanais alocado para aquela atividade;

- reservar uma linha para a totalização geral do quadro.

A partir do momento em que o Quadro de Distribuição do Trabalho está pronto, procede-se à análise de suas informações. Veja o Quadro 6.11 como modelo desse formulário que agora será analisado.

4. **Análise do quadro distributivo do trabalho**: o trabalho de análise que pode ser feito com as informações constantes neste tipo de ferramenta é o mais variado possível, pois o instrumento oferece uma gama tão diversificada de fatores que efetivamente é um grande auxiliar na análise do trabalho desenvolvido por uma área. Apenas por questões didáticas, os fatores serão apresentados de forma separada, para que sua compreensão seja mais clara. É interessante que se volte a frisar a necessidade de que este instrumento seja discutido, em detalhes e exaustivamente, com a área envolvida e de que se considerem e incluam as opiniões dos participantes do trabalho, pois, em última instância, eles serão os mais afetados por qualquer modificação pretendida.

QUADRO 6.10

Relatório de consolidação de atividades.

Nome da Empresa	**RELATÓRIO DE CONSOLIDAÇÃO DE ATIVIDADES**

Departamento:	Setor:
Responsável:	Cargo:

Ordem	Atividade	Tarefa	Executante	Horas/Semana*

RESUMO				Variação % dos Custos
Total de Funcionários	Total de Horas Semanais	Custo Total do Departamento	Rateio de Custo Hora/Homem	
Prev.**				Horas:
Real				Custo

Aprovação da Área:	Analista Executante:	Data da Elaboração: ___/___/___

*   Definir o período se diário, semanal, quinzenal, mensal ou outro.
**   Valores previstos.

QUADRO 6.11   Quadro distributivo do trabalho.

Nome da Empresa	**QUADRO DISTRIBUTIVO DO TRABALHO**						

Departamento:				Encarregado:			

ATIVIDADES		**TAREFAS**					
Ordem/ Descrição	Total Horas Semanais*	Nome: Cargo:	Horas Semanais	Nome: Cargo:	Horas Semanais	Nome: Cargo:	Horas Semanais
1º							
2º							
3º							
4º							
5º							
Total Geral		Subtotal:		Subtotal:		Subtotal:	

Aprovação do Encarregado da Área:	Coordenação pela Elaboração da Análise:	Data: ____ / ____ / ____

* A norma estabelece que se utilize oito horas por dia; cinco dias por semana. Se o padrão for diferente, indique-o claramente em todos os documentos.

- **Tempo**: é a quantidade de tempo que cada uma das tarefas consome em sua execução. Observem-se os seguintes detalhes:

  ⇒ identificar as tarefas que mais consomem tempo;

  ⇒ verificar a importância da tarefa que mais tempo consome;

  ⇒ estabelecer a priorização das tarefas executadas;

  ⇒ verificar se a priorização é compatível com a importância da tarefa e o tempo por ela consumido;

  ⇒ verificar se tarefas secundárias consomem mais tempo que as prioritárias;

  ⇒ observar se tarefas de pouca importância relativa e de pouco consumo de tempo, quando isoladas, são muito repetidas e acabam consumindo uma grande quantidade de tempo (por exemplo, atender telefone ou responder *e-mail*).

  A maior preocupação, sem dúvida, é verificar se as atividades de maior importância são as que efetivamente consomem o maior tempo da área em análise.

- **Volume**: é a quantidade efetiva de trabalho, a distribuição e a coerência na continuidade por funcionário envolvido. Observem-se os seguintes detalhes:

  ⇒ verificar se existe uma tarefa que em passos menores e cada um é executado por uma pessoa;

  ⇒ identificar tarefas desconexas que provoquem descontinuidade;

  ⇒ detectar a existência de *picos* ou *gargalos*, quais os motivos e as soluções adotadas;

  ⇒ definir a frequência dos picos ou gargalos, ou de trabalho acumulado ou atrasado;

  ⇒ verificar se a carga de trabalho é equitativamente distribuída entre todos os funcionários.

  Observe-se que, quando uma tarefa é dividida entre vários funcionários, deve existir sincronismo na execução, sob pena de prejuízo na execução total.

- **Capacitação**: é a adequação do tipo de mão de obra empregado com o tipo de trabalho executado. Observem-se os seguintes detalhes:

  ⇒ verificar o aproveitamento das aptidões dos funcionários no desempenho das tarefas;

  ⇒ detectar se todos os funcionários receberam treinamento adequado para o tipo de equipamento empregado;

  ⇒ verificar se a complexidade da tarefa está em concordância com o cargo, a experiência e a titulação do executante;

  ⇒ detectar a necessidade de treinamento;

  ⇒ verificar se existe ociosidade de uns quando existe sobrecarga de outros.

  A preocupação maior, neste caso, está centrada na relação existente entre o cargo ocupado, as tarefas desempenhadas, o treinamento que foi oferecido e o salário atribuído.

- **Custo**: se relaciona com a quantidade de verba associada à execução da tarefa em análise. Observem-se os seguintes aspectos:

⇒ comparar a quantidade de horas disponíveis e as que foram efetivamente consumidas;

⇒ verificar a quantidade e evolução das horas-extras;

⇒ comparar o custo da área com o seu retorno em relação à empresa inteira;

⇒ verificar se o tempo e o custo da área são compatíveis com a significância do trabalho desenvolvido.

Observe-se que, quando se fala em custo, não se menciona apenas o salário direto com a mão de obra. Deve-se incluir, também, material empregado, instalações do prédio, luz, água, telefone, energia, manutenção e limpeza de áreas e máquinas, equipamentos e demais recursos empregados pela área em estudo.

- **Racionalização**: é a questão maior que o instrumento trata, como fazer melhor e com menos custo a mesma tarefa. Observem-se os seguintes aspectos:

⇒ verificar os tipos de máquinas e equipamentos utilizados na área;

⇒ identificar paradas por quebras ou constantes processos de manutenção corretiva que retardam o trabalho;

⇒ identificar as tarefas que são feitas manualmente e que poderiam ser agilizadas com o uso de equipamentos;

⇒ verificar se a distribuição física da área é adequada e confortável para o trabalho (ver item 6.1.4);

⇒ verificar se os formulários empregados são os mais adequados para o trabalho (ver item 6.4.2);

⇒ verificar se a tarefa é muito complexa e exige tratamento mais detalhado por diagramas (6.4.1) ou rede de eventos (6.3.1).

5. **Proposta de novo quadro distributivo do trabalho**: uma vez efetuadas todas as análises, elabora-se um novo quadro com as alterações propostas e que apresente a melhor forma possível (ou as várias alternativas) para solução do problema. Elabora-se um novo quadro que incorpore essas alterações. Essa proposta, após consolidada, será exaustivamente discutida entre todos os analistas e junto com os envolvidos na área-alvo do estudo. Quando ocorrer a aprovação, todos os componentes ou afetados pelas mudanças deverão estar plenamente de acordo e conscientes de que essa é a melhor alternativa possível. Caso contrário o estudo será um fracasso.

D. Aplicação

A aplicação do Quadro Distributivo do Trabalho pode parecer demorada, porém a quantidade de informações obtidas e o detalhe em que são oferecidas mais do que compensam o tempo investido.

Suas principais vantagens são:

- visão panorâmica das atividades executadas por uma área e de quem as executa;

- facilidade na análise comparativa da participação de cada integrante que com outro instrumento poderia ser difícil;

- aponta imediatamente desequilíbrios na distribuição das tarefas dentro de uma área;

- instrumento de fácil aplicação, entendimento, uso e simples em sua apresentação;

- a simplicidade facilita a inclusão de informações que num determinado momento ou área específica sejam necessárias.

Apesar de tudo isso, o Quadro Distributivo do Trabalho é uma ferramenta, e como tal pode trazer alguns inconvenientes. Os mais destacados são:

- as informações oferecidas são quantitativas, numéricas apenas, e o analista, eventualmente, pode esquecer que existem as relações entre as pessoas no momento em que elas se unem para desenvolver um trabalho;

- o analista pode estar tão preocupado com detalhes e com quantificações que, eventualmente, poderá chegar a nível de fração de segundos na elaboração da tarefa. Cuidado! Há tarefas nas quais, pela sua sincronização, essa minúcia é necessária, há momentos em que não;

- tarefas e atividades muito complexas não são passíveis de análise no Quadro Distributivo do Trabalho, pois sua vantagem maior é quando a tarefa inteira pode ser sintetizada numa única folha. Verifique se não é mais interessante usar outro instrumento;

- a *melhor maneira* é sempre uma escala de valor pessoal e subjetiva, o que é *melhor* para um pode não ser para outros;

- esqueça, por um momento, os números e quantidades, ouça a opinião das pessoas.

Esta não é a *única forma* ou a *melhor forma* de fazer o Quadro de Distribuição do Trabalho, é apenas uma sugestão. Desenvolva uma outra que seja mais adequada ao trabalho que você vai estudar, às pessoas envolvidas e a você mesmo.

6.1.4 Distribuição Física

A. Objetivo

- Aproveitar racionalmente o espaço físico disponível.
- Definir o fluxo racional de materiais, equipamentos e pessoas.
- Diminuir os movimentos de pessoas, materiais, produtos.
- Definir a distância mínima entre os postos de trabalho.
- Racionalizar os investimentos em instalações.
- Incrementar o controle de qualidade e quantidade na produção.
- Facilitar a supervisão e coordenação dos trabalhos.
- Diminuir o tempo médio de produção.
- Facilitar o processo de crescimento e expansão das áreas.
- Oferecer mais segurança aos trabalhadores.
- Oferecer mais conforto a todos que circulam por um determinado ambiente.

B. Definição

- *"É a posição relativa dos departamentos, seções ou escritórios dentro do conjunto de uma fábrica, oficina ou área de trabalho; das máquinas, dos pontos de armazenamento e do trabalho manual ou intelectual dentro de cada departamento ou seção; dos meios de suprimento e acesso às áreas de armazenamento e de serviços, tudo relacionado dentro do fluxo de trabalho."*[2]

C. Descrição

A distribuição física ou leiaute, como estudo, trata da disposição e localização em uma planta de todas as variáveis que são manipuladas em qualquer empresa. Alguns **princípios básicos** regem a execução desta análise. Eles são:

- **Investimento**: apenas o estritamente necessário por unidade de produção.
- **Mão de obra**: plena utilização sem existência de ociosidade ou sobrecarga.
- **Máquinas**: apenas as necessárias para o nível de produção desejada, respeitadas as especificações técnicas.
- **Fluxo**: movimentos ininterruptos com o mínimo de cruzamentos ou retrocessos possíveis.
- **Distâncias**: mínimas possíveis para redução de tempos de percurso.
- **Áreas**: mínimas necessárias para a atividade.
- **Flexibilidade**: prevendo crescimentos, mudanças na produção e novos arranjos que sejam econômicos e viáveis.
- **Expansão**: prevendo o crescimento da área dentro de um determinado período de tempo.
- **Segurança**: de acordo com a legislação vigente para pessoas, máquinas e equipamentos.
- **Fatores**: todos aqueles que estejam envolvidos, descritos a seguir.

Juntamente com os princípios básicos, os **fatores** irão definir o leiaute mais adequado. São eles:

- **Tipo de produto**: tamanho, peso, quantidade, aspectos especiais inerentes aos produto (pó para circuitos impressos, micróbios para produtos cirúrgicos, iluminação para filmes fotográficos etc.).
- **Matéria-prima**: tipo (gás, líquido, sólido), características (veneno, corrosivo, perecível, oxidável), variedade, quantidade, peso, tamanho, dimensões, suprimento (forma e frequência), estoques (local, distância, tamanho, proporção de carga *versus* sustentação).
- **Máquinas e equipamentos**: tipos, quantidade, características, níveis de produtividade; capacidade conforme manuais operacionais; suprimento de matéria-prima, ferramentas, matrizes, estampos, dispositivos; peso, fundações, fixações; altura, pontes-rolantes, esteiras; operadores, quantidade, posição, distâncias; aspectos especiais como esgotos, exaustores, compressores, isolantes, energia.
- **Movimentação**: transporte e sua forma, meio, velocidade, quantidade, frequência, peso; fluxo e nível de carga e descarga, acondicionamento, tipo de veículo, corredores, níveis.

---

[2] Definição dada pelo *International Labour Office*, de Genebra.

- **Limpeza**: frequência, acesso, tipo (jato ou sucção, água ou ar), detritos e resíduos, transporte, destino e separação, periculosidade, insalubridade.

- **Processo**: roteiro e sequência exigida, níveis possíveis de modificação, velocidade de produção, rapidez de escoamento, níveis de vazão, alternativas energéticas.

- **Estocagem**: áreas, características, alternativas (produto acabado, semimanufaturado ou em elaboração).

- **Manutenção e consertos**: acesso e localização, remoção de máquinas, distribuição de vapor, água, gás, trocas de lâmpadas, fusíveis, motores, peças e componentes; área para consertos e equipe interna de manutenção de emergência.

- **Serviços**: energia elétrica; corrente contínua, alternada; compressores, vácuo; vapor, caldeiras; iluminação, natural, artificial, fornecida, gerada.

- **Controle**: qualitativo; quantitativo, frequência; área, pessoas, máquinas, comunicação entre as diversas áreas.

- **Segurança**: saídas de emergência, extintores, escadarias; áreas de descanso e sanitários, higiene do trabalho, insalubridade, cheiros e odores, temperaturas, equipamentos e vestuário protetor.

- **Administração**: refeitório, vestiário, chuveiro, sanitário; relógio de ponto, quadro de avisos; acessos aos serviços de pessoal, social, treinamento, médico, vendas, biblioteca, banco; gráfica, reprodução.

- **Comando**: distância com a diretoria, gerência, coordenação, chefia; formas de comunicação (telefone, telex, rádio, circuito interno de TV, terminais de computadores, fax etc.).

- **Construção**: tipo (térreo ou andares); janelas; aquecimento, resfriamento; pintura de paredes, canos, sinalização; protetores de roubo, incêndio, chuvas, raios; pé direito;[3] vão livre;[4] carga sobre lajes e resistência do piso;[5] definição do tamanho das portas; instalações de comunicação como escadas, rampas, elevadores, segurança; ventilação para cozinhas, laboratórios, fornos, banheiros.

- **Outros benefícios**: terminal ferroviário, acesso rodoviário; portões; legislação federal, estadual, municipal quanto ao ramo e a instalação; estacionamento; tratamento e armazenamento de água; estoque de combustível.

- **Expansão e mudança**: espaço disponível; nível de flexibilidade; facilidade de remoção de móveis, máquinas e equipamentos.

Além de todos estes princípios básicos e fatores, a primeira coisa que o analista deve providenciar é uma cópia da planta completa da área que será estudada. A apresentação destas plantas e sua própria construção está regulamenta por lei. A construção é regulamentada por lei e sancionada por decreto.[6] Os símbolos adotados estão normalizados pela ABNT[7] na NBR 6492, de 30 de abril de 1994 (também chamada de NB 43),[8] e pela NBR 13532, de 30 de novembro de 1995.

---

[3] Pé direito é a altura livre entre o telhado, teto ou forro até o piso.

[4] Vão livre é a distância entre colunas para a passagem de máquinas.

[5] Ela pode variar de acordo com impacto, pressão, peso, carga estática e dinâmica, substâncias químicas ou corrosivas, calor, frio.

[6] Esta lei é municipal e foi aprovada pelo Poder Legislativo; o decreto foi sancionado pelo Poder Executivo do município. No caso de São Paulo, atualmente, está em vigor a Lei nº 11.228, de 25-6-1992, e o Decreto nº 32.329, de 23-9-1992. Todas as normas aqui mencionadas, salvo indicação em contrário, obedecem ao preconizado pela citada legislação.

[7] Associação Brasileira de Normas Técnicas.

[8] Norma Brasileira.

As plantas e desenhos de arquitetura, por sua natureza, são apresentados em escalas de redução. As escalas padronizadas são:

QUADRO 6.12

Escalas de plantas.[9]

Escala	Representação
1:100	Plantas
1:200	Coberturas
1:500	Plantas de Situação
1:50	Fachadas, cortes, seções

Os padrões adotados para o cálculo de lotação de pessoas num determinado ambiente obedecem à lei já mencionada e estão descritos no Quadro 6.13.

QUADRO 6.13

Medidas para cálculo de lotação.[10]

Ocupação	m²/pessoa
Habitação	15,00
Comércio e serviço	
Setores com acesso ao público (vendas/espera/recepção etc.)	5,00
Setores sem acesso ao público (áreas de trabalho)	7,00
Circulação horizontal em centros comerciais	5,00
Bares e restaurantes	
Frequentadores em pé	0,40
Frequentadores sentados	1,00
Demais áreas	7,00
Prestação de serviços de saúde	
Atendimento e internação	5,00
Espera e recepção	2,00
Demais áreas	7,00
Prestação de serviços de educação	
Salas de aula	1,50
Laboratórios, oficinas	4,00
Atividades não específicas e administrativas	15,00
Prestação de serviços de hospedagem	15,00
Prestação de serviços automotivos	30,00
Indústrias e oficinas	9,00
Depósitos	30,00
Locais de reunião	
Setor para público em pé	0,40
Setor para público sentado	1,00
Atividades não especificadas ou administrativas	7,00
Prática de exercício físico ou especial	
Setor para público em pé	0,30
Setor para público sentado	0,50
Outras atividades	4,00
Atividades e serviços públicos de caráter especial	
A ser estipulado caso a caso	–
Atividades temporárias	
À semelhança de outros usos	–

---

[9] Extraído de NEUFERT, E. *Arte de proyectar en arquitectura*. Buenos Aires : Ediciones G. Gili, 1948. p. 5.

[10] Valores mínimos estabelecidos por lei.

FIGURA 6.15
Convenções para desenhos.

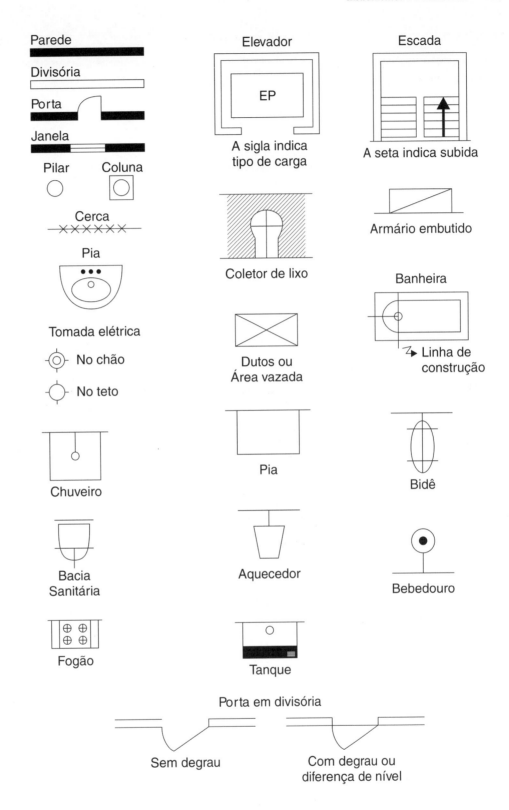

FIGURA 6.16
Convenções elétricas para plantas de instalações.

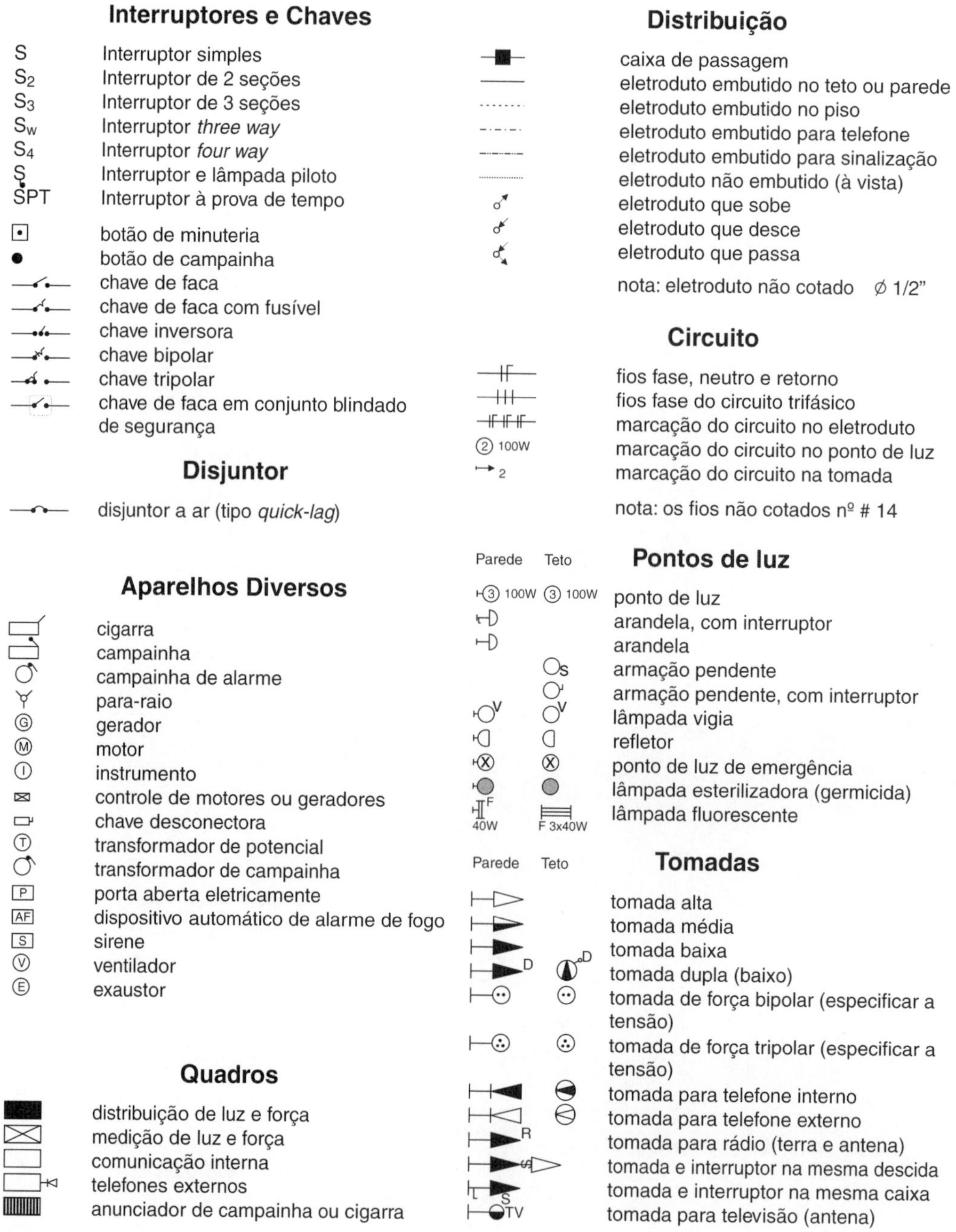

Interruptores e Chaves

S	Interruptor simples
S_2	Interruptor de 2 seções
S_3	Interruptor de 3 seções
S_w	Interruptor *three way*
S_4	Interruptor *four way*
Ş	Interruptor e lâmpada piloto
SPT	Interruptor à prova de tempo
	botão de minuteria
	botão de campainha
	chave de faca
	chave de faca com fusível
	chave inversora
	chave bipolar
	chave tripolar
	chave de faca em conjunto blindado de segurança

Disjuntor

disjuntor a ar (tipo *quick-lag*)

Aparelhos Diversos

- cigarra
- campainha
- campainha de alarme
- para-raio
- gerador
- motor
- instrumento
- controle de motores ou geradores
- chave desconectora
- transformador de potencial
- transformador de campainha
- porta aberta eletricamente
- dispositivo automático de alarme de fogo
- sirene
- ventilador
- exaustor

Quadros

- distribuição de luz e força
- medição de luz e força
- comunicação interna
- telefones externos
- anunciador de campainha ou cigarra

Distribuição

- caixa de passagem
- eletroduto embutido no teto ou parede
- eletroduto embutido no piso
- eletroduto embutido para telefone
- eletroduto embutido para sinalização
- eletroduto não embutido (à vista)
- eletroduto que sobe
- eletroduto que desce
- eletroduto que passa

nota: eletroduto não cotado ⌀ 1/2"

Circuito

- fios fase, neutro e retorno
- fios fase do circuito trifásico
- marcação do circuito no eletroduto
- marcação do circuito no ponto de luz
- marcação do circuito na tomada

nota: os fios não cotados n° # 14

Pontos de luz

Parede / Teto

- ponto de luz
- arandela, com interruptor
- arandela
- armação pendente
- armação pendente, com interruptor
- lâmpada vigia
- refletor
- ponto de luz de emergência
- lâmpada esterilizadora (germicida)
- lâmpada fluorescente

Tomadas

Parede / Teto

- tomada alta
- tomada média
- tomada baixa
- tomada dupla (baixo)
- tomada de força bipolar (especificar a tensão)
- tomada de força tripolar (especificar a tensão)
- tomada para telefone interno
- tomada para telefone externo
- tomada para rádio (terra e antena)
- tomada e interruptor na mesma descida
- tomada e interruptor na mesma caixa
- tomada para televisão (antena)

FIGURA 6.17 Convenções para instalações prediais de luz e força.

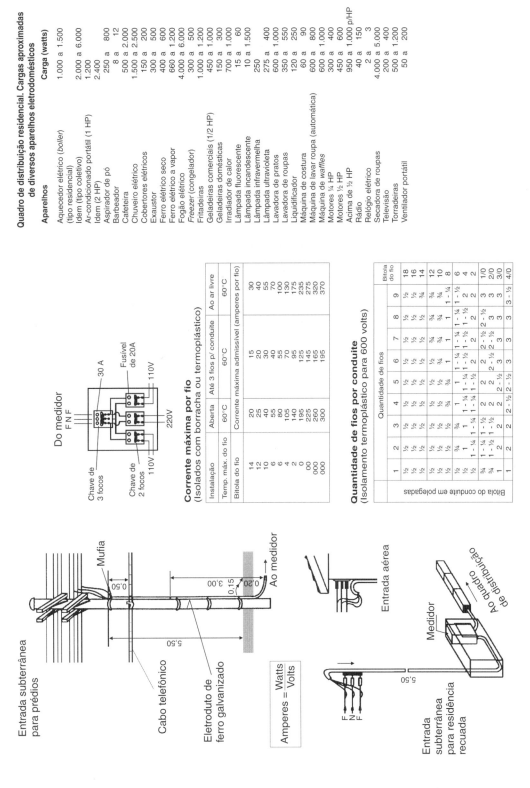

FIGURA 6.18

Convenções de desenho para instalações hidráulicas.

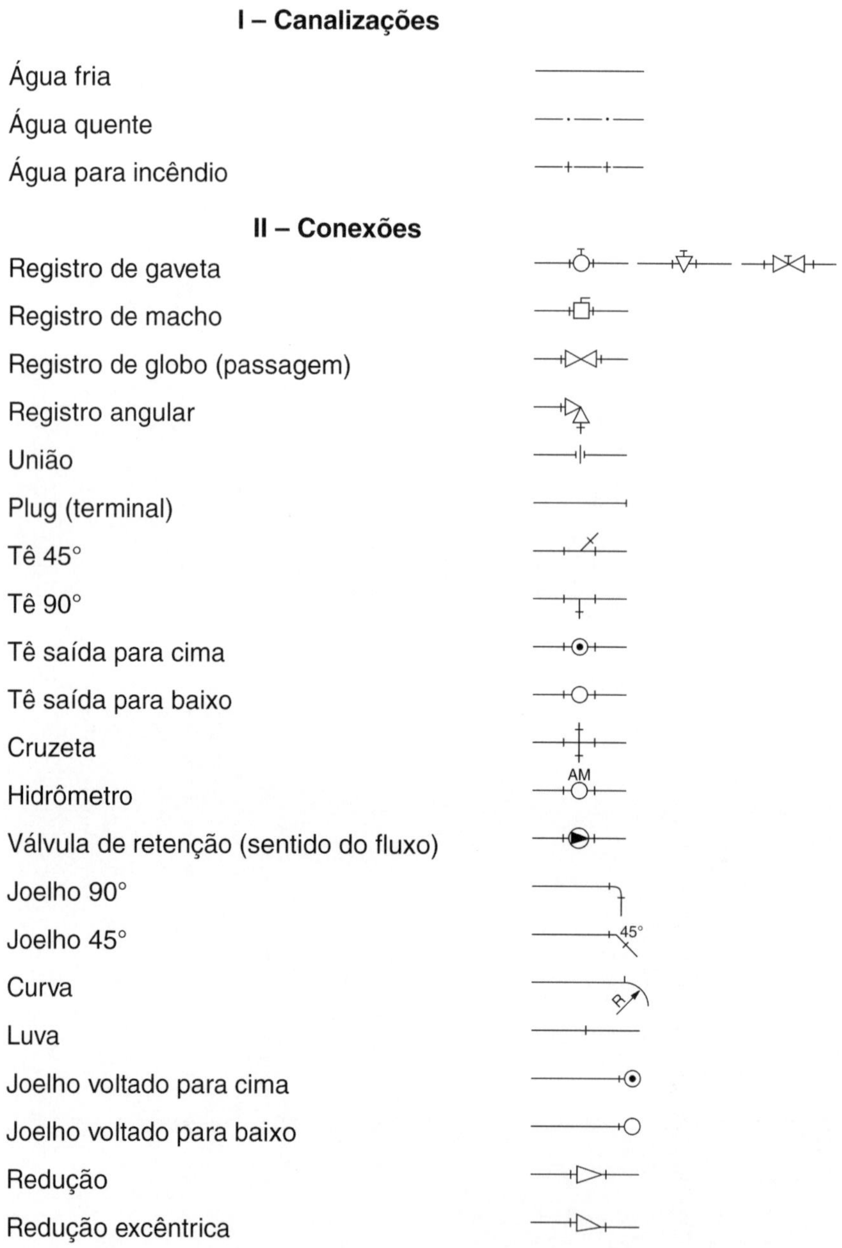

I – Canalizações

Água fria

Água quente

Água para incêndio

II – Conexões

Registro de gaveta

Registro de macho

Registro de globo (passagem)

Registro angular

União

Plug (terminal)

Tê 45°

Tê 90°

Tê saída para cima

Tê saída para baixo

Cruzeta

Hidrômetro

Válvula de retenção (sentido do fluxo)

Joelho 90°

Joelho 45°

Curva

Luva

Joelho voltado para cima

Joelho voltado para baixo

Redução

Redução excêntrica

FIGURA 6.19
Convenções de medidas.

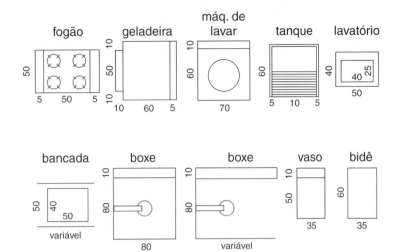
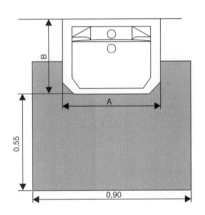
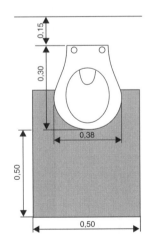
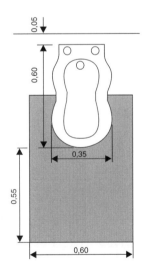

FIGURA 6.20
Convenções para escoamento de pessoas.

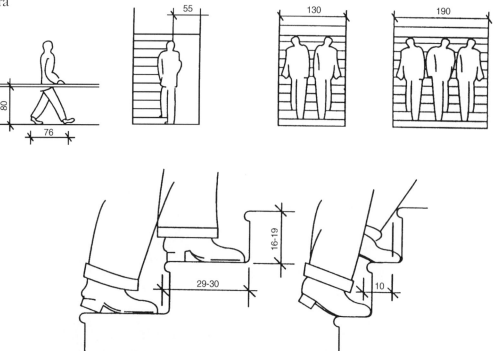

Altura e largura padronizadas dos degraus

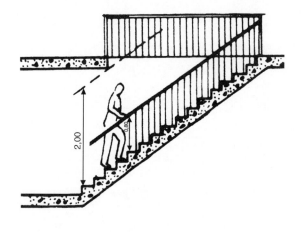

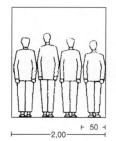

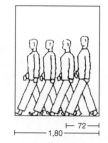
ESPAÇOS NECESSÁRIOS PARA AGRUPAMENTOS

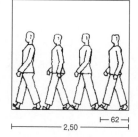
MARCHANDO   ANDANDO

FIGURA 6.21

Plantas e desenhos de escadas.

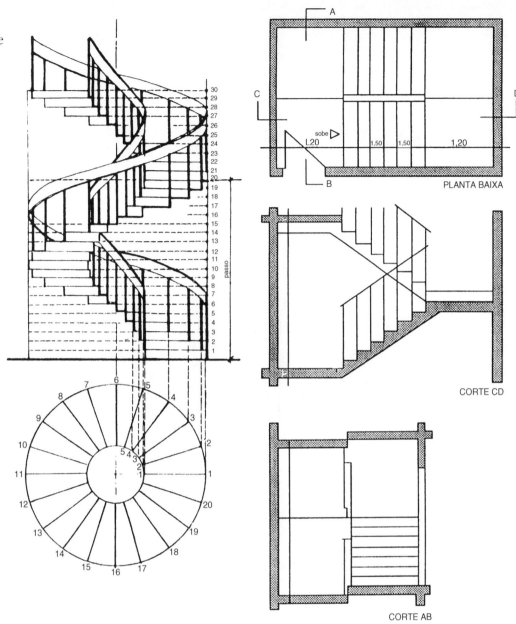

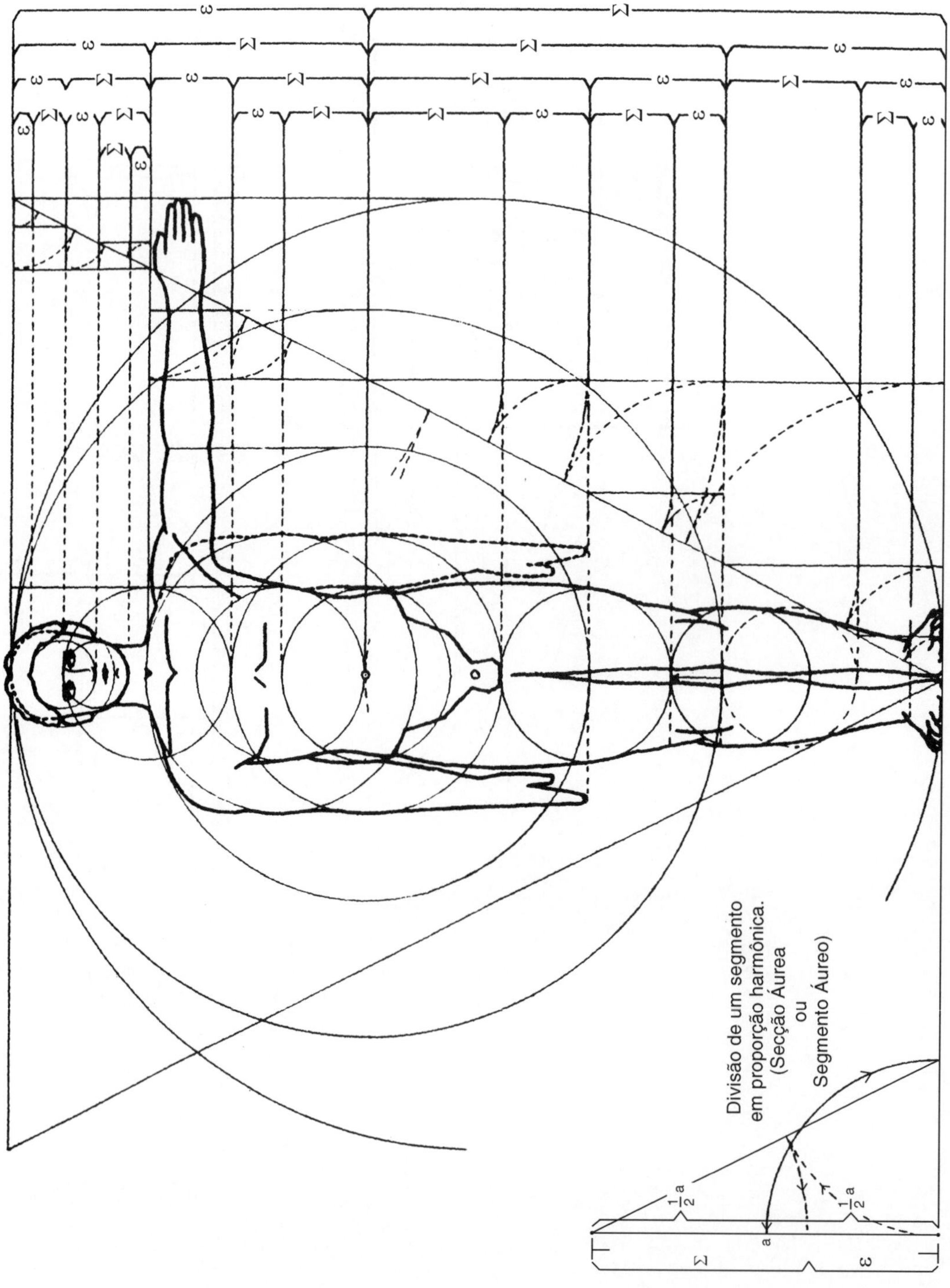

FIGURA 6.22 Dimensões e espaços necessários para o ser humano.

FIGURA 6.23

Dimensões de espaço para operários e operárias.

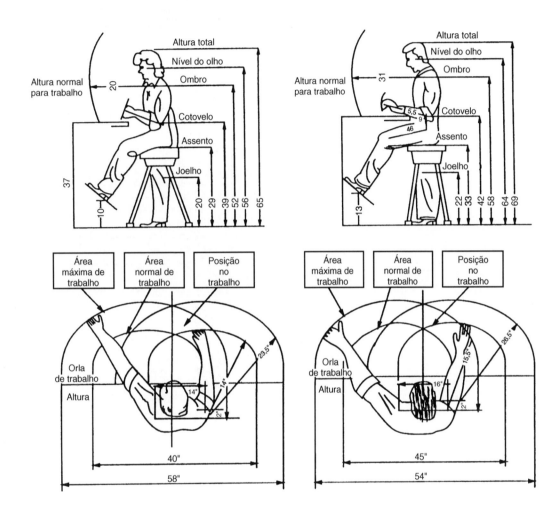

FIGURA 6.24

Dimensões médias de um posto de trabalho.

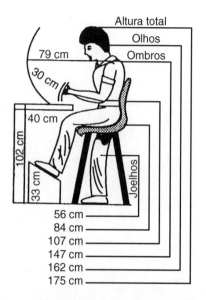

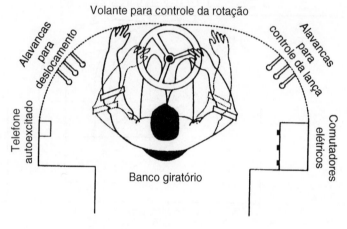

FIGURA 6.25

Elementos para o projeto de posto de trabalho.

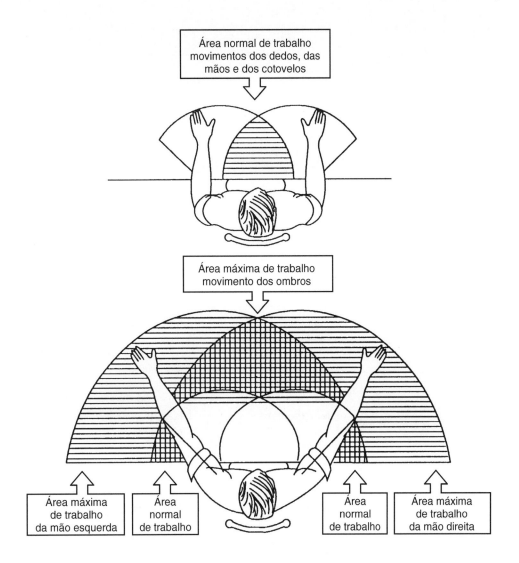

Outro item importante que deve ser levado em consideração diz respeito às cores empregadas nos ambientes, pois é inegável a influência que a cor exerce sobre as pessoas. Elas podem transmitir sensação de conforto, paz, tristeza, ampliar ambientes, reduzi-los, torná-los aconchegantes ou incômodos.

No que tange ao uso de cores em tubulações, máquinas e equipamentos, também foi alvo de padronização pela ABNT na NBR 7195, de 30 de junho de 1995, também conhecida como NB 76. Assim, a norma estabelece que:

- **Vermelho**: usado para alertar de perigo, como caixas de alarme, extintores e todos os equipamentos contra e de combate a incêndios.
- **Laranja**: indica partes móveis e perigosas em máquinas e equipamentos, faces externas de polias e engrenagens.
- **Amarelo**: indica cuidado necessário em corrimão, parte inferior de escadas portáteis.
- **Verde**: identifica segurança como em caixas de equipamento de socorro e urgência, boletins, avisos de segurança.
- **Azul**: usado para indicar cuidados especiais como elevadores, entrada de caixas subterrâneas, tanques, tornos, caldeiras.
- **Branco**: usado em passadiços, corredores de circulação através de faixas.

- **Preto**: empregado para identificar os coletores de resíduos, também substitui o branco quando necessário.

Outro aspecto a ser estudado em detalhe é o que define o tipo de leiaute mais adequado a uma determinada instalação. Nesse momento estamos analisando a relação existente entre matéria-prima, mão de obra e máquinas.

Por definição, podem ser classificados em fixos e móveis. Os fixos estão caracterizados por permanecerem, ao longo da linha de produção, no mesmo lugar. Os móveis são aqueles que podem ser deslocados e o são na medida da necessidade do produto.

As alternativas possíveis estão descritas e exemplificadas no Quadro 6.14.

QUADRO 6.14

Análise de fatores do leiaute.

Fator Fixo	Fator Móvel	Exemplo
Mão de obra Máquina	Matéria-prima	Usinagem
Máquina Matéria-prima	Mão de obra	Estaleiros
Mão de obra Matéria-prima	Máquinas	Solda
Matéria-prima	Mão de obra Máquinas	Montagem pesada como aviões e locomotivas
Máquina	Mão de obra Matéria-prima	Mecânica pesada
Nenhum	Mão de obra Máquina Matéria-prima	Construção de estradas

Em função de todas essas informações é que se estabelecem os diversos tipos de leiaute possíveis. Eles são:

- **Em linha**: também denominado por produto, onde todas as máquinas e os processos necessários são agrupados juntos e sequenciais, sendo que a matéria-prima que entra na produção sempre segue o mesmo caminho e os mesmos pontos de processamento. Nã Figura 6.26 exemplificam-se suas possíveis variações.

  ⇒ *Vantagens*

    1. Máxima redução na manipulação da matéria-prima com a ajuda da automação e o uso de equipamentos de transferência e transporte.

    2. Máxima redução do uso de matéria-prima e facilidade no cálculo do custo total com esse item.

    3. Fácil treinamento da mão de obra para as operações de linha.

    4. Possibilidade da redução dos estoques de semiacabados e matéria-prima.

    5. Fácil determinação dos níveis mínimos e de segurança nos estoques e pontos de ressuprimento.

  ⇒ *Desvantagens*

    1. Eventual ociosidade das máquinas na montagem.

FIGURA 6.26
Leiaute em linha e seus tipos.

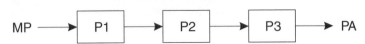

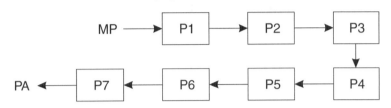

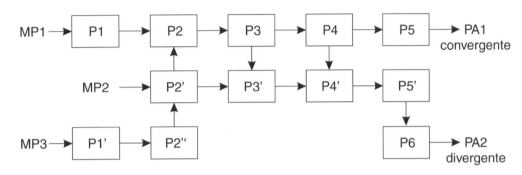

MP = matéria-prima
P = posto de trabalho
PA = produto acabado

2. Risco de aumento no número total de máquinas, pois algumas vezes a mesma máquina pode ser necessária duas ou mais vezes na montagem total.

3. Risco de paralisação completa da linha de montagem quando uma só máquina quebra.

4. Risco de aumento nos custos fixos quando a velocidade ideal da produção não é alcançada.

5. Não apresenta flexibilidade; as máquinas não podem ser usadas alternativamente para outros produtos, sendo necessários desvios na produção para instalar máquinas novas.

- **Funcional**: também denominado por processo, onde todas as máquinas que intervêm num mesmo trabalho ou função estão agrupadas juntas. Na Figura 6.27 há um exemplo.

⇒ *Vantagens*

1. Proporciona flexibilidade no caso de mudança de produto.

2. Trabalho mais difícil pode ser atribuído às máquinas onde operem funcionários mais treinados.

3. Máxima utilização das máquinas.

4. Redução de custos no processamento de pequenos lotes.

5. Produção não interrompida quando uma das máquinas entra em manutenção.

FIGURA 6.27
Leiaute funcional.

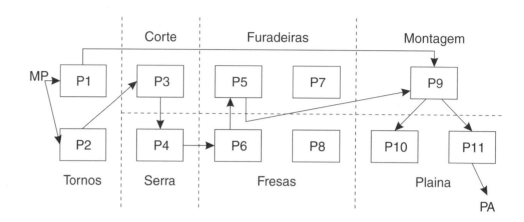

6. Contratação de aprendizes sob a supervisão de um único técnico especializado.

⇒ *Desvantagens*

1. Controle do fluxo é difícil.
2. Difícil planejamento de matéria-prima, ocorrendo grandes estoques que podem onerar a produção.
3. Grandes custos de movimentação podendo gerar fluxos intensos de transporte.
4. Necessidade de maiores espaços para transporte e movimentação.
5. Difícil usar o mesmo profissional em várias máquinas devido ao ritmo e a produção poderem mudar.

- **Agrupado**: junção de algumas das características dos tipos anteriores. Hoje também é conhecido como "célula", "família", "grupo" de trabalho, onde todas as ações estão reunidas em um único local. Na Figura 6.28 há um exemplo.

⇒ *Vantagens*

1. Máxima utilização da capacidade produtiva do grupo.
2. Mínima quantidade necessária de ferramentas e componentes.
3. Maior aproveitamento de sucata e sobras pois não ocorre a mistura aleatória.

⇒ *Desvantagens*

1. Utiliza maior área fabril.
2. Capacidade global das máquinas não é utilizada plenamente se cada uma delas tiver uma velocidade.
3. Balanceamento da produção é difícil se cada atividade consumir um determinado tempo.
4. Difícil estabelecer a produção-padrão.

Além dos tipos apresentados de leiaute, existem ainda aqueles que apenas levam em consideração a colocação física do posto de trabalho independente do trabalho que é desenvolvido ou do tipo de profissional que o utiliza. Podem ser classificados em:

- **Aberto**: adequado para grandes áreas de trabalho com grande contingente humano. Um exemplo disto é uma sala de aula.

⇒ *Vantagens*

1. Facilidade de comunicação entre os participantes.
2. Reduz o espaço utilizado.
3. Facilita a distribuição equitativa do trabalho.

FIGURA 6.28
Leiaute agrupado.

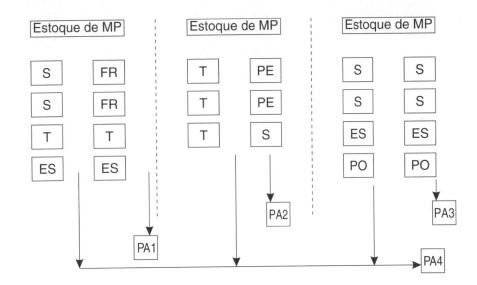

⇒ *Desvantagens*

1. Difícil supervisão.
2. Difícil concentração do pessoal pelo barulho ambiental.
3. Aumento do ruído ambiental pelo tamanho do espaço.

- **Corredor**: colocação de salas ou dos ambientes de trabalho um ao lado do outro onde estão as equipes de profissionais que desenvolvem uma mesma atividade.

    ⇒ *Vantagens*

    1. Máxima utilização dos recursos do grupo.
    2. Fácil cooperação e integração do grupo.
    3. Fácil coordenação dos trabalhos.

    ⇒ *Desvantagens*

    1. Facilita a criação de "*panelinhas*".
    2. Consome espaço com paredes.

- **Panorâmico**: junção dos dois tipos anteriores, porém não há paredes mas divisórias, que podem ser transparentes, ou biombos de baixa altura (1,40 m) que dividem os ambientes de trabalho para os grupos.

    ⇒ *Vantagens*

    1. Privacidade das salas individuais.
    2. Propicia o trabalho em grupo.
    3. Consome menos espaço por não utilizar paredes.
    4. Flexibilidade para alterações com os biombos.
    5. Vidro proporciona supervisão indireta dos grupos.

    ⇒ *Desvantagens*

    1. Aumento do custo para tratamento acústico (piso, teto, paredes) para redução do som ambiental.
    2. Biombos podem proporcionar o aparecimento de "*panelinhas*".
    3. Vidro pode proporcionar a sensação de "*aquário*" ou "*vitrine*".
    4. Pessoas podem se sentir "*expostas*" e "*observadas*".

D. Aplicação

Algumas situações podem indicar e justificar a necessidade de se efetuar a análise da distribuição física ou leiaute. Alguns deles são:

- Quando um novo espaço produtivo deve ser montado ou construído numa empresa.
- Quando há necessidade de reorganização ou de expansão.
- Evolução dos custos de transporte interno associados ao produto.
- Evolução dos pedidos de conserto de máquinas, equipamentos ou telefones, provenientes de quedas dos locais onde estão colocados.
- Evolução da quantidade de colisões entre as pessoas ou entre elas e móveis ou máquinas.
- Evolução dos níveis de acidentes do trabalho.
- Frequência com que uma pessoa deixa de trabalhar para que outra o faça.

Além de todos os princípios, fatores e variáveis já mencionadas, existe um método para se averiguar se o leiaute é o mais adequado possível; é denominado de Método dos Elos.

O **método dos elos** tem como objetivo básico estabelecer a posição mais adequada para os postos de trabalho mais utilizados e que mais sejam requisitados, mantendo-os próximos uns dos outros. Para tanto, tem-se que:

- **Elo**: liga dois postos de trabalho independente do sentido da ligação.
- **Frequência**: quantidade de vezes que o elo é utilizado na produção.
- **Solicitação**: quantidade de vezes que o posto de trabalho é utilizado na produção.
- **Elo fraco**: ligação entre dois postos de trabalho não contíguos ou distantes entre si (distante é toda medida diferente do padrão estabelecido).
- **Importante** observar que:
  - ⇒ Posto de trabalho é o local onde se realiza uma determinada ação no processo produtivo.
  - ⇒ Deve ser estabelecida a medida que será adotada como padrão.
  - ⇒ Cruzamentos são sempre considerados elos fracos em especial em linhas de montagem.
  - ⇒ Ligações diagonais são maiores que as laterais, em especial quando o posto de trabalho tem frente definida e a remessa do material exige transporte com carrinhos.
- **Elaboração**:
  1. Providencie uma planta baixa da área disponível, atualizada e com a maior quantidade de detalhes possíveis (pontos de luz, energia, força, telefone, iluminação etc.).
  2. Verifique qual é a escala utilizada na planta (normalmente é de 1:100).
  3. Relacione todos os móveis, máquinas, aparelhos, utensílios que serão colocados naquele ambiente, com as respectivas metragens.
  4. Faça em papel cartão o modelo de tudo que será disposto, na mesma escala apresentada pela planta e recorte-os.
  5. Monte na planta os móveis, máquinas, aparelhos assinalando as interligações.

6. Faça o quadro dos elos: uma lista de todos os elos existentes naquele ambiente em estudo.

7. Faça o quadro de frequências: forneça o número total de vezes que cada elo é utilizado no período considerado. Coloque em primeiro lugar os elos com as frequências mais altas, pois eles influenciam sobremaneira a solução.

8. Faça o quadro de solicitações: especifique o número de vezes que cada posto de trabalho é solicitados no fluxo de todos os produtos no período considerado. Coloque os postos mais solicitados em primeiro lugar, pois eles influenciam a solução.

9. A melhor solução é aquela que apresenta uma quantidade de elos fracos inferior a 10% do total de elos.

O problema a seguir apresentado será resolvido pelo método dos elos para melhor esclarecer sua aplicação.

Situação existente:

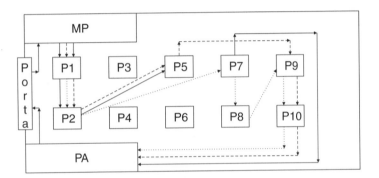

Legenda: MP = Depósito de Matéria-prima
PA = Depósito de Produto Acabado
P*n* = Posto de Trabalho
——— Produto A
············ Produto B
-------- Produto C

Informações da produção:

Produto	Quantidade	Fluxo
A	10	MP, 1, 2, 5, 7, PA
B	20	MP, 1, 2, 7, 8, 9, 10, PA
C	30	MP, 1, 2, 5, 9, 10, PA

Informações da Construção:

- Área disponível: 12m × 24m.
- Porta: uma com 5m de vão por onde entra matéria-prima e sai produto acabado.
- Posto de trabalho: 4m² (2m × 2m).
- Depósitos: medem 2m × 5m cada, são de alvenaria e não podem ser retirados.

Depoimento dos usuários e trabalhadores:

- Colisões entre pessoas são frequentes.
- Trabalhadores reclamam de dores nas pernas e costas.

- PA alega que o produto demora muito tempo para chegar.
- P10 fica com muito serviço acumulado sobre a bancada.
- O transporte de P5 e P7 é feito pelo corredor lateral para evitar encontros com outros transportes.

1º Análise das solicitações:

Posto	MP	1	2	3	4	5	6	7	8	9	10	PA
Solicitação	60	60	60	0	0	40	0	30	20	50	50	60

Os postos mais solicitados são: MP, 1, 2, PA com 60. Os postos a seguir são 9 e 10 com 50. Em terceiro é o posto 5 com 40. Em quarto está o posto 7 com 30. Em último lugar está o posto 8 com 20. Os postos 3, 4 e 6 não são solicitados por nenhum dos produtos analisados e não há necessidade de colocá-los entre os demais.

2º Análise das frequências:

Elo	Fr. A	Fr. B	Fr. C	Fr. Total
MP — 1	10	20	30	60
1 — 2	10	20	30	60
2 — 5	10	—	—	10
2 — 7		20	—	20
5 — 7	10	—	—	10
5 — 9	—	—	30	30
7 — 8	—	20	—	20
7 — PA	10	—	—	10
8 — 9	—	20	—	20
9 — 10	—	20	30	50
10 — PA	—	20	30	50
Fr. TOTAL	50	140	150	340

Os elos mais frequentes são: MP—1 e 1—2 com 60 cada. Em segundo lugar são 9—10 e 10—PA com 50. Em terceiro está 5—9 com 30. Em quarto estão 2—7, 7—8 e 8—9 com 20. Em último estão 2—5, 5—7 e 7—PA com 10. A frequência total é de 340 elos, o que permite uma solução de até 34 elos fracos (10%).

Com base nessas informações foi apresentada a seguinte solução.

3º Solução alternativa:

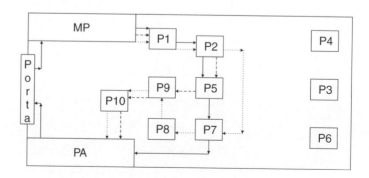

Elos fracos: 2 — 7 = 20

7 — PA = 10

Total de elos fracos = 30 ∴ solução adequada

Independente da solução encontrada, lembre-se de pedir ajuda aos arquitetos ou engenheiros. Eles possuem todas as informações técnicas de que nós, analistas, precisamos para elaborar um bom estudo de leiaute. Por exemplo, este capítulo só foi escrito pela ajuda e colaboração recebidas de um arquiteto: Beatriz Garcia Roos, a quem muito agradeço pelo apoio e pelas informações que de outro modo não estariam aqui. Além disso, atualmente contamos com bons aplicativos que muito nos ajudam no momento de confeccionar o leiaute; um desses casos é o VisioProfessional, que nos oferece uma infinidade de recursos computacionais e nos proporciona a oportunidade de produzir um diagrama realmente de qualidade impecável. Apesar disso, não se esqueça de que o aplicativo não faz a análise, nem cria a melhor alternativa. Isso quem faz é o analista.

Finalmente, resta salientar que o estudo da distribuição física de um espaço destinado ao desenvolvimento de trabalhos também reflete a filosofia da empresa e de seus dirigentes. Há empresas que possuem como base a economia. Outras, em compensação, valorizam os espaços livres, limpos, arejados e atraentes para seus empregados. Mais ainda se pensamos que todos nós passamos de 6 a 8 horas diárias dentro desse espaço que aqui se discute.

Não importa a diretriz da empresa, mesmo com muito pouco espaço pode-se ter limpeza, arrumação e ordem. A regra básica é: "um lugar para cada coisa e cada coisa em seu lugar", como Fayol afirmou.

6.1.5 Integração de equipes

A. Objetivo

- Proporcionar a integração real entre as pessoas.
- Proporcionar a plena utilização das características pessoais dos envolvidos no projeto.
- Facilitar o processo de comunicação entre as pessoas.
- Facilitar a implantação de mudanças no ambiente empresarial com o menor desgaste possível.
- Identificar as variáveis de motivação atuantes no grupo de trabalho do sistema.
- Desenvolver um ambiente de trabalho agradável e incentivador.
- Propiciar o desenvolvimento das características de personalidade dos componentes das equipes.

B. Definição

- Uso de instrumentos e ferramentas que, provenientes da psicologia social, favoreçam a cooperação, a integração e o desenvolvimento das equipes de trabalho.

C. Descrição

O estudo e o cuidado com as relações humanas provêm da aplicação da psicologia à eficaz integração do elemento humano num grupo de trabalho, no caso de que se trata, o desenvolvimento de um sistema de informações.

Na maior parte das aplicações clássicas dos computadores, as únicas relações com o elemento humano são as entradas iniciais ao sistema e a saída final que o sistema oferece. Os especialistas em computadores têm ignorado, geralmente, as relações com o ser humano, permitindo que o engenheiro industrial, o engenheiro de sistemas ou o representante do usuário se encarreguem de dirigir e coordenar a incorporação do ser humano no sistema de informações. À medida que se desenvolvem sistemas mais integrados e mais conversacionais, esta forma de trabalho é cada vez mais insatisfatória.

É necessário que se considere o ser humano como componente integrante do sistema de informação. Os fatores humanos que serão tratados aqui são apenas aqueles que afetam as relações entre as possibilidades e limitações humanas e as exigências específicas dos sistemas de informação.

A amplitude dos estudos e a experiência necessária para o desenvolvimento desses estudos exigem que se lance mão de uma equipe especializada composta por pelo menos um psicólogo social ou experimental. É este profissional que, juntamente com um representante do usuário e o coordenador ou líder do projeto, irá avaliar os elementos humanos durante o processo de desenvolvimento do sistema.

Duas podem ser as abordagens destes estudos em função dos níveis de atuação. Embora separadas didaticamente neste texto, na realidade elas não se separam na prática.

1. Nível básico – que requisita a habilidade do psicólogo experimental, que investiga o ser humano apenas como uma unidade de produção; avalia as necessidade de percepção, discriminação, decisão e manipulação de uma função dada e tenta confrontá-las com as possibilidades do pessoal disponível. Esta visão das relações humanas é essencialmente mecanicista, porém garante à equipe que as pessoas selecionadas serão capazes, com grande probabilidade, de realizar o trabalho necessário, se estiverem adequadamente motivadas e apoiadas.

2. Nível social – é pesquisado e desenvolvido pelo psicólogo social; investiga o ser humano e seu ambiente como uma unidade em si mesma com inter-relações complexas; analisa as motivações, atitudes, técnicas de comunicação e estruturas dos grupos, tanto formais quanto informais. A análise e estudo neste nível garante à equipe que as tarefas foram agrupadas numa hierarquia de trabalho que maximiza a possibilidade de que se estabeleçam e mantenham os níveis necessários de apoio individual.

Infinitas são as variáveis de comportamento e conduta do ser humano, e algumas ainda muito pouco estudadas e compreendidas, que determinam se uma pessoa adequadamente motivada pode realizar um trabalho bem. Todos sabemos que este é um problema importante, caso contrário basta dar uma pequena olhada para a maioria dos sistemas homem/máquina (como aviões, navios, nuclear etc.) e verificar que mais da metade dos erros (ou panes do sistema) são originários ou provocados pelo ser humano.

A psicologia experimental identifica numerosas razões para estes altos índices de erro humano; estas razões podem ser resumidas na afirmação de que as pessoas parecem ser sistemas probabilísticos e que, apesar do treinamento intensivo, pode, às vezes, produzir qualquer reação frente a qualquer estímulo.

O ser humano deve primeiro perceber se tem que reagir ou não. Os sentidos humanos são os meios de percepção e servem para dirigir a atenção consciente ao fenômeno percebido. A generalização mais frequente empregada para definir os níveis e limites da percepção estabelece que, ao comparar magnitudes, não é a diferença aritmética que percebemos, mas a relação da magnitude em si mesma; mais ainda, não é apenas a identificação da diferença, ou seja, algo capaz de ser percebido, mas também a velocidade da reação humana segue esta mesma regra.

Além disso, o ser humano, inserido no sistema de informações, é capaz de raciocinar, de aproveitar uma experiência e de modificar sua conduta baseando-se na experiência passada, deduzindo condições gerais de acontecimentos específicos. Esta conduta flexível é facilitada por sequência de ações, como de aproximações sucessivas ou tentativa e erro, que incidentalmente são uma das muitas causas do alto grau de variação das reações humanas frente aos estímulos.

Existe ainda a aptidão, vista como a reunião dos fatores que determinam se uma pessoa é fisicamente capaz de realizar um ato que seu cérebro ordena ao corpo que faça. O corpo humano, numa pobre comparação, é um servosistema extremamente complicado e perfeito, e muitas ações causam efeitos colaterais inesperados e modelos de aprendizagem indesejável. Podem ser observados os tempos de resposta e reação a estímulos, porém variam tanto de uma pessoa para outra que, dificilmente podem ser feitas generalizações. As diferenças individuais, medidas em décimos de segundo, fazem com que a análise e a definição dos requisitos de aptidão constituam uma parte importante das reações humanas.

Aqui reside, em primeiro lugar, o papel do psicólogo experimental ou social, percebendo e definindo quais operações devem ser realizadas pelo ser humano. A seguir a equipe de relações humanas atribui as operações necessárias entre a pessoa e a máquina. Muitos psicólogos já estabeleceram que o ponto mais frágil do desenho de um sistema de informações é a definição das operações que envolvem a relação homem/máquina.

O psicólogo social atua na análise e definição dos fatores que envolvem a motivação humana; sua tarefa consiste em identificar os elementos organizacionais e técnicos que atenderão adequadamente à motivação humana. Através de muitas experiências, já foi demonstrado que a sensação de grupo, as atitudes individuais, as relações e comunicações afetam rapidamente e de forma drástica a produtividade.

Os motivos individuais e o rendimento do trabalho dependem em grande parte do ambiente global de trabalho e da reação individual a esse mesmo ambiente. E importante frisar que pessoas de diferentes tipos e categorias possuem esquemas diferentes de necessidades, atitudes e respostas em potencial. Não se esqueça que o que motiva o chefe dificilmente motiva o subordinado, isto é mais regra do que exceção. Não perceber estas diferenças pode acarretar a distribuição inadequada de tarefas e recompensas e inadequada atribuição de atividades a unidades organizacionais e pode provocar o mal funcionamento irreversível de um sistema de informações.

A cadeia de produtos e de informação não são os únicos motivos para atribuir funções a pessoas ou unidades. A maioria das pessoas quer trabalhos que sejam interessantes e diversificados, mas que estejam dentro de suas aptidões. O psicólogo social estuda, neste contexto, as ações, organização, expectativas e motivação de cada grupo de pessoas e deve colaborar no desenho do diagrama de informação que conjugue as necessidades de controle e operação do sistema com a estabilidade e a harmonia do grupo.

No sistema de informações, da forma aqui proposta, as pessoas devem se sentir apoiadas por uma série de elementos como equipamentos, instrumentos, dados técnicos, comunicações internas, ambiente físico satisfatório (conforme descrito no subitem 6.1.4), treinamento e instrução. Dentro da equipe de desenvolvimento, deve haver um profissional específico que esteja preocupado com estas variáveis. Não se deve, em momento algum, relegar o elemento humano a um segundo plano, sob pena de fracasso do sistema.

Um dos maiores problemas neste momento é o de evitar ou resolver os conflitos existentes ou em potencial entre a necessidade de mudança da empresa e a resistência dos empregados em mudar. Quando uma empresa procura se adaptar à condição de mudança, exige que seus empregados aceitem novos esquemas de pensamento, novos procedimentos e novas relações sociais. Frequentemente, o mal-estar psicológico criado pelas novas condições faz com que bons empregados, independente de sua posição na hierarquia, apresentem resistência às mudanças. Por sua vez, o engenheiro de sistemas tem como uma de suas principais tarefas reduzir essa resistência, introduzindo ordem e compreensão no processo de mudança.

Para alcançar esse objetivo com êxito, o engenheiro de sistemas não pode se fixar no conhecimento das necessidades técnicas e recursos da organização, deve também contemplar e ter profundo conhecimento dos princípios básicos da psicologia. Deve entender o que motiva a conduta das pessoas e usar essa compreensão para desenvolver relações humanas adequadas e saudáveis.

D. Aplicação

Para análise mais detalhada e prática dos motivos humanos, existe à disposição dos psicólogos sociais e dos engenheiros de sistema o questionário da curva da motivação, que a seguir se apresenta no Quadro 6.15.[11]

A motivação, como se verá, afeta todas as áreas da conduta humana. Seu campo de influência abrange:

- as urgências que surgem das necessidades corporais;
- a urgência de conseguir o êxito e o triunfo;
- a preocupação de evitar o erro e a decepção;
- a expectativa de conseguir o reconhecimento e a aprovação das pessoas que nos rodeiam;
- o desejo de sermos alvos de simpatia, afeto e segurança;
- o desejo de experimentar o novo, o diferente;
- o desejo de criar, inventar, inovar.

Se você deseja conhcer quais são os motivos que hoje atuam em seu comportamento, ofereço-lhe a seguir o instrumento proposto por A. Maslow (1954). Faça assim: primeiro, responda o questionário do inventário da motivação que aparece no Quadro 6.15, pontuando cada uma das afirmações existentes; segundo, transfira seus resultados para o espaço reservado no item 1 da folha de tabulação, constante no Quadro 6.16; terceiro, obtenha os totais por tipo de afirmativa e coloque-os no gráfico apropriado. Seu produto final será uma gráfico.

No gráfico que você construiu no Quadro 6.16, você poderá perceber a intensidade relativa que você atribui às forças motivacionais correspondentes aos vários níveis da Hierarquia das Necessidades de Maslow. Obviamente, não há respostas certas ou erradas. O "certo", para você, é aquilo que corresponde às reais necessidades de seus subordinados e, certamente, será particular a cada situação e a cada indivíduo. Os especialistas afirmam, porém, que os empregados, nos dias de hoje, são motivados mais facilmente por atenções dadas às suas necessidades sociais e de reconhecimento desde que estejam razoavelmente bem atendidas suas necessidades básicas e de segurança.

O ser humano é um maravilhoso organismo capaz de perceber eventos, formular juízos complexos, recordar informações, resolver problemas e pôr um plano em ação. Contudo, esse intrincado aparelho pode ser usado para uma diversidade de fins: tanto para planejar uma guerra como para explorar o espaço exterior, para humilhar outra pessoa ou confortar os enfermos, obter o reconhecimento, o domínio ou a amizade. Os usos que uma pessoa der as suas capacidades humanas dependem de sua motivação: seus desejos, anseios, carências, necessidades, ambições, apetites, amores, ódios e medos.

Para que possamos prosseguir, é necessário que se estabeleçam alguns parâmetros comuns em nossa linguagem. É claro que diferentes teóricos têm diferentes concepções sobre motivação. Apesar disso, há acordo geral em que um motivo é um fator interno que dá início, dirige e integra o comportamento de uma pessoa. Não é diretamente observado, mas inferido do seu comportamento ou, simplesmente, parte-se do princípio de que existe a fim de explicar-se seu comportamento. A motivação distingue-se de outros fatores que também influem no comportamento, tais como a experiência passada da pessoa, suas capacidades físicas e a situação ambiente em que se encontra, se bem que esses fatores possam influenciar a motivação.

Um motivo divide-se, usualmente, em dois importantes componentes. Primeiro, o termo *impulso* refere-se ao processo interno que incita uma pessoa à ação. O impulso pode ser influenciado pelo ambiente externo, mas o impulso, propriamente dito, é in-

---

[11] O questionário da curva da motivação foi proposto originalmente por Abraham Maslow (1908-1970). O que aqui se apresenta se baseia nele.

QUADRO 6.15

Inventário da motivação.

INSTRUÇÕES: para cada uma das afirmativas abaixo, assinale com um círculo a alternativa que melhor corresponde a sua opinião. Por exemplo, se você CONCORDAR INTEIRAMENTE, faça um círculo ao redor do número +3. Opine sobre todas as afirmações.

SIGNIFICADOS DA PONTUAÇÃO:

+ 3 = Concordo inteiramente − 1 = Discordo parcialmente
+ 2 = Concordo − 2 = Discordo
+ 1 = Concordo parcialmente − 3 = Discordo inteiramente
0 = Estou em dúvida

1	Deveriam ser dadas gratificações em dinheiro aos empregados que executam muito bem seu trabalho.	+3	+2	+1	0	−1	−2	−3
2	Seria útil a elaboração de melhores descrições de cargos, de forma que os empregados possam saber exatamente o que se espera deles.	+3	+2	+1	0	−1	−2	−3
3	Os empregados precisam ser lembrados de que seus empregos dependem da capacidade da empresa de competir eficazmente no mercado.	+3	+2	+1	0	−1	−2	−3
4	A chefia deveria dar muita importância às condições físicas de trabalho de seus empregados.	+3	+2	+1	0	−1	−2	−3
5	O chefe deveria empenhar-se a fundo para criar um clima de trabalho amistoso entre seus subordinados.	+3	+2	+1	0	−1	−2	−3
6	O reconhecimento individual para aqueles cujo desempenho está acima da média significa muito para os empregados.	+3	+2	+1	0	−1	−2	−3
7	A chefia indiferente pode, com frequência, melindrar os sentimentos do empregado.	+3	+2	+1	0	−1	−2	−3
8	Os empregados desejam sentir que suas reais capacidades e habilidades estão sendo utilizadas no trabalho que realizam.	+3	+2	+1	0	−1	−2	−3
9	Os planos de aposentadoria e benefícios oferecidos pela companhia são fatores importantes para reter os empregados na organização.	+3	+2	+1	0	−1	−2	−3
10	Pode-se tornar quase todo o tipo de trabalho mais estimulante e desafiante.	+3	+2	+1	0	−1	−2	−3
11	Muitos empregados desejam dar o máximo de si em tudo o que fazem.	+3	+2	+1	0	−1	−2	−3
12	A Direção da empresa deveria mostrar maior interesse pelos empregados, patrocinando eventos sociais fora do horário de expediente.	+3	+2	+1	0	−1	−2	−3
13	Poder orgulhar-se de seu próprio trabalho já é uma grande recompensa.	+3	+2	+1	0	−1	−2	−3
14	Os empregados gostariam de se julgar "os melhores" no trabalho que realizam.	+3	+2	+1	0	−1	−2	−3
15	É muito importante a qualidade do relacionamento entre grupos informais de trabalho.	+3	+2	+1	0	−1	−2	−3
16	Prêmios e incentivos individuais melhorariam o desempenho dos empregados.	+3	+2	+1	0	−1	−2	−3
17	É importante para os empregados fazerem-se notados pela alta direção da empresa.	+3	+2	+1	0	−1	−2	−3
18	Os empregados normalmente gostam de programar o seu próprio trabalho e de tomar decisões relacionadas com ele, com um mínimo de supervisão.	+3	+2	+1	0	−1	−2	−3
19	É importante para os empregados sentirem-se seguros em seus empregos.	+3	+2	+1	0	−1	−2	−3
20	É importante para os empregados dispor de bom equipamento para trabalhar.	+3	+2	+1	0	−1	−2	−3

terno. Segundo, um motivo termina ao ser atingido um *objetivo* ou obtida uma *recompensa*. O objetivo ou recompensa revestir-se-ão de certo efeito redutor ou saciante sobre o incitamento interno, pelo que, depois de alcançar um objetivo ou ser suficientemente recompensado, o motivo deixa de orientar o comportamento por um período de tempo. Um objetivo ou recompensa poderá envolver um objeto externo, como o alimento, mas o processo de cessação do impulso é em si mesmo interno.

QUADRO 6.16

Folha de tabulação.

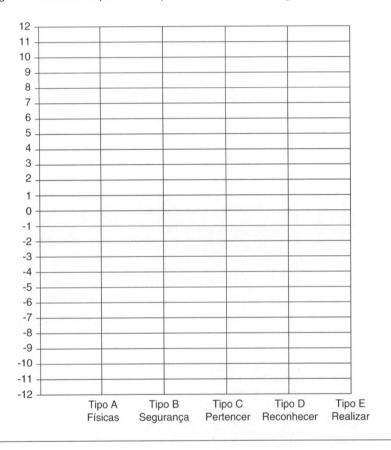

Assim, uma pessoa é motivada, em qualquer momento, por uma variedade de fatores internos e externos. A força de cada motivo e o padrão de motivos influem na maneira como vemos o mundo, nas coisas em que pensamos e nas ações em que nos empenhamos.

Como sabemos quando uma pessoa está motivada e por qual motivo? Como medimos um motivo? Existem dois métodos gerais para fazê-lo: medir certas condições externas que se julga produzirem um impulso e medir certos aspectos do comportamento da pessoa, que refletem seus motivos.

Para o primeiro caso, em geral, *a privação, a estimulação e as instruções verbais* constituem os principais meios de suscitar experimentalmente um impulso. Porém, essas condições geradoras de impulsos não são a mesma coisa que impulso.

No segundo caso, a motivação pode ser inferida por outros aspectos tais como a intensidade, a frequência e a rapidez de uma reação, que podem dar indícios da motivação. Por exemplo, o predomínio de um tema nas conversas sugere certos motivos subjacentes. O jargão popular já afirma: "diz-me o que cantas e te direi do que careces". Contudo, é difícil fazer generalizações e muitas vezes as aparências enganam.

Isto porque o comportamento é determinado não só pela motivação, mas também pela situação presente e experiência passada. Só quando conhecemos a experiência passada de uma pessoa e podemos controlar a situação em que ela própria se encontra é que podemos rigorosamente deduzir de seu comportamento uma motivação.

Apesar de todas as batalhas teóricas sobre o tema, verifica-se um crescente acordo em que o potencial do ser humano depende, em grande parte, de seu cérebro incrivelmente intricado. A motivação não é, simplesmente, uma questão de tensões viscerais e necessidades dos tecidos. A motivação depende de um cérebro que contém mecanismos para o prazer e a dor, que controla seu próprio nível de excitação e que é sensível aos eventos tanto externos como internos. Provavelmente, todos os motivos contêm características internas e externas.

O ser humano não se limita a proteger-se dos estímulos nocivos e a procurar a paz da morte ou do nirvana. Interatua de um modo ativo com seu meio. É curioso, divertido e criador. Concebe grandes ideias, busca significados e imagina novas metas sociais; esses produtos de sua própria imaginação influenciam sua própria luta, seu esforço, seu padrão motivacional e o curso da civilização.

Finalmente, o calor e a comunhão humana não constituem epifenômenos enxertados num ritmo peristáltico. Dar e receber amor fazem tanto parte da natureza biológica humana quanto a necessidade de urinar. Temos apetites sexuais, mas também procuramos a afeição. Odiamos, mas também procuramos intimidade e estima. Até procuramos amar e estimar a nós mesmos.

Esta imagem do homem é emergente, mas talvez o próprio homem esteja surgindo (ou seria melhor dizer – ressurgindo). Sabemos perfeitamente que muitos homens não se ajustam a essa imagem. O psicopata brutal que lança uma bomba numa escola infantil (ou o pai que mata duas filhas gêmeas de sete anos) parece consumado pelo ódio... ou talvez pelo... terror. Os povos esfomeados do mundo não poderiam interessar-se menos pela capacidade criadora e, por vezes, nem mesmo pelo amor dos que lhes são mais chegados (mas recusam a ajuda financeira de países ditos desenvolvidos). Alguns motivos terão de ser satisfeitos antes que outros surjam. É possível que exista uma espécie de hierarquia de motivos.

Abraham Maslow (1954) sugere que o ser humano tem alguns motivos primários, instintivos, que vão desde os motivos *inferiores* aos *superiores*. Estão organizados numa hierarquia que corresponde ao suposto nível evolucionário do motivo. Primeiro, temos os motivos *fisiológicos*, como a fome; depois os motivos de *segurança*, como o medo; a seguir, os motivos de *estima*, como o amor; e, finalmente, os de *autorrealização*. Numa curva teríamos o seguinte:

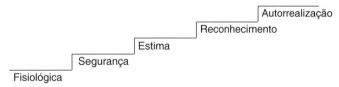

Quanto mais baixo for o motivo, tanto mais crucial ele é para a sobrevivência e mais cedo aparece na evolução, portanto a hierarquia refere-se também à ordem de aparecimento dos motivos no desenvolvimento do indivíduo: os motivos fisiológicos aparecem primeiro, os de segurança mais tarde seguidos dos de estima, posteriormente de reconhecimento e autorrealização mais tarde ainda.

Abraham Maslow afirma que um motivo superior não aparece enquanto os que lhe ficam por baixo não forem satisfeitos, ou seja, só as pessoas bem alimentadas podem se dar ao luxo de estar seguras e a salvo. Apesar dos motivos de amor serem tão fortes, uma pessoa com medo pode subtrair-se às relações com outras. Reduzido o medo, os motivos de amor surgem. Quando estes estão satisfeitos, aparece o motivo de estima. Uma pessoa que necessita desesperadamente amar é capaz de perder o respeito por si própria, voltar rastejando para um tormentoso objeto de amor. Existem, obviamente, muitas exceções a essa hierarquia, afirma Maslow, e o exemplo que usa é o da mãe que se lança no interior de uma casa em chamas para salvar os filhos (mas neste caso não estaríamos confirmando a hierarquia de necessidades?).

Finalmente, quando todos os motivos inferiores estão satisfeitos, escreve Maslow, surge um motivo para a autorrealização. Trata-se de um conceito difícil de descrever, pois muito pouco se sabe a respeito. Para Maslow, significa o desejo de satisfação própria, de fazer aquilo para que cada um está habilitado, de realizar concretamente aquilo que cada um é potencialmente. Maslow fez estudos clínicos de pessoas que considerou serem autorrealizadores; entre elas estão Abraham Lincoln, Albert Einstein, Eleanor Roosevelt. Apurou que essas pessoas são realistas, aceitam a si mesmas e aos outros, são espontâneas, autônomas e criadoras e são capazes de participar em relações maduras de amor.

Apesar de tudo, sabe-se muito pouco sobre todo este assunto vasto e muito interessante. Porém o fato é que o estudo da motivação humana está longe de se considerar concluído. Talvez o futuro leve a pesquisa ao âmago da tendência autorrealizadora do ser humano, da motivação para os esforços filosóficos, religiosos e éticos, da busca de um significado para nossa própria existência. Essas são as fronteiras distantes de um domínio em rápido desenvolvimento.

O líder de desenvolvimento de sistemas ou o engenheiro de sistemas deve estar atento às forças motivadoras e usar seu conhecimento para facilitar o desenvolvimento de todos os trabalhos.

Porém, devemos ser suficientemente realistas para que percebamos que o simples fato de conhecer uma técnica ou determos uma informação não nos faz especialistas e nem nos assegura o sucesso e que o ideal nem sempre será alcançado, quando então se devem buscar alternativas outras para trabalhar com condutas inadaptáveis. De qualquer forma, a este trabalho se deve prestar todo cuidado e toda atenção que a equipe de sistema e a direção como um todo possam oferecer.

6.2 Técnicas de investigação

Todas as técnicas conhecidas de investigação ou de levantamento de dados estão direcionadas, de uma forma ou de outra, a fornecer à equipe de análise todas as informações necessárias para que o sistema possa ser desenvolvido com base em dados reais e verdadeiros.

Muitas são as alternativas existentes à disposição dos profissionais da engenharia de sistemas e de informações. Todas elas são válidas, aplicáveis e oferecem resultados positivos, desde que se saiba aplicar a ferramenta e ela seja escolhida de forma criteriosa ao ambiente que se deseja conhecer.

No entanto, costuma-se dividir as fontes de consulta existentes em primárias e secundárias.

- **Fontes primárias**: são todos os dados colhidos e registrados pelo próprio analista em primeiríssima mão. Assim, uma entrevista, um questionário, a observação direta dos fatos constituem formas de coleta de dados primárias.

- **Fontes secundárias**: quando lançamos mão de registros, arquivos, bancos de dados, índices, relatórios, fontes bibliográficas, manuais, circulares, enfim, tudo aquilo que não foi diretamente produzido pelo analista.

Também denominadas de "coleta de informações", as técnicas aqui descritas permeiam todas as ações ao longo do desenvolvimento de qualquer sistema, de qualquer porte, em qualquer empresa, daí sua grande importância para o sucesso do projeto inteiro.

As técnicas de investigação possuem os seguintes objetivos:

- Definir claramente e caracterizar em detalhes o problema em estudo.

- Fornecer dados e informações que permitam uma definição clara do problema em estudo.

- Verificar se as definições apresentadas pelo usuário condizem com a realidade.

- Fornecer detalhes sobre a situação atual.

- Identificar todos os fatos e atos organizacionais, estruturais, funcionais, administrativos, operacionais independente de desejos ou juízo de valor.

- Definir a estrutura organizacional que sustenta o sistema.

- Estabelecer a interdependência e inter-relação entre partes, estruturas, subestruturas do sistema em estudo.

- Detectar os recursos atualmente existentes ao sistema.

Como será descrito a seguir, vários são os tipos de investigação. Todos eles apresentam vantagens e desvantagens e muitas são as variáveis que serão levadas em consideração no momento da escolha da melhor alternativa.

A escolha da melhor forma de se efetuar o levantamento de dados se fundamentará no tipo de sistema que se pretende investigar e conhecer, assim, esta escolha deve considerar o projeto em si. Não é o projeto que deve ser adaptado à técnica, mas o analista é quem deve aprender a usar e a trabalhar com todas as técnicas de investigação e pesquisa e escolher racionalmente aquela que melhor se adapte ao projeto.

Para uma escolha adequada, leve em conta os seguintes aspectos:

- Todas as informações já disponíveis a respeito do problema.

- Determinar os elementos do sistema que devem ser obtidos com a investigação, considerando: a elaboração de diagramas, a definição de atividades, informações disponíveis em documentos, controles, arquivos, recursos.

- Discussões com outros grupos de trabalho e com o seu próprio, sobre as informações disponíveis e opiniões de outros profissionais da área a respeito de: as unidades organizacionais, estruturas funcionais, produtos, subsistemas, documentos e projetos anteriores, finalidade e objetivos dos sistemas, região geográfica e características, demais informações adicionais que sejam importantes na definição.

- Determinar e definir a técnica que será usada na investigação e pesquisa.

- Programar a execução elaborando um plano de ação que apresente e descreva: carga horária total e o prazo de execução, carga horária diária (ou o período adotado) para execução, disponibilidade *versus* participação do usuário e profissionais necessários, localização e condições de acesso aos dados ou locais, demais recursos necessários ao processo de investigação.

Além disso, considere que a investigação e a pesquisa do sistema que se está desenvolvendo deve acompanhar as etapas ou fases do próprio desenvolvimento, de cima para baixo e do geral para o específico.

6.2.1 Entrevista

A. Objetivo

- Obter dados e informações tanto quantitativas quanto qualitativas.

- Obter respostas francas, completas, verdadeiras do entrevistado com relação ao problema.

- Informar ao entrevistado ou usuário que sua participação no sistema é fundamental.

- Promover a integração da equipe ou grupo de desenvolvimento com todos os integrantes da equipe do usuário.

- Perceber, sentir e conhecer *in loco*[12] o ambiente de trabalho para o qual o sistema será desenvolvido.

B. Definição

- Processo de comunicação fundamental entre as pessoas que se caracteriza pela relação direta, face a face, que se estabelece entre o profissional de engenharia da informação e o usuário.

- Possui roteiro preestabelecido, objetivo claro e finalidade específica.

C. Descrição

Devido à grande diversidade na aplicação, é muito difícil estabelecer uma relação de questões que devem ser feitas. Essa relação seria tão longa que se perderia o objetivo principal deste texto. A preocupação aqui é apresentar a ferramenta e não escrever um tratado sobre a entrevista. Assim, o que a seguir se descreve são os itens mais significativos que devem ser considerados pelo analista no momento em que estiver elaborando o roteiro da entrevista.

- **Tipos de entrevistas**: as entrevistas podem variar de acordo com a forma como elas sejam conduzidas; temos a entrevista estruturada, a não estruturada e o painel.

  ⇒ **Estruturada**: é aquela que segue um roteiro fixo e previamente estabelecido e o analista que faz a entrevista não pode mudar ou alterar a ordem.

  ⇒ **Não estruturada**: o analista que faz a entrevista tem liberdade para conduzi-la como se fosse uma conversa informal, apesar de trabalhar com um roteiro básico de questões.

  ⇒ **Painel**: há duas abordagens para a entrevista painel. Primeira, vários analistas juntos entrevistam o usuário, um deles é titulado oficialmente de secretário (responsável pelos apontamentos e elaboração da ata final da entrevista) e outros dois são especialistas em temas muito peculiares. Se de um lado, ao contar com dois especialistas, temos a certeza de não esquecer nenhum aspecto do tema em pauta, por outro a pessoa entrevistada pode sentir-se intimidada, pois é fácil que ocorra a sensação de "eu sozinho contra eles"; no entanto, se os entrevistadores são bons, eles promoverão um clima ameno e tranquilo, mas lembre-se de que a desvantagem numérica pode impactar. A segunda abordagem consiste em repetir a mesma pergunta à mesma pessoa, com um lapso de tempo entre uma e outra; o objetivo nesta abordagem é averiguar se a resposta ao longo do tempo se mantém constante; esse tipo de entrevista precisa apresentar coerência, objetividade e sentido, sob pena de o entrevistado ficar com a sensação de que ninguém ouviu o que ele disse na primeira oportunidade.

- **Entrevistar bem**: a prática de um entrevistador em falar com pessoas é muito importante. Entrevistar é mais do que simplesmente conversar, *bater-papo* ou

---

[12] Na vida real, no próprio ambiente.

trocar uma ideia. As entrevistas que não fornecem a informação desejada frustram tanto o entrevistador quanto o entrevistado. Nenhum usuário gosta que venha alguém de fora dizer-lhe como deve dirigir sua organização, e realmente ninguém de fora pode fazer isso, pois não viveu o dia a dia na empresa ou na área e não terá, no futuro, de usar o sistema que está sendo desenhado. Considerar todas as opiniões é importante e, normalmente, o usuário sabe como o problema pode ou não ser resolvido e quais consequências cada uma das soluções alternativas trará. Os usuários que tenham participado da definição do problema, do desenvolvimento do sistema serão os primeiros a ter interesse nos resultados positivos de sua aplicação.

- **Percepção humana**: os psicólogos averiguaram que nossa percepção de ouvir é o dobro de nossa capacidade de falar; assim, falamos, em média, 150 palavras por minuto e podemos ouvir 300 palavras por minuto. Isto nos leva a um processo de distração mental. Os psicólogos recomendam que se evite permitir que nossa mente inicie esse processo de divagação, pois uma vez iniciado, deixamos de ouvir tudo o mais ao nosso redor. Para tanto, mantenha sua atenção centrada nas respostas que está recebendo, analise o que lhe dizem, compare, valore, pondere, isto aumentará sua capacidade de ouvir e a tornará mais sensível aos estímulos. Algumas questões que podem ser colocadas, são:

  ⇒ Que fatos apoiam os principais pontos do entrevistado?

  ⇒ A informação é atual, recente, nova?

  ⇒ A informação está completa, inteira, total?

  ⇒ Compreendo perfeitamente o que diz?

  ⇒ Algum aspecto foi eliminado pelo entrevistado?

  ⇒ Caso positivo, por quê? O quê foi eliminado?

  ⇒ Este assunto já foi discutido com outra pessoa/área?

  ⇒ São correspondentes as informações recebidas anteriormente com estas de agora?

  ⇒ É importante o assunto? Não se gasta muito tempo com um assunto secundário?

  ⇒ Os argumentos usados pelo entrevistado são lógicos?

  ⇒ O assunto principal foi ligado a outros temas tangenciais irrelevantes ou inconsequentes?

- **Quem entrevistar**: a definição das pessoas que devem ser entrevistadas visa obter no fim do processo uma visão clara e o mais completa possível do problema e das diversas visões complementares. Para isso é necessário que se definam os diversos níveis a investigar, tomando o cuidado especial que sejam de acordo com o sistema ou o problema que se pesquisa. No entanto, este enfoque não deve ser viciado, não se deve entrevistar um único nível, mesmo quando é o mais adequado ao sistema e o que mais será afetado pela solução. Pela abordagem proposta pela engenharia da informação, é muito difícil, quando não impossível, afetar um único nível.

- **Preparação**: alguns aspectos fundamentais devem ser considerados no momento em que o analista, após difinir as pessoas que devem ser entrevistadas, prepara a entrevista. São eles:

  ⇒ A **linguagem** que será empregada deve estar de acordo com o tema, com o nível da pessoa entrevistada, respeitando o jargão da área e a terminologia usual do trabalho. De nada vale um discurso rebuscado se o conteúdo se projetar no vazio. Sobretudo, a entrevista é um processo de comunicação que é influenciado por conhecimentos anteriores tanto quanto por valores, sentimentos, preconceitos. Todos os ramos do conhecimento humano possuem sua linguagem própria, não usá-la numa entrevista de investigação é não se fazer entender e não entender o interlocutor, portanto, não permitindo que o processo de comunicação se complete.

⇒ Deve haver **coerência** nas perguntas que são efetuadas por todos os integrantes da equipe, para isso, o grupo de analistas que será responsável pelas entrevistas deve se reunir antes do início e identificar e definir quem pesquisará o quê; caso haja necessidade da repetição de alguma pergunta, explique ao usuário o porquê.

⇒ Uma **reunião de apresentação** antes do início das entrevistas, com todos os envolvidos no processo, explicando o que será feito e por que daquele modo; é interessante que todos os analistas estejam presentes e que eles sejam apresentados pelo superior imediato das pessoas que serão alvo das entrevistas.

⇒ A **programação das entrevistas** deve ser feita com antecedência e comunicada aos entrevistados; informar o dia, hora, local, quanto durará, quais temas serão tratados, são detalhes fáceis de providenciar que podem ajudar muito no momento da execução. Preveja as questões e se o entrevistado precisará consultar documentos ou similares que precisem ser localizados com antecedência.

⇒ O **horário das entrevistas** deve ser marcado com antecedência e ser respeitado, de preferência chegue no mínimo 10 minutos antes do horário. Procure não marcar um horário perto da hora do almoço ou do final do expediente ou no fim da sexta-feira ou na véspera de um feriado prolongado. A não ser que o entrevistado claramente prefira estes horários, fuja deles sempre que puder, pode ser fatal para o objetivo da entrevista.

- **Início da entrevista**: este é o momento inicial, o *quebra-gelo*, e pequenos cuidados podem ser de grande ajuda.

⇒ Logo que chegar, entregue seu cartão de visita, a pessoa saberá com quem está falando e qual é seu nome; nenhum som é tão agradável como nosso nome, porém nada é mais desagradável que Esmeralda se transforme em Emengarda; além disso, a pessoa saberá onde o encontrará caso precise.

⇒ Esclareça o motivo de sua presença, mesmo com a reunião prévia; deixe claro, com palavras, que seu objetivo não é criticar o trabalho do entrevistado; não pense que as pessoas sabem disso, diga, com todas as palavras e tantas vezes quantas voltar a falar com esse entrevistado que seu objetivo não é julgar o trabalho feito.

⇒ Inicie colocando perguntas genéricas a respeito do assunto, isto não significa amenidades (cuidado sobre os temas futebol, política e religião), pois você corre o risco de tocar num tema que empolgue a um dos dois (ou o mais absoluto antagonismo) e se perderá um tempo precioso e será difícil voltar ao assunto principal da entrevista.

- **Marcando a entrevista**: há duas formas básicas de marcar uma entrevista, agendada e por interceptação. As diferenças são:

⇒ **Agendada**: marcamos com antecedência nosso encontro com o entrevistado, numa data, hora e local predeterminado. A grande vantagem dessa forma é que não iremos atrapalhar nem interromper o trabalho do entrevistado. No entanto, como a pessoa está de sobreaviso, ela pode facilmente ocultar ou omitir informações; além do que, provavelmente o ambiente que nos receberá pode não ser o mesmo existente no cotidiano.

⇒ **Interceptação**: neste caso as pessoas são abordadas em qualquer lugar, conforme passam pelos ambientes ou conforme o analista se encontra com elas; o grande inconveniente neste caso é que a entrevista não pode consumir muito tempo, além do que é um encontro forjado e proposital.

- **Realizando a entrevista**: alguns cuidados especiais devem ser tomados neste momento. São eles:

⇒ As questões colocadas devem ser todas pertinentes ao tema, não fuja do foco da questão, não se preocupe com assuntos sem importância.

⇒ Evite fazer uma pergunta que contenha a resposta, evite perguntas cuja resposta seja "sim" ou "não", estes tipos de questões desobrigam o entrevistado de pensar, em geral, a pessoa tende a responder o que foi colocado na própria questão; lembre-se que uma resposta inteligente depende de uma pergunta inteligente.

⇒ Esteja atento para a ausência de críticas por parte do entrevistado, se isto ocorrer, pode ser ou porque você não conseguiu a confiança do entrevistado ou porque a situação é tão constrangedora que todos evitam falar. Seja por uma ou outra razão ela deve ser trazida à luz. As críticas do analista, que neste caso faz o papel do entrevistador, devem ser constatações feitas durante o processo de análise e jamais durante a entrevista.

⇒ Não tenha pressa, as pessoas precisam de tempo para pensar, quando fizer uma pergunta e a resposta não vier imediatamente, espere. Não faça outra pergunta nem responda pelo entrevistado. Não se preocupe com os silêncios, durante esse tempo, o entrevistado pode estar mentalmente elaborando conceitos, que um comentário pode pôr a perder.

⇒ Observe com atenção as interrupções provocadas por fatores externos, elas podem fornecer dados importantes para a análise da situação existente; quantas vezes o telefone toca, alguém chama, pessoas que entram e saem indicam a forma como a administração é conduzida.

⇒ Esteja atento ao seu próprio comportamento não provocando interrupções ou cacoetes desnecessários como bater o lápis ou a caneta na mesa, abrir e fechar a bolsa, buscar papéis de forma desastrosa, arrumar os objetos que estão sobre a mesa, mexer as chaves no bolso, pois além de distrair a atenção do entrevistado, indica falta de respeito e pouco caso com o que está sendo dito.

⇒ Existindo a dúvida, pergunte novamente de outra forma, verifique o que é fato e o que é opinião, isto pode lhe demonstrar que o entrevistado quis dizer uma coisa e você entendeu outra.

⇒ Quando for mudar de assunto, faça antes um rápido resumo do que o entrevistado disse, isto permite que o entrevistado ouça outra pessoa repetir o que ele disse, o que o obriga a pensar novamente e verifique se não foi omitido nada.

⇒ Durante a entrevista, não use tom humorístico, sarcástico, pejorativo ou qualquer uma de suas variações. Quem determina o tom da entrevista é o entrevistador. O humor só é permitido de maneira inofensiva e, mesmo assim, você deve ter a certeza que foi entendido como tal.

⇒ Verifique como as coisas eram realizadas anteriormente, conhecer o histórico dos processos ajuda a entender os impactos, as reações e as consequências das mudanças que estão sendo propostas.

⇒ Quando o entrevistado lhe fizer alguma pergunta, responda com cortesia, educação e o mais honesto possível. Se você detiver alguma informação confidencial que não possa ser comentada com o entrevistado, diga apenas que não cabe a você essa decisão (ou opinião). Se o entrevistado pedir sua opinião particular sobre o assunto, não a dê, não arrisque, diga que você ainda não sabe de tudo e que isso só ocorrerá quando todas as informações forem analisadas.

⇒ Seja educado; não fume; não peça café ou água de cinco em cinco minutos, isso atrapalha e provoca interferências; desligue seu celular (ou *page* ou *bip* ou qualquer outro aparelho) antes de iniciar a entrevista; vista-se de forma adequada ao ambiente onde estará; cuidado com perfumes e odores (em especial o suor); discrição é a palavra chave para tudo; mostre interesse pelo que o entrevistado está falando; morda a língua mas não boceje.

⇒ Evite falar de temas que você domina; numa entrevista, faça o contrário, fale pouco e escute muito.

⇒ Aceite o jargão e linguajar da área que está pesquisando, respeite o falar do entrevistado, você não é obrigado a saber tudo, portanto, pergunte em caso de dúvida.

⇒ Converta um eventual desacordo em intercâmbio de ideias, evite discutir com o entrevistado, mesmo quando discordar de sua opinião.

⇒ Seja humilde, mas não servil; seja sensato, mas não prepotente; admita que você não sabe tudo e pergunte, além do que é para isso que você está entrevistando o usuário.

⇒ Estimule as perguntas e faça-as você mesmo. Quando duas pessoas estão em desacordo, a comunicação foi cortada; se você solicitar perguntas do entrevistado, a tendência é restaurar o processo interrompido.

⇒ Defina claramente o porquê do desacordo: um fato ou uma opinião. No primeiro caso, basta a constatação. No segundo, deixe registradas as duas opiniões no relatório.

⇒ Respeite o horário, o encerramento deve ser rápido e cortês e de acordo com o combinado anteriormente. Se houver necessidade, a continuação deve ser programada para outro dia e horário. Não espere que lhe mostrem a saída.

- **Apontamentos da entrevista**: duas alternativas básicas são normalmente utilizadas pelos analistas, ou as anotações que ele próprio vá fazendo durante seu transcurso ou a gravação de áudio da entrevista. Qualquer uma das duas formas, peça primeiro autorização ao entrevistado. Tanto se há ou não apontamentos da entrevista, podem ser mencionadas algumas vantagens e desvantagens para ambas as alternativas, a saber:

Vantagens	mesmo sumariados, os apontamentos ajudam na recuperação das principais tendências da entrevista, recordando o que foi ouvido;
	facilita na concentração do tema da entrevista;
	facilita o entrevistador a raciocinar sobre o tema e manter-se centrado em seus principais aspectos;
	apoia a memória do analista que efetua a entrevista, registrando uma parte dos eventos.
Desvantagens	o entrevistado pode se sentir ameaçado ou inibido quando sabe que alguém anota ou grava o que diz;
	o analista pode não ter facilidade de escrever rapidamente e perder muito tempo com as anotações;
	o ato mecânico de escrever, geralmente, bloqueia o ato elétrico de pensar, o que pode prejudicar o entendimento lógico do que está sendo dito;
	na gravação da entrevista, perde-se muito tempo na transcrição das fitas, ou apenas em ouvi-las novamente para então fazer apontamentos.

Em qualquer caso, peça sempre antes a autorização expressa do entrevistado. Caso você perceba que ele se sente intimidado com esse registro, assegure que, uma vez transcritos, os apontamentos passarão pela crítica e aprovação do entrevistado antes de sua publicação. Se isto ocorrer, não se esqueça de cumprir à risca o prometido.

- **Relatório da entrevista**: faça-o o mais rápido possível, nossa tendência natural é, com o passar do tempo, esquecer pequenos detalhes ou tirar-lhes importância relativa. Após concluído o relatório, volte ao entrevistado e verifique se tudo que foi escrito foi compreendido de forma adequada. Caso existam divergências, esclareça-as e faça as alterações imediatamente.

- **Fechamento da entrevista**: não termine de forma brusca; antes de ir embora, faça um resumo verbal, com suas próprias palavras e permita que o entrevistado complemente ou corrija, há entrevistados que guardam para o final o mais importante. Aproveite a oportunidade para perguntar se outras pessoas podem ou devem ser ouvidas sobre o tema.

Dificilmente uma única entrevista basta para se obterem todas as informações necessárias ao sistema, em geral, com cada um dos participantes são feitas duas. A primeira funciona como aquecimento e, na segunda, é quando as pessoas se envolvem e colaboram de fato. Para que esta segunda oportunidade seja possível, seja ético e honesto, deixe claro o que foi que você fez com as informações recebidas. Só assim a confiança e a colaboração serão sólidas.

D. Aplicação

Pode parecer uma coisa fácil de se fazer, porém creia-me, não é simples desenvolver uma entrevista e raramente ela é perfeita. Alguns cuidados especiais devem ser tomados, eles são simples mas, normalmente, nos esquecemos de pequenos detalhes que podem ser fundamentais para o sucesso da entrevista. São eles:

- Não acredite em tudo que ouvir, algumas pessoas precisam enaltecer o pouco trabalho que fazem para sentir-se importantes (reveja a curva da motivação no subitem 6.1.5).

- Verifique e comprove todas as informações que receber, converse com várias pessoas sobre o mesmo tema, compare entrevistas.

- Verifique todos os dados quantitativos que receber, não os tome por verdades absolutas, há pessoas que aumentam ou diminuem quantidades com propósitos particulares.

- Averigue em detalhes cada uma das necessidades apontadas pelos entrevistados, não se esqueça que há pessoas que se sentem enaltecidas só porque foram consultadas, e gostam disso.

- Separe claramente o que são fatos do que são sentimentos, há pessoas, como já foi dito, que apresentam sentimentos como fatos e vice-versa, outras se deixam cegar por considerações sentimentais; em qualquer caso esteja sempre atento.

Todos esses cuidados são necessários devido às características da própria ferramenta que ora se descreve. Não se trata de afirmar que as pessoas mentem, mas sim de que cada pessoa é um universo individual e único, cada uma tem seus pontos de referência, suas características, sua personalidade e sua forma particular de expressar os fatos; o que pode ser muito para um, pode ser pouco para outro, tudo isto caracteriza a idiossincrasia própria do ser humano.

Apesar disso, a entrevista apresenta muitas vantagens em sua aplicação no desenvolvimento de sistemas, bem como desvantagens. Elas são:

Vantagens Contato direto, face a face, com a área, com os subordinados, com os superiores, com o ambiente em si.

Permite verificar *in loco* algumas afirmações importantes como delegação, priorização de atividades, carga de trabalho, estrutura e divisão do trabalho.

Possibilita o detalhamento completo de uma rotina, por exemplo, bastando seguir um único princípio (como um documento).

Permite a aproximação física do analista ao local onde as coisas efetivamente acontecem.

Possibilita usar procedimentos diferentes entre cada entrevistado, respeitando a idiossincrasia de cada um.

Oferece contato direto com a cultura individual de cada entrevistado e permite sentir e perceber as restrições, medos ou reações de cada um.

Desvantagens Pressupõe a presença física do analista no papel de entrevistador, o que impede que ele participe de outros trabalhos.

Consome muito tempo de todos, equipe de análise, analista, usuários e entrevistados.

Restringe a quantidade de pessoas que podem ser pesquisadas.

Tabulação dos dados é difícil, pois a entrevista trabalha com questões abertas.

Impossibilidade de anotar tudo, apenas com o uso do gravador, assim mesmo um gesto associado a uma inflexão da voz pode denotar uma reação específica ao que se diz.

Existência do risco de perda de imparcialidade devido à contaminação emocional com o entrevistado.

Risco de perda de impessoalidade, pois a tendência natural é que o analista que efetua a entrevista *"se coloque no lugar do entrevistado"*.

6.2.2 Questionário

A. Objetivo

- Pesquisar grande quantidade de respondentes.
- Obter informações genéricas sobre um tema.
- Obter informações simultâneas de diversos pontos geográficos.
- Obter respostas quantitativas às questões.

B. Definição

- Instrumento autoexplicativo que, dispensando a presença do analista, visa colher dados para a investigação e pesquisa do sistema.

C. Descrição

Na elaboração de questionários para a pesquisa de um sistema, observem-se os seguintes pontos:

- **Identificação do respondente**: pode ou não constar. Quando se pesquisam 10 pessoas, pode ser necessário que se conheça sua identidade. Porém, quando o universo é de 4.000 pessoas, esse dado perde importância relativa. No entanto, não se esqueça, a identificação do respondente pode inibir ou amedrontar no momento de oferecer respostas honestas e completas. O anonimato, por sua vez, pode provocar o aumento de respostas incoerentes de pessoas que não desejam participar do processo.

- **Estrutura das questões**: normalmente se afirma que as questões podem ser de dois tipos, abertas ou fechadas; no entanto, cada um deles pode apresentar variações significativas e importantes que influenciam nos resultados obtidos. A seguir, alguns comentários a respeito de cada uma das alternativas possíveis.

  1. Questões abertas: são assim denominadas aquelas que permitem ao respondente emitir sua opinião de forma livre.

Denominação	Característica	Exemplo
Não estruturada	Apresenta-se uma pergunta a que os entrevistados respondem de forma livre.	Qual sua opinião a respeito do sistema de atendimento existente?
Associação livre	Apresentam-se diversas palavras e o entrevistado verbaliza a primeira palavra que lhe vem à mente.	Qual a associação que você faz para: Qualidade: _____ Produtividade: _____ Problema: _____
Completar frase	Apresenta-se uma frase incompleta e o entrevistado deve completá-la.	Quando preciso tomar uma decisão em minha área o mais importante é _____
Completar história	Apresenta-se uma situação hipotética incompleta e pede-se para que o entrevistado a termine.	"No último mês, meu chefe me pediu cinco vezes para ficar trabalhando até mais tarde. Nessas oportunidades em que estive trabalhando fora do meu horário normal de trabalho, reparei que..." (agora termine a história)
Completar figura	Apresenta-se uma figura, normalmente com dois personagens, onde um deles faz uma afirmação e o outro tem um balão vazio; pede-se então ao entrevistado que complete o diálogo.	
Percepção temática	Apresenta-se uma gravura e o entrevistado deve inventar uma história a respeito do que julga acontecer ou acontecerá na situação.	

Vantagens — as questões abertas não restringem nem direcionam a resposta a uma única abordagem; o entrevistado fala e se expressa com suas próprias palavras, o que torna as questões abertas bastante reveladoras dos sentimentos e juízo de valor do entrevistado; as questões abertas são ideais quando desenvolvemos estudos exploratórios, quando estamos mais preocupados em saber como as pessoas pensam e sentem em relação a uma dada situação ou circunstância.

Desvantagens o entrevistado pode não ter facilidade para expressar suas ideias por escrito; é difícil tabular os dados, pois as respostas não são padronizadas, o que leva também à dificuldade de consolidar os dados coletados; a forma como a pergunta foi elaborada pode induzir a uma resposta determinada.

2. Questões fechadas: são as que fixam todas as respostas possíveis e não permitem que o entrevistado expresse sua própria opinião. Podem ser:

Denominação	Característica	Exemplo
Dicotômica	Apresenta-se uma questão com apenas duas respostas possíveis.	Para liberar verba para o caixa, você pede autorização a seu chefe? ( ) SIM ( ) NÃO
Múltipla escolha	Apresenta-se a questão com uma série variável de alternativas possíveis.	Dos itens a seguir relacionados, assinale até **3 opções** que você considera, hoje, um diferencial significativo em sua área: 1 ( ) Criatividade 2 ( ) Rapidez 3 ( ) Clima interno 4 ( ) Qualidade do trabalho 5 ( ) Equipe de profissionais 6 ( ) Companheirismo
Escala Likert	Apresenta-se uma afirmação e o entrevistado assinala seu grau de aceitação.	Meu supervisor imediato tem ideias que são úteis a mim e ao meu grupo de trabalho. 1 ( ) Discordo totalmente 2 ( ) Discordo 3 ( ) Não sei 4 ( ) Concordo 5 ( ) Concordo totalmente
Escala de importância	Variação da escala Likert; a diferença é que neste caso mede-se a importância relativa que o entrevistado atribui.	Receber reconhecimento oficial pelo trabalho que desempenho em minhas funções. 1 ( ) Extremamente importante 2 ( ) Muito importante 3 ( ) De alguma importância 4 ( ) Pouco importante 5 ( ) Totalmente sem importância
Escala de classificação	Variação da escala Likert; a diferença é que neste caso mede-se um atributo de "excelente" a "ruim".	Relacionamento entre as pessoas de minha equipe: 1 ( ) Excelente 2 ( ) Muito bom 3 ( ) Bom 4 ( ) Razoável 5 ( ) Ruim
Escala de intenção	Variação da escala Likert; a diferença é que neste caso mede-se a intenção suposta do entrevistado para um determinado comportamento.	Se a biblioteca contasse com um sistema informatizado completo, eu: 1 ( ) Certamente usaria 2 ( ) Provavelmente usaria 3 ( ) Não tenho certeza 4 ( ) Provavelmente não usaria 5 ( ) Certamente não usaria

Denominação	Característica	Exemplo
Diferença semântica	Apresenta-se uma frase ou um conceito e uma escala ligando duas palavras bipolares e o entrevistado assinala o ponto que identifica sua opinião.	Equipe de profissionais Grande - - - - - - - - - Pequena Experiente - - - - - - - - - Inexperiente Madura - - - - - - - - - Imatura Adequada - - - - - - - - - Inadequada
Associativa	Apresentam-se duas colunas e o entrevistado deve associar as alternativas.	Numere a segunda coluna de acordo com a primeira quanto a seu nível escolar: (1) Cursando ( ) Básico (2) Diplomado ( ) Colegial (3) Interrompido ( ) Superior

- **Estrutura das respostas**: os questionários são compostos por questões e estas, por sua vez, oferecem a oportunidade de respostas que possuem um conteúdo. Esse conteúdo pode variar de acordo com o que se pretende averiguar; esse conteúdo é a especificidade da resposta, que pode estar direcionado para verificar:

  ⇒ credibilidade de fatos;

  ⇒ crenças quanto aos fatos;

  ⇒ existência de sentimentos;

  ⇒ verificação de padrões de ação;

  ⇒ comportamentos passados ou presentes;

  ⇒ razões ou motivos para crenças, sentimentos ou comportamentos.

- **Elaboração do questionário**: não existem questionários padronizados, pois cada situação de investigação é única e particular. Assim, em cada pesquisa que se elabore, devem ser considerados os seguintes aspectos:

  ⇒ finalidade e objetivo do questionário;

  ⇒ público-alvo respondente;

  ⇒ destino e uso da informação.

  Uma vez estabelecidas claramente estas definições, a preocupação recai sobre a construção das perguntas que irão compor o questionário, os cuidados especiais devem ser:

  ⇒ usar questões claras e objetivas;

  ⇒ usar frase única por questão;

  ⇒ usar linguagem adequada ao público-alvo;

  ⇒ padronizar respostas;

  ⇒ preferir o uso de respostas quantificáveis;

  ⇒ estabelecer o objetivo do questionário;

  ⇒ agrupar as questões de forma lógica;

  ⇒ agrupar as respostas de forma sequencial lógica;

  ⇒ usar explicações curtas, claras e incisivas;

  ⇒ aplicar o menor número possível de questões;

  ⇒ não empregar questões capciosas;

  ⇒ tratar assunto de interesse do público-alvo.

- **Construção do questionário**: alguns lembretes podem servir como roteiro ao analista quando desenvolve e aplica um questionário. Esses lembretes dizem respeito aos pontos básicos do questionário e podem ser sumariados da seguinte forma:

  1. Conteúdo da pergunta:

     ⇒ É necessária? Qual sua utilidade?

     ⇒ Assunto exige pergunta separada ou pode ser incluída em outra pergunta?

     ⇒ Este ponto já não foi abordado por outra pergunta?

     ⇒ Há necessidade de ser minuciosa e específica?

     ⇒ Há necessidade de várias perguntas sobre o tema?

     ⇒ Pode ser subdividida? Não é abrangente demais?

     ⇒ É excessivamente específica?

     ⇒ Na especificidade não está camuflada a generalidade?

     ⇒ Há necessidade de material de apoio para interpretar as respostas?

     ⇒ São necessárias informações complementares para análise?

     ⇒ As pessoas têm as informações necessárias para as respostas?

     ⇒ A resposta pode ser dada adequadamente?

     ⇒ O aspecto abordado está dentro do conhecimento do respondente?

     ⇒ Trata-se de lembrança, experiência, observação?

     ⇒ Há necessidade de perguntas alternativas adaptáveis a diferentes tipos de pessoas?

     ⇒ Qual o nível de especificidade, concretismo ou especificamente relacionada com a experiência pessoal de quem responde?

     ⇒ A pergunta não é injusta? É tendenciosa? É ofensiva?

     ⇒ Apresenta suposições injustificadas?

     ⇒ A pergunta é preconceituosa? Deve ser eliminada?

     ⇒ Há riscos de falsificação da resposta?

  2. Redação da pergunta:

     ⇒ Contém fraseologia difícil ou rebuscada?

     ⇒ Pode ser mal compreendida?

     ⇒ Existe ambiguidade? Qual o outro sentido?

     ⇒ Há ênfase não intencional em alguma palavra?

     ⇒ Esclarece as possíveis alternativas?

     ⇒ O quadro de referência da pergunta é claro?

     ⇒ Pode ser equívoca por suposições não percebidas?

     ⇒ A frase é enviesada? Tendenciosa?

     ⇒ A redação é a melhor para pessoas com opiniões opostas?

     ⇒ Pode despertar objeções?

     ⇒ A redação é pessoal ou impessoal?

     ⇒ Mais direta ou mais indireta?

3. Formas de resposta:

⇒ Como será melhor fazer a pergunta?

⇒ Muitos sinais, como redação?

⇒ Poucos sinais, como apenas sim/não?

⇒ Dicotômica, com duas alternativas apenas?

⇒ Múltipla escolha, com várias alternativas?

⇒ Escala, como ordem de preferência ou importância?

⇒ Listas para assinalar? Quais alternativas?

⇒ Qual extensão? Qual ordem de apresentação? Comprimento?

⇒ É imparcial?

⇒ A forma de resposta é fácil? Uniforme? Adequada?

4. Sequência das perguntas:

⇒ A pergunta tende a ser influenciada pelo conteúdo das perguntas anteriores?

⇒ A pergunta anterior cria predisposição ou expectativa?

⇒ A pergunta anterior auxilia na recordação de fatos?

⇒ A pergunta é inadequada depois das outras?

⇒ Está apresentada de forma natural?

⇒ A ordem lógica é a adequada?

⇒ A ordem psicológica é a adequada?

⇒ É apresentada muito cedo ou tarde?

D. Aplicação

Para a aplicação propriamente dita do questionário, é interessante que se respeitem alguns passos básicos mínimos para que se proporcione o atingimento de seus objetivos. Apenas a título de sugestão, sugerem-se os seguintes:

1. **Definir informação procurada**: esta análise fornecerá as alternativas de respostas possíveis para as várias relações que se pretendem estabelecer; são estabelecidas as formas de uso e emprego das informações. De acordo com seu conteúdo, podem ser:

⇒ *Relato de fatos*: sobre o respondente (idade, sexo, formação); sobre outras pessoas (dependentes, subordinados); sobre acontecimentos (ambiente, acidentes, políticas, salário);

⇒ *Opiniões, sentimentos, crenças*: razões e motivos para certas atitudes; fatores objetivos (influências); fatores subjetivos (necessidades).

2. **Definir tipo de questionário**: a forma como as perguntas serão apresentadas para obter as respostas. Podem ser: explícitas, inferência, direta, indireta, aberta, fechada, acompanhamento ou opinião.

3. **Montar primeira versão do questionário**: esta primeira versão será submetida às críticas e análise dos demais integrantes da equipe e consideram-se todas as opiniões pertinentes.

4. **Revisar questões**: com base nas opiniões recebidas, o questionário será revisto e incluídas as sugestões pertinentes. Em especial, tenha-se muito cuidado com preconceitos e paradigmas pessoais que podem provocar viés e pontos cegos no questionário.

5. **Instruções ao respondente**: contendo todos os esclarecimentos que se façam necessários aos diversos respondentes, o que deve responder, em que ordem, quais perguntas devem ser respondidas por um grupo especial, como registrar a resposta, até quando enviar a resposta e demais informações necessárias.

6. **Testar o questionário**: uma vez pronto e completo o questionário, deve ser efetivamente testado em uma amostra do público-alvo respondente. O processo deve ser feito como se fosse a aplicação verdadeira do questionário. Uma vez recebidos de volta os questionários, procede-se à tabulação dos dados e verifica-se se os resultados são condizentes com os objetivos do questionário. (Neste momento se houver necessidade devem ser repetidos os passos 4, e 5; caso as modificações sejam mais profundas, é aconselhável que se retorne ao primeiro.)

7. **Reprodução do questionário**: para as informações técnicas válidas neste momento, veja o subitem 6.4.2.

8. **Distribuição do questionário**: se possível, efetuar pessoalmente, dando as explicações em uma reunião com o grupo completo. Essas explicações serão exatamente as mesmas que constam nas instruções ao respondente.

Todas as questões aqui colocadas apenas fazem referência ao questionário em si mesmo e a sua forma de construção lógica. No que tange ao tratamento dos dados quantitativos obtidos de sua aplicação, o tema será tratado no subitem 6.2.5.

Como se pode deduzir de tudo que foi colocado até o momento, a aplicação de questionário na investigação, pesquisa e levantamento de dados de um sistema ou problema qualquer pode trazer tanto vantagens quanto desvantagens. As mais importantes são:

Vantagens   informação por escrito, não se perde no tempo;

exige muito menos trabalho na aplicação;

não exige a presença do analista;

pode ser empregado num grande número de pessoas;

impessoalidade assegura imparcialidade na construção de frases, na ordem, nas instruções, pois tudo é padronizado;

respondente pode ser mais honesto pelo anonimato;

mais liberdade nas resposta pelo anonimato;

passível de tratamento estatístico e processado via computador quando trabalhando com grandes populações.

Desvantagens   as frases podem ser interpretadas de formas diferentes pelas pessoas, apesar de padronizadas;

os níveis de compreensão das pessoas podem ser muito diferentes;

dificuldades na elaboração do questionário que consome muito tempo dos profissionais envolvidos;

taxa de não respondentes pode ser alta;

não permite detalhamento de eventuais dúvidas;

custo elevado na confecção do questionário.

6.2.3 Documentação

A. Objetivo

- Obter um histórico documentado do problema alvo da investigação, da área, do sistema, da empresa.
- Investigar alternativas anteriores ou históricas para a situação que se pesquisa.
- Demonstrar a experiência retrospectiva e histórica de outros profissionais na mesma área.

B. Definição

- Pesquisar em fontes documentadas a história ou a origem e evolução de um determinado aspecto que se pretende conhecer ou ampliar seu conhecimento.

C. Descrição

Todas as empresas produzem documentos. Todas as áreas do conhecimento humano veiculam seus avanços e descobertas por meio de publicações. Também, dificilmente, no estado atual de desenvolvimento da ciência, um problema que nos afete ou que desejamos resolver, alguém já não o sofreu e não teve a necessidade de solucioná-lo.

Além disso, as empresas possuem um histórico, uma vida, uma experiência, que pode ser recuperada com seus documentos. É a este tipo de pesquisa que aqui se faz referência.

Estamos habituados a pesquisar livros e revistas quando temos de fazer um trabalho escolar e, em geral, nos esquecemos de pesquisar anuários quando desenvolvemos um sistema ou solucionamos um determinado problema dentro de uma empresa.

A investigação e pesquisa em documentos pode apresentar e oferecer uma gama tão variada e diversificada de origens e fontes que, normalmente, o mais difícil é saber qual a melhor ou qual é a mais adequada ao nosso caso, naquele momento.

Dentre as mais conhecidas, destacam-se:

- livros técnicos;
- jornais e periódicos especializados;
- revistas especializadas;
- anuários especializados;
- relatórios de entidades de classe como sindicatos ou conselhos regionais ou federais da profissão ou ramo;
- relatórios anuais de diretoria, seja da empresa em estudo ou de similar;
- atas de reuniões de diretoria ou departamentais;
- manuais de procedimentos, operacionais, organizacionais;
- regulamentos ou instruções de operação ou orientações do ramo em geral ou especificamente internas;
- leis, pareceres, jurisprudência se for o caso;
- estudos e documentos anteriores;
- normas de padronização, legislação, controle ou qualidade;

- formulários, relatórios, balanços, balancetes;
- projetos desenvolvidos anteriormente.

É interessante que se diga que, no momento em que se faz referência a um jornal ou a uma revista ou lei, não se faz referência à forma física como ela está sendo apresentada. Pode ser a mais variada possível, desde o jornal (*Diário Oficial*, geralmente) em que ela foi publicada, uma cópia reprográfica (normalmente, *xerox*), uma microficha, um microfilme, ou uma imagem via *Internet* na tela de nosso computador. Não importa nesse momento a base da informação, importa sua origem e seu conteúdo.

A Internet constitui uma nova ferramenta nos meios de pesquisa. Trata-se de uma rede mundial de comunicação via computador, onde as informações são trocadas livremente entre todos. Ela representa uma revolução no que concerne à troca de informação. A partir dela, todos podem informar a todos. Mas se ela pode facilitar a busca e a coleta de dados, ao mesmo tempo oferece alguns perigos; na verdade, as informações passadas por essa rede não têm critérios de manutenção de qualidade da informação.

Isso significa que qualquer pessoa pode construir sua *homepage* (ou sua página) na rede, sem critério, fiscalização ou um mínimo de cuidado. Portanto, nada impede que alguém faça sua página na *net* (rede) com o objetivo de informar a todos os estudantes a respeito de algumas questões de geografia e afirme que *"o mundo é como um prato plano que se você passar da borda cairá no espaço sem fim"*, ou que falando de História do Brasil afirme que *"o Brasil foi descoberto por Martim Afonso de Souza no ano de 1223"*.

Isso quer dizer que quando estivermos pesquisando na Internet devemos, em primeiro lugar, verificar se a fonte de origem das informações é séria, capaz, competente, especializada, autorizada e ética. Uma forma de termos alguma segurança quanto à origem das informações é verificando qual o tipo de estrutura que hospeda e promove aquela página. Para tanto, observemos a especificação existente no endereço acessado.

O sistema de nomes de domínio da Internet (DNS, em inglês) permite que o usuário acesse *sites* e outros recursos usando nomes de domínio de fácil memorização, designados a cada computador na Internet. Cada nome de domínio é composto de uma sequência de caracteres, denominados "rótulos", separados por pontos.

Por exemplo:

http://	www.	ballestero.	org.	br
quer dizer *hypertext transfer protocol*: é o protocolo de comunicação entre computadores por meio da Internet	quer dizer *world wide web* ("teia de alcance mundial", em inglês)	identifica o dono da página e responsável pelo conteúdo; é denominado domínio de segundo nível	tipo de página; é denominado domínio de alto nível	identifica o país de origem

Isso significa que todas as páginas sediadas no Brasil terão como finalizador a sigla "br", que identifica nosso país. Atualmente existem aproximadamente 260 registros de países na Internet.

Com relação aos domínios de alto nível, que podem nos dar indícios da seriedade da página acessada, é interessante averiguar se o *site* é patrocinado ou não; quando é patrocinado, o patrocinador é uma organização que recebeu certa autoridade definida para formular normas para a operação de um determinado *site*. Todo e qualquer *site* patrocinado tem uma pauta, que define o propósito para o qual ele foi criado e será operado. O patrocinador é responsável por desenvolver diretrizes sobre os tópicos que lhe foram delegados. As mais frequentes e comuns são:

DNS	Significado	Característica
.aero	= indústria de transporte aéreo	patrocinado
.art	= destinado a instituições dedicadas a artes, artesanato e afins	patrocinado
.biz	= empresas de forma geral, não incluídas em outras categorias	não patrocinado
.com	= usuário comercial e empresas de forma geral, identifica uma pessoa jurídica com CGC	não patrocinado
.coop	= identifica cooperativas	patrocinado
.edu	= universidade ou instituição educacional; no caso brasileiro, essas instituições recebem a nomenclatura genérica de ".br"	patrocinado
.gov	= usuário governamental	patrocinado
.int	= organizações estabelecidas por tratados internacionais entre governos	não patrocinado
.mil	= usuário militar para o caso dos Estados Unidos; no Brasil, recebem o genérico ".gov"	patrocinado
.museum	= especial para identificar museus	patrocinado
.net	= exclusivamente para provedores de meios físicos de comunicação, habilitados legalmente para prestar serviços públicos de telecomunicações	não patrocinado
.org	= uso irrestrito, especial para organização não governamental e todas as demais que não se incluam em outra categoria	não patrocinado
.pro	= identifica profissionais liberais, tais como contadores, advogados, médicos e outros	não patrocinado

No Brasil a responsabilidade pelo gerenciamento dos domínios recai no Comitê Gestor da Internet no Brasil (CGI). Caso você precise de mais informações ou deseje conhecer todos os demais domínios existentes, bem como a legislação brasileira que rege seu uso, acesse o site do CGI (<http://www.cgi.br>); você encontrará muita coisa interessante a respeito do assunto.

Além disso, devemos ter alguns critérios para pesquisar. Quando você coloca qualquer palavra ou grupo de palavras para buscar, a quantidade de páginas que surgem é tão alta que inviabiliza qualquer tipo de busca. Uma forma mais fácil e rápida de selecionar o que desejamos é usar os operadores *booleanos* para uma busca mais refinada e dirigida. Esses dispositivos permitem refinar e afunilar a pesquisa, direcionando-a de forma muito mais precisa, o que evita resultados amplos, muito genéricos ou, pelo contrário, muito restritos.

Para isso, primeiro usamos palavras-chave ou frases relacionadas com a informação que estamos buscando e, posteriormente, aplicamos, dentro desse universo, os operadores *booleanos*, direcionando nossa busca de forma mais objetiva. Os mais usados são os colocados a seguir.

Operador	Significado
AND	Indica que todos os elementos devem estar presentes nos resultados.
NOT	Indica que o elemento a seguir não deve estar presente, ou seja, exclui elementos na pesquisa.
( )	Abrir parênteses, colocar termo e fechar parênteses, é usado para agrupar elementos.
"frase"	As aspas são usadas para indicar uma frase completa e exata.

Operador	Significado
OR	Indica que um ou outro elemento devem estar presentes.
+	Símbolo de adição, indica palavra(s) que deve(m) aparecer nos resultados.
–	Símbolo de subtração, indica palavra(s) que não deve(m) aparecer, significa excluir.
string	Constituem partes de palavras que podem ser usadas na pesquisa.

Caso você tenha curiosidade por conhecer os outros buscadores booleanos sugiro que acesse <http://www.quatrocantos.com/tec_web/sist_busca/16BOOL.HTM>, você encontrará um material muito interessante, bem desenvolvido e com muitos exemplos ilustrativos das alternativas de busca, bastante esclarecedor. Todos os demais que encontrei em minhas pesquisas na Internet tomam como fundamento esse material.

Apesar de tudo isso, lembre-se de que pesquisar a Internet deve ser um processo planejado e sistematizado para que você não gaste tempo, se irrite e desista ou, o que é pior, se contente com qualquer coisa que encontrar. A seguir, sugiro uma forma estruturada para esse trabalho.

1. Fixe, de forma clara, o tema que será pesquisado e suas palavras-chave.
2. Investigue quais são as principais fontes de informação, entre elas consulte, de preferência:
    a. especialistas da área;
    b. bibliotecas especializadas;
    c. bibliografia constante em livros, artigos científicos, teses, estatísticas e assemelhados.
3. Leia criteriosamente o material coletado.
4. Selecione o que pode ser usado.
5. Mantenha um registro atualizado dos materiais coletados.

Essa lógica de investigação pode ser sumariada conforme apresentado no diagrama a seguir.

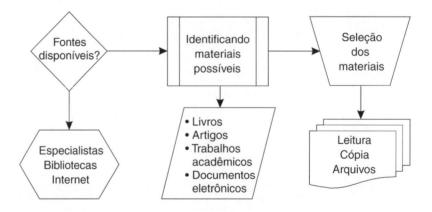

D. Aplicação

Independente do tipo, da base ou da qualidade da documentação que seja consultada, alguns cuidados especiais devem ser tomados. Os mais importantes são:

- Verifique a época de origem da documentação.

- Verifique se ainda continua válida.
- Verifique se os parâmetros, as bases e os princípios empregados anteriormente em sua construção e definição continuam válidos.
- Verifique se a fonte de origem dos documentos é fidedigna.
- Defina se esse estudo está baseado em princípios científicos e se ele é sério.
- Defina se está tratando de um fato verificável e passível de teste ou de uma opinião de um autor ou grupo de autores.
- Verifique se a informação é redundante.
- Verifique se ela é correta ou precisa, se as medidas estão padronizadas, se são passíveis de comparação e relevantes.

Todos estes cuidados são necessários por vários motivos, em especial para que se possam minimizar as desvantagens originárias do trabalho com documentos.

As principais podem ser apontadas como sendo:

- Trabalho desenvolvido com informações ultrapassadas geram um sistema já obsoleto antes mesmo da execução.
- Nem tudo que é publicado é válido e verdadeiro, infelizmente, há cientistas, pesquisadores e escritores que publicam informações manipuladas propositadamente ou eventualmente falseadas por interesses próprios.
- Cuidado com informações obtidas via telemática (*Internet*), elas podem não ser resultantes de estudo sérios, a experiência nos está demonstrando que, após a popularização da *Infoway*, os estudos científicos e sérios se afastaram deste meio de comunicação.
- Não colha mais informações do que aquelas que serão usadas.
- A quantidade de informações colhidas deve ser apenas a necessária e suficiente para a tomada de decisão; aumentar a quantidade de informações, principalmente quando redundante, eleva o custo associado à obtenção da própria informação e por reflexo do projeto inteiro. Esse aspecto já foi comentado na página 6 neste livro.

6.2.4 Observação

A. Objetivo

- Coletar dados quantitativos e qualitativos.
- Conhecer o ambiente efetivo em que se desenvolve o trabalho que é analisado.
- Conhecer formas de liderança, grupos, relações interpessoais e associações informais.
- Detectar as forças atuantes no ambiente.
- Definir níveis de cooperação e competição.
- Verificar e validar as informações colhidas em outros instrumentos de investigação.

B. Definição

- Coleta de dados, *in loco*, praticada de forma sistemática ou assistemática, por observador participante ativo ou não, conhecido ou não, do grupo em estudo ou não, dentro de um determinado ambiente.

C. Descrição

Todos nós observamos o ambiente que nos rodeia, não apenas com a visão (para aqueles que a têm) mas, com todos os sentidos. Sentimos os odores, os sons, as temperaturas e as sensações que um determinado ambiente nos transmite. É com este enfoque que a observação é colocada no contexto das ferramentas disponíveis ao Analista de Sistema e ao Engenheiro de Informações.

Em muitos textos técnicos da área de Sistema ou de Engenharia da Informação, o leitor poderá encontrar muitas opiniões em contrário a esta ferramenta. O propósito aqui não é defender ou criticar mas apresentá-la como uma ferramenta a mais à disposição dos profissionais da área. Cabe a eles a definição do que será usado no momento do levantamento de dados e essa escolha se fundamentará, como já foi dito, no tipo de problema (ou sistema) que se pesquisa.

As técnicas de observação possuem a característica de fornecerem dados que se referem a situações comportamentais. Sempre que o analista tenha razões para crer que alguns fatores podem influenciar nos dados, preferirá métodos de observação.

Há momentos, no desenvolvimento do sistema, em que há necessidade de contrastar o que foi dito com o que realmente é feito. Nestes casos, com certeza, serão usadas duas ferramentas: a entrevista e a observação. Assim, a observação pode ser usada com muitas finalidades. As mais significativas são:

- estudo exploratório, a fim de obter indicações que posteriormente serão verificadas com outras ferramentas;
- obter dados suplementares, para auxiliar na interpretação e entendimento dos resultados obtidos com outras técnicas;
- método básico de investigação e coleta de dados, naqueles estudos que tenham o objetivo de descrever exatamente uma situação ou a verificação de hipóteses.

O processo de observação pode ocorrer e ser desenvolvido *in loco* ou no laboratório. Esses processos podem ir desde a mais completa flexibilidade, orientados apenas pela formulação do problema a ser pesquisado e por algumas poucas ideias sobre o tema, até o uso de instrumentos formais minuciosamente criados para tal.

O observador, por sua vez, pode participar ativamente no grupo que observa; pode ser alguém fora do grupo e sua presença e trabalho pode ou não ser conhecida por todas as pessoas ou só por algumas.

O nível de estrutura e o grau de participação em geral variam de acordo com o objetivo do estudo, assim:

- no estudo exploratório, o observador tende mais a participar na atividade do grupo e a observação tende a ser não estruturada;
- na descrição de uma situação ou na verificação de hipóteses causais, o observador tende a não participar e a observação algumas vezes e muito estruturada.

No entanto, tais características não variam, necessariamente, em conjunto. O investigador, num estudo exploratório, pode ser eventualmente identificado de forma clara como tal, ou seja, observador que estuda o grupo, ou sua presença pode ser ignorada pelo grupo. O que se quer dizer é que podem existir graus de estruturação e não uma dicotomia total entre o que é chamado de observação sistemática e assistemática que serão detalhadas no item seguinte.

Antes, porém, de seu detalhamento, vale a pena que se dê atenção à correção e adequação da observação que se pretende realizar. Perceba que todos observam, sempre, a todo instante. Mas a observação do cotidiano é um caos para nossos sentidos. Por isso, prestamos atenção apenas em algumas coisas, aquelas que nos interessam, não em todas. Duas pessoas colocadas no mesmo lugar, perceberão coisas diferentes e algumas vezes diametralmente opostas, mas ambas verdadeiras e complementares. Não se deixe enganar, o processo de observação científica é um dos mais difíceis; provavelmente, por esse motivo, tantos estudiosos o critiquem.

Numa observação qualquer, é comum a seleção, a inexatidão, a omissão; ela pode ser enganosa e ilusória; as associações que fazemos podem ser inadequadas e invalidar toda a observação; um julgamento ou um preconceito pode deturpar a experiência; uma sugestão, uma opinião recebida pode dirigir nossos sentidos e enganar-nos.

Tudo isso indica que há necessidade de treinamento para que nossa observação seja precisa e exata. Como esse treinamento é diferente para a forma sistemática e assistemática, elas serão descritas junto com a aplicação de cada uma delas.

D. Aplicação

Antes de se partir para a observação propriamente dita, devem ser colocadas algumas questões importantes ao analista-observador ou à equipe que está desenvolvendo os trabalhos, que são:

- O que deve ser observado?
- Como registrar as observações?
- Quais processos usar para garantir a exatidão da observação?
- Qual tipo de relação será estabelecida entre observador e observado e como será possível?

As respostas irão variar de acordo com o tipo de observação que for escolhida. Classificar o tipo de observação que se praticará depende do tipo de categoria que se adote na lógica de classificação. Podemos considerar a estrutura, o observador, o objeto ou o lugar. A seguir você encontra algumas considerações com relação a cada uma dessas categorias.

- **Quanto à estrutura**
  - ⇒ **Sistemática**: sabe-se exatamente o que será observado; usa-se normalmente um formulário padronizado onde se anotam as ocorrências.
  - ⇒ **Assistemática**: não existe um plano específico do que será observado.
- **Quanto ao observador**
  - ⇒ **Participante**: o observador é um participante do grupo e o grupo sabe do trabalho que esse profissional está desenvolvendo.
  - ⇒ **Não participante**: o observador não faz parte ativa do grupo que será observado.
- **Quanto ao objeto**
  - ⇒ **Individual**: ela ocorre quando estamos interessados em registrar e conhecer as ações e comportamentos de uma única pessoa.
  - ⇒ **Equipe**: neste caso, nossa atenção se concentra em um grupo inteiro de trabalho e todas as ações.
- **Quanto ao lugar**
  - ⇒ **Campo**: desenvolve-se dentro do próprio ambiente de trabalho, em condições reais de ocorrência, sem alterar nenhuma variável.
  - ⇒ **Laboratório**: é feita de forma proposital e provocada dentro de um ambiente controlado para que se registrem as consequências das ações.

Independentemente dessa classificação, as mais usuais e praticadas em OS&M são a sistemática e assistemática, que a seguir se descrevem em detalhes.

1. **Observação assistemática**: também denominada de observação participante, pois o observador assume, até certo ponto, o papel de um membro do grupo que será observado e participa de sua atuação.

- **O que observar?** Com certeza muitos responderão que tudo. Infelizmente **TUDO** é um objetivo impossível. É impossível registrar todos os pormenores de uma situação. Desde o início deve ser enfrentado o difícil problema da seleção do que deve ser observado. (Por exemplo: num estudo exploratório, não sabemos quais aspectos se revelarão como os mais importantes e, portanto, não somos capazes de especificar o conteúdo da observação.) Assim, não é possível estabelecer regras rígidas para a definição do que observar. O observador deve estar preparado para mudar o foco de sua observação e para extrair indicações de acontecimentos não previstos. A lista de verificação, a seguir apresentada, deve servir apenas como sugestão:

  ⇒ **Participantes**: quem são, como se relacionam, quantos são, idade, sexo, função, grupos existentes, grupos informais, pessoas isoladas.

  ⇒ **Situação**: aparência, comportamentos estimulados, permitidos, desestimulados, impedidos, esperados, inesperados, aprovados, condenados, conformistas, divergentes.

  ⇒ **Objetivo**: função básica, processos, formas, reação dos participantes ao objetivo oficial, se aceitam, rejeitam; outros objetivos não declarados oficialmente, são compatíveis, antagônicos.

  ⇒ **Comportamento**: estímulos iniciais, objetivos dos estímulos, direção, o que provoca; qualificação da intensidade, persistência, estranheza, adequação, duração, afetividade, maneirismo; quais os efeitos.

  ⇒ **Frequência**: quando ocorre, quanto tempo dura, repetida, caso único, o que provoca, é típico, é atípico.

  Repare que essa relação não é aplicável em todas as situações e que mesmo assim, algumas vezes, pode ser impossível definir o que ocorre. Lembre-se que ela está aqui colocada apenas para servir de guia.

- **Quando registrar?** Sem dúvida o melhor momento é durante o acontecimento, disso provém um mínimo de viés seletivo e de deformação pela memória. Há momentos em que isso não é possível, pois perturbaria a naturalidade da situação ou despertaria desconfiança das pessoas. Nessas situações, se as anotações forem feitas depois de um período de observação longo, a memória do observador pode ser muito sobrecarregada. Em tais casos, é preferível anotar, de forma discreta, palavras-chave numa pequena folha de papel; se a anotação for muito longa, afaste-se por alguns minutos, a fim de fazer anotações mais detalhadas. De qualquer forma, tão logo seja possível, passe a limpo descrevendo em detalhes a situação. O relatório final geralmente é feito sob a forma de narrativa.

- **Qual o nível de exatidão?** Com a prática, aumentamos nossa capacidade de lembrar; há momentos em que temos até a impressão de poder lembrar literalmente uma conversa entre duas pessoas. Porém, lembre-se, sempre ocorrerá o viés e sempre existirão "pontos cegos" ou até as inferências e as interpretações, pois relatamos a realidade como nós a vemos e nisso perdemos a objetividade e a imparcialidade. Mais ainda se estabelecermos laços de amizade com as pessoas que estamos observando.

- **E as relações com o observado?** Antes de aproximar-se do grupo a ser observado, o analista-observador deve já ter decidido se revelará que é um pesquisador ou não. A prática demonstra que é preferível dizer que se está fazendo uma coleta de dados e para que eles serão usados. Esse processo é o mais simples. No entanto, a entrada num grupo exige treinamento, pois o pesquisador deve ser aceito pelo grupo e a participação ativa não deve ser imposta. Aqui, o fator decisivo é a personalidade do observador. De acordo com a situação e o grupo a ser observado, deve-se dar atenção às características do observador como o sexo, a idade, a raça, a cor, hábitos (por exemplo, vegetariano), religião, pois ele se manterá em nível de igualdade com o grupo.

2. **Observação sistemática**: a grande diferença com a anterior é que, neste caso, em geral, sabe-se exatamente o que deve ser observado. É empregada em estudos destinados a obter uma descrição detalhada e sistemática de uma tarefa ou verificar hipóteses causais. Nestes casos, pode-se criar um plano específico antes da coleta de dados de como será realizada a observação e como será feito o registro.

- **O que observar?** Devido as suas características, a observação sistemática permite muito menos liberdade de escolha no conteúdo. Normalmente, é montada uma relação de categorias que, conforme a experiência ou observação avança, pode ser aumentada ou reduzida, algumas serão combinadas entre si, outras formuladas de maneira mais clara. Em qualquer caso, a observação pode ser direcionada para:

  ⇒ Comunicação: formas, frequência, intensidade.

  ⇒ Avaliação: *feedback* ou retroalimentação.

  ⇒ Controle: formas, frequência, processo.

  ⇒ Decisões: níveis, ocorrências, adequação.

  ⇒ Ambiente: tensões, conflitos e sua forma de resolução.

  ⇒ Reintegração: formas, processos e alternativas.

  Dentro desses aspectos, devem ser registradas as reações dos participantes, que podem ser: positivas, negativas, tentativas, inquirição ou questionamento.

- **Em qual quadro de referência?** Não existe um consenso quanto à forma de classificação dos eventos. Podem ser pela verbalização do próprio participante, da reação de terceiros, ou qualquer outra forma definida. Apenas deve-se ter em conta que certos dados só poderão ser codificados em retrospecto, por exemplo, o comportamento das pessoas a um certo estímulo.

- **Por quanto tempo?** Pode variar entre alguns segundos ou várias horas ou dias. É mais importante determinar qual será a unidade de informação significativa e coerente em função do objetivo e conteúdo. Normalmente, o tempo está associado a um ato completo. Porém, a definição de um ato completo também é difícil. Quando se observam variáveis como fenômenos em grupo, verbalização, movimentos, a separação em unidades é muito difícil. Mesmo dentro de uma linha produção, é difícil separar, por exemplo, os movimentos de um operário. Nestes casos, a definição do que é um ato completo é que determinará o tempo que será empregado.

- **Como medir a observação?** Dependerá do ponto onde se centra a pesquisa. Se o conteúdo está centrado em fatos objetivos quantificáveis, pode ser elaborada uma tabela que apresente as alternativas e assinalar a que ocorrer. Porém, se o conteúdo for mais abstrato, pode-se elaborar níveis de graduações entre polos opostos.

- **Quais padrões?** Não é aconselhável que se usem muitas fragmentações, os fenômenos de grupo só têm sentido quando mantidos em seus padrões originais. O que se relaciona aqui é a análise futura que deve ser feita. Quando a informação está muito fragmentada, não é possível seu encaixe num quadro coerente, significativo e analisável.

- **Como registrar?** Devido às características da observação sistemática, ela permite a mais variada gama de alternativas no momento de seu registro. Deve ser usada a forma mais simples, rápida e econômica dentre as que permitem os dados que devem ser coletados. A forma mais simples é uma prancheta contendo quadros ou mapas que apresentem as respostas ou opções alternativas, onde o observador vai assinalando as ocorrências.

- **Qual o nível de exatidão?** Tudo o que foi colocado até este momento visa ampliar o nível de exatidão do que se observa. Apesar disto, não conseguimos eliminar a interferência da projeção e da contaminação do próprio observador. Isto é denominado de "erro constante". Esse erro é introduzido pelas crenças, necessidades, julgamento, valores de uma pessoa. Por exemplo, se um observador for contrário a um certo tipo de liderança terá dificuldade de impedir um viés, classificando as ações dentro de uma categoria que desaprova, o que não ocorreria com outro observador. O treinamento constante, a prática e o autopoliciamento podem ajudar na minimização dos resultados em algumas pessoas, porém não em todas.

- **E as relações com o observado?** A não ser que esteja oculto atrás de uma tela de visão unilateral (tipo espelho) ou diante de um monitor de vídeo de circuito interno fechado e que sua presença seja completamente desconhecida pelo grupo, o observador não participante enfrenta os mesmos problemas do outro tipo descrito anteriormente. Como estará claramente ocupado com os registros, é impossível esconder o fato de que está fazendo uma pesquisa, assim é ainda mais importante que consiga o acordo completo do grupo.

É natural que a entrada de uma nova pessoa no grupo, mesmo que não perturbe, introduza uma nova variável na situação e que, por sua vez, ela pode modificar o comportamento que está sendo observado. Porém, as pessoas parecem habituar-se aos observadores, se o comportamento destes convence os participantes do grupo de que não são ameaças as suas atribuições ou destinos.

Finalmente, como todas as demais ferramentas, a observação também apresenta vantagens e desvantagens. Elas podem ser relatadas como sendo:

Vantagens	Permite o registro do comportamento tal como este ocorre.
	Não depende da capacidade de verbalização do sujeito pesquisado.
	Não depende da disposição do sujeito para fazê-lo.
	Permite estudar uma gama muito variada de fatores.
	Proporciona a demonstração clara da riqueza de inter-relações entre as pessoas do grupo.
	Localização fácil e exata de pontos críticos e "gargalos".
Desvantagens	É impossível predizer a ocorrência espontânea de um acontecimento com a exatidão suficiente para permitir que o observador esteja a postos para registrá-lo.
	A possibilidade prática de aplicação de técnicas de observação é limitada pela duração dos acontecimentos.
	Alguns acontecimentos que as pessoas podem descrever, e estão dispostas a fazê-lo, raramente são acessíveis à observação direta.
	Fatores imprevisíveis que interferem na observação.

6.2.5 Medidas e estimativas

A. Objetivo

- Instrumentos que possibilitam trabalhar com grandes quantidades ou em universos muito grandes.
- Estudos que necessitam de valores estatísticos de tendência e desvio.
- Aplicar métodos quantitativos de pesquisa no desenvolvimento de sistemas.

B. Definição

- Tratamento estatístico de dados quantitativos.
- Definem probabilidades de ocorrência de fatos num determinado universo de referência.

C. Descrição

As medidas estatísticas mais utilizadas são a Binomial, Poisson e Normal. A ideia fundamental é de que se pode selecionar um grupo de elementos pertencentes a um universo muito maior de tal forma que as propriedades do grupo selecionado se relacionem com as propriedades fundamentais apresentadas pelo universo. O conceito fundamental nesta ferramenta, portanto, é a Teoria Elementar da Amostragem.

A teoria da amostragem é um estudo das relações existentes entre uma dada população (ou universo) e as amostras dela extraídas. A finalidade da amostra é a de economizar tempo e material. É praticamente impossível medir exatamente a produção de uma máquina na linha de montagem durante todos os dias de um ano para se saber se sua produção média é aquela descrita pelo manual técnico.

Nesses casos, usa-se a estatística por meio da teoria da amostragem, no processo de investigação e levantamento de dados. Assim, o ponto mais importante é a definição da amostra.

Os principais cuidados na seleção de uma amostra podem ser estabelecidos como:

- Extrair a amostra da população sem provocar viés ou vício.
- Os resultados obtidos são necessariamente aproximados.
- Definir clara e exatamente a população antes de definir a amostra.
- Para definir uma população, todos os elementos participantes têm de possuir pelo menos uma mesma característica em comum.
- A amostra deve ser pequena em relação à população da qual se origina, não superior a 10%.
- Todos os elementos da população devem apresentar a mesma possibilidade de estarem presentes na amostra, o que se denomina de amostra aleatória.

A seguir, a descrição de cada uma delas.

1. Binomial

Se p é a probabilidade de um evento acontecer em uma tentativa única (sucesso) e $q = 1 - p$ é a do evento não ocorrer (insucesso ou fracasso), então a probabilidade do evento ocorrer exatamente x vezes, em **N** tentativas, é dada por:

$$p(x) = \frac{\mathbf{N}!}{x!(\mathbf{N}-x)!}\, p^x q^{\mathbf{N}x}$$

As propriedades da distribuição binomial são:

Média = μ = $\mathbf{N}p$

Variância = σ^2 = $\mathbf{N}pq$

Desvio Padrão = σ = $\sqrt{\mathbf{N}pq}$

2. Poisson

É a distribuição discreta de probabilidade em:

$$p(x) = \frac{\lambda^x \ell^{-x}}{x!}$$

onde:

ℓ = 2,71828...

λ = constante dada denominada distribuição de Poisson.

Os valores de $p(x)$ podem ser calculados mediante o uso da Tabela 6.1, colocada a seguir. As propriedades da distribuição de Poisson são:

Média = μ = λ

Variância = σ = λ

Desvio Padrão = σ = $\sqrt{\lambda}$

TABELA 6.1

Valores de $\ell^{-\lambda}$ $(0 < \lambda > 1)$.

λ	0	1	2	3	4	5	6	7	8	9
0,0	1,0000	0,9900	0,9802	0,9704	0,9608	0,9512	0,9418	0,9324	0,9231	0,9139
0,1	0,9048	8958	8869	8781	8694	8607	8521	8437	8353	8270
0,2	8187	8106	8025	7945	7866	7788	7711	7634	7558	7483
0,3	7408	7334	7261	7189	7118	7047	6977	6907	6839	6771
0,4	6703	6636	6570	6505	6440	6376	6313	6250	6188	6126
0,5	6065	6005	5945	5886	5827	5770	5712	5655	5599	5543
0,6	5488	5434	5379	5326	5273	5220	5169	5117	5066	5016
0,7	4966	4916	4868	4819	4771	4724	4677	4630	4584	4538
0,8	4493	4449	4404	4360	4317	4274	4232	4190	4148	4107
0,9	4066	4925	3985	3946	3906	3867	3829	3791	3753	3716

TABELA 6.2

$(\lambda = 1, 2, 3, \dots , 10)$.

λ	1	2	3	4	5	6	7	8	9	10
$\ell^{-\lambda}$	0,36788	0,13534	0,04979	0,01832	0,006738	0,002479	0,000912	0,000335	0,000123	0,000045

Para obter os valores de $\ell^{-\lambda}$, correspondentes a λ, empregue a lei de formação dos expoentes.

3. Normal

É um dos mais importantes exemplos de uma distribuição contínua de probabilidades, também chamada de curva normal ou Distribuição de Gauss. A forma reduzida é:

$$y = \frac{1}{\sqrt{2\pi}} \, \ell^{-\frac{1}{2}z^2}$$

onde:

$$Z = \frac{(x - \mu)}{\sigma}$$

Média = μ

Variância = σ^2

Desvio Padrão = σ

Se **N** for grande, e se nem p nem q estiverem muito próximos de zero, a distribuição binomial pode ser bastante aproximada de uma normal, cuja variável reduzida será dada por:

$$Z = \frac{x - \mathbf{N}p}{\sqrt{\mathbf{N}pq}}$$

Na Tabela 6.3 estão os valores da ordenada Y da curva normal reduzida no ponto z. Na Tabela 6.4 estão os valores da área subentendida pela curva normal reduzida de 0 a z.

Essas medidas são as mais usadas. Além delas, há outras ferramentas estatísticas que podem nos auxiliar. As mais conhecidas são:

- **Regressão múltipla**: estima a equação de "melhor ajuste" que mostra como o valor de uma variável dependente varia com a mudança dos valores em um número de variáveis independentes. Exemplo: estimar como o faturamento é influenciado por mudanças no nível de preços dos produtos oferecidos.

- **Análise discriminante**: classifica um objeto qualquer em duas ou mais categorias previamente definidas. Exemplo: uma linha de produção pode determinar as variáveis que discriminam uma produção com qualidade de uma sem qualidade.

- **Análise fatorial**: determina as poucas dimensões básicas de um conjunto maior de variáveis intercorrelacionadas. Exemplo: uma linha de produção de múltiplos produtos pode ser reduzida a uma linha de produtos básicos.

- **Análise por conglomerado**: separa objetos em um número especificado de grupos mutuamente excludentes, de forma que os grupos sejam relativamente homogêneos. Exemplo: classificar um conjunto de erros de produção em quatro grandes grupos básicos distintos.

- **Análise conjunta**: decomposição das determinantes da amostra no que diz respeito a diferentes variáveis para se determinar o grau de utilidade e importância em cada atributo. Exemplo: uma empresa pode determinar a utilidade total entregue por diferentes combinações de serviços aos clientes.

- **Escala multidimensional**: mapas perceptuais de produtos. Os objetos são representados como pontos em um espaço multidimensional de atributos em que sua distância um do outro é uma medida de sua não semelhança. Exemplo: um fabricante de eletrodomésticos quer verificar onde cada um de seus produtos se posiciona em relação à concorrência.

Podemos ainda contar com vários modelos estatísticos completos para aplicações especiais; os mais importantes são:

- **Modelo de processo de Markov**: determina a probabilidade de se passar de um estado atual para qualquer estado futuro. Exemplo: uma fábrica de produtos laminados pode determinar as taxas de troca de matriz de estampo de período para período e, se as probabilidades permanecerem estáveis, o custo final de tempo de montagem.

- **Modelo de fila**: determina os tempos de espera e o tamanho das filas que podem ser encontrados em qualquer sistema, devido aos tempos de chegada e de atendimento e ao número de canais de serviço. Exemplo: um banco pode usar o modelo para prever o tamanho das filas em diferentes horas do dia, dado o número de caixas em serviço e a velocidade de atendimento.

- **Modelo de pré-teste**: estima os relacionamentos funcionais entre os estados de consciência, teste e repetição da compra por parte do comprador com base em preferências e ações do comprador em uma situação de pré-teste. Exemplo: os modelos mais usados e conhecidos estão o ASSESSOR, COMP, DEMON, NEWS e SPRINTER.

- **Modelo de resposta**: conjunto de modelos que estimam relacionamentos funcionais entre uma ou mais variáveis e a demanda resultante. Seu uso é mais aplicado aos sistemas que envolvem decisões de marketing. Exemplo: relacionamento existente entre força de vendas, despesas com promoções, com propagandas e a demanda resultante.

Além disso, contamos ainda com uma série de rotinas de otimização de cálculos que nos ajudam no momento em que necessitamos de alguns cálculos mais sofisticados. As mais importantes são:

- **Cálculo diferencial**: técnica que permite encontrar o valor máximo ou o valor mínimo ao longo de uma função bem definida.

- **Programação matemática**: técnica que permite encontrar os valores que otimizariam alguma função objetiva sujeita a uma série de restrições.

- **Teoria da decisão estatística**: técnica que permite determinar o curso de ação que produz o valor máximo esperado.

- **Teoria dos jogos**: técnica que permite determinar o curso de ação que minimizará a perda máxima do decisor em decorrência do comportamento incerto de um ou mais concorrentes.

- **Heurística**: conjunto de regras gerais que diminuem o tempo ou o trabalho necessário para se encontrar uma solução relativamente boa em um sistema complexo qualquer.

D. Aplicação

Apesar de oferecerem respostas rápidas, imediatas e confiáveis quando se utilizam grandes quantidades, esta ferramenta também apresenta vantagens e desvantagens em sua aplicação. Elas são:

Vantagens	Possibilidade de trabalhar com grande volume de informações de mesma natureza.
	Dados mensuráveis estatisticamente.
	Admite desvios controlados.
	Informações quantitativas passíveis de verificação.
Desvantagens	Falta de conhecimento dos profissionais da área dos instrumentos estatísticos.
	Difícil elaborar análises qualitativas sobre os resultados obtidos em função do desconhecimento da ferramenta.
	Descuido na definição das amostras.
	Importância relativa dos aspectos qualitativos da informação.
	Não considera as variáveis ambientais.
	Não pode ser aplicado a processos decisórios humanos.

TABELA 6.3

Valores da ordenada Y da curva normal reduzida no ponto **Z**.

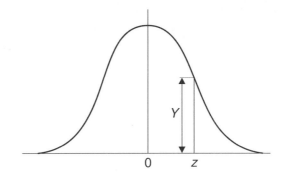

Z	0	1	2	3	4	5	6	7	8	9
0,0	0,3989	0,3989	0,3989	0,3988	0,3986	0,3984	0,3982	0,3980	0,3977	0,3973
0,1	3970	3965	3961	3956	3951	3945	3939	3932	3925	3918
0,2	3910	3902	3894	3885	3876	3867	3857	3847	3836	3825
0,3	3814	3802	3790	3778	3765	3752	3739	3725	3712	3697
0,4	3683	3668	3653	3637	3621	3605	3589	3572	3555	3538
0,5	3521	3503	3485	3467	3448	3429	3410	3391	3372	3352
0,6	3332	3312	3292	3271	3251	3230	3209	3187	3166	3144
0,7	3123	3101	3079	3056	3034	3011	2989	2966	2943	2920
0,8	2897	2874	2850	2827	2803	2780	2756	2732	2709	2685
0,9	2661	2637	2613	2589	2565	2541	2615	2492	2468	2444
1,0	2420	2396	2371	2347	2323	2299	2275	2251	2227	2203
1,1	2179	2155	2131	2107	2083	2059	2036	2012	1989	1965
1,2	1942	1919	1805	1872	1849	1826	1804	1781	1758	1736
1,3	1714	1691	1669	1647	1626	1604	1582	1561	1539	1518
1,4	1497	1476	1456	1435	1415	1394	1374	1354	1334	1315
1,5	1295	1276	1257	1238	1219	1200	1182	1163	1145	1127
1,6	1109	1092	1074	1057	1040	1023	1006	0989	0973	0957
1,6	0940	0925	0909	0893	0878	0863	0848	0833	0818	0804
1,8	0790	0775	0761	0748	0734	0721	0707	0694	0681	0669
1,9	0656	0644	0632	0620	0608	0596	0584	0573	0562	0551
2,0	0540	0529	0519	0508	0498	0488	0478	0468	0459	0449
2,1	0440	0431	0422	0413	0404	0396	0387	0379	0371	0363
2,2	0355	0347	0339	0332	0325	0317	0310	0303	0297	0290
2,3	0283	0277	0270	0264	0258	0252	0246	0241	0235	0229
2,4	0224	0219	0213	0208	0203	0198	0194	0189	0184	0180
2,5	0175	0171	0167	0163	0158	0154	0151	0147	0143	0139
2,6	0136	0132	0129	0126	0122	0119	0116	0113	0110	0107
2,7	0104	0101	0099	0096	0093	0091	0088	0086	0084	0081
2,8	0079	0077	0075	0073	0071	0069	0067	0065	0063	0061
2,9	0060	0058	0056	0055	0053	0051	0050	0048	0047	0046
3,0	0044	0043	0042	0040	0039	0038	0037	0036	0035	0034
3,1	0033	0032	0031	0030	0029	0028	0027	0026	0025	0025
3,2	0024	0023	0022	0022	0021	0020	0020	0019	0018	0018
3,3	0017	0017	0016	0016	0015	0015	0014	0014	0013	0013
3,4	0012	0012	0012	0011	0011	0010	0010	0010	0009	0009
3,5	0009	0008	0008	0008	0008	0007	0007	0007	0007	0006
3,6	0006	0006	0006	0005	0005	0005	0005	0005	0005	0004
3,7	0004	0004	0004	0004	0004	0004	0003	0003	0003	0003
3,8	0003	0003	0003	0003	0003	0002	0002	0002	0002	0002
3,9	0,0002	0,0002	0,0002	0,0002	0,0002	0,0002	0,0002	0,0002	0,0001	0,0001

TABELA 6.4

Valores da área subentendida pela curva normal reduzida de 0 a **Z**.

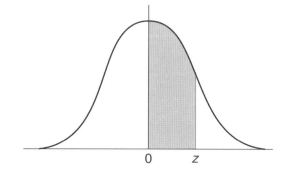

Z	0	1	2	3	4	5	6	7	8	9
0,0	0,0000	0,0040	0,0080	0,0120	0,0160	0,0199	0,0239	0,0279	0,0319	0,0359
0,1	0398	0438	0478	0517	0557	0596	0636	0675	0714	0754
0,2	0793	0832	0871	0910	0948	0987	1026	1064	1103	1141
0,3	1179	1217	1255	1293	1331	1368	1406	1443	1480	1517
0,4	1554	1591	1628	1664	1700	1736	1772	1808	1844	1879
0,5	1915	1950	1985	2019	2054	2088	2123	2157	2190	2224
0,6	2258	2291	2324	2357	2389	2422	2454	2486	2518	2549
0,7	2580	2612	2642	2673	2704	2734	2764	2794	2823	2852
0,8	2881	2910	2939	2967	2996	3023	3051	3078	3106	3133
0,9	3159	3186	3212	3238	3264	3289	3315	3340	3365	3389
1,0	3413	3438	3461	3485	3508	3531	3554	3577	3599	3621
1,1	3643	3665	3686	3708	3729	3749	3770	3790	3810	3830
1,2	3849	3869	3888	3907	3925	3944	3962	3980	3997	4015
1,3	4032	4049	4066	4082	4099	4115	4131	4147	4162	4177
1,4	4192	4207	4222	4236	4251	4265	4279	4292	4306	4319
1,5	4332	4345	4357	4370	4382	4394	4406	4418	4429	4441
1,6	4452	4463	4474	4484	4495	4505	4515	4525	4535	4545
1,6	4654	4564	4573	4582	4591	4599	4608	4616	4625	4633
1,8	4641	4649	4656	4664	4671	4678	4686	4693	4699	4706
1,9	4713	4719	4726	4732	4738	4744	4750	4756	4761	4767
2,0	4772	4778	4783	4788	4793	4798	4803	4808	4812	4817
2,1	4821	4826	4830	4834	4838	4842	4846	4850	4854	4857
2,2	4861	4864	4868	4871	4875	4878	4881	4884	4887	4890
2,3	4893	4896	4898	4901	4904	4906	4909	4911	4913	4916
2,4	4918	4920	4922	4925	4927	4929	4931	4932	4934	4936
2,5	4938	4940	4941	4943	4945	4946	4048	4949	4951	4952
2,6	4963	4955	4956	4957	4959	4960	4961	4962	4963	4964
2,7	4965	4966	4967	4968	4969	4970	4971	4972	4973	4974
2,8	4974	4975	4976	4977	4977	4978	4979	4979	4980	4981
2,9	4981	4982	4982	4983	4984	4984	4985	4985	4986	4986
3,0	4987	4987	4987	4988	4988	4989	4989	4989	4990	4990
3,1	4990	4991	4991	4991	4992	4992	4992	4992	4993	4993
3,2	4993	4993	4994	4994	4994	4994	4994	4995	4995	4995
3,3	4995	4995	4995	4996	4996	4996	4996	4996	4996	4997
3,4	4997	4997	4997	4997	4097	4997	4997	4997	4997	4998
3,5	4998	4998	4998	4998	4998	4998	4998	4998	4998	4998
3,6	4998	4998	4999	4999	4999	4999	4999	4999	4999	4999
3,7	4999	4999	4999	4999	4999	4999	4999	4999	4099	4999
3,8	4999	4999	4999	4999	4999	4999	4999	4999	4999	4999
3,9	0,5000	0,5000	0,5000	0,5000	0,5000	0,5000	0,5000	0,5000	0,5000	0,5000

6.3 Técnicas de gestão

As Técnicas de Gestão, como o próprio nome indica, estão voltadas e direcionadas a auxiliar o desenvolvimento dos trabalhos de planejamento, organização, coordenação comando e controle dos projetos de forma geral.

Isto significa que sua aplicação possui, como ponto central, a característica de auxiliar o gestor de projetos a atingir seus objetivos com segurança, em termos de prazo, certeza, e dos resultados que serão obtidos. Até pouco tempo atrás, sua utilização era dificultada pela complexidade no tratamento simultâneo de variáveis e suas respectivas ponderações. Sua aplicação foi facilitada com a criação de *softwares* especialmente desenvolvidos para este fim. Apesar disto, sua popularização ainda está restrita a uns poucos profissionais que dominam e utilizam a ferramenta.

Porém, é indiscutível que se trata de instrumentos que, trabalhando com princípios, métodos e técnicas especiais, estabelecem uma base específica para o cálculo de tempos, custos, controles e, se houver necessidade, até a redefinição do trabalho.

As tabelas de decisão, por sua vez, são mais populares entre aqueles que desenvolvem soluções por computadores, pois estes equipamentos, em sua definição básica, trabalham e desenvolvem suas ações sempre baseados em alternativas binárias do tipo sim/não, que podem ser sintetizadas como os caminhos mais simples alternativos na tomada de decisão em relação a qualquer problema.

6.3.1 Planejamento de redes

A. Objetivos

- Proporcionar um método eficaz para o planejamento, coordenação e controle da evolução dos sistemas ou projetos.
- Estabelecer prioridades no desenvolvimento do projeto.
- Coordenar as atividades necessárias e inter-relacionadas na execução de projetos de grande envergadura.

B. Definição

- Técnica aplicada no controle de tempos e desenvolvimento de projetos que emprega método gráfico especial; pode ser desenvolvida por computador com *software* especial, como, por exemplo o *Project*.

C. Descrição

O planejamento de redes é uma técnica orientada para atingir um objetivo específico. Para sua aplicação, o projeto deve ter duas características básicas:

1. Clara definição dos pontos de início e fim;
2. Ser complexo, ou seja, composto por cadeias de atividades que ocorram em paralelo entre os pontos de início e fim e que estejam ou possam estar inter-relacionados em pontos intermediários.

Esta técnica exige profundo estudo e análise do projeto e detalhado e sistemático acompanhamento dos trabalhos. Permite o acompanhamento da evolução das atividades que se relacionam entre si e demonstra de forma clara essa relação. Determina até que ponto uma atividade depende da execução de outra, em paralelo para sua elaboração. Pode oferecer ainda as consequências das falhas e determina as "folgas" existentes ou exigidas pelas diferentes atividades que compõem o projeto.

As técnicas de planejamento de projetos mais divulgadas são, normalmente, conhecidas pelas suas siglas:

- **PERT** = *Performance Evaluation and Review Technique* ou Técnica de Avaliação e Revisão de Programas, sendo que a primeira letra pode ser também trocada pelas palavras *Project* ou *Program.*

- **CPM** = *Critical Path Method* ou Método do Caminho Crítico.

- **CPS** = *Critical Path Scheduling* ou Programação pelo Caminho Crítico.

- **LES** = *Least Cost Estimating and Scheduling* ou Estimativa e Programação do Menor Custo, e uma série de variações tais como *micro-PERT, 1-time-PERT, PERT/COST, PEP* etc.

A técnica de construção de redes denominada **PERT/CPM** reúne, numa única ferramenta, as principais características de todas elas. Os conceitos básicos associados ao PERT/CPM são:

- **Evento**: representado por círculos (ou qualquer outra figura geométrica) indica um ponto importante e significativo no projeto. Indica o início ou a conclusão de um trabalho. Não consome tempo ou qualquer tipo de recursos. São colocados na sequência lógica em que ocorrem, respeitando uma hierarquia de precedência e a interdependência entre os eventos; a figura ao lado é a indicação de uma rede simples, os círculos representam eventos que seguem um ao outro numa sequência particular que deve ser respeitada.

- **Atividade**: é a ligação entre dois eventos consecutivos. Constituem a parte da rede que consome recursos como mão de obra, tempo, dinheiro, máquinas, equipamentos e demais.

- **Sucessor**: é o evento ou eventos que imediatamente se seguem, sem intermediários. No exemplo citado, o evento 2 é sucessor do 1 e o evento 3 é sucessor do 2.

- **Antecessor**: é o evento ou eventos que vêm imediatamente antes de outro evento sem que hajam eventos intermediários. No exemplo citado, o evento 1 é antecessor do 2 e o 2 é antecessor do 3.

- **Tempo otimista**: é o menor tempo possível no qual a atividade pode ser executada. Ou seja, é o tempo que será gasto se tudo ocorrer melhor do que se espera.

- **Tempo mais provável**: é a estimativa de tempo mais exata e realista possível.

- **Tempo pessimista**: é o maior tempo que deve ser executada uma atividade para que o projeto termine no prazo estipulado.

  (Os tempos otimista, mais provável e pessimista devem ser apresentados em períodos de tempo – dias, semanas, meses – que serão gastos na atividade, porém devem ser contados no calendário levando-se em consideração os sábados, domingos e feriados como dias perdidos. Uma vez estabelecidos os tempos, esses prazos não devem ser modificados, exceptuando-se a ocorrência de mudanças nos objetivos ou recursos.)

- **Média** ou *te*: representa o tempo médio que uma atividade consumiria se fosse repetida *n* vezes. É obtida pela fórmula:

$$te = \frac{a + 4m + b}{6}$$

onde:

a = tempo otimista

m = tempo mais provável

b = tempo pessimista

- **Variância** ou σ^2: é a medida da incerteza relacionada à atividade. É obtida pela fórmula:

$$\sigma^2 = \left(\frac{b - a}{6}\right)^2$$

- **TE**: representa o tempo mais próximo possível em que um evento deve se verificar. O **TE** é calculado tomando-se todos os $t_{e's}$ de todas as atividades do evento em questão.

- **TL**: é o último tempo permitido para se completar um evento, de modo que o projeto inteiro seja mantido dentro dos prazos preestabelecidos.

- **TS**: representa a data de conclusão ou a data de entrega final de acordo com o contrato.

- **Folga**: é medida do excesso de tempo ou recurso disponível para alcançar o evento. É resultante de **TL – TE**. Esse valor pode ser positivo, negativo ou igual a zero.

- **Folga positiva**: quando **TL > TE**, indica que a execução está adiantada, temos excesso de recursos de qualquer tipo.

- **Folga zero**: quando **TL = TE**, indica que a execução está exatamente dentro do prazo previsto.

- **Folga negativa**: quando **TL < TE**, indica que a execução está atrasada, temos falta de recursos de qualquer tipo.

- **Caminho crítico**: é aquele que apresenta entre seus eventos folga zero ou negativa. Sempre é determinado pelo caminho de menor folga. O caminho crítico é o que requer mais tempo entre o ponto de início e o fim do projeto. Qualquer evento que atrase no caminho crítico, provocará atraso na data de entrega do projeto.

- **Probabilidade**: de se atingir os objetivos nas datas preestabelecidas. É obtida pela fórmula:

$$Z = \frac{T_S - T_E}{\sqrt{\sum \sigma^2 T_E}}$$

(No numerador, basta subtrair o tempo esperado do evento (T_E) da data preestabelecida (T_S). No denominador, calcula-se a raiz quadrada da soma das variâncias de todas as atividades que foram utilizadas para obter o valor TE do evento. Esse valor pode ser positivo, negativo ou igual a zero e deve ser convertido de acordo com a tabela de valores de uma função de distribuição normal, conforme consta a seguir.)

TABELA 6.5

Valores complementares de Z.

Z	P_r	Z	P_r	Z	P_r	Z	P_r
0,0	0,5000	1,6	0,9452	− 0,0	0,5000	− 1,6	0,0548
0,1	0,5398	1,7	0,9554	− 0,1	0,4602	− 1,7	0,0446
0,2	0,5793	1,8	0,9641	− 0,2	0,4207	− 1,8	0,0359
0,3	0,6179	1,9	0,9713	− 0,3	0,3821	− 1,9	0,0287
0,4	0,6554	2,0	0,9772	− 0,4	0,3446	− 2,0	0,0228
0,5	0,6915	2,1	0,9821	− 0,5	0,3085	− 2,1	0,0179
0,6	0,7257	2,2	0,9861	− 0,6	0,2743	− 2,2	0,0139
0,7	0,7580	2,3	0,9893	− 0,7	0,2420	− 2,3	0,0107
0,8	0,7881	2,4	0,9918	− 0,8	0,2119	− 2,4	0,0082
0,9	0,8159	2,5	0,9938	− 0,9	0,1841	− 2,5	0,0062
1,0	0,8413	2,6	0,9953	− 1,0	0,1587	− 2,6	0,0047
1,1	0,8643	2,7	0,9965	− 1,1	0,1357	− 2,7	0,0030
1,2	0,8849	2,8	0,9974	− 1,2	0,1151	− 2,8	0,0026
1,3	0,9032	2,9	0,9981	− 1,3	0,0968	− 2,9	0,0019
1,4	0,9192	3,0	0,9987	− 1,4	0,0808	− 3,0	0,0013
1,5	0,9332			− 1,5	0,0668		

D. Aplicação

A aplicação de redes, em especial do tipo *PERT/CPM*, pode ser efetuada de forma fácil e rápida através de *softwares* disponíveis no mercado. Para tanto, deve-se saber antes:

- disponibilidade e custo operacional do equipamento;
- tamanho e complexidade da rede;
- frequência em que serão recalculados os prazos;
- forma de apresentação dos resultados calculados.

A grande vantagem apresentada pelo uso de computadores é que é possível efetuar a quantidade de simulações que se deseje de uma forma rápida e barata, sem que com isso aumentemos os custos do projeto.

A confecção de uma rede se baseia na própria rede de desenvolvimento de um projeto. Normalmente, usamos os gráficos de barras para demonstrar a importância e duração de certas atividades. Porém, o gráfico de barras não estabelece nem demonstra a dependência entre as atividades ou onde estão as folgas ao longo do projeto. Veja o Quadro 6.17 como exemplo disso.

QUADRO 6.17
Cronograma de atividades.

Atividade / Mês		1 Jan.	2 Mar.	3 Abr.	4 Jun.	5 Jul.	6 Set.	... n	n Dez.
Estudo Inicial	Prev.	▨							
	Real	▦	▦						
Levant. Dados	Prev.		▨						
	Real		▦	▦					
Invest. e Pesq.	Prev.		▨	▨					
	Real			▦	▦				
Análise Dados	Prev.				▨				
	Real					▦	▦		
Elab. Relatório	Prev.					▨	▨		
	Real						▦	▦	
Discussão Geral	Prev.							▨	
	Real								▦
Entrega Usuário	Prev.								▨
	Real								

Legenda: ▨ = Previsto   ▦ = Realizado

No momento em que se elaboram as linhas que compõem o PERT das atividades, pode-se ou não considerar o tempo em sua configuração gráfica. Assim:

- Sem considerar tempo na estrutura e colocado sobre a linha, conforme Figura 6.29.

FIGURA 6.29
Diagrama Pert sem considerar tempo.

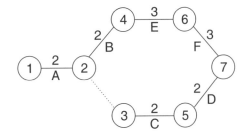

- Considerando tempo colocado fora da estrutura da rede, conforme Figura 6.30.

FIGURA 6.30
Diagrama Pert considerando tempo.

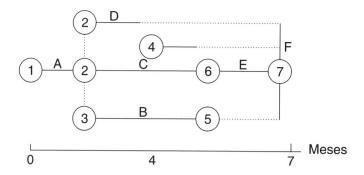

Para a elaboração da rede completa, deve-se levar em consideração sua estrutura, as estimativas e o cálculo dos tempos, com os seguintes cuidados:

- **Estrutura**: identificam-se cada uma e todas as atividades que compõem o projeto. A seguir, identificam-se as relações entre as atividades. Elas podem ser de quatro tipos:

    ⇒ *Atividade Simples*: é denominada de Atividade 1–2 ou apenas de 1–2 e sua configuração gráfica é conforme o modelo abaixo:

    ⇒ *Bifurcação*: é quando um evento não pode ocorrer até que várias atividades sejam completadas. No exemplo a seguir, o evento 4 não pode ocorrer até que a atividade 3–4 esteja completa e o evento 5 não pode correr até a finalização de 3–5 e de 4–5.

    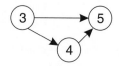

    No caso abaixo, a atividade 9–10 não pode ser iniciada até que estejam completadas as atividades 6–9, 7–9, e 8–9.

    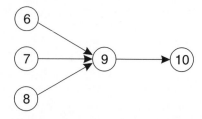

    ⇒ *Atividade fictícia*: também chamada de atividade simulada, ela indica que existem duas atividades de fato paralelas entre eventos, porém a atividade fictícia não consome tempo. Sua representação é feita com uma linha pontilhada, assim:

    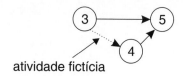
    atividade fictícia

A forma mais elementar de se elaborar uma rede é:

1. Elabore uma lista de todas as atividades necessárias.
2. Elabore a lista de antecedentes dos eventos.
3. Atribua a quantidade de tempo que cada evento consome.
4. Inicie a construção da rede pelo primeiro evento.
5. Acrescente atividades até o próximo evento.
6. Siga um por um os eventos até o final.
7. Terminando a rede, recomece a montagem no sentido inverso, considerando como base a data de entrega do projeto de acordo com o contrato.

Quando se constrói uma rede, devem ser levados em consideração os seguintes cuidados:

⇒ uma seta sempre indica uma atividade que consome recursos dos mais variados;

⇒ a conexão com as setas somente pode ser unívoca, ou seja, a um evento corresponde apenas outro evento;

⇒ se a correspondência for dupla, deve-se usar a atividade fictícia;

⇒ cada evento recebe um número próprio e exclusivo que identificará a atividade de forma única;

⇒ os eventos devem estar conectados pela respectiva atividade (seja fictícia ou não). Estas conexões podem ocorrer de várias formas conforme segue:

* *Atividade fictícia redundante*: se o evento 3 deve ser concluído antes do início da atividade 3–5 e se, por outro lado, 3–4 deve ser encerrada antes de iniciar 5–4, o evento 3 sempre ocorrerá antes do 4.

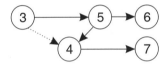

* *Simulações redundantes*: quando se trata de configuração lógica do tipo AND (um e outro). Não pode produzir uma saída até que todas as entradas ou atividades precedentes estejam concluídas.

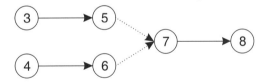

A forma correta da rede anterior, portanto, seria:

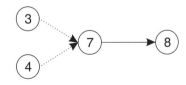

* *Ciclos fechados (loop's):* não possuem sentido lógico na estrutura de uma rede PERT, assim:

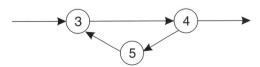

As atividades 3–4, 4–5 e 5–3 formam um ciclo fechado que é errado. Este ciclo significa que 3 deve ocorrer antes de 4; por sua vez 4 deve ocorrer antes de 5 e, este, finalmente, deve ocorrer antes de 3, o que é impossível.

O evento 4 aparece duas vezes, o que constitui um ciclo fechado e também é errado.

⇒ as setas indicam a direção esquerda–direita, mas pode-se usar o sentido inverso ou diferente desse para tornar mais compreensível a rede;

⇒ o comprimento das setas não possuem significado especial;

⇒ os caminhos seguidos pelas setas não podem chegar várias vezes ao mesmo evento, pois seria um *loop*;

⇒ se o projeto for muito extenso, separe redes secundárias descritivas em separado por evento de conexão;

⇒ evento de conexão é aquele que é comum a mais de uma rede;

⇒ atividade conectora é a que une duas ou mais redes;

⇒ a descrição da atividade deve aparecer sobre a própria seta. Deve ser curta, clara e exata;

⇒ o nível de detalhamento deve ser o adequado de acordo com:

* finalidade da rede: planejamento de tempo e/ou capacidade operacional e/ou mão de obra;
* necessidade de quem vai usar a rede: nível de detalhamento dentro e fora da empresa;
* tipo e natureza do projeto que está sendo planejado.

- **Estimativas**: elaboradas com base na lista de atividades, precedências e tempos já estruturada. Considerando-se todos esses cálculos e caso se deseje obter dados mais apurados, pode-se elaborar as tabelas de estimativas para os tempos pessimista, otimista e realista com base na fórmula de *te* já descrita anteriormente e que permite se calculem estatisticamente todas as outras medidas. Nestes casos, deve-se ter um cuidado especial no cálculo das estimativas de tempos, pois deles dependem todos os demais. Assim, devem estar baseados em:

* níveis de utilização de mão de obra;
* demais recursos empregados de qualquer tipo;
* níveis ou taxas de aplicação de recursos.

As estimativas de tempo devem ser feitas entre a equipe de profissionais envolvida no projeto e os profissionais mais familiarizados com as atividades individualmente contempladas na rede. A duração de uma determina atividade pode ser estimada de forma individual e totalmente independente das atividades precedentes e daquelas que antecede. Cada estimativa deve considerar todos os fatores conhecidos que afetem o término da atividade em condições normais. Neste momento, não devem ser incluídas tolerâncias ou fatores de segurança, pois a própria técnica já efetua essas previsões. Também proporciona a oportunidade de incluir aumentos na duração total do projeto, o que permite dar a tolerância desejada e o fator de segurança adequado a qualquer atividade. O produto final desta etapa é uma rede que contém todas as relações existentes entre todas as atividades e eventos e suas durações individuais.

- **Cálculo de tempos**: visa estabelecer a duração total do projeto. Devem ser desenvolvidos na seguinte ordem:

1. Calcular o tempo mais cedo em que pode ocorrer cada evento da rede, que determinará a duração mínima total do projeto.

2. Calcular o tempo mais tarde em que pode ocorrer cada evento da rede, que determinará quais cadeias de eventos são importantes para a duração mínima do projeto.

3. Calcular em quanto tempo o início de cada atividade pode ser atrasado (ou quanto se pode aumentar a duração da atividade) sem que se aumente a duração total do projeto.

As siglas que serão usadas e suas definições são as seguintes:

TE = tempo mais cedo que provavelmente um evento vai ocorrer.

TL = tempo mais tarde que provavelmente um evento vai ocorrer sem atrasar o final do projeto.

d = duração da atividade, quantidade de tempo necessária para sua realização.

CI = tempo mais cedo em que é possível iniciar uma atividade; é igual ao **TE** do evento inicial dessa atividade.

TI = tempo mais tarde em que é possível iniciar uma atividade sem atrasar a duração total do projeto; é igual à soma do **d** da atividade com o **TL** do evento seguinte.

CT = tempo mais cedo de término de uma atividade; é igual ao **CI** da atividade mais o **d** da atividade.

TT = tempo mais tarde de término de uma atividade sem atrasar a duração total do projeto; é igual ao **TL** do evento final dessa atividade.

(**TE** e **TL** se referem aos eventos, enquanto que **CI**, **TI**, **CT**, **TT** se referem às atividades.)

O objetivo do cálculo dos tempos mais cedo em que pode ocorrer cada evento é o de estabelecer a duração mínima total do projeto. Isto pressupõe começar pelo primeiro evento e avançar um a um até o último, calculando o **CE** de cada um dos eventos intermediários. O tempo mais cedo para o começo do evento inicial é tomado convencionalmente como sendo sempre igual a zero (Ø). As regras básicas para esse cálculo são:

⇒ Se um evento é o fim de uma única atividade, o **TE** desse evento é igual à soma do **TE** anterior com o **d** da atividade que lhe dá origem.

⇒ Se no evento terminam várias atividades, devem ser determinados todos os **TE's** individualmente de cada atividade e toma-se o maior deles que tenha sido obtido.

⇒ À medida que se calculam os **TE's**, devem ir sendo colocados na rede, de preferência, o mais perto possível do evento a que se refere.

O objetivo do cálculo dos tempos mais tarde em que pode ocorrer um evento é o de estabelecer quais cadeias de atividades determinam a duração ou demora mínima de um projeto. Este aspecto faz com que se inicie pelo último evento do projeto e se retroceda diminuindo um por um, cada evento, até chegar novamente ao inicial, calculando o **TL** de cada evento. As regras básicas para esse cálculo são:

⇒ Tomar como **TL** do evento final seu próprio **TE** calculado anteriormente; no caso de existir o contrato que estabeleça uma data de entrega do projeto, pode-se tomar essa como base, embora não seja a melhor alternativa por reduzir a flexibilidade nos cálculos.

⇒ Se um evento é o início de uma única atividade, seu **TL** é encontrado subtraindo-se sua duração do **TL** do evento final.

⇒ Se um evento é o início de uma série de atividades, deve-se primeiro calcular individualmente o **TL** em cada um e escolhe-se o tempo menor.

⇒ À medida que se calculam os **TL's**, devem ir sendo colocados na rede, de preferência, o mais próximo possível do evento ao qual se refere.

Com estes dois valores é que se define o caminho crítico do projeto, ou seja, onde a folga existente seja nula ou um valor negativo. A folga será nula em **TL = TE** e seu valor será negativo quando **TL < TE**. Todas as atividades que não fizerem parte deste caminho crítico poderão ter suas estimativas ampliadas sem prejuízo do projeto. Existem quatro tipos de folgas, a saber:

⇒ Folga Total ou **FT**: é o excesso de tempo que pode ser concedido supondo-se que o evento inicial ocorra o mais cedo possível e o evento final o mais tarde possível. Ou seja:

$$FT = TL_n - TE_i = d_{i-n}$$

onde i e n representam os números dos eventos inicial e final, respectivamente.

⇒ Folga Livre ou **FL**: é o excesso de tempo que pode ser concedido supondo-se que ambos, evento inicial e evento final, iniciem o mais cedo possível. Ou seja:

$$FL = TL_n - TE_i - d$$

⇒ Folga de Interferência ou **FN**: é a diferença entre a folga total e a folga livre. Ou seja:

$$FN = FT - FL$$

⇒ Folga Independente ou **FD**: é o excesso de tempo que pode ser concedido considerando que o evento inicial ocorra o mais tarde possível e o evento final o mais cedo possível. Ou seja:

$$FD = TE_n - TL_i - d$$

Com tudo isto, as relações entre as folgas são:

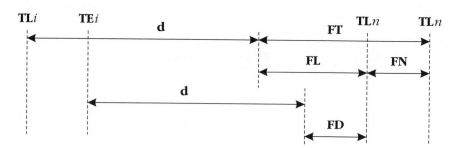

Mesmo no caso de a folga aparecer no final de uma atividade, ela poderá ser empregada tanto no início, meio ou fim da atividade, seja para prolongar seu tempo, retardar o início ou qualquer combinação de ambas.

Por sua vez, as atividades críticas não apresentam folga e constituem as atividades que compõem o(s) caminho(s) críticos(s) de um projeto.

- **Extensões**: um dos fatores mais importantes na técnica de construção de redes é que os princípios básicos descritos são passíveis de inúmera extensões ou inclusão de novas informações, por exemplo:
  * Planejamento de capacidade: determinando a capacidade operacional produtiva de máquinas, mão de obra e demais recursos que sejam necessários.

* Planejamento de uso: equilibrando o uso dos recursos com a capacidade da forma mais eficaz possível.

* Estimativas financeiras e cálculo de custos.

- **Acompanhamento**: deve possibilitar a existência de informações sobre a evolução do projeto no tempo e local oportunos para que possa ser possível um novo planejamento e controle, caso seja necessário. Nestes casos, deve-se ter os seguintes cuidados:

  * Divulgar as datas de finalização das principais atividades, em especial as que se desviem do planejado.

  * Revisar a duração das atividades à medida que se dispõem de informações mais concretas.

  * Recalcular os dados básicos sempre que uma data seja alterada ou uma atividade seja concluída.

  * Determinar o novo caminho crítico e as novas folgas que tenham surgido.

  * Determinar novamente a data mais provável de finalização do projeto.

- **Atualização**: a ferramenta propicia um acompanhamento contínuo dos dados do projeto e oferece a oportunidade de um controle efetivo sobre o desenvolvimento do projeto. Classificando de diferentes formas a informação recebida, a coordenação ou direção do projeto pode claramente determinar qual o nível de evolução dos trabalhos, quais atividades provocaram atrasos, quais atividades foram aceleradas, onde se deve tomar cuidado com atrasos, qual ou quais são as possíveis datas de encerramento do projeto, e tantas outras informações necessárias à coordenação e controle de projetos. Com isto é possível tomar decisões mais fundamentadas sobre as mudanças possíveis e necessárias e simultaneamente facilitar o processo de replanejamento.

- **Simulação**: como resultante deste processo se obtém novas decisões sobre programas, planos, custos ou qualquer combinação destes elementos. A técnica de rede *PERT/CPM* permite que se verifiquem quais serão os resultados provenientes dessas novas medidas adotadas e em caso de não aceitação, pode-se testar outra, sem que com esse processo tenha-se modificado a realidade. O desenvolvimento do projeto, seja ele qual for, não permite que se experimente na prática; no entanto, com a rede pode-se verificar o que aconteceria no caso de novas inclusões, eliminações, trocas e mudanças, chegando-se através da simulação à melhor alternativa possível.

Vantagens   Além das relacionadas à própria ferramenta, podem ainda ser apontadas as seguintes:

ajuda no processo de planejamento de qualquer tipo de projeto, em especial quando se conhecem todas as atividades envolvidas em sua execução;

passível de ser empregado através do processamento eletrônico de dados, acelerando a elaboração global;

identificação clara das relações de interdependência entre as várias atividades que compõem um projeto;

flexibilidade para permitir alterações, modificações, adaptações de acordo com a situação do projeto;

simulações que permitem verificar, avaliar e redefinir ações em função das repercussões de mudanças incorporadas ao projeto;

definição clara das atividades críticas de qualquer projeto e que devem receber atenção especial por parte da coordenação do projeto.

Desvantagens Elas acabam sendo decorrentes do desconhecimento da ferramenta muito mais do que de sua aplicação, e podem ser relacionadas como sendo:

dificuldade em estabelecer três estimativas de tempo com métodos científicos;

adição ou subtração provenientes de reduções gerenciais aleatórias que acabam prejudicando o projeto como um todo;

eventual aumento dos custos quando equipamento e aplica-tivos são adquiridos especialmente para este tipo de trabalho;

retardo no processo de acompanhamento por qualquer motivo independente do projeto, o que provoca descrença da aplicabilidade da ferramenta;

provoca erros fatais no projeto quando uma atividade é esquecida ou desconhecida dos profissionais que elaboram a rede;

erros de leitura ou interpretação por falta de padronização na nomenclatura empregada na elaboração da rede;

esquecimento, por parte do coordenador do projeto, de que o *PERT/CPM* não toma decisões, apenas indica o que irá acontecer se determinada ação for efetuada.

- **Exemplo**: para maior esclarecimento da ferramenta, será desenvolvido um projeto completo. Os dados a seguir descritos pertencem ao mais famoso exemplo de aplicação da rede PERT, o da construção de uma casa. Foi apresentado originalmente por F. K. Levy, G. L. Thompson e J. D. Wiest na *Harvard Business Review*, em 1963.

1. Elaborar lista de atividades para a construção de uma casa:

Tarefa	Descrição	Tarefa	Descrição
a	início	m	instalar equipamento da cozinha
b	escavar e concretar sapatas	n	instalar a tubulação adicional
c	concretar a fundação	o	terminar carpintaria
d	levantar estrutura de madeira, inclusive a base do telhado	p	terminar o telhado
e	assentar a alvenaria	q	instalar calhas e canais
f	instalar esgoto e tubulação do subsolo	r	colocar calhas para águas de chuva
g	concretar o piso do subsolo	s	raspar e encerar o piso
h	instalar a canalização principal	t	pintar
i	instalar a rede elétrica geral	u	terminar a instalação elétrica
j	instalar aquecimento e ventilação	v	terminar nivelamento do terreno
k	pregar as tábuas de revestimento e emboçar	w	concretar as calçadas e completar o ajardinamento
l	assentar piso	z	terminar

2. Elaborar lista de precedência com tempos de execução.

Nome da Tarefa	Descrição da Tarefa	Antecessores Imediatos	Tempo (em dias)
a	início	–	0
b	escavar e concretar sapatas	a	4
c	concretar a fundação	b	2
d	levantar estrutura de madeira, inclusive a base do telhado	c	4
e	assentar a alvenaria	d	6
f	instalar esgoto e tubulação do subsolo	c	1
g	concretar o piso do subsolo	f	2
h	instalar a canalização principal	f	3
i	instalar a rede elétrica geral	d	2
j	instalar aquecimento e ventilação	d, g	4
k	pregar as tábuas de revestimento e emboçar	i, j, h	10
l	assentar piso	k	3
m	instalar equipamento da cozinha	l	1
n	instalar a tubulação adicional	l	2
o	terminar carpintaria	l	3
p	terminar o telhado	e	2
q	instalar calhas e canais	p	1
r	colocar calhas para águas de chuva	c	1
s	raspar e encerar o piso	o, t	2
t	pintar	m, n	3
u	terminar a instalação elétrica	t	1
v	terminar nivelamento do terreno	q, r	2
w	concretar as calçadas e completar o ajardinamento	v	5
x	terminar	s, u, w	0

3. Elaborar Diagrama de Rede Base:

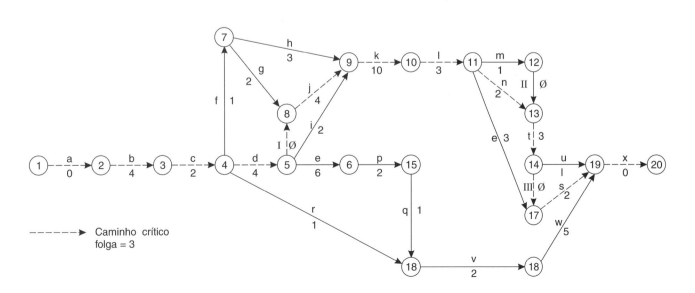

4. Calcular os tempos de início e fim:

Ordem	Atividade	Duração	Início		Fim		Folga	Detalhe Caminho Crítico
			Mais cedo	Mais tarde	Mais cedo	Mais tarde		
1 – 2	a	0	0	3	0	3	3	*
2 – 3	b	4	0	3	4	7	3	*
3 – 4	c	2	4	7	6	9	3	*
4 – 5	d	4	6	9	10	13	3	*
5 – 6	e	6	10	21	16	27	11	
4 – 7	f	1	6	10	7	11	4	
7 – 8	g	2	7	11	9	13	4	
7 – 9	h	3	7	14	10	17	7	
5 – 9	i	2	10	15	12	17	5	
5 – 8	Fictícia I	0	10	13	10	13	3	*
8 – 9	j	4	10	13	14	17	3	*
9 – 10	k	10	14	17	24	27	3	*
10 – 11	i	3	24	27	27	30	3	*
11 – 12	m	1	27	31	28	32	4	
12 – 13	Fictícia II	0	28	32	28	32	4	
11 – 13	n	2	27	30	29	32	3	*
11 – 17	o	3	27	32	30	35	5	
6 – 15	p	2	16	27	18	29	11	
15 – 16	q	1	18	29	19	30	11	
4 – 16	r	1	6	29	7	30	23	
14 – 17	Fictícia III	0	32	35	32	35	3	*
17 – 19	s	2	32	35	34	37	3	*
13 – 14	t	3	29	32	32	35	3	*
14 – 19	u	1	32	36	33	37	4	
16 – 18	v	2	19	30	21	32	11	
18 – 19	w	5	21	32	26	37	11	
19 – 20	x	0	34	37	34	37	3	*

5. Diagrama da rede PERT com caminho crítico:

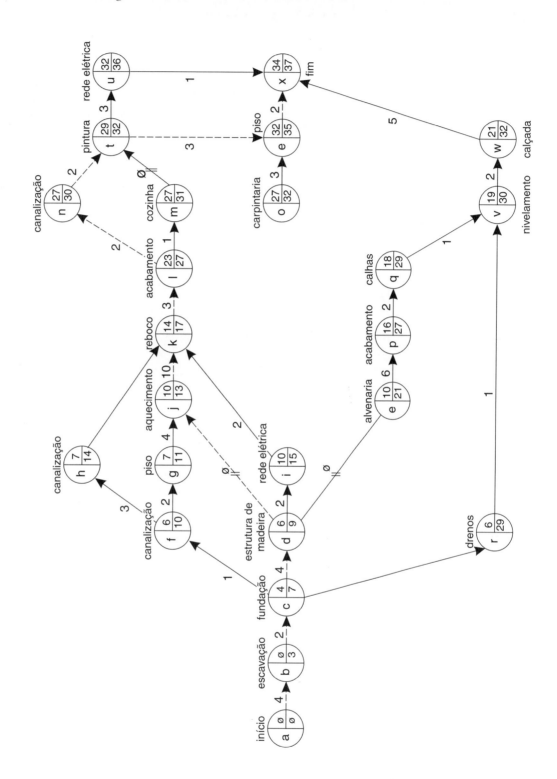

6.3.2 Tabela de decisão

A. Objetivo

- Definir a participação de cada uma das variáveis que intervêm na definição da solução de um problema.
- Estabelecer as decisões alternativas para cada uma das possíveis combinações entre as variáveis.
- Elaborar um instrumento de análise e documentação para problemas isolados.
- Oferecer uma forma de tabular relações lógicas com as respectivas condições e as ações correspondentes a cada um dos casos, visando facilitar e simplificar a manipulação dos dados disponíveis.

B. Definição

- Ferramenta gráfica que separa as condições dependentes e independentes e determina as ações que serão tomadas em cada uma das combinações alternativas existentes.

C. Descrição

As tabelas e árvores de decisões não são coisas recentes ou novas, na realidade, todos nós já usamos de uma forma ou de outra uma dessas duas alternativas em algumas tomadas de decisões de nosso cotidiano. Tabelas de voos, tabelas de cálculo de juros, tabelas de descontos, tabelas de lançamentos contábeis são, na realidade, exemplos simples da tabela de decisão ou da árvore de decisão, como também são chamadas.

Apesar de tudo isso, até os anos 70, seu uso era muito restrito. Sua proliferação se deve à análise e à programação estruturada, pois, a partir do momento em que ambas eram desconhecidas para o usuário, a tabela e a árvore de decisão ajudavam consideravelmente o trabalho de programação.

Todos nós entendemos uma lista de preços e descontos em função da forma de pagamento. Este é o princípio básico de construção de uma tabela ou árvore de decisão.

A tabela de decisão (como ambas, tabela e árvore, serão denominadas ao longo deste texto) é importante quando se devem considerar, simultaneamente, uma quantidade de fatores, onde cada um deles varia independente dos demais, tanto na categoria como na quantidade em um universo finito de alternativas e valores. Desta maneira, a tabela demonstra todas as alternativas possíveis dos fatores em cada um dos casos. Isto elimina a possibilidade de se esquecer alguma alternativa que poderia ser fatal para o sistema (como no caso anterior da rede *PERT/CPM*).

Matematicamente falando, se há n fatores variáveis em f_1, f_2, ..., f_n; e se f_1 tem m_1 como valor; f_2, m_2; ...; f_n, m_n valor; o número total de regras é:

$$m \times m_2 \times \ldots \times m_n \quad \text{ou na fórmula abreviada} \quad \prod_{i=1}^{i=n} m_i$$

Em sua construção, a tabela de decisões sempre apresenta quatro blocos básicos de informações, assim:

BLOCO 1	BLOCO 2
Indica as **condições**	Entrada das condições possíveis
Responde à pergunta:	Responde à pergunta:
Quais são as condições existentes?	Quais são os **valores** da condição?
BLOCO 3	**BLOCO 4**
Indica ações e relações possíveis	Entrada das ações
Responde à pergunta:	Responde à pergunta:
Qual ação a se tomar se satisfeita a condição?	Qual o **valor da ação** correspondente ?

Todas as tabelas de decisão tomam como base essas quatro divisões apenas, podendo ser possível descrever qualquer tipo de relação entre variáveis e ações a serem tomadas.

Quando $\prod_{i=1}^{i=n} m_i \leq 50$, a tabela é de fácil construção e de uso rápido e fácil. Acima desse valor, é interessante que se levante a hipótese de se usar outra ferramenta, por exemplo diagrama de blocos ou fluxogramas.

Com relação às entradas, as tabelas podem ser classificadas em:

- *Qualitativas*: quando as respostas são do tipo *sim* ou *não*.
- *Quantitativas*: quando as respostas assumem valores numéricos e não usam afirmações ou negações.
- *Mistas*: quando as respostas podem assumir tanto valores quanto afirmações ou negações.

Se o conjunto de operações é complexo, pode-se usar o artifício de desdobrar uma tabela em várias que serão usadas de forma conjugada, neste caso, deve-se ter o cuidado de incluir a entrada da ação *ir para a tabela complementar*.

Em especial, deve-se mencionar que as tabelas de decisões constituem um poderoso instrumento para a representação de procedimentos complexos, mais ainda quando é preparada especialmente visando à programação. Nestes casos, ela especifica de forma clara todas as necessidades do programa, havendo, inclusive, linguagens de programação que, através de pré-processadores, convertem a tabela numa série de declarações em linguagem original, aceitas pelo compilador que está sendo usado.

D. Aplicação

Para a confecção de uma tabela em formato básico, conforme especificado anteriormente, devem ser definidas as seguintes informações:

- **Cabeçalho**: contém todas as informações necessárias para a perfeita e imediata identificação da tabela de decisão.
- **Lista de condições**: relaciona todas as variáveis ou condições que podem ocorrer no problema em questão ou na situação específica da decisão que deve ser tomada.

- **Entrada das condições**: indica na respectiva coluna cada uma das entradas das combinações possíveis daquelas condições aplicáveis ao caso.

- **Lista de ações**: relaciona as ações que devem ser adotadas quando estiverem satisfeitas as condições de cada regra.

- **Entrada de ações**: especifica as ações que devem ser realizadas em consequência do atendimento das condições fixadas em cada regra.

Uma vez construída a tabela, é importante que se saiba como ela deve ser usada. De nada adiantará que se elabore a tabela de decisão se não soubermos utiliza-la; deve-se portanto considerar em sua aplicação os seguintes itens:

- **Acerto**: inicia-se com o recebimento da informação referente ao valor de cada condição num determinado caso. Observando as regras, da esquerda para a direita, compara-se a informação de entrada com o conteúdo de cada coluna, até que se encontre uma que corresponda exatamente ao valor da informação de entrada. Se a tabela estiver correta, para cada entrada existirá uma e apenas uma coincidência que se pode denominar *acerto* (na terminologia original é *hit* = sucesso). Segue-se, então, verticalmente, no sentido descendente, até a área ou quadrante de entrada de ações, onde será encontrada a ação adequada ao caso.

- **Resultado** e **continuação**: para cada ação possível, pode ser proposta e apresentada uma fila separada e individual; isto teria a finalidade de forçar uma abordagem binária, própria para a programação. Neste caso, a primeira consulta seria o resultado e todas as outras a continuação. Para que este desdobramento seja possível, é necessário o conhecimento completo da estrutura do sistema.

- **Ordem das entradas**: uma vez que, para satisfazer uma regra, devem ser satisfeitas todas as condições relevantes ao mesmo tempo, a ordem de aparecimento das condições não apresenta importância relevante. No entanto, deve-se observar a ordem das entradas na coluna de ações, pois, normalmente, essa ordem é importante. Neste caso, o resultado deve vir em primeiro lugar; como para cada regra se produz um único resultado, basta colocar todos os resultados na coluna de ações (feito antes de se colocar as continuações que existirem). Após isto, devem ser colocadas as respectivas continuações. Se as continuações não respeitarem a mesma ordem, podem ser usadas duas formas alternativas: entradas repetidas ou entradas em sequência.

- **Entradas repetidas**: podem ser colocadas mais de uma vez, de tal forma que se possa selecionar de maneira concorrente que dará a ordem cronológica de realização das entradas de ação.

- **Entradas em sequência**: as entradas das ações podem ser colocadas com um X ou podem ser utilizados números (por exemplo, *1, 2, 3* etc.) ou podem também ser descritas. Estes recursos não invalidam a natureza binária do processo, tanto a segunda como a terceira alternativa representam também uma série de X.

- **Condições**: define os valores a cada um dos fatores em cada regra determinada; podem ser: sim; não; uma quantificação; ou não significativa. Neste último caso, deve-se completar o espaço com algum sinal gráfico (por exemplo, um traço) indicando que, naquela determinada regra, o valor da condição não apresenta importância. Isso indica também que elas não ficaram em branco por esquecimento, mas seu conteúdo carece de importância, ou então, que uma dada condição em particular não se aplica a regra em questão. Por outro lado, quando a programação for feita com base nas tabelas de decisão, pode ser preferível atribuir um valor (seja quantitativo ou qualitativo) a esses casos para que, no final da programação, se obtenha um fluxo lógico completo e uniforme para todas as regras possíveis.

- **Programação**: cada uma das entradas na coluna de ações é uma afirmação que contém um verbo e seu complemento, denominados de *imperativo*, *alvo* ou *objetivo*. Na transferência dos dados, usa-se *get* e *put*. Para direcionar a ação, usa-se *go to* e deve ser o último imperativo de qualquer regra. Para indicar o uso de outra tabela, seguido de retorno à mesma tabela anterior para o prosseguimento com a ação seguinte na mesma regra, usa-se *do*.

Apesar de todas as explicações que compreendem a teoria da aplicação de tabelas de decisão, a prática acaba produzindo algumas modificações especialmente voltadas para nossa própria necessidade e caso específico. Algumas dessas variações podem ser descritas da seguinte forma:

- Algumas vezes, é preferível condensar várias tabelas em uma única, bastando para isso acrescentar na coluna de condições apenas uma linha a mais. Porém, não se deve esquecer que nestes casos haverá mais de um resultado nas entradas das ações.

- Quando uma tabela de decisão é puramente binária em todos os seus itens, ela é chamada de *entrada limitada*. Isso é difícil de ocorrer; na prática, cada entrada leva consigo uma série de informações adicionais e, portanto, se trabalha com *entrada ampliada*. Nesse caso, transfere-se uma parte da condição ou da ação ao correspondente quadrante da entrada. Vale ressaltar que este artifício só tem sentido se simplificar o conjunto total.

- Outra forma de entrada ampliada é quando se usa a resposta ternária (e não binária). Aqui, devem ser usadas potências de 3 nos fatores; portanto, não serão quadrantes, mas terços, sextos, nonos etc.

- Esta última forma é normalmente utilizada quando se trabalha com duas ou mais condições e cada uma delas assume muitos valores. Nestes casos, o trabalho é extenso e cansativo, é preferível recorrer à padronização estabelecida pelas *Tabelas Normalizadas de Grossman*.

- Para efeito de construção da tabela, todas as combinações possíveis são vistas com a mesma importância. No entanto, sabemos que, na prática, algumas alternativas nunca ocorrem enquanto que outras são a regra. Assim, para que a programação não perca tempo com essas exceções, é aconselhável que se inclua uma linha que especifique o percentual de ocorrência ou de uso de cada regra. No momento da programação, aquelas que forem mais representativas receberão mais cuidados e atenção.

Vantagens   As mais importantes são apontadas a seguir:

a listagem de condições é feita através de método simples e evidente que não exige o pensamento analítico e que devido a sua forma é autocomprovável;

pode ser eliminado o risco de esquecimento, ausência ou redundância de regras, já que é conhecido de antemão a quantidade total;

a coluna de regras apresenta o conjunto completo dos valores possíveis, facilita o preenchimento de ações possíveis e dificulta e inviabiliza o esquecimento;

proporciona o desenvolvimento de soluções exatas para problemas complexos, onde devem ser determinados valores para muitas variáveis, antes de pôr em prática uma ação que se deseja atinja os resultados esperados.

Desvantagens   Sua grande desvantagem (e realmente a única) é o atual desconhecimento entre os profissionais da área. Poucos analistas, ou mesmo engenheiros de sistemas, possuem um mínimo de conhecimento ou experiência no uso de tabelas que permita sua utilização no desenvolvimento de projetos de sistemas.

- **Exemplo**: para maior esclarecimento da ferramenta, será desenvolvido um problema com cada uma das alternativas.

    1. Um auditório possui dois tipos de ingressos: os da plateia e os da frisa. De acordo com a demanda de ingressos, existem cinco alternativas possíveis: apenas plateia; apenas frisas; de preferência plateia; de preferência frisa; qualquer uma serve. No que diz respeito à disponibilidade de ingressos, as alternativas possíveis são: ambas disponíveis; somente plateia disponível; somente frisa disponível; não há ingressos disponíveis.

ÁRVORE DE DECISÃO

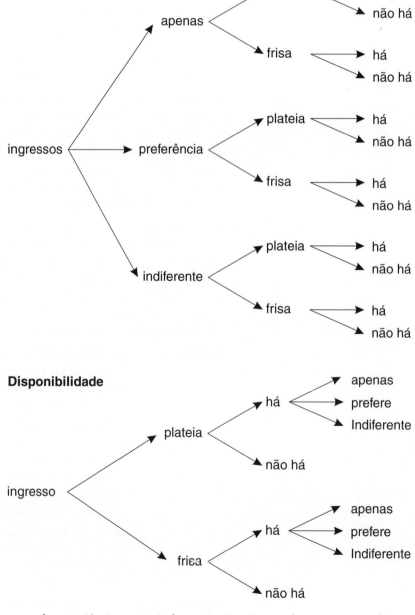

Portanto, com duas variáveis, assumindo a primeira cinco valores e a segunda quatro valores, se terá uma tabela de decisões com: 5 × 4 = 20 regras.

TABELA DE DECISÃO

1. Condições

Legenda	Demanda	Disponibilidade	Ações
P	apenas plateia	apenas plateia	vender plateia
F	apenas frisa	apenas frisa	vender frisa
PP	prefere plateia	—	—
PF	prefere frisa	—	—
Q	qualquer uma	ambas	—
N	—	não há ingressos	informar que não há ingressos
D	—	—	diminuir venda do total plateia
I	—	—	diminuir venda do total frisa
S	—	—	pode ser outro dia?

2. Regras

REGRAS																				
C	1	2	3	4	5	6	7	8	9	10	11	12	13	14	15	16	17	18	19	20
DE	P	P	P	P	F	F	F	F	PP	PP	PP	PP	PF	PF	PF	PF	Q	Q	Q	Q
DI	Q	P	F	N	Q	P	F	N	Q	P	F	N	Q	P	F	N	Q	P	F	N

Legenda: C=condições; DE=demanda; DI=disponibilidade; A=ações.

AÇÕES																				
A	1	2	3	4	5	6	7	8	9	10	11	12	13	14	15	16	17	18	19	20
1	P	P	N	N	F	N	F	N	P	P	F	N	F	P	F	N	P	P	F	N
2	D	D	S	S	I	S	I	S	D	D	I	S	I	D	I	I	D	D	I	S

Obs.: Regra 17: a frisa gera lucro maior que a plateia.

3. Tabela de venda de ingressos

CONDIÇÕES		REGRAS																			
		1	2	3	4	5	6	7	8	9	10	11	12	13	14	15	16	17	18	19	20
Demanda	PP	S	S	S	SI	NI	NI	NI	NI	S	S	SI	SI	NI	NI	NI	NI	NI	NI	NI	NI
	PF	NI	NI	NI	NI	S	S	S	SI	NI	NI	NI	NI	S	SI	S	SI	N	NI	NI	NI
	Q	NI	NI	N	NI	NI	N	NI	NI	SI	SI	S	SI	SI	S	SI	SI	S	S	S	SI
Disponibilidade	P	S	S	N	N	SI	SI	NI	N	S	S	N	N	SI	S	NI	N	S	S	N	N
	F	SI	NI	SI	N	S	N	S	N	SI	NI	S	N	S	N	S	N	SI	N	S	N
AÇÕES																					
Vender plateia	P	S	S	N	N	N	N	N	N	S	S	N	N	N	S	N	N	S	S	N	N
Vender frisa	F	N	N	N	N	S	N	S	N	N	N	S	N	S	N	S	N	N	N	S	N
Diminuir venda	D	S	S	N	N	N	N	S	N	S	S	N	N	N	S	N	N	S	S	N	N
Diminuir venda	I	N	N	N	N	S	N	N	N	N	N	S	N	S	N	S	N	N	N	S	N
Não há	N	N	N	S	S	N	S	N	S	N	N	N	S	N	N	N	S	N	N	N	S
Outro dia	S	N	N	S	S	N	S	N	S	N	N	N	S	N	N	N	S	N	N	N	S
Equivalente			1					5	4	1	1		4	5		5	4		14	11	4

Legenda:

Símbolo	Condições	Ações
S	SIM	SIM
N	NÃO	NÃO
SI	SIM, SEM IMPORTÂNCIA	—
NI	NÃO, SEM IMPORTÂNCIA	—

4. Conjunto significativo selecionado

CONDIÇÕES		REGRAS							
		1	3	4	5	6	11	14	17
Demanda	PP	S	S	—	—	—	—	—	—
	PF	—	—	—	S	S	—	N	—
	Q	—	N	—	N	—	S	S	S
Disponibilidade	P	S	N	N	—	—	N	S	S
	F	—	—	N	N	S	S	—	N
AÇÕES									
Vender plateia	P	S	N	N	N	N	N	S	S
Vender frisa	F	N	N	N	N	S	S	N	N
Diminuir venda	D	S	N	N	N	N	N	S	S
Diminuir venda	I	N	N	N	N	S	S	N	N
Não há	N	N	S	S	S	N	N	N	N
Outro dia	S	N	S	S	S	N	N	N	N

Legenda: Condições: S = sim
                             N = não
                             — = sem importância

          Ações: S = sim
                             N = não

6.4 Técnicas de documentação

Independente do tipo, objetivo, finalidade, premissas da documentação que seja produzida no instante do desenvolvimento de um sistema de informações, alguns cuidados devem ser tomados no momento de sua elaboração.

O que se observa, na prática, é a proliferação desenfreada de papéis, relatórios, formulários que muitas vezes mais prejudicam do que ajudam no desenvolvimento do sistema.

A equipe de desenvolvimento e a coordenação do projeto devem ter a consciência de que as técnicas de documentação, adequadamente empregadas, servem para auxiliar o trabalho dos profissionais envolvidos, registrar os atos e fatos que ocorrem durante o processo de criação e manter um processo histórico da evolução dos trabalhos e dos problemas enfrentados por todos os profissionais envolvidos em qualquer uma das fases ou etapas de um sistema de informações.

Normas, regras e padrões são necessários para que todos saibam onde procurar uma determinada informação. No entanto, o bom-senso indica que as normas não devem constituir uma camisa de força que não permita adaptações às circunstâncias inerentes ao projeto que se desenvolve.

Todas as técnicas alternativas de documentação estão aqui descritas. Cabe aos analistas, aos coordenadores definirem quais tipos de documentos melhor se adaptam à realidade do sistema de informações que está sendo desenvolvido. Dessa escolha resultará uma documentação que, efetivamente, cumpra seu objetivo principal: registrar e padronizar as ações da equipe de desenvolvimento no momento de criação de um sistema, seja ele qual for.

6.4.1 Construção de diagramas

A. Objetivo

- Dar expressão visual a uma rede de relações, mais ou menos complexa, de tal forma que se possa entender e manipular mais claramente essas relações.
- Identificar, descrever e facilitar o estudo e a análise do trabalho que é desenvolvido por uma área, um setor, um funcionário, uma empresa, ou apenas uma rotina.

B. Definição

- É um desenho convencional onde os elementos e os conceitos são representados por meio de símbolos, padronizados ou não, e as relações, em geral, por linhas de conexão.

C. Descrição

- A construção de diagramas, para a engenharia de sistemas, é uma das ferramentas mais importantes para seu desenvolvimento, em qualquer uma de suas fases ou etapas.
- É um instrumento que, quando conhecido e dominado, auxilia o trabalho de análise e descrição tanto das tarefas, individualmente, como do sistema inteiro.

D. Aplicação

- Esta técnica pode ser aplicada em todas e em qualquer uma das etapas, fases, passos de desenvolvimento do sistema, desde o início da Direção do Projeto (2) até a Avaliação e Manutenção do Sistema (5.4).
- Devido às características peculiares de cada uma das técnicas de diagramação, elas serão apresentadas individualmente, com sua respectiva descrição, simbologia, elaboração, vantagens e desvantagens de sua aplicação e utilização.

6.4.1.1 Harmonograma

A. Descrição

Tem como objetivo básico descrever um fluxo operacional, considerando:

- as tarefas que são executadas;
- as áreas envolvidas na tarefa;
- quem são os executores;
- os equipamentos que são empregados;
- as distâncias entre os órgãos envolvidos;
- os tempos associados em cada operação;

- as quantidades manipuladas no período em análise

B. Simbologia

Sendo um instrumento de descrição de fluxo, apresenta a vantagem de descrever o trabalho de pessoas, uso de equipamentos ou objetos na produção e, especificamente, para descrição de operações.

Nas Figuras 6.31, 6.32 e 6.33 encontram-se os símbolos usados e seus respectivos significados para a construção do harmonograma.

FIGURA 6.31

Harmonograma – aplicações para pessoas.

Símbolo	Significado	Símbolo	Significado
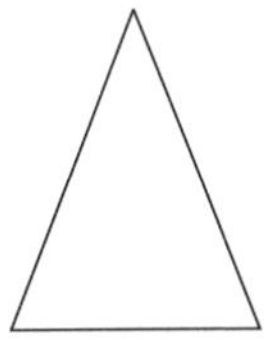	Funcionário Administrativo		Operário especializado
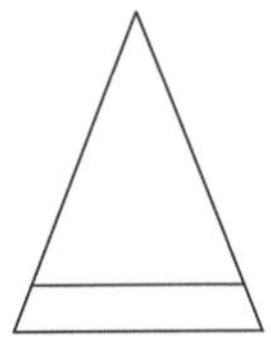	Chefe Administrativo	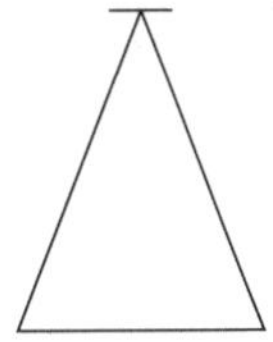	Funcionário especializado técnico
	Operário braçal e não qualificado	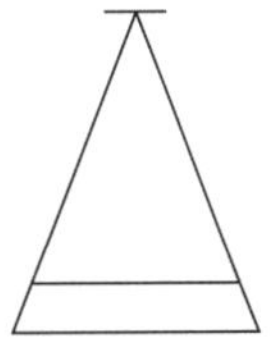	Chefe especializado técnico

FIGURA 6.32

Harmonograma –
aplicações em objetos
e produção.

Símbolo	Significado	Símbolo	Significado
 ▽	Funcionário Administrativo	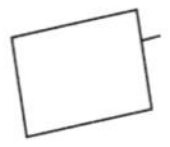	Ferramenta
 ▽	Matéria Semimanu-faturada	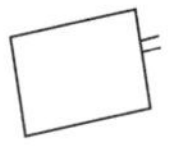	Máquina
 ▽	Produto manufaturado		Caixa receptáculo
 ▽	Produto de manutenção (combustível, lubrificantes)		Meio de transporte
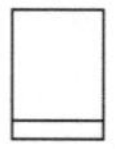	Documento escrito (indicar nº da cópia)	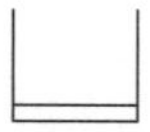	Estante ou armário
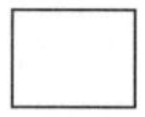	Ficha do sistema vertical		Fichário ou arquivo
 ∪	Pasta ou capa	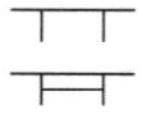	Mesa ou escrivaninha
 ∪	Classificador		Balança ou aparelho de conferir
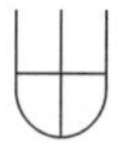 ∪	Livro para folhas soltas		Aparelhos de transmissão
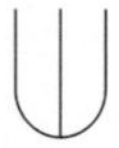 ∪	Livro encadernado		Escrever

FIGURA 6.33

Harmonograma – aplicações em operações.

Símbolo	Significado	Símbolo	Significado
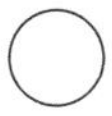 ○	Ação genérica	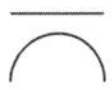	Anotar, copiar
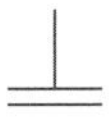	Arquivar temporariamente, guardar, reter		Ler, estudar, preencher
	Arquivar definitivamente, guardar	 →	Agir pessoalmente
	Conferir, controlar	 (	Assinar ou despachar
	Carimbar, numerar, selar	)	Falar, dar ordens
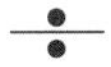	Contar, calcular	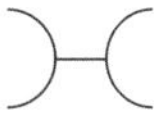)(	Juntar
 ×	Inutilizar		Separar, remeter, entregar
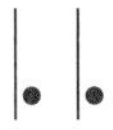	Coordenar, grupar, classificar		Comparar
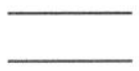	Receber, passar recibo		Pagar ou receber dinheiro, numerário
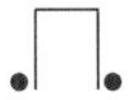	Reproduzir, produzir em massa		Fazer estatística ou levantamento

C. Elaboração

- Os símbolos podem ser combinados entre si, produzindo novos significados, por exemplo:

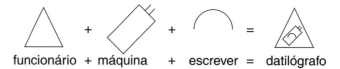

- O harmonograma é apresentado e montado numa folha de papel, tipo sulfite, normalmente padronizada para esse fim pelas empresas, cabendo ao analista efetuar o preenchimento com os dados levantados.

D. Vantagens

- Adequado e fácil para tarefas simples e curtas.
- Ideal para a descrição de tarefas que possam ser detalhadas em poucas operações ou passos.
- É aconselhável que sejam no máximo vinte passos e todos apresentados numa única folha.

E. Desvantagens

- Restringe a análise a tarefas simples pela sua própria definição.
- É difícil que as tarefas a serem analisadas sejam tão simples que descritas tenham no máximo vinte passos.
- Dificuldade de visualização e análise quando a tarefa é mais complexa.
- Não permite interligações, continuidade entre folhas ou diagramas.

6.4.1.2 Pictorial

A. Descrição

Tem como objetivo básico ilustrar com figuras e desenhos um determinado fluxo de trabalho. Os símbolos, figuras, desenhos não são padronizados, permitindo-se, nesta técnica, a total liberdade de criação do analista. Se, além disso, ele contar com um desenhista, ou ele mesmo tiver esse dom, a técnica pode não ser prática, mas didaticamente falando, chama a atenção e é fácil memorizar as mensagens.

B. Simbologia

As convenções tradicionais são substituídas por figuras, desenhos, gravuras alusivas ao que se deseja representar. É um gráfico informativo para que pessoas que não detêm conhecimentos técnicos especializados compreendam a nomenclatura técnica usada nas demais ferramentas, quando da análise ou apresentação de uma rotina.

C. Elaboração

Não possui regras, você é livre para criar.

Não tenha medo! O computador pode ajudá-lo a elaborar melhor o seu trabalho!!

D. Vantagens

- Utiliza a imagem para transmitir uma mensagem técnica.

E. Desvantagens

- Não se presta à análise detalhada de tarefas, mesmo porque nem é esse seu objetivo principal.

6.4.1.3 Mapofluxograma

A. Descrição

Tem como objetivo representar o desenvolvimento de uma determinada rotina de trabalho sobre a planta baixa do ambiente onde ela ocorre. É ideal para ser usada em combinação com a análise de distribuição física, pois ilustra e esclarece o porquê da colocação das pessoas, máquinas, equipamentos e demais.

B. Simbologia

Trabalha com aquela descrita anteriormente em Distribuição Física (6.1.4). Veja exemplo a seguir:

FIGURA 6.34
Mapofluxograma

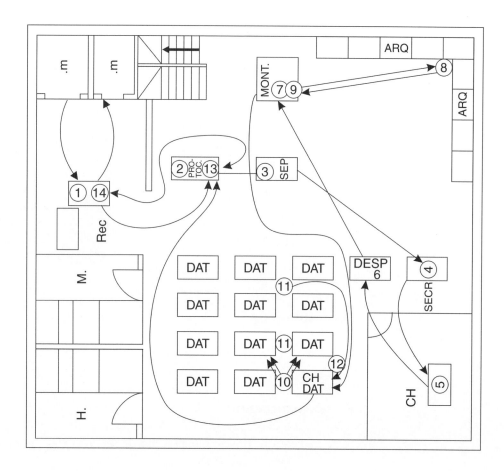

C. Elaboração

Também denominado fluxolocalgrama ou *flow-chart*. Partindo da planta baixa do local de trabalho, são ali colocados todos os postos de trabalho na escala. A partir daí, sobrepõem-se a movimentação das pessoas.

D. Vantagens

- Visualização fácil e rápida da movimentação das pessoas dentro de um determinado ambiente de trabalho.

E. Desvantagens

- Não se presta à análise detalhada das tarefas, mesmo porque nem é esse seu objetivo básico.

6.4.1.4 *Funcionograma*

A. Descrição

Tem como objetivo representar as funções de uma área específica dentro da empresa. Ele é uma extensão do organograma tradicional, descrito anteriormente. Efetua uma fotografia ampliada dos trabalhos desenvolvidos por uma área.

B. Simbologia

Não apresenta simbologia especial.

C. Elaboração

Ideal para ser usado juntamente com o organograma e as descrições de cargos e funções. Consiste em gráficos de colunas que descrevem as atividades desenvolvidas por uma área e as respectivas responsabilidades. Veja o exemplo colocado no Quadro 6.18.

QUADRO 6.18
Funcionograma da contabilidade de custos.

CUSTOS DIRETOS	DESPESAS DE CONTABILIZAÇÃO	ANÁLISE DE CUSTOS
• horas trabalhadas por centro de custos; • custo das horas alocadas por produto e serviço; • níveis de requisições da linha de produção; • conciliação das contas de estoque de matéria-prima; • conciliação das contas de mão de obra direta.	• custos finais de produto; • custos finais de serviços; • classificação dos custos; • lançamento dos custos; • baixas de mercadorias; • níveis de provisionamento; • estoque de produtos semi-acabados; • conciliação contábil.	• evolução de índices; • aplicação de matéria-prima; • aplicação de mão de obra direta; • comparações apuradas e padrões; • acompanhamento das áreas; • ações corretivas.

D. Vantagens

- Auxilia na análise da distribuição de tarefas.
- Ajuda a identificar funções relegadas a segundo plano ou até esquecidas, aquelas executadas em duplicidade, ou então, não distribuídas logicamente.

E. Desvantagens

- Não fornece detalhes do trabalho executado.
- Não fornece a lógica completa das atividade.

6.4.1.5 Diagrama de blocos

A. Descrição

Tem como objetivo descrever o método e a sequência do processo dos dados num computador. Pode ser desenvolvido em qualquer nível de detalhe que seja necessário. Quando se desenvolve um diagrama para o programa principal, por exemplo, seu nível de detalhamento é baixo, porém tem a facilidade de poder ser desdobrado em outros que contemplem cada vez mais detalhes, até podendo chegar às instruções.

B. Simbologia

A padronização dos símbolos usados consta na Figura 6.35.

FIGURA 6.35
Símbolos para o diagrama de blocos.

Símbolo	Significado
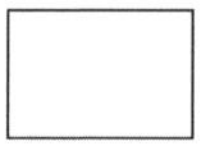	**Processamento:** um grupo de instruções que executam uma função de processamento do programa.
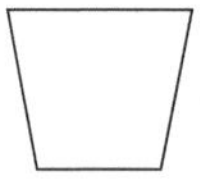	**Operação manual:** uma operação manual fora de linha, sem intervenção de dispositivos eletromecânicos.
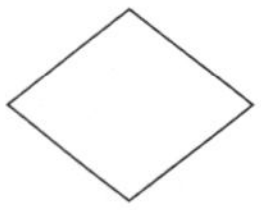	**Decisão:** símbolo utilizado para indicar a possibilidade de desvios de diversos outros pontos do programa, de acordo com situações variáveis.
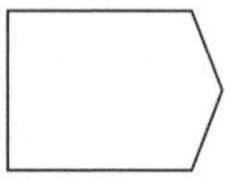	**Modificação de programa:** uma instrução ou grupo de instruções que modificam o programa.
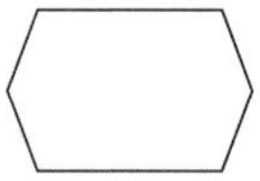	**Processamento predefinido:** um grupo de operações não incluídas no diagrama de blocos.
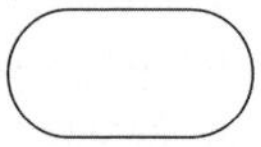	**Terminal:** o ponto de início, término ou interrupção de um programa.
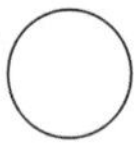	**Conexão:** uma entrada ou uma saída de uma ou para outra parte do diagrama de blocos.
	**Conexão de página:** usada para indicar uma entrada ou saída de ou para outra página do diagrama.
	**Direção do fluxo:** indica a direção do fluxo de dados ou de processamento.

C. Elaboração

A principal preocupação do analista deve ser o estabelecimento das relações lógicas fundamentais do problema que pretende solucionar com o diagrama. Após desenhar um quadro que represente adequadamente essas relações, deve contemplar, um a um, os passos lógicos para verificar e proceder às possíveis simplificações. Apesar deste detalhamento, o analista deve tomar cuidado para não pretender configurar os detalhes de programação; esta parte não lhe diz respeito, neste momento. Portanto, não se deve pensar que o diagrama de blocos vá corresponder, em detalhes, com o funcionamento real do programa.

O diagrama de blocos não é útil apenas no momento em que se desenha o sistema; também o é na depuração e na manutenção. Para que isto seja possível, devem ser tomados alguns cuidados para poder assegurar que outra pessoa, que não o analista que desenvolveu o sistema, vai entender perfeitamente o que foi definido anteriormente. Estes cuidados devem incluir:

- Acrescentar ao diagrama de blocos uma descrição, por escrito, além das notas explicativas sobre por que foi feito exatamente daquela maneira. A prática demonstra que, com o passar do tempo, o analista tende a esquecer as razões que o levaram a optar por aquela forma específica para resolver aquele problema.

- Manter no diagrama de blocos o raciocínio modular que foi mencionado na descrição do método (3.1 e ss). Cada uma das divisões que seja possível fazer deve ser desenvolvida em folhas separadas para esclarecer, da melhor forma possível, qual foi o princípio de divisão utilizado.

- Padronizar as nomenclaturas que serão usadas, em especial nos caso de: somar, subtrair, multiplicar, dividir, mover, comparar, valor absoluto, formas e tipos de arredondamentos (estatístico, truncado, adição de zeros).

- Todas as saídas sempre devem originar apenas dois caminhos alternativos. Nos casos de igual (=), diferente ($\neq$), maior (>), menor (<), exatamente ($\equiv$), maior ou igual ($\geq$) e menor ou igual ($\leq$), deve ser repetida a comparação, permitindo uma entrada intermediária.

- Assinalar claramente as operações que devem ser modificadas, mencionando as condições estabelecidas para a modificação.

- No momento do desenho propriamente dito, tenha o cuidado de observar o seguinte:

  $\Rightarrow$ mantenha o fluxo principal no centro do papel e de cima para baixo, usando o mínimo possível os cortes transversais ou longas saídas laterais;

  $\Rightarrow$ elabore um desenho que visualmente tenha equilíbrio, por exemplo, colocando as operações semelhantes na mesma altura, evitando as saídas sempre para um só lado;

  $\Rightarrow$ evite as linhas de conexão muito longas ou cruzamentos constantes, eles prejudicam a visualização clara do diagrama de blocos;

  $\Rightarrow$ utilize nomes e abreviaturas preestabelecidos no projeto e não os modifique ou invente outros

A lógica do programa pode ser representada por meio da combinação de três tipos padrões básicos: sequência, decisão e repetição.

1. Lógica de sequência: pressupõe que a lógica será executada em sequência simples, um bloco após o outro. O bloco de sequência é identificado pelo retângulo. Cada retângulo pode representar uma ou mais instruções.

2. Lógica de decisão: lógica do tipo "SE – ENTÃO – CASO CONTRÁRIO". A condição no losango é testada. SE condição verdadeira, a lógica associa ao ENTÃO. SE condição falsa, a lógica associa ao CASO CONTRÁRIO.

3. Lógica de repetição: lógica do tipo "FAZER ENQUANTO"; o teste é feito no topo do laço.

A Figura 6.36 mostra um modelo de diagrama de cada um desses blocos de lógica.

FIGURA 6.36

Modelos de lógicas no diagrama de blocos.

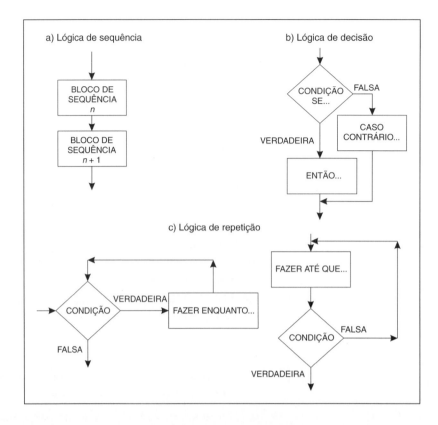

D. Vantagens

- Pode ser usado para qualquer tipo de problema que se deseje analisar em detalhes.
- Pode ser desdobrado em nível de detalhamento do maior para o menor possível.
- Está especialmente desenvolvido para as aplicações com máquinas de processamento de dados.
- É simples, possui poucos símbolos e é fácil de ser dominado pelos analistas.

E. Desvantagens

- O analista pode esquecer que está trabalhando com a lógica e detalhar muito a operação interna que a máquina fará.
- O analista pode perder de vista o objetivo principal da ferramenta e preocupar-se com detalhes da programação que neste momento não lhe dizem respeito.

6.4.1.6 *Fluxograma*

O objetivo principal do fluxograma é descrever o fluxo, seja manual ou mecanizado, especificando os suportes (documento, papel, disco, formulário ou qualquer outro) que sejam usados para os dados e as informações. Em sua confecção, são usados símbolos convencionados, que permitem poucas variações. Apresenta como principal característica ser claro e objetivo, sendo o mais utilizados de todos os instrumentos e ferramentas à disposição do analista, embora poucos profissionais o empreguem de forma pura.

O documento final elaborado deve estar constituído por três grandes partes integrantes, a saber:

- **Cabeçalho**: deve conter todas as informações necessárias para identificar claramente ao que se refere, incluindo nome do projeto e número de identificação (se houver), nome do (sub) sistema, nome do processo, data, quem elaborou e outras informações de identificação que sejam necessárias.

- **Corpo**: contém o fluxograma propriamente dito.

- **Explicação**: devem ser colocadas todas as explicações que se façam necessárias em consultas futuras que sejam feitas, tais como: informações quantitativas (frequência e volume); tempo total, desde a primeira entrada até o final; níveis de autoridade, quando alguma ação depende de aprovação ou confirmação por escrito; tratamento de erros ou exceções que não constem em detalhe no fluxo; informações ou esclarecimentos adicionais.

Existem, basicamente, dois grandes tipos de fluxogramas: aqueles que são mais adequados para descrever pequenas atividades, compostas de poucos passos e que requerem uma simbologia restrita, pois apresentam poucos eventos ocorrendo e que, na maioria dos casos, podem ser tratados como sequências; e, por outro lado, aqueles mais complexos, envolvendo do início até o fim uma grande quantidade de ações, decisões, funções e áreas.

Nesses parâmetros, vale mencionar que aqui está sendo considerado como:

- *Pequenas atividades*: aquelas com até trinta passos e não envolvendo mais do que três áreas.

- *Atividades complexas*: com mais de trinta passos ou envolvendo mais que três áreas.

No primeiro caso, de pequenas atividades, o ideal é o fluxograma vertical ou qualquer uma de suas variações. Para o segundo caso, de atividades mais complexas, é aconselhável o fluxograma horizontal ou qualquer uma de suas variações.

A descrição a seguir apresentada está dividida nessas duas partes.

1º FLUXOGRAMA VERTICAL

A. Descrição

Também denominado esqueleto, integrado, documentos, Hymans. Todos esses nomes servem para denominar uma mesma base de documento de análise.

B. Simbologia

Os símbolos são poucos, podendo oferecer algumas variações, dependendo do autor. São cinco os elementos básicos, conforme Figura 6.37:

FIGURA 6.37

Símbolos para o fluxograma vertical.

SÍMBOLO	SIGNIFICADO	VERBOS MAIS USUAIS
○	Operação	executar, criar, produzir, divulgar, copiar, publicar, inserir, incluir, datilografar, copiar, emitir, pôr, colocar, calcular, providenciar, elaborar, remover, apanhar, processar, coletar, perfurar, preencher, classificar, redigir, retirar, eliminar, preparar etc.
⇨	Transporte	remeter, transportar, conduzir, enviar, deslocar, encaminhar, trocar, destinar, movimentar etc.
△	Arquivo	arquivar, guardar, armazenar, encerrar, ordenar, estocar, terminar, desarquivar etc.
D	Espera	esperar, aguardar, demorar, receber etc.
□	Controle	aprovar, inspecionar, controlar, assinar, verificar, examinar, analisar etc.

A colocação dos verbos deve ser na terceira pessoa do singular do presente do indicativo (por exemplo, "guarda") ou no infinitivo impessoal (por exemplo, "guardar").

C. Elaboração

Normalmente, são usados em formulários padronizados e o trabalho do analista é preencher as linhas com as descrições dos passos um a um. Veja exemplo no Quadro 6.19.

QUADRO 6.19

Modelo de fluxograma vertical.

Identificação da empresa	FLUXOGRAMA VERTICAL		
	Rotina: _____		Data: ___/___/___
LEGENDA PARA ANÁLISE			
SÍMBOLO	ATUAL	PROPOSTA	ECONOMIA
☐ Controle			
○ Operação			
⇨ Transporte			
D Espera			
△ Arquivo			

DESCRIÇÃO DA ROTINA

1º	○ ☐ ⇨ D △	
2º	○ ☐ ⇨ D △	
3º	○ ☐ ⇨ D △	
4º	○ ☐ ⇨ D △	
5º	○ ☐ ⇨ D △	
6º	○ ☐ ⇨ D △	
7º	○ ☐ ⇨ D △	
8º	○ ☐ ⇨ D △	
9º	○ ☐ ⇨ D △	
10º	○ ☐ ⇨ D △	
11º	○ ☐ ⇨ D △	
12º	○ ☐ ⇨ D △	
13º	○ ☐ ⇨ D △	
14º	○ ☐ ⇨ D △	

Analista Responsável   Responsável da Área

2º FLUXOGRAMA HORIZONTAL

A. Descrição

Método gráfico que tem como objetivo básico descrever todos os eventos, no maior nível de detalhe possível, que ocorrem na empresa de forma geral. Pode representar áreas, cargos, funções, atividades, formulários, decisões, níveis hierárquicos, fluxo de informações, enfim, toda e qualquer variável que intervenha num determinado momento.

É uma ferramenta analítica, de fácil visualização, reduz a quantidade de explanações narrativas, retira todas as inferências; é lógica, clara e concisa.

B. Simbologia

Existem no mercado, à disposição do analista, réguas do tipo gabarito especiais para a confecção de fluxogramas. Devido à quantidade elevada de símbolos e à facilidade com que esses símbolos podem ser combinados, cada profissional acaba criando sua própria nomenclatura. Neste texto, adota-se aquela que é divulgada junto com a régua de fluxo, quando o analista a adquire e algumas aplicações de cada símbolo.

A régua apresenta o seguinte aspecto:

FIGURA 6.38
Régua de fluxogramas.

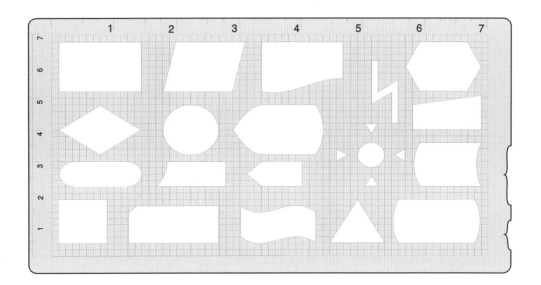

É encontrada em vários tamanhos, confeccionada em plástico transparente fosco azul ou verde. Algumas apresentam, em uma de suas faces, um rebaixamento nas figuras ou pequenas bolinhas de plástico que devem ser apoiadas no papel quando se desenha o fluxo à tinta. O significado de cada símbolo e suas variações são:

Documento: identifica qualquer tipo de documento que entra no fluxo, pode ser um relatório, uma listagem, um formulário. Seu símbolo é:

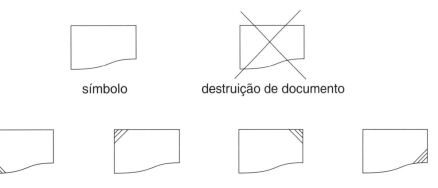

documento original ou emitido neste momento ou que surge no fluxo pela primeira vez

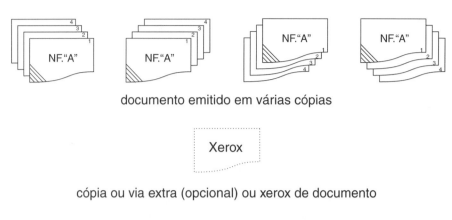

documento emitido em várias cópias

cópia ou via extra (opcional) ou xerox de documento

bloco ("n" cópias) do mesmo documento

documento que representa registros oficiais ou não

Processamento: representa qualquer função; operação definida causando troca de valor, forma ou localização da informação. A quantidade de operações que podem ser indicadas no símbolo pode ser variável; é aconselhável que se escolha uma unidade qualquer, por exemplo, um funcionário, tempo de execução. O verbo deve estar sempre no infinitivo impessoal.

símbolo	Copiar Fatura	Totalizar Valorizar
	uma operação	duas operações

Não é aconselhável que se agrupem num mesmo símbolo as operações que sejam muito heterogêneas; ou são realizadas por pessoas ou áreas diferentes, ou são realizadas num período de tempo longo entre elas.

CHEFE .... Pedir assinatura

pode ser usado para adicionar comentários no fluxo

Também pode ser usado como sinônimo do símbolo de documento com as mesmas características já descritas para ele.

Decisão: símbolo usado para indicar possíveis desvios para outros pontos do fluxo de acordo com as condições estipuladas na decisão. Sempre é apresentada uma condição. As entradas para a decisão podem ser várias, porém a saída será obrigatoriamente binária: ou atende a condição ou não atende a condição.

Quando necessário, a condição deve ser forçada para se obter sempre duas saídas apenas, optando-se, assim, pelo uso de vários símbolos de decisão.

Arquivo: possui a mesma utilização dada no fluxograma vertical, anteriormente.

Assentado sobre sua base: representa arquivo definitivo, permanente, estático

Equilíbrio sobre seu ápice: indica arquivo provisório, eventual, temporário

Para os fluxogramas de sistemas mecanizados, significa memória fora de linha em qualquer tipo de suporte (fichas, fitas, disquetes, CD etc.). Neste caso, apresenta as seguintes variações:

Registro *off line:* fora de linha, independente do meio de registro usado.

Classificação: arranjo de um conjunto de itens em uma sequência determinada.

Intercalação: união de dois arquivos com extração; formação de dois ou mais conjuntos de itens tirados de dois ou mais conjuntos.

Costuma-se colocar dentro do símbolo a ordem que é obedecida pelo arquivo, podem ser:

Conector de área: usado para ligar partes do fluxograma de uma área para outra, para evitar muitos cruzamentos. As notações internas dizem respeito à origem e ao destino. Também pode ser usado nas ligações entre páginas diferentes.

Usado também no fluxograma de sistemas mecanizados, porém integralmente aberto com o significado de uma operação que é feita com teclado ou digitação.

Conector de folha: específico para indicar que o fluxo continua em outra página. A saída do fluxo recebe um número que volta a se repetir no momento da entrada no fluxo.

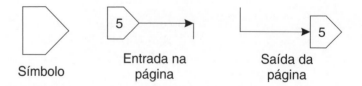

Conector de linha: específico para indicar a continuidade da linha na mesma folha. A entrada recebe a mesma identificação da saída.

Terminal: indica o ponto de início ou fim de um fluxo; pode indicar uma interrupção no local onde ocorre e sua eventual continuação em outro ponto, seja área ou local ou rotina. É também usado para indicar que um documento ou processo não permanece na área em estudo.

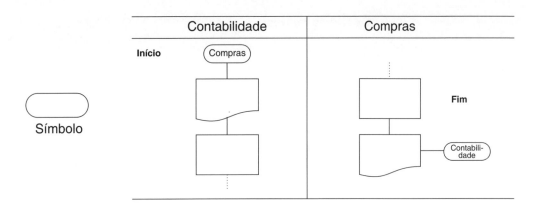

Anexar/desanexar: indica que vários documentos que estavam unidos serão separados; ou vários documentos provenientes de origens diversas estão sendo unidos.

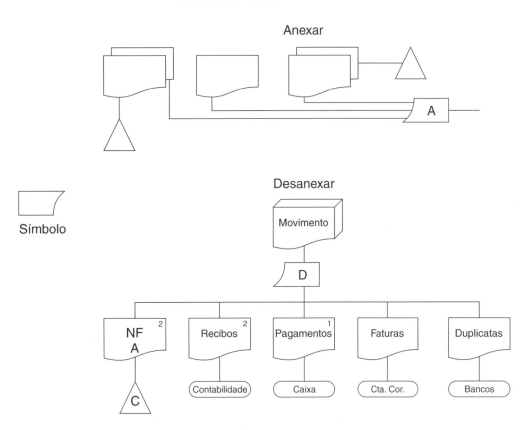

Processamento predefinido: representa um grupo de operações não incluídas no fluxograma ou por já terem sido alvo de análise anterior, ou por serem objeto de estudo em outro momento.

Além destes símbolos, existem aqueles específicos para a notação do processamento eletrônico de dados, que apresentam a seguinte simbologia e significação:

Operação manual:		Operação executada fora de linha sem intervenção de dispositivos eletromecânicos.
Modificação:		Mudança indica a existência de uma instrução ou grupo de instruções que modificam o programa descrito.
Cartão perfurado:		Originariamente, indicava o cartão perfurado; hoje, também com o significado de documento em geral.
Fita:		Fita de qualquer tipo, soma, perfurada, papel, plástico, acetato, também significa documento.
Entrada/saída:		Em função de um dispositivo qualquer de entrada e saída de dados, como fornecedor de informações.
Teclado em linha:		Console, informação fornecida ou recebida de ou por um computador, com uso de dispositivo de teclado, botões ou chaves.
Vídeo:		Exibição, *display*, monitor, vídeo, qualquer informação exibida por dispositivos visuais.
Terminal em linha:		Ligado diretamente com equipamento central recebendo e transmitindo informações por vídeo e teclado.
Operação auxiliar:	sem definição com definição	Uma operação de máquina suplementar à função principal do processamento; pode apresentar em seu núcleo a definição da função principal ou da informação que trata.
Acesso arbitrário:	originial packs tambor magnético	Indica acesso à massa de dados já existentes e no sistema; pode indicar a existência de tambor magnético; pode indicar ainda uma série de discos magnéticos ou os denominados *packs*.
Disquete:		Ou *floppy disk* de qualquer dimensão ou densidade.
Disco CD / DVD:		Disco de dados ou imagens de qualquer tipo.
Fita magnética:		Indica arquivo ou massa de dados ou infomações através de fita magnética.
Direção:		Setas que indicam a direção do fluxo.
Comunicação:		Indicam a linha de comunicação do fluxo.

C. Elaboração

Durante a elaboração do fluxograma, devem ser observados alguns cuidados especiais. São eles:

- Quando houver necessidade de cruzamentos, deve ser usado o pequeno arco para esclarecer que as linhas não se tocam, além de indicarem a ordem de ocorrência, assim:

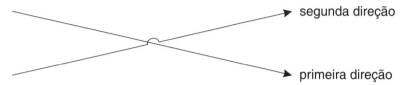

- O sentido da circulação no fluxo é dado pelas linhas de comunicação elas fornecem a sequência das operações e a fluência das informações.

- A comunicação deve seguir a direção natural de leitura, de cima para baixo e da esquerda para a direita. Tudo que estiver em sentido inverso deve estar claramente identificado.

- Evite o uso de linhas de comunicação muito longas. Dê preferência às linhas horizontais e verticais, evitando as diagonais e inclinadas, elas mais poluem o fluxograma do que ajudam.

- Divida a folha do fluxograma em segmentos verticais, colocando na horizontal a ordem das áreas envolvidas no sistema (esta distribuição é a que dá nome ao fluxograma horizontal). Há, também, quem o chame de setorial por permitir este tipo de separação. Por exemplo:

Departamento 1	Departamento 2	Departamento 3

- As divisões devem ser claras e facilmente identificáveis.
- Prefira descrever individualmente cada um dos passos que estão acontecendo. Por exemplo: existem duas formas de indicar que um grupo de documentos é separado e distribuído. Observe que ambos dizem a mesma coisa, porém o segundo é muito mais claro em sua significação:

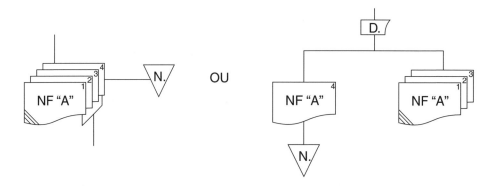

- Quando detectar um ponto falho no fluxograma, faça uma hachura ao longo do processo para chamar a atenção de que aquela tarefa necessita ser revista. Por exemplo:

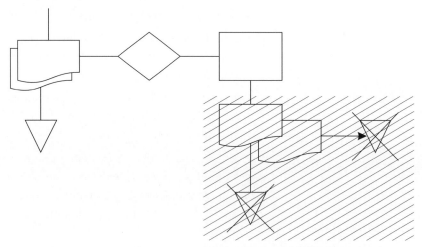

O documento é destruído assim que arquivado; verificar se podem ser eliminadas as duas vias.

- Verifique se não há necessidade de algum tipo de separação, independente da área ou departamento. Veja nos exemplos a seguir.

Considerando a frequência do trabalho:

Departamento 1		
Diariamente	Semanalmente	Mensalmente

Considerando os cargos ou até mesmo as pessoas envolvidas:

Departamento 1		
Atendente	Supervisor	Gerente

- Um fluxograma só pode ser finalizado em quatro formas alternativas:

  ⇒ um arquivo temporário ou definitivo;

  ⇒ encerramento do fluxo com o símbolo terminal;

  ⇒ destruição do documento final;

  ⇒ conexão, ligação ou transferência para outro fluxo.

  Se houver um final diferente, reveja o fluxograma; deve estar faltando alguma coisa ou você esqueceu de algum ponto.

- Não existe uma regra para definir o nível de detalhamento que deve ser observado ou mantido ao longo do fluxograma; geralmente, o ideal é que se construa um macrofluxograma considerando um tipo de visão (por área, por departamento, por documento, por informação). Posteriormente, por módulos, ir efetuando o detalhamento de cada um deles.

Na confecção dos fluxogramas, valem todas as observações colocadas até este momento para todos os diagramas já descritos anteriormente. Além disso, tome os seguintes cuidados:

⇒ Inicie fazendo um rascunho da visão global do sistema, você estará tendo oportunidade de contemplar o sistema na íntegra.

⇒ Não se preocupe com a beleza, limpeza ou o visual dos rascunhos, o que interessa nesta etapa é a correção.

⇒ Passe a limpo o primeiro rascunho que você julgar completo e a contento; use, por exemplo, papel "manteiga", é barato e resistente, além de transparente porém fosco.

⇒ Quando esse rascunho estiver no papel manteiga, discuta-o com os outros analistas e com os usuários, ouça os comentários e verifique a veracidade ou necessidade de novas inclusões.

⇒ Com a inclusão desses comentários, passe o rascunho a limpo no papel "vegetal", a lápis.

⇒ Para que o fluxo, neste momento, saia reto, coloque sob o vegetal um papel quadriculado que lhe servirá de apoio e guia visual.

⇒ Não se esqueça que o excesso de detalhes pode complicar mais do que explicar, esteja atento em encontrar o meio termo.

⇒ Elabore o fluxo da forma que será lido, de cima para baixo e da esquerda para a direita.

⇒ Esta é a teoria. Mas, só ela não basta. Treino é a palavra mágica.

⇒ Observe que esta ferramenta também está disponível em aplicativos de computador (por exemplo, *Chart* – ambiente *Windows* – e *FlowChart*); porém, não esqueça, eles ajudam apenas na elaboração do desenho, não contempla a crítica ou a lógica que você detectará no sistema.

D. Vantagens

As principais que podem ser apontadas são:

- Descreve qualquer tipo de rotina, desde a mais simples à mais complexa.
- Adequado para descrever relações complexas, típicas das empresas em qualquer área.
- Permite a visão global do universo em estudo.
- Descreve como o sistema funciona em todos os componentes envolvidos.
- Restringe a quantidade de interpretações devido à padronização dos símbolos.
- Auxilia na localização das falhas e deficiências e descreve as repercussões.
- Substitui os métodos descritivos-narrativos, com a vantagem de não permitir dupla interpretação.
- Auxilia na análise de modificações exibindo todos os pontos que serão por elas afetados.
- Facilita a inclusão de atualizações ou modificações, exibindo os pontos de alteração de forma clara e imediata.
- Permite comparações entre vários fluxos ou várias alternativas de solução de problemas.
- Padroniza as eventuais transcrições e facilita o trabalho de leitura posterior por trabalhar com símbolos padronizados.

E. Desvantagens

As mais importantes que podem ser apontadas não são originárias da ferramenta mas dos profissionais que a utilizarem. Podem ser sintetizadas como sendo:

- Vício no uso só de fluxogramas, não percebendo as implicações técnicas com outras ferramentas.
- É um esquema, um diagrama e, portanto, **nunca** irá detalhar a realidade que surge com o envolvimento das pessoas que fazem o sistema algo vivo e dinâmico.
- Em nome da simplicidade, acabamos omitindo *pequenas* informações que muitas vezes são cruciais ao sistema.
- Os símbolos apresentados permitem variações e adaptações e, nesse momento, o analista cria uma série de aplicações pessoais e particulares que ninguém entende, apenas ele mesmo

A seguir, está colocado o segundo rascunho de um fluxograma de uma grande loja de venda de artigos e produtos para o lar e decoração. O problema que estava sendo analisado era a dificuldade constante de reposição dos estoques na loja para entrega imediata ao cliente-comprador.

Não faça comparações, esse rascunho foi elaborado por mim, após dezoito anos como analista de sistemas. Pratique, pois eu tenho certeza que você poderá fazê-lo melhor.

Matriz – Macro-fluxograma de Atividades

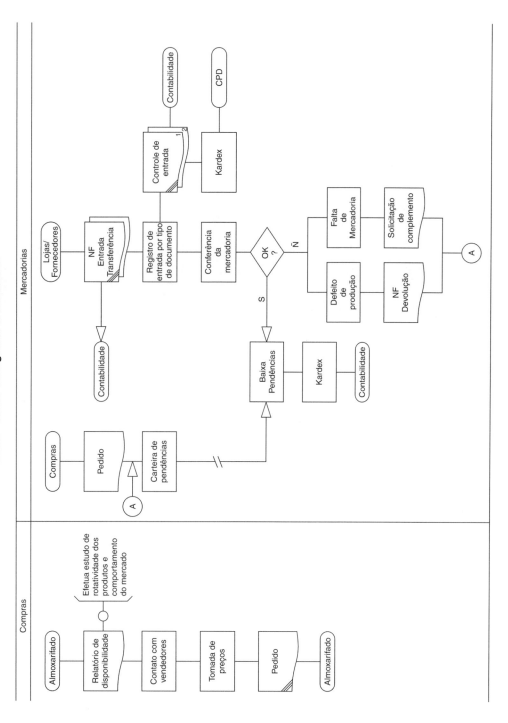

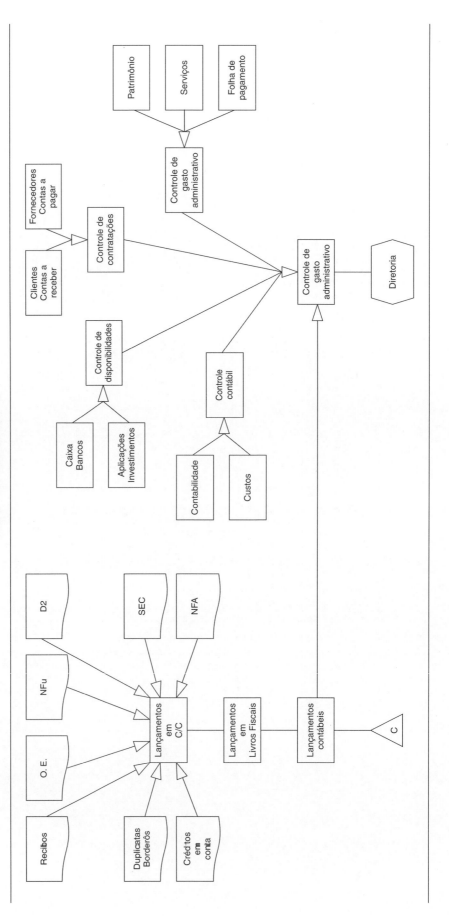

6.4.1.7 *Diagrama de fluxo de dados*

A. Descrição

É um diagrama que especifica, em níveis de detalhamento variados e escolhidos pelo analista, qual a lógica central do sistema. Em sua elaboração, não são considerados detalhes técnicos, tais como tipo de equipamento que será usado, os aplicativos auxiliares, a forma como os dados serão arquivados ou qualquer outra implicação física.

Sua utilização pode ocorrer em qualquer momento do desenvolvimento do sistema. Possui uma linguagem fácil, a simbologia possui poucas alternativas, o que o torna uma ferramenta fácil de ser elaborada, lida e entendida por pessoas não especializadas em análise de sistemas.

O DFD, como normalmente é denominado, é reconhecidamente, a nível lógico, uma ferramenta importante para o entendimento e manipulação de variáveis de um sistema, não importando o nível de complexidade que pode ser acompanhado por maior ou menor nível de detalhamento.

B. Simbologia

O DFD usa apenas quatro símbolos básicos para diagramar a lógica de um sistema e são:

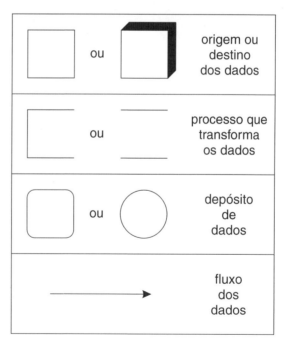

Algumas poucas variações são possíveis, entre elas, as mais importantes e mais empregadas são as apresentadas a seguir; elas estão separadas de acordo com sua aplicação.

- **Entidade externa**: são categorias lógicas de coisas ou pessoas que representam a origem ou o destino para as transações. Por exemplo, clientes, fornecedores, empregados. Podem ser específicos, por exemplo, Depósito, Diretoria de Vendas, Receita Federal. Pode ser outro sistema ou subsistema que serão considerados como entidades externas. Sempre que uma entidade for definida como externa, significa que ela não pertence ao sistema em estudo, ou seja, está fora dos limites do sistema considerado. O que pode ocorrer é que, conforme a análise vai sendo aprofundada, mais ou menos entidades externas podem participar das transações.

Os símbolos podem ser vazios ou cheios. É indiferente o sentido para onde se projeta a sombra ou as linhas duplas cheias (como também é chamada), porém, uma vez estabelecida, deverá ser usada sempre a mesma notação no DFD inteiro, por exemplo:

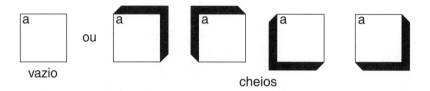

A mesma entidade pode ser desenhada mais de uma vez no diagrama. Essa duplicação deve ser identificada com uma tarja no canto inferior direito. Se houver uma segunda entidade que deva ser repetida, usa-se duas tarjas; se houver uma terceira, com três e assim sucessivamente. A entidade deve ser identificada com um nome colocado dentro do quadrado, escrito em caixa alta (letras maiúsculas) e a ordem de aparecimento, no canto superior esquerdo em caixa baixa (letra minúscula). Exemplo:

Duplicação de uma entidade

Duplicação de várias entidades

- **Fluxo de dados**: é representado por meio de setas, de preferência horizontais ou verticais, indicando em uma das pontas a direção; a seta de direcionamento pode ser vazada ou cheia. Podem ser usadas pontas nas duas extremidades quando os fluxos existem aos pares ou duas setas paralelas independentes. Exemplo:

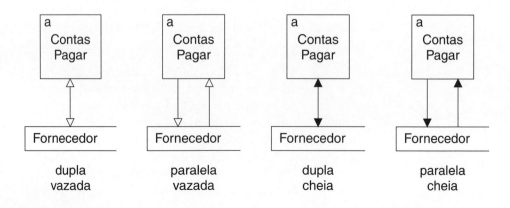

O fluxo representa dados em movimento. Esse movimento, geralmente, segue o sentido de leitura normal, de cima para baixo e da esquerda para a direita. Porém, nada impede que o DFD termine na mesma unidade externa que teve início.

O fluxo de dados nada mais é do que um fio condutor por onde correm "*pacotes*" de dados. O fluxo de dados possui um ponto de saída e um de chegada que podem ser (ambos) processos, entidades, depósito de dados em cada uma de suas pontas. Sobre a linha do fluxo de dados, coloca-se a descrição mais clara possível de seu conteúdo. Essa descrição deve ser feita com a primeira letra em caixa alta e as demais em caixa baixa. Há, ainda, momentos em que a descrição é tão óbvia que é completamente desnecessária; mesmo nestes casos ela deverá ser óbvia para todos que leiam o DFD.

Exemplo de fluxo de dados com comentário:

Exemplo de fluxo de dados que não requer comentários:

Se existem fluxos de dados que não precisam de explicações, também há fluxos onde é muito complexo ou mesmo difícil colocar todos os fluxos de dados que ocorrem, pois há entidades que fornecem uma quantidade tão grande de dados e transações que pode ser confuso. Veja:

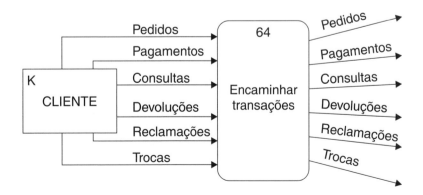

Nestes casos, pode-se optar por uma das duas alternativas disponíveis. São elas:

- Agrupando sob um título genérico todo o fluxo de dados da primeira etapa e efetuando o desdobramento dos fluxos de dados no segundo nível. Assim:

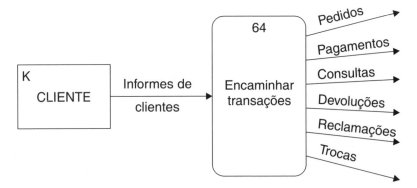

- A outra solução é possível quando as transações são processadas de forma diferente, apresentando os elementos dos dados diferentes. Neste caso, as transações são tratadas individualmente em cada processo, assim:

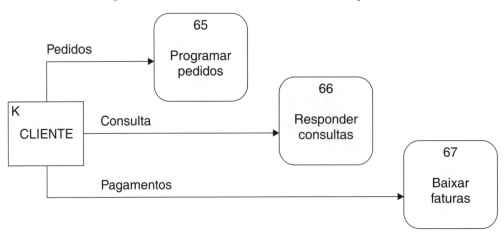

- ***Processo***: se o fluxo conduz os pacotes com dados, o processo que os recebe modifica a aparência desses dados. Pode transformar a estrutura ou pode transformar a informação contida nos dados. Portanto, um processo, para justificar seu nome, tem de modificar dados. Essa indicação pode ser facilmente percebida se o dado mudar de nome. A partir desse enfoque, é necessário que se descreva e se identifique o processo. Normalmente, a notação usada é:

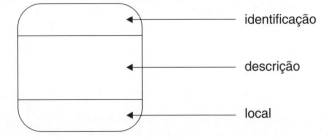

Trata-se de um retângulo (ou círculo) em pé com os cantos arredondados.

A *identificação*, em geral, é um número, em ordem crescente, colocado no meio da parte superior; esse número não possui outra função a não ser identificar o processo no momento em que ele ocorre. Além disso, durante o desenvolvimento da lógica, não podemos esquecer que ele pode acabar desaparecendo, pois pode acontecer de dois processos se unirem para formar um terceiro, ou o inverso, um processo ser desdobrado em dois outros e novos números serão incluídos. No entanto, esse número não deve ser modificado, pois é usado como referência para o fluxo de dados e, posteriormente (como será descrito), na decomposição em níveis inferiores de detalhamento. As linhas demarcatórias podem ser eliminadas se isso facilitar a leitura.

A *descrição* é o título da função do processo, deve ser composto por um verbo ativo e imperativo seguido de uma cláusula objeto, o mais exato e simples possível. Deve ser feita numa única função para estar correta.

O *local* é onde o processo ocorre. A divisão inferior existe para que se coloque, opcionalmente, a informação de quem vai executar o processo. Quem ou o quê, pois pode ser uma área, um cargo, uma pessoa ou um programa. Observe que *quem* ou *o quê* fazem parte da física, enquanto que o processo é lógico. Veja o exemplo a seguir.

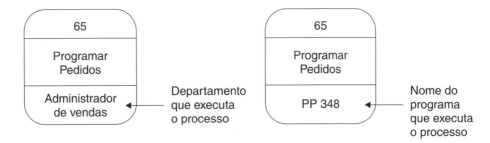

- **Depósito de dados**: é onde os dados permanecem sem alternação de nenhum tipo. Sua notação é composta de duas linhas paralelas que podem estar fechadas em uma das extremidades. A referência usada para identificar um depósito de dados é "D" colocado de forma fechada do lado esquerdo. O título deve ser claro e significativo ao usuário. A numeração também é crescente e arbitrária e a altura deve ser a mínima possível, geralmente de meio centímetro. Assim:

Quando o mesmo depósito de dados é acessado várias vezes, não é aconselhável fazer muitas ligações. Outras vezes, como no caso da entidade externa, se identificam com linhas adicionais colocadas à esquerda, assim:

Para indicar que um processo armazena dados no depósito de dados, usa-se o fluxo de dados com a seta apontando para o depósito de dados. Devem ser declarados, no fluxo, os dados que estão sendo armazenados, assim:

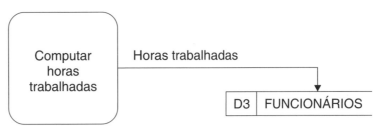

Para indicar que se efetua uma leitura no depósito de dados deve ser colocada a seta saindo do depósito e entrando no processo. Se por acaso se deseja especificar qual dado está sendo consultado, pode ser colocado o comentário sob o fluxo de dados, assim:

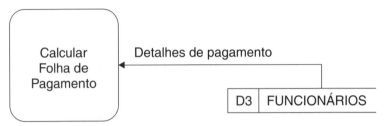

Se for necessário especificar qual o argumento de pesquisa, ele aparecerá junto com uma seta em sentido contrário, assim:

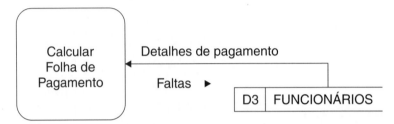

- **Convenções de expansão**: normalmente, quando se efetua a análise de um sistema, elabora-se um DFD básico com as principais entidades, processos, fluxo e depósito de dados. Posteriormente, efetua-se o processo de "explosão".

A explosão ou expansão consiste em contemplar o primeiro DFD elaborado, que recebe o nome de "Diagrama Contexto" e efetuar o detalhamento de cada processo. Nesse detalhamento, devem ser observados os seguintes princípios:

⇒ todos os processos, em segundo nível, são codificados com dois algarismos; o primeiro representa o processo de origem que detalha, o segundo é seu próprio número na ordem de aparecimento;

⇒ quando apenas o segundo nível de um determinado processo possui um depósito de dados, este recebe o número do processo ao qual pertence acrescido de barra e o número de sequência de depósito de dados interno;

⇒ quando um depósito não pertence exclusivamente ao processo em explosão, ele será grafado nos limites do processo, uma parte dentro dele e outra fora;

⇒ as entidades externas são colocadas fora das fronteiras do processo em detalhamento;

⇒ os fluxos de dados que surjam pela primeira vez no detalhamento e atravessarem a fronteira do processo dever ser assinalados com "X" no ponto de saída;

⇒ quando um fluxo de dados cruzar outro fluxo de dados, usa-se o "pequeno arco" para estabelecer que os fluxos, logicamente, não se tocam, assim:

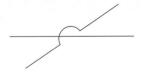

⇒ quando um fluxo de dados cruzar um depósito de dados, usa-se também o "pequeno arco" para identificar que o fluxo não toca o depósito.

C. Elaboração

A seguir, estão relacionados os passos fundamentais para elaboração e montagem de um DFD.

1. Identificar e definir as entidades externas. Isto estabelecerá, num primeiro momento, as fronteiras ou limites do sistema; se houver dúvida quanto a sua participação, deve ser incluída, pois com o desenvolvimento do DFD, ficará claro se participa ou não.

2. Identificar e definir as entradas e saídas que o usuário solicitou ou que estão programadas durante a execução normal.

3. Identificar e agrupar os blocos lógicos resultantes das entradas e saídas, assinalando claramente as que estão envolvidas com condições de erro, exceção ou disfunção.

4. Identificar e definir, em separado, de um lado tudo o que é fornecido ao sistema e, do outro, o que será requerido ao sistema.

5. Providenciar uma folha de papel grande e iniciar no canto esquerdo superior pela entidade externa que se julgar mais importante ou pelo primeiro fluxo de dados, não se preocupando com nada que não seja a sequência lógica normal e natural.

6. Desenhar a mão livre o primeiro esboço do DFD, tendo o cuidado de anotar tudo que for surgindo pelo caminho.

   (Não se preocupe com a beleza ou limpeza de seu primeiro DFD; na realidade, quando você olhar para ele, vai ter a impressão que alguém desmanchou um novelo de lã em sua mesa; tenha calma, vamos passar a limpo essa bagunça toda.)

7. Quando o primeiro "rascunho" estiver pronto, verifique se:

   - todas as entradas foram incluídas;
   - todas as saídas são fornecidas;
   - os erros e exceções foram excluídos;
   - não há símbolos de decisão ou questão;
   - todos os depósitos de dados são alimentados;
   - quais entradas ou saídas não foram incluídas.

8. Desenhar outro fluxo agora usando o gabarito próprio para tal conforme descrito anteriormente, cuidando para que:

   - o diagrama trabalhe com processos únicos;
   - exista o mínimo de cruzamentos possíveis nos fluxos;
   - as entidades externas sejam duplicadas quando necessário;
   - os depósitos de dados sejam duplicados quando necessário.

9. Revisar uma vez mais o fluxo completo verificando se alguma entrada ou saída ainda não foi incluída.

10. Rever com o usuário esse segundo DFD, discutindo-o e anotando todas as suas observações.

11. Efetuar as inclusões do usuário, revendo uma vez mais a lógica descrita.

Só a partir deste momento é que deve ser iniciado o detalhamento ou a elaboração dos próximos níveis. Faça de conta, neste caminho, que cada processo a ser descrito seja uma área individual e que você deve, neste momento, detalhar o que fazem todos os funcionários que trabalham nessa área.

Quando esse processo estiver encerrado, volte-se para outro processo e faça a mesma coisa. Não se preocupe em perguntar quando terminará a elaboração do DFD. Ele estará pronto quando toda a lógica do sistema estiver ali desenhada.

Mais uma coisa: não confie em sua experiência e não procure encurtar o caminho queimando etapas. Muitos analistas cometem erros grosseiros de lógica por confiarem demais em sua experiência. Quando estiver desenvolvendo um DFD, tome alguns cuidados básicos, tais como:

- Quando iniciar o DFD, faça-o no sentido de fora para dentro até que você chegue ao ponto de não saber mais como ele prossegue. Nesse instante, pare. Vá dar uma volta, ou deixe para o dia seguinte, se possível. Quando voltar, inverta o processo iniciando de um ponto interno para fora; procure não viciar o raciocínio.

- Observe que o DFD não tem alças de processamento, pois não trabalha com máquina, além disso, uma alça só ocorre quando uma questão não é atendida e o DFD não faz perguntas.

- Não se preocupe com abertura ou fechamento de arquivos, essas coisas não existem no DFD. Imagine que o sistema é em motocontínuo, que não tem início nem fim.

- Observe se os depósitos de dados criados são, efetivamente, usados.

- Observe se os processos trabalham realmente com dados que possuem.

- Verifique se não há fluxos de dados que saem de entidades, passam por processos e não fazem nada.

- Tenha cuidado no momento que você passa de um nível para outro. Se nesse instante um processo se desdobrar em vinte processos, volte, você deve ter esquecido um nível pelo caminho.

- Tenha paciência e calma, cuidado e limpeza, atenção e critério. Não tenha pressa, nenhum analista, mesmo com experiência, consegue o DFD perfeito na primeira tentativa.

- Quando encerrar o DFD, tenha a certeza absoluta que todos os envolvidos no projeto ou sistema estão plenamente de acordo com tudo que lá esta colocado; lembre-se: é a lógica.

Um exemplo de desenvolvimento do DFD ajudará a entender a simplicidade de sua confecção. Veja o caso.

A área de compras de uma empresa industrial precisa da relação de materiais que devem ser comprados diariamente. Para isso, o setor de compras precisa receber, nessa relação, o código do item necessário, sua descrição, a quantidade mínima que deve ser adquirida, o preço atual, o principal fornecedor e os dois segundos fornecedores. A compra só será efetuada se a quantidade disponível estiver abaixo do estoque de segurança mínimo necessário. Os aumentos e diminuições dos estoques são lançados conforme eles ocorrem através do terminal instalado no depósito de materiais. Essa relação deve ser enviada ao setor de compras antes do início do expediente, pois em função de seu conteúdo será distribuído o trabalho da área.

SOLUÇÃO DO PROBLEMA

1. Identificar origem ou destino de dados:
   - "a área de compras ... precisa ... relatório..." = Compras
   - Destino = Compras;
   - "estoques lançados ... terminal depósito..." = Depósito
   - Origem = Depósito;
2. Identificar os processos:
   - "compras ... precisa ... relatório ..." = Gerar Relatório
   - "estoques ... lançados ... ocorrem ..."= Lançamentos
3. Identificar os fluxos dos dados:
   - Relatório de Compras: código do item; descrição; quantidade mínima; preço atual; 1º, 2º e 3º fornecedor;
   - Lançamentos em Estoques: código do item; tipo de lançamento; quantidade do lançamento;
   - Estoques: código do item; estoque atual; estoque de segurança.
4. Identificação dos depósitos de dados:
   - onde fiquem estoques;
   - onde fiquem necessidades de compras apuradas durante o dia
5. Desenhar a função principal = Nível Ø

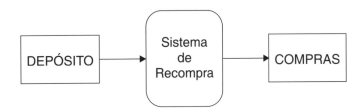

6. Explodir o sistema = Nível 1

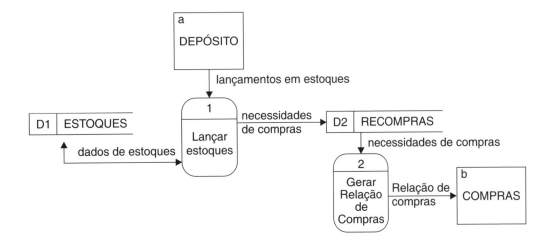

7. Explodir o sistema = Nível 2

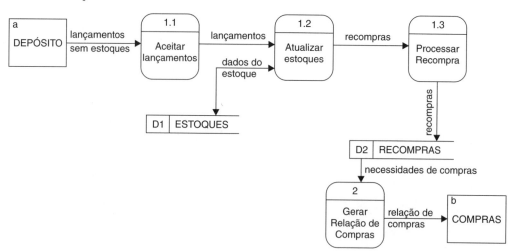

D. Vantagens

O DFD como ferramenta já foi amplamente divulgada e sua proliferação entre os analistas demonstra sua versatilidade e vantagem e sua aplicação na análise de sistemas. As vantagens mais importantes podem ser apontadas como sendo:

- Descreve em detalhes a lógica do sistema.
- Simplicidade da simbologia e autosuficiência para detalhar qualquer sistema que se deseje.
- Facilidade de leitura, de interpretação e de entendimento por todos os envolvidos, inclusive os leigos em sistemas.
- Pode ser usado em qualquer ponto do desenvolvimento, pois só se preocupa com a lógica, identificando relações e níveis de dependência em termos de lógica.

E. Desvantagens

Seu emprego inadequado, ou com outra finalidade que não aquela inerente à ferramenta, pode provocar sérias dificuldades no momento de sua aplicação. As mais prováveis são esquecer que o DFD:

- não contempla o processamento de erros ou exceções, e nem o processo decisório;
- não se preocupa com as funções de manutenção básicas como abrir ou fechar arquivos;
- não se presta para explicar como os dados são processados ou como fluem de um para outro processo;
- só descreve o que acontece e não se preocupa em como acontecem as coisas;
- só trabalha com a lógica, portanto, não pretenda descrever o processo, pois acabará com um amontoado de linhas que nada representam;
- tem uma simbologia que permite adaptações; todos nós sabemos mas não faça tantas que descaracterizem o princípio fundamental do DFD: a simplicidade;

não permite uma visão global pelo princípio da explosão possível em diagramas de níveis;

sempre assume, como premissa básica, que o sistema irá trabalhar em perfeitas condições, sem erros, sem picos, sem gargalos, o que eventualmente não é verdade.

6.4.2 Análise de formulários

A. Objetivo

- Uniformizar procedimentos de registro e manutenção de informações.
- Oficializar e legalizar os atos, fatos e procedimentos empresariais.
- Reduzir o custo e o esforço de produção associado ao fluxo de informações.
- Facilitar a execução de controles sobre as operações das áreas e da empresa como um todo.
- Definir quais informações devem ou não ser registradas, quais informações devem ou não ser armazenadas.
- Minimizar o nível de repetição das informações.
- Estabelecer padrões para o relacionamento entre os dados existentes e as formas alternativas de sintetização ou consolidação das informações disponíveis.
- Proporcionar um fluxo de informações racional, adequado e dinâmico.
- Facilitar o processamento eletrônico dos dados.

B. Definição

- Análise de Formulários trata da verificação da necessidade critica e criteriosa da existência, do formato e da vida de uma informação.
- Formulário é o instrumento de base que recebe uma informação, seja ela constante e/ou variável, para seu armazenamento, recuperação, leitura e interpretação por qualquer meio ou forma, considerando uma série de regras preestabelecidas tanto para sua estrutura, forma, conteúdo ou apresentação, sejam elas rígidas ou flexíveis.

Além das definições básicas mencionadas, que se referem à análise por um lado e ao formulário por outro, é necessário que se definam claramente os termos que serão usados a seguir. São eles:

- ***Armazenar***: é o processo de guarda e preservação da informação que está sendo produzida.
- ***Arquivo***: é o lugar predeterminado na tramitação onde o formulário efetua uma parada.
- ***Boneco***: é a configuração primeira que o modelo assume após análise, normalmente a lápis e elaborado pelo profissional que executou o processo de análise.
- ***Ciclo de vida***: é o tempo existente entre o momento em que o formulário recebe a primeira informação e o momento em que o formulário perde a relevância ou validade.

- **Constante**: é a informação que sempre será repetida da mesma forma.
- **Diagramação**: é a ordem, disposição, colocação e aparecimentos dos campos que compõem a informação.
- **Espaço**: é a área física reservada para cada informação; pode também ser tempo.
- **Formato**: é a representação do espaço necessário para conter a configuração que a informação possa apresentar.
- **Frequência**: é a quantidade de vezes que uma informação é repetida em um único exemplar do formulário.
- **Modelo**: é o aspecto físico que um formulário terá quando estiver pronto para ser usado.
- **Preencher** (ou gravar ou registrar): é o processo físico usado para fixar as informações no formulário.
- **Produção mecânica**: é o processo físico através do qual um formulário é reproduzido.
- **Recuperar**: é a forma como a informação poderá ser retomada e reutilizada em período de tempo posterior.
- **Relevante**: é a informação que pode influenciar uma decisão tomada no sistema.
- **Tramitação**: é o percurso efetuado pelo formulário durante seu ciclo de vida.
- **Trânsito**: é o movimento entre as diversas áreas ou estágios efetuado pelo formulário na tramitação.
- **Variável**: é a informação que, mantendo a mesma categoria, varia em sua apresentação.
- O **uso** de um formulário é **possível** sempre que o formato de uma informação relevante possa ser definido.
- A **criação** de um formulário é **necessária** sempre que o uso da informação ocorra após sua existência e seja necessário o armazenamento para evitar a perda.

C. Descrição

Na descrição das características básicas que participam e que estabelecem o uso e aplicação de um formulário, podem ser levados em consideração duas linhas complementares de análise: uma que diz respeito às características do formulário, outra que diz respeito aos tipos de formulários disponíveis. Elas serão abordadas nessa mesma ordem.

1. Características do formulário

Está voltada especialmente para a definição do tipo de matéria-prima que será usada como base para a confecção do formulário. Trata-se, pois, do papel como apoio físico à informação quando ela é registrada em formulários ou mesmo quando usado para alimentar processos eletrônicos de dados.

- **Tipos de papel**
    - ⇒ *Bristol* ou *brilhacor*: tipo cartolina, usado na confecção de fichas, cartões; aceita qualquer processo de impressão.

⇒ *Buffon*: barato, ideal para uso em copiadoras a álcool e mimeógrafos a tinta.

⇒ *Couché*: no acabamento recebe uma camada de pó de gesso; de acordo com seu acabamento, pode ser denominado especial (liso, opaco, brilhante ou fosco), textura (recebe acabamento na finalização parecendo sua superfície como se fosse texturizada, oferece brilho na impressão) e telado (o mesmo caso do anterior porém telado), seu acabamento especial lhe confere alta resistência e nitidez nos processos de impressão, porém, quando dobrado, "quebra", devido ao tipo de acabamento; não é usado para formulários, mas para a produção de folhetos, catálogos, propagandas e confecção de originais ou artes-finais.

⇒ *Flor post*: resistente, fino, diversas cores, recebe bem qualquer processo de impressão, também chamado "papel de seda", ideal para vias de formulá-rios.

⇒ *Jornal*: barato, não tem qualquer tipo de acabamento, usado para formulários que não exigem muita qualidade; no uso em máquinas *off-set*, deve-se ter cuidado, pois solta muito pó e pode prejudicar o equipamento.

⇒ *Kraft*: é resistente, forte, áspero, cor palha, não apresenta branqueamento, não permite boa qualidade de impressão.

⇒ *Manteiga*: é o vegetal de segunda; usado para rascunho de projetos e plantas; áspero, ideal para lápis.

⇒ *Sulfite*: barato, fácil impressão, baixa qualidade, cor branca, em várias gramaturas, amarela com o tempo.

⇒ *Super bond*: parecido com o sulfite, mais fino, diversas cores, fácil impressão, melhor qualidade que o sulfite, adequado para formulários com mais de uma via.

⇒ *Super white, alvorada, champion bond*: semelhante ao sulfite, porém de melhor qualidade; indicado para qualquer tipo de impressão (exceto o copiador a álcool), não amarela com o tempo.

⇒ *Vegetal*: resistente, semitransparente; quando dobrado, também quebra; ideal para uso de *nanquim*, usado para plantas e projetos.

Como se observa, existem vários tipos de papel. As variações acabam sendo resultantes do tipo de tratamento diferenciado que é aplicado à matéria-prima (celulose). Essas variações podem aparecer no momento do desfibramento, do martelamento ou no clareamento maior ou menor e, naturalmente, ao acabamento final do produto.

Na escolha do tipo de papel, deve-se levar em consideração os seguintes itens:

⇒ *Duração do formulário:* está relacionada com o arquivamento e com o período de tempo que o formulário ou a informação devem ser guardados; muitas vezes esta decisão é influenciada por fatores internos da empresa, outras por questões legais.

⇒ *Uso ou finalidade do formulário*: está relacionada com as informações fornecidas pelo usuário, para que ele venha ao encontro das necessidades detectadas.

⇒ *Nível hierárquico do usuário*: um formulário projeta ao mundo a empresa que o emitiu, não é a mesma coisa desenvolver um formulário que será utilizado pela presidência ou para fazer requisição ao almoxarifado: um será recebido pelo cliente e o outro pela linha de produção.

⇒ *Importância do formulário*: há certos formulários que devem ser emitidos com tintas e papéis especiais, devido ao aspecto de segurança; é o caso de ações de empresas, apólices de seguro, cautelas de ações etc.

⇒ *Quantidade de vias e os destinos*: quanto mais vias um formulário tiver, tanto mais fino o papel deverá ser, sem prejuízo da legibilidade; é o caso das notas fiscais de ventas internacionais.

⇒ *Tipo de preenchimento*: o lápis, a tinta, a máquina de escrever, tanto manual quanto elétrica, as impressoras, sejam de impacto, agulha, jato de tinta, *laser*, são instrumentos utilizados no preenchimento de formulários que definem mais ou menos o tipo de papel que deverá ser empregado. O lápis necessita de papel áspero; a tinta, de papel que não borre; a máquina de escrever precisa de papéis que aceitem a borracha e não descame; a máquina elétrica com autocorreção precisa de papel que não cole no corretor; as impressoras precisam de papel com nível de aspereza e absorção especiais em alguns casos, e assim sucessivamente.

No momento em que se está escolhendo o tipo de papel, deve ser levado em consideração os seguintes aspectos:

⇒ custo de aquisição da matéria-prima (papel, carbono, tinta) e sua disponibilidade no mercado;

⇒ custo de estocagem e espaço disponível para tal;

⇒ necessidades levantadas no sistema em estudo;

⇒ legislação que regulamente o formulário se for o caso;

⇒ casos especiais, como cartões para leitura ótica;

⇒ confecção de envelopes, neste caso se interno ou externo, tipo de correspondência que será veiculada, volume, frequência, aproveitamento em arquivos ou não.

⇒ padronizações já existentes à disposição.

- **Tamanho do Papel**

A partir de 1959, foi instituído o padrão universal para a produção de papel de forma geral. A *International Standard Organization* (**ISO**) foi responsável por esse trabalho e acabou conhecido como a Norma **DIN** (*Deutsche Industrie Norm*). Apenas em 1969 é que o Brasil, por intermédio da ABNT – Associação Brasileira de Normas Técnicas – adota as medidas e padrões recomendados, com a PB (Padrão Brasileiro) 4/69, baseada na norma DIN 476.

A base desse formato é a relação estabelecida por $1/\sqrt{2}$ (ou 1:1,414) aplicada à construção de um retângulo. Platão, em seu livro *Timaios*, fez referência a esta proporção e Georg Christoph Lichtenber, físico alemão, em 1796 a descreve como a relação mais bela e útil. O retângulo resultante desta proporção também é chamado de "retângulo de ouro" e de "proporção áurea" (observe que é o mesmo apresentado no item 6.1.4, exemplificado na Figura 6.22).

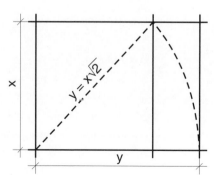

Esse retângulo é construído pelo rebatimento da diagonal de um quadrado qualquer sobre um de seus lados, formando, assim, o lado maior do retângulo. A partir desse novo retângulo obtido, pode ser segmentado, gerando sempre novos polígonos que irão manter exatamente a mesma proporção. Sua construção ocorre sempre pela divisão ao meio de seu lado maior, repetindo-se essa divisão a quantidade de vezes que se deseje.

Este cálculo acabou originando todos os formatos de papel disponíveis, divididos em três série denominadas A, B e C. Cada uma das séries é composta por um formato básico e seus respectivos submúltiplos. O formato básico foi calculado de modo a proporcionar um retângulo com um metro quadrado (1 m²) de área e, assim, facilitar o cálculo do peso do papel empregado.

FIGURA 6.39
Razão harmônica.

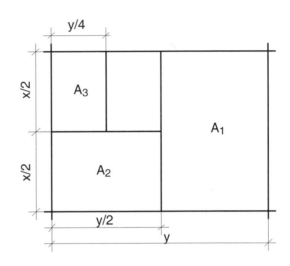

TABELA 6.6
Medidas externas das séries.

SÉRIE AA		SÉRIE BB		SÉRIE CC	
Formato	Milímetros	Formato	Milímetros	Formato	Milímetros
AØ	841 x 1.189	BØ	1.000 x 1.414*	CØ	917 x 1.297
A1	594 x 841	B1	707 x 1.000	C1	648 x 917
A2	420 x 594	B2	500 x 707	C2	458 x 648
A3	297 x 420	B3	353 x 500	C3	324 x 458
A4	210 x 297	B4	250 x 353	C4	229 x 324
A5	148 x 210	B5	176 x 250	C5	162 x 229
A6	105 x 148	B6	125 x 176	C6	114 x 162
A7	74 x 105	B7	88 x 125	C7	81 x 114
A8	52 x 74	B8	62 x 88	C8	57 x 81
A9	37 x 52	B9	44 x 62	C9	40 x 57
A10	26 x 37	B10	31 x 44	C10	23 x 40
A11	18 x 26	B11	22 x 31	C11	20 x 23
A12	13 x 18	B12	15 x 22	C12	11 x 20
A13	8 x 13	B13	11 x 15	C13	10 x 11

* O formato bruto da série B é 1.040 mm x 1.440 mm, as diferenças com BØ representam as aparas do papel original, também denominado de refilo.

- **Gramatura do papel**

A gramatura define e estabelece o peso do papel. Dentro de um metro quadrado, verifica-se quanto pesa uma resma de papel no tamanho 660 mm x 960 mm. A notação empregada é g/m². É também uma medida padronizada pela ISO.

É aconselhável que se tenha à disposição dos analistas uma série de amostras de gramaturas dos papéis (bem como dos tipos dos papéis), pois a definição final do que será empregado dependerá da análise da necessidade que seja feita para o sistema.

A seguir, está colocada a tabela de padronizações para as séries AA e BB e as respectivas medidas e quantidades de folhas tomadas como padrão em ambos os casos.

TABELA 6.7

Padronização ISO de gramaturas.

Gramas por m²	SÉRIE AA Peso de 500 folhas 760 mm x 1120 mm	SÉRIE BB Peso de 500 folhas 660 mm x 960 mm
50	21,280	15,840
51	21,706	16,157
58	24,685	18,374
64	27,238	20,275
70	29,792	22,176
75	31,920	23,760
82	34,899	25,978
89	37,878	28,195
05	40,432	30,096
100	42,560	31,680
110	46,816	34,818
125	53,200	39,600
157	66,819	49,738
189	80,438	59,875
190	80,864	60,192

- **Aplicação da cor em formulários**

A cor nos formulários pode se referir a dois itens diferentes e complementares: a cor do papel e a cor da impressão. Essa relação recebe o nome de fundo e figura. A programação visual e as Artes Plásticas trabalham e pesquisam em profundidade o impacto das cores sobre os seres humanos. Não é o nosso caso neste texto. Apesar disso, não podemos esquecer a ampla gama de possibilidades que a cor nos oferece em termos de análise e criatividade, além de ter o poder de impressionar, expressar e construir uma mensagem completa apenas trabalhando com tons. Isto tudo sem falar da emoção, sensação e da linguagem que pode transmitir a qualquer pessoa e a todos que tenham o dom da visão.

No que diz respeito especialmente à construção de formulários, Le Courier nos oferece a tabela oficial e padronizada de contrastes de cores adotadas para a análise de formulários, que a seguir está colocada.

TABELA 6.8

Níveis de contraste.

CONTRASTE (Legibilidade)	FUNDO (Papel)	FIGURA (Impressão)
1	amarela	preta
2	branca	verde
3	branca	roxa
4	branca	azul
5	azul	branca
6	branca	preta
7	preta	amarela
8	roxa	branca
9	verde	branca
10	preta	branca
11	amarela	roxa
12	roxa	verde
13	verde	roxa

Gostaria de chamar a atenção para o primeiro nível de contraste e o mais perfeito (fundo amarelo, figura preta). Note que é justamente este que é utilizado universalmente para identificar as placas de trânsito, que nada mais fazem que, por meio de símbolos e cores, transmitir uma mensagem de domínio e conhecimento universais.

No que diz respeito aos formulários, quando estamos escolhendo a cor, tanto do fundo quanto da figura, devem ser observados os seguintes aspectos fundamentais.

⇒ *Qual será o uso dado ao formulário?* Se queremos diferenciar atividades, muitas vezes recorremos à cor do papel, embora a cor da impressão se mantenha. Por exemplo, para diferenciar pedidos de mercadorias com pagamento a vista do pagamento a prazo; do retira a mercadoria da entrega posterior. Porém, se vamos usar o formulário para digitação ou leitura constantes, cuidado com a cor do fundo, pois pode provocar fadiga visual. Por exemplo, fixe o olhar numa folha de papel vermelha por um minuto e depois olhe para uma parede branca. A impressão que temos é de que a parede está manchada de vermelho.

⇒ *Qual será o tipo de impressão?* Embora as formas de impressão sejam tratadas em detalhes no item seguinte, vale por ora dizer que, quando se usa a gráfica plana, é mais barato mudar o papel, pois a limpeza da impressora para a troca da tinta é um processo que consome muito tempo e mão de obra, onerando o formulário; se, pelo contrário, se usa a impressão contínua, é preferível mudar a cor da tinta, pois o papel usado em grandes bobinas é que recebe diversas impressões, cada uma com uma cor.

- **Formas e tipos de carbono**

A forma de carbonagem está associada à maneira como serão obtidas as diversas cópias que sejam necessárias pelo sistema de um mesmo documento. Existem cinco alternativas básicas. São elas:

⇒ *Convencional, comum* ou *linha*: o carbono é adquirido em caixas e colocado entre as vias do formulário antes do preenchimento, seja manual ou a máquina; após o uso, é retirado e reaproveitado em outro documento. Assim:

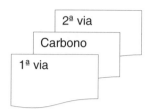

Sua grande vantagem é a durabilidade, pois uma quantidade muito grande de cópias pode ser feita com este processo. Além disso, seu custo é reduzido e a segunda via sempre estará limpa, pois o carbono fica pouco tempo em contato com o papel.

O grande problema que muitas vezes se enfrenta é que o funcionário esquece de intercalar o carbono, além, é claro, do tempo consumido com as operações manuais de carbonagem e descarbonagem. Além disso, há o custo de requisição, compra, estocagem e suprimento que podem provocar a elevação dos custos de emissão do formulário.

⇒ *Descartável*: também denominado de *one time*, *única* e *uma vez*. Como seu próprio nome indica, é fabricado para ser utilizado uma única vez e depois jogado fora. Já é fornecido intercalado nas vias do formulário, seja em blocos ou em jogos. A grande vantagem que este tipo apresenta é a agilização no momento da emissão por eliminar o tempo de carbonagem. No entanto, a descarbonagem deve ser manual, além disso, não permite correções no caso de erros. Por outro lado, deve-se ter muito cuidado com a quantidade estocada, pois, após um ano, o carbono inicia o processo de deterioração.

⇒ *Verso carbonado*: os campos selecionados e especiais que devem ser reproduzidos recebem no verso uma camada de carbono pintada. Existem dois processos básicos:

* *Cold spot carbon*: ou a frio, é um processo inferior, mais barato; a tinta pode ser vermelha, preta ou azul;

* *Hot spot carbon*: ou a quente, é um processo superior, um pouco mais caro, porém oferece melhores condições de uso.

Em qualquer um dos casos, a principal vantagem é que elimina o perigo de esquecimento de intercalação, além de eliminar o tempo de carbonagem e descarbonagem. O problema é que ele suja as mãos, suja os documentos que eventualmente lhe estejam anexos e, por tratar-se de tinta, ela tende a ressecar com o tempo, o que faz com que não se possam ter grandes quantidades estocadas.

⇒ *NCR (Non Carbon Required)*: não requer carbono, pois através de um banho químico feito no verso do papel, este fica impregnado do produto, dispensando o uso de qualquer tipo de carbono. Sem dúvida, é um dos processos mais limpo, mais rápido e mais eficiente. Porém seu custo é elevado e, em algumas oportunidades, há problema de importação do produto químico usado no banho, além de não permitir correções.

⇒ *Sin-Carbon*: é o substituto nacional do NCR, mais barato, mais fácil de ser encontrado. Veja na Figura 6.40 o esquema de aplicação do Sin-Carbon.

FIGURA 6.40
Sin-carbon.

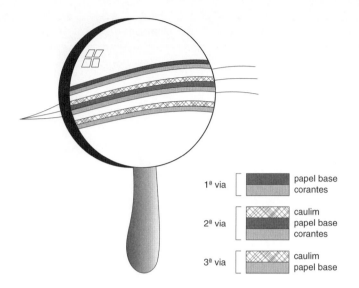

2. Tipos de formulários

Na classificação dos tipos de formulários, é considerada a forma de impressão e o tipo de acabamento. Com estes pontos, podemos classificá-los em planos, jatos, contínuos ou eletrônicos.

Os planos e jatos são produzidos pelo mesmo tipo de impressão, seja tipográfico ou *offset*. Veja o exemplo na Figura 6.41. O que os diferencia é apenas a forma de acabamento que o formulário recebe. Planos são apresentados individualmente, mesmo que em bloco. Os jatos são apresentados em jogos individuais, presos em um dos lados e, normalmente, já carbonados. Finalmente, há o formulário contínuo usado pelo computador. Veja exemplo na Figura 6.42.

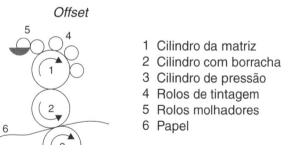

FIGURA 6.41
Processos de impressão.

FIGURA 6.42
Tipos de formulários.

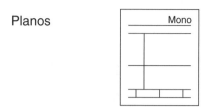
Planos

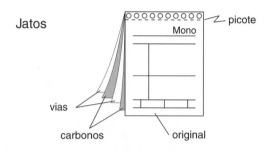
Jatos

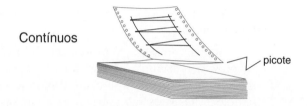
Contínuos

O formulário contínuo, por sua vez, merece uma explicação mais detalhada, considerando-se a grande importância que apresenta para as empresas e a quantidade de detalhes necessários em sua análise.

- **Conceitos gerais de formulário contínuo**
    ⇒ É utilizado por impressoras acopladas a computadores.
    ⇒ Pode ou não conter informações fixas ou variáveis.
    ⇒ As informações podem ou não ser padronizadas.
    ⇒ Pode ou não ter cópias com ou sem carbonagem.
    ⇒ Pode ser pré-impresso ou não quando recebe o nome de *standard*.
    ⇒ Apresentados em sanfona com remalinas, serrilhas e crimpagem. Veja na Figura 6.43, onde se localizam estes detalhes.

FIGURA 6.43

Detalhes de picote, serrilha, crimpagem e remalina.

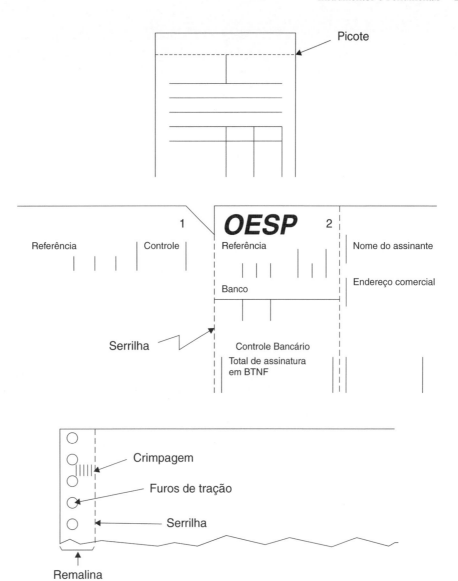

⇒ *Remalinas*: são trilhas com perfurações destinadas ao arrasto do papel pela tração da máquina; elas podem ser duplas ou simples, em uma só lateral ou nas duas.

FIGURA 6.44

Detalhes das remalinas.

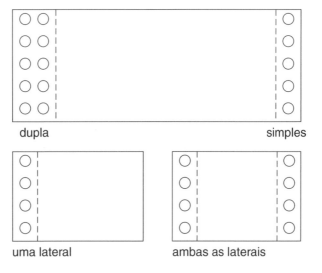

⇒ *Serrilhas*: são pequenas perfurações que permitem destacar o formulário; são encontradas em diversas posições, de acordo com as definições dadas aos formulários. A padronizada é a horizontal de formato que é destinada a facilitar o destaque do formulário da sanfona de origem.

A horizontal intermediária facilita o destaque de uma parte do formulário independente do formato original da sanfona. Veja exemplo na Figura 6.45.

FIGURA 6.45
Detalhes das serrilhas horizontais intermediárias.

A serrilha intermediária interrompida sempre é conjugada com uma vertical, também chamada de salto. Veja o exemplo na Figura 6.46.

FIGURA 6.46
Detalhes das serrilhas intermediárias interrompidas.

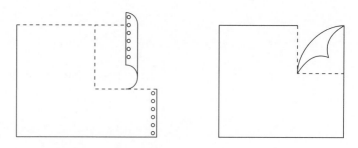

A serrilha vertical de remalina é a especial para facilitar a separação da remalina do formulário, pode ser produzida por processo eletrônico. Veja exemplo na Figura 6.47.

FIGURA 6.47
Detalhe da serrilha vertical de remalina.

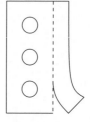

A serrilha vertical intermediária é a que facilita o destaque de uma parte do formulário, difere da horizontal apenas pelo sentido. Veja exemplo na Figura 6.48.

FIGURA 6.48
Detalhe da serrilha vertical intermediária.

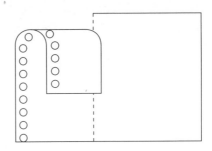

⇒ *Crimpagem*: é a forma de aprisionamento das vias no formulário contínuo; pode receber os nomes de *crimp*, "cola" ou "grampo". No entanto, a forma de aprisionamento para as vias e carbonos vai depender do tipo de formulário, da quantidade de vias, do tipo de equipamento que irá usá-lo, da gramatura do papel e da finalidade do próprio formulário.

⇒ *Cilindros*: da mesma forma que no formulário plano, existem as medidas padronizadas; no formulário contínuo, o padrão é o tamanho do cilindro onde será fixada a chapa contendo a matriz do formulário que será reproduzido. Cada volta completa do cilindro é denominada de "imagem". O ponto, no cilindro onde é aprisionada a matriz, é denominado "área cega" e não recebe impressão gráfica, porém pode receber impressão no próprio computador. A Tabela 6.9 apresenta as medidas para os cilindros e seus submúltiplos. Na Figura 6.49 está colocado um esquema representativo do cilindro da imagem produzida na impressão.

TABELA 6.9
Medidas de cilindros e seus submúltiplos.

Quantidade de Imagens	17" Poleg	17" mm	22" Poleg	22" mm	24" Poleg	24" mm	26" Poleg	26" mm
1	17	432	22	500	24	610	26	660
2	8 1/2	216	11	280	12	305	13	330
3	5 2/3	144	7 1/3	186	8	203	8 2/3	220
4	4 1/4	106	5 1/2	140	6	156	6 1/2	165
6	2 5/6	72	3 2/3	93	4	102	4 1/3	110
8	2 1/8	54	2 3/4	70	3	76	3 1/4	82,5
12	1 5/12	36	1 5/6	46,5	2	51	2 1/6	55

FIGURA 6.49
Cilindro e imagem.

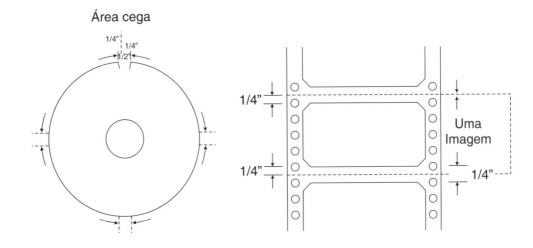

TABELA 6.10
Informações para impressão de formulários contínuos.

Altura		Cilindro		Espaçamento vertical	Linhas disponíveis*		Linhas disponíveis**	
mm	Pol	Pol	Imag		1/6	1/8	1/6	1/8
660	26	26	1	1/6, 1/8	156	208	153	204
610	24	24	1	1/6, 1/8	144	192	141	188
560	22	22	1	1/6, 1/8	132	176	129	172
432	17	17	1	1/6, 1/8	102	136	99	132
330	13	26	2	1/6, 1/8	78	104	75	100
305	12	24	2	1/6, 1/8	72	96	69	92
280	11	22	2	1/6, 1/8	66	88	63	84
220	$8^2/_3$	26	3	1/6	52	—	49	—
216	$8^1/_2$	17	2	1/6	51	68	48	64
203	8	24	3	1/6, 1/8	48	64	45	60
186	$7^1/_3$	22	3	1/6	44	—	41	—
165	$6^1/_2$	26	4	1/6, 1/8	39	52	36	48
152	6	24	4	1/6, 1/8	36	48	33	44
144	$5^2/_3$	17	3	1/6	34	—	31	—
140	$5^1/_2$	22	4	1/6, 1/8	33	44	30	40
110	$4^1/_3$	26	6	1/6	26	—	23	—
106	$4^1/_4$	17	4	1/8	—	34	—	30
102	4	24	6	1/6, 1/8	24	32	21	28
93	$3^2/_3$	22	6	1/6	22	—	19	—
82,5	$3^1/_4$	26	8	1/8	—	26	—	22
76	3	24	8	1/6, 1/8	18	24	15	20
72	$2^5/_6$	17	6	1/6	17	—	14	—
70	$2^3/_4$	22	8	1/8	—	22	—	18
55	$2^1/_6$	26	12	1/6	13	—	10	—
54	$2^1/_8$	17	8	1/8	—	17	—	13
51	2	24	12	1/6, 1/8	12	16	9	12
46,5	$1^5/_6$	22	12	1/6	11	—	8	—
36	$1^5/_{12}$	17	12	1/6	8	—	5	—

* Inclusive área cega (área cega = ½").
** Exclusive área cega.

TABELA 6.11

Largura-padrão de papel para formulário contínuo.

Largura	Denominação do tipo											
	FP 30 g/m²	AP 59 g/m²	AP 63 g/m²	AP 75 g/m²	AP 80 g/m²	CC 90 g/m²	CB 120 g/m²	AP 125 g/m²	PA 190 g/m²	CB 55 g/m²	CFB 53 g/m²	CF 57 g/m²
260	■											
280	■	■	■	■						■	■	■
300	■					■		■				
330		■			■							
340							■					
360	■		■					■				
380	■		■					■				
395			■									
400	■		■			■			■			
420	■		■					■				
440										■	■	■
450	■		■		■			■				
480	■		■					■				
520			■					■				
600			■									
660			■	■								
720			■									
760			■									
790			■									
820			■									

- **Conceitos gerais de formulários eletrônicos**

   Os formulários eletrônicos são aqueles que encontramos quando estamos conectados às redes de comunicação, sejam elas internas (como Intranet) ou externas (como Internet).

   Na atualidade, esses formulários constituem a grande tendência, por inúmeros motivos. Em especial eles são fáceis de controlar, preencher, divulgar, atualizar, transmitir, interligar, além de muito práticos. Constituem um meio limpo de divulgar informações, muito econômico, pois seu custo é apenas de transmissão e, acima de tudo, ecologicamente correto por não destruir a natureza, como no caso do papel e assemelhados.

   Como neste texto não se trata de um curso de *web designer*, mas de oferecer apenas as informações imprescindíveis para que o analista de OS&M possa desenvolver um formulário que será usado eletronicamente, a seguir proponho uma lista de raciocínio e de cuidados básicos que devem ser considerados tratando-se de formulários eletrônicos.

- **Leiaute da página**
   - ⇒ **Largura da página**: o ideal é que seja confeccionada em até 770 pixels, porque essa é a área disponível para uma janela de 800 pixels de largura, suportado pela maior parte dos monitores.

   - ⇒ **Leiaute fluido**: é aquele que se adapta automaticamente ao tamanho da janela do navegador do usuário e não degrada nem se altera quando impresso em qualquer tamanho de papel.

⇒ **Comprimento**: use o mínimo de rolagem possível; as medidas variam dentro dos seguintes parâmetros:

- 634 pixels = cerca de uma tela inteira
- 1.018 pixels = cerca de duas telas inteiras
- 1.334 pixels = cerca de três telas inteiras

⇒ **Quadros**: normalmente provocam problemas de usabilidade; é preferível evitar usá-los.

- **Elementos básicos**

⇒ **Logotipo**: canto superior esquerdo da tela, serve como *link* que conduz à *homepage*; seu tamanho deve ser ao redor de 80 × 68 pixels.

⇒ **Pesquisa**: canto superior direito da tela, em forma de caixa; tamanho de até 171 pixels, com até 30 caracteres, na cor branca, identificado de forma clara.

- **Navegação**

⇒ **Posição**: o uso popularizou sua localização à esquerda.

- **Recursos adicionais**

⇒ **Política de privacidade**: no canto inferior esquerdo.

⇒ **Informações para contato**: na barra de navegação à esquerda.

⇒ **Oportunidade de emprego**: na barra de navegação à esquerda.

⇒ **Livro de visitas**: ou inscrição ou cadastramento, na barra de navegação à esquerda.

⇒ **Ajuda**: normalmente no canto superior direito.

- **Multimídia**

⇒ **Imagens**: entre 5% e 15% da *homepage*; mais do que isso a página ficará poluída visualmente, além de pesada.

⇒ **Música**: na medida do possível não a use; lembre-se de que estamos em ambiente de trabalho.

⇒ **Animação**: use-a somente quando estritamente necessária.

⇒ **Texto ALT**: é a disponibilidade de alternância para usuários com deficiências; é usado de acordo com o público-alvo.

⇒ **Publicidade**: no *site* de trabalho não deve ser incluída.

- **Texto**

⇒ **Tamanho**: média de 12 pontos para texto corrido, 14 pontos para títulos, 9/10 pontos para observações.

⇒ **Fonte**: de preferência sem serifa (tipo Arial, Verdana ou similar); a serifa fina não apresenta boa resolução nas atuais telas de baixa resolução disponíveis.

⇒ **Cor**: preto, vinho, verde escuro (nessa ordem de prioridade, desde que fundo branco).

- **Fundo**

⇒ **Cor**: clara, de preferência branca. Cuidado com as tonalidades amarela e rosa que, apesar de claras, podem provocar fadiga visual.

⇒ **Bordas**: dê preferência para manter as cores da empresa como padrão para identificação visual.

Instrumentos e Ferramentas **277**

⇒ **Motivo**: diz respeito aos elementos colocados no fundo, como o emblema da empresa reticulado ou granulado; use-o sempre em nuanças de cinza, o mais claro possível para não provocar poluição ou fadiga visual.

⇒ **Fios**: dê preferência ao fino (em torno de 0,5 a 0,75 pontos), eventualmente usado com sombreado leve em cinza claro.

- *Links*

    ⇒ **Uso**: sublinhado, na cor azul ou púrpura (desde que não se confundam com as cores da empresa) e sempre com a "mãozinha" do *hiperlink*.

- **Construção**

    ⇒ **Aplicativo**: usa-se normalmente o *FrontPage* para sua elaboração.

Observe no exemplo colocado a seguir o que se comenta. Esta é a página de abertura da Editora Atlas. Observe como as variáveis foram tratadas.

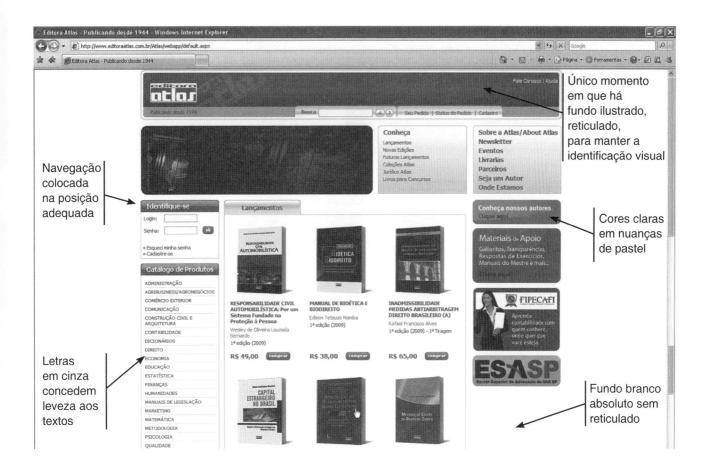

Esta é a figura da primeira rolagem, ou seja, da primeira tela.

Na segunda rolagem aparecem os elementos secundários ou opcionais, observe:

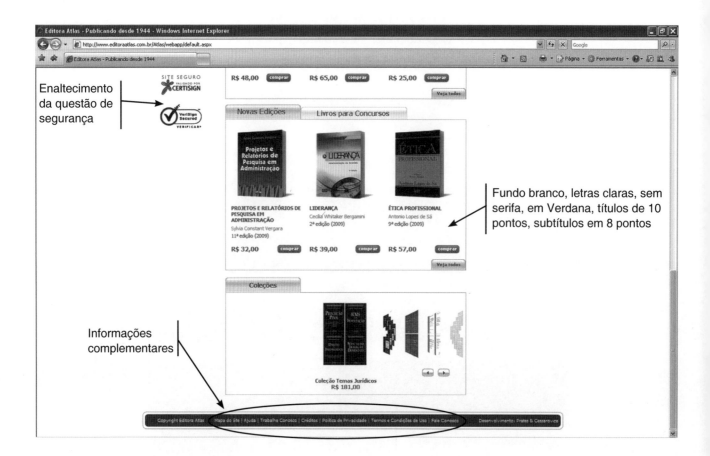

Na página da Editora Atlas foram incluídos diversos formulários. Observe apenas um exemplo, o formulário usado como contato entre a editora e seus clientes.

- **Formas de impressão**: existem três sistemas provenientes dos três princípios básicos de impressão. Na Figura 6.50 você encontra a ilustração desses princí-pios.

FIGURA 6.50
Princípios básicos de impressão.

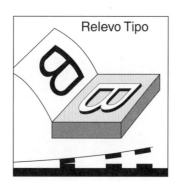

⇒ *Hectográfico*: a matriz é confeccionada em papel *couché* (liso e brilhante) e sob a qual é colocado um carbono copiativo invertido (sua face voltada para cima), o que faz com que o desenho fique gravado no verso do papel *couché*. Essa matriz é presa ao cilindro e este é umedecido com álcool e rodado sobre papel branco. O álcool desprende a tinta do carbono e imprime no papel branco. A quantidade varia entre 50 e 100 cópias, que devem ser feitas em papel *buffon*, por ser poroso e absorvente.

⇒ *Mimeográfico*: semelhante ao anterior, porém o papel que recebe a matriz é banhado em cera de carnaúba e quando datilografado ou riscado desloca a cera e mantém apenas a fibra de papel vazada por onde irá passar a tinta. Essa matriz é colocada no cilindro e usada tinta especial para passar pela tela e imprimir no papel. A quantidade pode chegar até 500 cópias.

⇒ *Tipográfica*: é o mais antigo de todos; é aquele inventado por Gutemberg. Consiste em montar sobre uma placa, tipos móveis que compõem o impres-so. A placa é fixada na máquina impressora, a tinta é colocada pela parte superior, comprimida sobre o papel que vai produzir as cópias transferindo a tinta. Ideal para reproduções onde se exige qualidade e acima de 1.000 cópias.

⇒ *Clichê*: o princípio é semelhante ao anterior, porém não emprega tipos mó-veis mas um fotolito da matriz. Não existe quantidade máxima de cópias, obtendo-se qualidade superior na reprodução. O custo maior é a confecção do fotolito que acaba se diluindo devido à grande quantidade que pode ser reproduzida.

⇒ *Offset*: a imagem primeiro é gravada numa folha de zinco, alumínio ou *plas-tiplate*; essa lâmina é presa a um cilindro de borracha que, por sua vez, irá transferir a imagem para o papel. Não existe limite para a tiragem e a nitidez alcançada é independente do tipo de papel que esteja sendo usado, pois a borracha é capaz de se adaptar a qualquer nível de rugosidade. Observe na Figura 6.51 a forma de impressão em *offset*.

FIGURA 6.51
Impressão em *offset*.

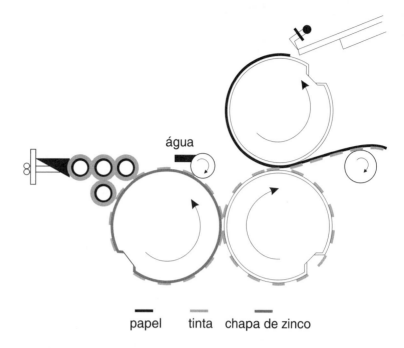

⇒ *Talho-doce*: a gravação é feita numa chapa metálica onde são cavadas as linhas do formulário através de uma ponta de aço, chamada buril, formando sulcos na chapa. Sobre ela é passada a tinta que penetra nos sulcos. No momento em que se passa a chapa sobre o papel, a tinta depositada nos sulcos transfere-se para ele, criando um pequeno relevo. Este processo, pelo seu custo, é usado especialmente para pequenas tiragens de prestígio; mas não existe limite de quantidade, o único problema é a fidelidade de cor que não é mantida. Veja na Figura 6.52 um esquema demonstrativo deste tipo de impressão.

FIGURA 6.52
Impressão em talho-doce.

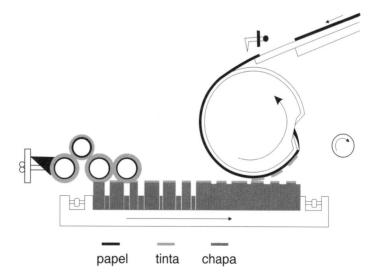

⇒ *Rotogravura*: semelhante ao anterior. Impressão de pequenas covas mais ou menos fundas, dependendo da intensidade desejada de cor, que são gravadas na chapa. Depois de tintado, o cilindro é limpo com uma lâmina de aço, denominada *raclette*, ficando a tinta depositada apenas nos sulcos. Preparado o cilindro, o desenho é transferido para o papel. As superfícies produzidas são completamente lisas e uniformes. Não há limite de cópias. Veja na Figura 6.53 o esquema de reprodução em rotogravura.

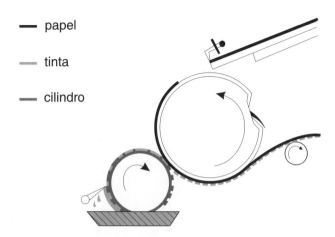

FIGURA 6.53
Impressão em rotogravura.

D. Aplicação

A *Análise de Formulário* está relacionada com a razão e o motivo de para que o formulário é necessário. Esta tarefa, geralmente, é desenvolvida pelo próprio analista de sistemas ou pelo analista de métodos. Devido à especificidade do trabalho que se realiza, já existem especialistas em análise de formulários que, além de tudo o que aqui está colocado, também trabalham com programação visual, artes gráficas, princípios e técnicas de reprografia.

Não é objeto deste texto contemplar a especificidade dessa profissão, portanto, os itens a seguir mencionados e sua análise dizem respeito, apenas, à tarefa desenvolvida no momento do sistema e de sua definição. Assim sendo, as variáveis que deverão ser consideradas são:

1. **Identificação do formulário**
   - **Questões**
     ⇒ Qual o nome real do formulário?
     ⇒ Como o formulário é conhecido?
     ⇒ Quais os objetivos reais do formulário?
     ⇒ Quais os objetivos propostos pelo formulário?
   - **Análise**
     ⇒ Verificar se o nome do formulário fornece ideia clara e exata de seu uso ou função.
     ⇒ Verificar se o nome é caracterizador ou ambíguo.
     ⇒ Verificar se a codificação é adequada ou não.
     ⇒ Verificar se os objetivos são claros e realísticos.
     ⇒ Verificar se os objetivos são necessários e atingíveis.
     ⇒ Verificar se as decisões são tomadas com base nas informações que estão contidas no formulário.
2. **Emissão do formulário**
   - **Questões**
     ⇒ Quais são as condições de preenchimento?

⇒ Quais são os critérios de preenchimento?

⇒ Quem é a pessoa ou área que emite?

- **Análise**

  ⇒ Verificar os níveis de segurança existentes na emissão.

  ⇒ Definir os níveis de atendimento de situações de emergência.

  ⇒ Verificar os níveis de satisfação de interesses pessoais.

  ⇒ Verificar se o processo reprográfico atende às necessidades do formulário e das áreas envolvidas.

  ⇒ Verificar se a "imagem" da empresa está sendo mantida com o formulário.

3. **Fluxo do formulário**

- **Questões**

  ⇒ Em quantas vias o formulário é produzido?

  ⇒ Todas as vias produzidas são necessárias?

  ⇒ Quais os diversos destinos das vias?

  ⇒ Todas as vias produzidas são iguais?

  ⇒ O formulário não pode ser cancelado?

  ⇒ Há quanto tempo este formulário é usado?

  ⇒ Quem solicitou originalmente a criação?

  ⇒ Qual a participação deste formulário no sistema?

  ⇒ Este formulário participa de outros sistemas?

- **Análise**

  ⇒ Verificar se a quantidade de vias é adequada às necessidades da área, do sistema, da rotina.

  ⇒ Verificar se todas as cópias ou vias do formulário são realmente necessárias.

  ⇒ Identificar o sistema de distribuição das vias e verificar se sua execução é rápida e adequada.

  ⇒ Verificar se a velocidade de tramitação é adequada.

  ⇒ Verificar se as cores são usadas adequadamente.

  ⇒ Verificar se todos os formulários usados no processo formam um jogo coerente quando analisados juntos.

  ⇒ Verificar se a forma de expedição está de acordo com o sigilo e segurança das informações que estão sendo veiculadas.

4. **Controle do formulário**

- **Questões**

  ⇒ Quem controla o uso do formulário?

  ⇒ Como é feito o controlo do estoque?

  ⇒ Quais os critérios usados no controle?

  ⇒ Qual o tipo de numeração, codificação, pré-impressão (se houver)? Quem elaborou a definição e atribuição?

  ⇒ A adoção do formulário foi decorrente de norma, circular, lei ou regulamentação especial?

- **Análise**

  ⇒ Verificar se há problemas no processo de registro.

  ⇒ Verificar se é adequado o critério de conferência.

  ⇒ Verificar quais são os níveis de estoques mantidos pelo usuário, almoxarifado e demais áreas.

  ⇒ Verificar qual é a estrutura da numeração, se é automática ou é atribuída pelo próprio usuário.

5. **Forma de arquivamento**

   - **Questões**

     ⇒ Qual o processo atual de arquivamento?

     ⇒ Por quanto tempo o formulário é arquivado?

     ⇒ Quais as condições necessárias de arquivamento?

     ⇒ Quais os processos usuais de retiradas e com que frequência?

     ⇒ Quais os processos usuais para o rearquivamento?

     ⇒ Existem leis que estabeleçam os prazos? Quais?

     ⇒ Como é o processo de destruição ou eliminação?

   - **Análise**

     ⇒ Verificar os níveis de acesso aos arquivos pelo usuário.

     ⇒ Verificar se os arquivos necessários estão disponíveis.

     ⇒ Verificar qual é o ambiente dos arquivos e suas características básicas.

     ⇒ Verificar o sistema de busca e localização empregado e seu nível de adequação às necessidades dos usuários.

     ⇒ Verificar o nível de praticidade do sistema de arquivamento que é empregado.

     ⇒ Verificar quais são as características físicas dos arquivos em especial a relação arquivo *versus* formulário e o inverso.

6. **Aspectos físicos do formulário**

   - **Questões**

     ⇒ Qual o formato e o tamanho de cada via?

     ⇒ Qual o tipo de suporte usado para cada via?

     ⇒ Qual foi a forma de junção das vias que foi usada?

     ⇒ Foi usada a composição de cores? Por quê?

     ⇒ Qual a cor da impressão de cada via?

     ⇒ É necessário carbonagem entre as vias?

     ⇒ Qual o tipo de carbono que é usado?

   Análise

     ⇒ Verificar se o tamanho empregado é padronizado.

     ⇒ Verificar se o tamanho é adequado ao arquivamento.

     ⇒ Verificar se o tamanho atende à segurança necessária.

     ⇒ Verificar quais são os níveis de legibilidade apurado em cada uma das vias *versus* necessário.

     ⇒ Verificar o tipo e a qualidade do carbono empregado.

     ⇒ Verificar qual é a forma de extração do carbono se for o caso.

⇒ Verificar se o papel empregado é o adequado em tipo, cor e qualidade.

⇒ Verificar qual é a forma de utilização das cores.

⇒ Verificar quais custos estão associados ao emprego de cores.

⇒ Verificar se a forma final de apresentação do formulário é adequada ao uso.

7. **Aspectos operacionais do formulário**

- **Questões**

⇒ Quais os principais problemas apresentados?

⇒ Existem benefícios que devem ser mantidos?

⇒ Quais os aspectos positivos existentes?

⇒ Qual o tempo total gasto em sua emissão?

⇒ Qual o custo atual de produção do formulário?

⇒ Quais os níveis atuais de consumo do formulário?

⇒ Quais as características básicas do consumo do formulário?

⇒ Quais os custos associados à expedição e ao arquivamento do formulário?

⇒ Como podem ser minimizados os problemas ou aspectos negativos associados ao formulário?

⇒ O formulário não pode ser sumariamente eliminado?

- **Análise**

⇒ Verificar se a sequência de preenchimento é lógica.

⇒ Verificar se a transcrição dos dados é mínima e sempre igual.

⇒ Verificar se os espaços disponíveis são adequados.

⇒ Verificar se a diagramação é lógica e racional.

⇒ Verificar se existe um mínimo de dados repetitivos.

⇒ Verificar a forma de preenchimento empregado.

⇒ Verificar se os campos são autoexplicativos, claros e com títulos objetivos.

⇒ Verificar se não é possível dividir o formulário em outros.

⇒ Verificar se o formulário não pode ser incluído em outro já existente.

⇒ Verificar se a relação de custo *versus* benefício é adequada à existência do formulário.

⇒ Verificar se não é possível a eliminação do formulário.

Os formulários, quando adequadamente criados e elaborados, constituem uma das mais importantes formas de manipular, divulgar e manter dados e informações. No entanto, todos nós sabemos que sempre estamos a um passo da burocratização dos processos, pois a impressão que temos é que os formulários acabam criando vida própria e se reproduzindo quase que de forma autógena.

Neste caso específico, é muito mais aconselhável que se tenha o controle centralizado numa única área, contando com profissionais especialistas em cada um dos tópicos abordados neste texto.

Independente de tudo isso, no momento em que se processa a análise de formulário, devem ser observados alguns cuidados especiais, na estruturação de suas principais partes componentes. São eles:

- **Identificação do formulário**

  Todo formulário deve ser clara e exatamente identificado no que diz respeito a dois aspectos principais:

  1. *Identificação da empresa* à qual pertence, seja apenas com o logotipo, símbolo ou mesmo com o nome completo quando se tratar de formulário que sairá da organização. A forma de uso deve ser padronizada, independente (ou não) de sua localização; em geral, usam-se duas normas: uma para formulários internos, outra para os formulários externos.

  2. *Identificação do formulário*, seu título, seu nome próprio; deve ser claro, conciso e descritivo o suficiente para permitir sua identificação imediata e seu objetivo básico. É aconselhável que seja colocado na cabeça do formulário e de uma forma padronizada. O título pode ser colocado no pé do formulário quando não haja outra alternativa, ou pelas características próprias do formulário, ou por economia e aproveitamento de papel.

- **Codificação do formulário**

  Este código tem como objetivo principal caracterizar individual e particularmente um formulário. Existem várias alternativas possíveis e que são utilizadas pelas empresas. As mais importantes são:

  ⇒ *Plano de contas*: o grande problema desta alternativa é que constantemente o plano de contas sofre modificações com inclusões ou eventualmente exclusões, o que acaba provocando um formulário com um código que, de um instante a outro, perde o sentido ou não existe mais.

  ⇒ *Estrutura organizacional* (ou de acordo com o organograma): no entanto, podemos acabar caindo no mesmo problema colocado no item anterior.

  ⇒ *Tombo*: é a ordem cronológica, certamente nunca deixará de ser uma ordem, porém não permite o agrupamento lógico ou por sistema, apesar de ser um dos mais utilizados. Para se tentar eliminar este aspecto, constroem-se listas de referência cruzada entre formulários de um mesmo sistema.

  ⇒ *Atividade-fim*: agrupar os formulários de acordo com a afinidade em relação às atividades às que pertence, independente de outros aspectos.

  A colocação, o uso do título e o código do formulário apresentam e concedem ao formulário uma série de vantagens. As principais são:

  ⇒ Individualiza cada um dos formulários não permitindo trocas, erros ou enganos.

  ⇒ Facilita os processos de compra, em especial com relação a terceiros fornecedores.

  ⇒ Facilita a listagem dos formulários para os usuários quando separados de acordo com sua utilização.

  ⇒ Permite elaborar uma referência cruzada com as normas e os procedimentos nos que se encontram envolvidos ou são empregados.

- **Manutenção do formulário**

  A vida e a preocupação com o formulário não terminam no momento em que ele é reproduzido e distribuído aos usuários; sua vida deve continuar sendo acompanhada passo a passo. Para tanto, é necessário possuir um registro de todos os formulários e que nesse registro se coloquem todas as principais características do formulário. Com esse registro é possível:

  ⇒ manter um controle centralizado na área de sistemas sobre a vida e a evolução do formulário;

⇒ conhecer todos os formulários produzidos e codificados para o sistema e para a empresa como um todo;

⇒ proporcionar um processo de requisição direcionado às necessidades específicas de cada área;

⇒ fornecer as informações necessárias ao usuário sobre as características do formulário e sua interligação com outros ou com normas e circulares em que seja mencionado.

- **Arquivamento do formulário**

Deve ser mantido um arquivo completo com a vida inteira do formulário, onde fiquem historicamente registrados fatos tais como:

⇒ qual a necessidade que deu origem ao formulário;

⇒ quais foram as bases iniciais em sua elaboração primeira;

⇒ quantas e quais modificações já sofreu;

⇒ quais quantidades em que foi reproduzido;

⇒ qual a área responsável pela solicitação.

Assim, os documentos devem ser guardados e arquivados individualmente, por código do formulário, onde se armazenará toda a documentação que lhe diz respeito.

- **Acompanhamento do formulário**

Deve ser efetivado por analista ou profissional da área de sistemas que, considerando o processo de centralização, seja a ligação oficial entre todas as partes envolvidas, que podem ser:

⇒ usuários do formulário;

⇒ controle dos estoques do formulário;

⇒ contato para aquisição do formulário;

⇒ contato entre gráficas, seja interna ou externa.

Assim, as bases e princípios para a confecção, adoção ou reprodução dos formulários serão obedecidas e mantidas em todos os casos.

Como exemplo e sugestão, a seguir é apresentado um modelo para levantamento de necessidades de formulário, ele consta no Quadro 6.20.

QUADRO 6.20

Modelo para levantamento de formulários.

Identificação da Empresa	**LEVANTAMENTO DE FORMULÁRIO**	Área / Filial _____ Código do Formulário _____

Nome do Formulário	**Identificação do Emitente**

Descrição dos Objetivos do Formulário

Frequência de Emissão

Diária	Semanal	Quinzenal	Mensal	Anual	Outro
☐	☐	☐	☐	☐	_____

Preenchimento		**Reprodução**		**Uso**		**Outros Dados**
Datilografia	☐	Mimeógrafo	☐	Interno	☐	Nº de Vias:_____
Manual	☐	*Offset*	☐	Externo	☐	Consumo Médio:___
Computador	☐	Computador	☐	Misto	☐	Estoque Atual:_____
Uso Exclusivo	☐	Gráfica	☐	Uso Exclusivo	☐	Custo Médio:_____

Destino da(s) Via(s):	
1º)	4º)
2º)	5º)
3º)	6º)

A partir de quais dados ocorre seu preenchimento?

Tipo de Arquivo	**Tempo de Arquivamento**

Observações Complementares: _____

Deve ser anexado um modelo em branco e um preenchido ambos inutilizados.

Emissão		**Aprovação**	
Nome e Assinatura	Data	Nome e Assinatura	Data

Além dessas informações, no momento em que se elabora a definição de um formulário, devem ser contempladas todas as que lhe dizem respeito, mesmo aquelas que não se aplicam. É o que constitui a denominada "Lista de Definições do Formulário", que deve conter:

1. Identificação: logotipo, título, numeração do formulário inicial e final (se for o caso), numeração de controle.

2. Matéria-prima: qualidade, peso, formato e medidas, cor(es).

3. Via ou cópias: quantidade de vias, papel de cada uma, cor(es), destino.

4. Margens: superior; inferior, esquerda, direita.

5. Perfurações: distância entre furos, posição dos furos (superior, inferior, direita, esquerda), picotes, dobras, vincos.

6. Preenchimento: manual, máquina de escrever, computador (especificar o tipo de impressora), outro tipo de máquina (especificar em detalhes).

7. Carbonagem: convencional, *one-time*, verso, NCR.

8. Impressão: quantidade de vias, cor(es), frente, frente e verso, cabeça a cabeça, cabeça ao pé.

9. Apresentação: forma (bloco, talão, jogo, folhas soltas, formulário contínuo, fichas, outro), quantidade.

10. Aprisionamento: forma (grampos, cola), local (superior, inferior, esquerdo, direito).

11. Meio de impressão: gráfica externa, gráfica interna, reprografia (tipo xerox), heliografia, mimeografia, *offset*, outros (especificar).

12. Prazos: para entrega de prova, para entrega de impresso.

Considerando-se tudo o que foi colocado sobre a Análise de Formulários, é fácil perceber sua importância e a grande ajuda que concede ao sistema no momento em que estão sendo feitas as definições de novas rotinas. Em especial, podem ser destacadas como as principais vantagens:

⇒ Proporciona a redução de custos com processamento manual pois elimina as repetições desnecessárias.

⇒ Reduz a quantidade de erros provenientes das repetições.

⇒ Facilita a eliminação de trabalhos desnecessários.

⇒ Ajuda e facilita a racionalização do trabalho.

⇒ Define a forma de obtenção de dados e informações.

⇒ Ajuda na padronização os dados e as informações.

No entanto, deve-se ter cuidado para que, em nome de uma racionalização desenfreada, não se incorram nos principais problemas da proliferação de formulários. As principais desvantagens podem ser apontadas como sendo:

⇒ inventar necessidades para manter todos muito ocupados.

⇒ desenvolver a análise de formulários só para mostrar serviço, pois a área acabou de ser criada.

⇒ estar preocupado em dar um jeito no formulário atual, numa visão claramente imediatista que, mais cedo ou mais tarde, provocará, com certeza, problemas.

⇒ preocupar-se mais em usar o nosso gosto particular do que naquilo que a área solicitou ou no que o sistema necessita.

6.4.3 Redação técnica

A. Objetivo

- Servir como base e instrumento no processo de comunicação empresarial, tanto interno quanto externo.
- Ferramenta utilizada na confecção de qualquer um dos instrumentos organizacionais descritos até este momento, independente da finalidade e da etapa de desenvolvimento.
- Utilizada na produção de projetos, relatórios, atas, comunicados, elaboração de normas, padrões, enfim qualquer instrumento que utilize a palavra escrita como meio base do processo de comunicação.

B. Definição

- É o tipo característico de redação utilizado e empregado nas empresas na construção dos mais diversos tipos de documentos.
- É um processo produtivo como outro qualquer. Tem uma entrada que consome horas de trabalho e mão de obra a fim de produzir uma saída, e o produtor ou fabricante (autor) deve considerar tanto a quantidade como a qualidade do trabalho realizado.

C. Descrição

- **Considerações gerais:** Quando se utiliza a redação técnica, no momento em que é elaborado um documento, devem ser levados em consideração os aspectos a seguir descritos:

1. Definição da tarefa

A primeira tarefa é definir claramente o que se deseja escrever, qual a finalidade e qual é o objetivo do que se vai escrever; quando esta definição não ocorre logo no início, acabamos produzindo um texto cuja utilidade desconhecemos ou então tão confuso que acaba não servindo.

2. Público-alvo

Definir exatamente quem será o público leitor do texto, qual o jargão utilizado, quais os termos técnicos comuns da área, como eles são empregados, seus respectivos significados e qual o nível de escolaridade dos futuros leitores. De nada adianta que seja produzido um texto impecável e perfeito se ele não é entendido pelo público ao qual se destina.

3. Nível de detalhamento

Deve ser definido em função da necessidade do leitor e do que se pretende comunicar. Existem duas situações possíveis:

⇒ o nível necessário para o sistema e para a situação apresentada é *igual* àquele que o leitor apresenta. Nestes casos, deve-se apenas ter o cuidado de escrever na linguagem do usuário;

⇒ o nível necessário para o sistema e para a situação apresentada é muito *maior* que aquele apresentado pelo usuário; neste caso, existem duas alternativas possíveis:

I acrescentar no documento, que está sendo produzido, todas as informações que sejam necessárias para que o usuário entenda perfeitamente a mensagem. Porém, corre-se o risco de produzir um documento extenso, pesado, cansativo, com cara de apostila de cursinho;

II apresentar proposta para elaboração de curso especial de reciclagem para que, através dele, seja possível transmitir ao usuário todos os conceitos que são necessários.

Seja qual for a decisão tomada ou a escolha da alternativa, ela deverá ser feita de comum acordo com o usuário e o tema deve ser discutido exaustivamente com toda a equipe envolvida no sistema, para que a decisão contemple todas as possibilidades que podem ocorrer durante todas e cada uma das fases do sistema.

4. Informações disponíveis

A informação é a matéria-prima mais importante para a redação técnica. Para que se alcance a qualidade necessária e desejada, é preciso que as informações disponíveis sejam adequadas em quantidade, qualidade e relevância. Após as três definições anteriores iniciais, é preciso que se questione se as informações disponíveis são efetivamente aquelas que serão empregadas no documento. Se esta resposta for negativa, deve ser desenvolvida a pesquisa e investigação dos dados necessários.

5. Pesquisa e investigação dos dados

Deve-se saber, antes de iniciar a pesquisa, o que exatamente se está procurando ou o que está faltando, se todas as etapas do sistema foram adequadamente desenvolvidas, esta definição é fácil e rápida. Se alguma etapa foi eliminada, esquecida ou "pulada", provavelmente o trabalho irá ser bem maior, pois a ausência pode se localizar em passos anteriores. A partir daí definir qual é ou quem é a fonte de origem que pode fornecer o dado faltante.

6. Estrutura do texto

Antes de iniciar a redação propriamente dita, é necessário definir em qual ordem a escrita será efetivada. Isto abrange a definição do índice e o conteúdo que será abordado em cada um dos itens; o objetivo deste trabalho é estabelecer onde começa e onde termina cada uma das divisões que irão compor o texto. Uma forma de elaborar este índice é o seguinte:

⇒ pegue uma folha de papel grande, tamanho A0; divida-a em quadrados de aproximadamente 20 cm de lado e cole-a na parede com fita adesiva;

⇒ recorte pedaços de papel branco com mais ou menos 15 cm X 10 cm;

⇒ escreva em cada tira de papel branco o nome dos principais itens que devem ser abordados no documento, sem se preocupar com a ordem ou a lógica de aparecimento;

⇒ quando terminar, pegue um qualquer e descreva o que ele vai conter; faça isso em todos eles;

⇒ destaque, de alguma forma, com caneta de outra cor mesmo, o título;

⇒ quando tiver terminado todas as definições, espalhe todos os papéis sobre sua mesa e verifique se não falta nada, se não existem repetições;

⇒ coloque as papeletas na ordem lógica que julgar mais conveniente;

⇒ estude novamente a distribuição, critique-a, verifique se tudo foi realmente incluído, faça quantas mudanças desejar até que você esteja completamente de acordo;

⇒ agora, cole na mesma ordem, um a um, os pedaços de papel naquele outro que está preso na parede;

⇒ terminando, com uma caneta de outra cor ou um marcador, numere cada um dos itens na ordem cronológica em que irão aparecer;

⇒ quando estiver concluído o trabalho, afaste-se do quadro e olhe-o de longe, analise-o;

⇒ mude tudo que você julgar que deva ser mudado;

⇒ uma vez terminado, chame outros profissionais e peça que eles critiquem seu quadro; neste momento é importante que você ouça as opiniões de todos e verifique se elas são pertinentes.

A partir dai, só é necessário incluir uma abertura (introdução, apresentação) e um fechamento (conclusão, síntese, resumo, considerações finais) no trabalho, pois o índice já está pronto.

Só mais um detalhe, os títulos devem ser curtos, claros e exatos. A função principal do título é identificar a matéria que será desenvolvida e não resumir seu conteúdo.

7. Redação técnica

Só quando estiver pronto todo o índice é que se começa a escrever. E, provavelmente, este seja o momento mais difícil. Porém, lembre-se que "*só quem não sabe pensar não sabe falar e não sabe escrever*" e, certamente, este não é o seu caso nesta altura dos acontecimentos. Mas se o bloqueio persistir, responda às seguintes perguntas:

⇒ Qual a natureza do que será escrito?

⇒ As informações são suficiente e adequadas?

⇒ São compreensíveis?

Se uma das respostas for *não* ou *não sei*, volte, pois algo está faltando e, com certeza, o texto não será produzido.

Conforme as respostas forem surgindo, mentalmente ou em voz alta (não se preocupe com os outros, todos nós, escritores, falamos em voz alta quando sozinhos, é uma forma de *ouvirmos* como ficará a frase que estamos construindo), escreva direto da forma como elas forem sendo elaboradas.

Não se preocupe, no início, com a exatidão, tenha em mente apenas a espontaneidade, pois essas duas formas de escrever dificilmente são coordenadas em simultâneo.

É mais conveniente que neste primeiro momento você se preocupe com a espontaneidade e percorra a matéria na íntegra, com tudo aquilo que você julga que seja necessário. Deixe para que a edição se preocupe com a exatidão do texto.

Terminada a redação, reveja tudo que foi produzido à luz das definições que você elaborou anteriormente e faça todas as correções necessárias. Não se esqueça que ela representa a estrutura do texto e que ela já foi discutida exaustivamente, inclusive com outros profissionais. Portanto, não deve ser mudada.

Faça parágrafos individuais para cada ideia que será desenvolvida. Mantenha, sempre que possível, uma média de 12 linhas por parágrafo. Quando temos parágrafos muito grandes pela frente, nossa tendência natural é ler duas vezes a mesma linha.

A separação em partes auxilia o entendimento e facilita a leitura. Os itens, subitens, tópicos devem ser coerentes entre si e em relação à divisão inicial.

Apesar desta vantagem, não faça uma série interminável de divisões, o bom-senso indica, em média, quatro.

- **Estilo da redação técnica**

Se você está habituado a ler as obras de algum autor, tenho certeza que se lhe oferecerem um parágrafo, mesmo que solto e sem identificação, para ler, você saberá, pela forma de construção das frases, que se trata de seu autor preferido.

O estilo na escrita é como na pintura, identifica seu autor sem que tenhamos necessidade de verificar a assinatura no quadro. Na escrita, no entanto, é algo muito mais sutil e imponderável.

Aqui, estilo tem outra conotação. Refere-se à forma como o autor seleciona, organiza e estrutura o material disponível. Em redação técnica, estilo tem um significado restrito e muito mais exato.

Além disso, mesmo na redação técnica, não se pode esquecer que também se deve dominar perfeitamente a estrutura e a mecânica da linguagem que se emprega. O ato de produzir material técnico não nos isenta de ter precisão formal e gramatical. Neste caso, certamente, a linguagem acadêmica é a mais correta para expressar exatidão e evitar a ambiguidade.

Essa linguagem acadêmica se preocupa, de modo especial, com os seguintes aspectos:

1º Clareza

O objetivo fundamental da redação técnica é a comunicação; por isso a qualidade mais desejável é a clareza. Se uma explicação é clara para o usuário, o objetivo foi alcançado.

2º Simplicidade

Junto com a clareza sempre está associada a simplicidade de estruturas e de construção. Com ela, a redação produzida será tão clara e exata quanto a linguagem matemática.

3º Brevidade

As notas técnicas concisas podem ser as mais adequadas entre pessoas com o mesmo nível de conhecimentos. Muitas vezes, no entanto, na área de sistemas, e em especial na Engenharia da Informação, podemos abrir mão da brevidade para poder explicar um termo técnico novo que, eventualmente, seja desconhecido do público-alvo.

4º Redundância

Geralmente, elas ocorrem porque as ideias não estão suficientemente claras. Ou, por outro lado, por se pensar que a qualidade se mede pela quantidade. Outras ainda por se buscar um estilo rebuscado. Em qualquer um dos casos, a redundância não cabe na redação técnica.

5º Exatidão das ideias

Saber exatamente o que se quer escrever é o primeiro passo para que não se produzam frases vazias, ou apenas um amontoado de frases que nada dizem. Se isto lhe ocorrer alguma vez, não se envergonhe, peça ajuda.

6º Quantidade produzida

A quantidade produzida não é indício de qualidade. É provável que alguns profissionais possam, algumas vezes, enaltecer a quantidade, mas lembre-se que não se mede a qualidade de um texto pela quantidade de páginas que ele apresenta.

7º Disposição para escrever

Muitas vezes, o que ocorre é que o redator julga que a frase não está clara e, para consertar a situação, ele produz outra explicando a primeira. O resultado é dois períodos ruins e confusos. É preferível esquecer tudo e começar de novo.

8º Rebuscamento no estilo

O correto na redação técnica é clareza, sobriedade, simplicidade. Não há lugar para rebuscamentos ou preciosismo. No entanto, a simplicidade não é sinônimo de ausência de estilo. É possível escrever um texto técnico que seja literatura de alto nível, o exemplo clássico é o famoso *A origem das espécies*, de Charles Darwin.

9º Dúvida nas ideias

O sintoma mais imediato é escrever "ou seja", "em outras palavras", "isto é". Isto significa reconhecer publicamente que se está escrevendo duas vezes a mesma coisa. Diga-a claramente uma única vez. Se o exemplo se faz necessário, um só deve ser suficiente.

10º Uso de modismos

Nossa linguagem coloquial pode estar repleta deles, porém numa redação técnica, eles não têm lugar. Além disso, alguns são tão específicos de uma faixa etária ou de um nível social que apenas para essas pessoas apresentam sentido.

11º Pontuação

As regras de pontuação têm como objetivo proporcionar mais clareza à linguagem escrita, inflexão e ritmo à palavra falada. Os símbolos de pontuação fornecem a "musicalidade" na leitura; as regras são importantes mas só a prática indicará o melhor uso numa determinada situação.

12º Tamanho das frases

Não há necessidade de se ter como base apenas frases curtas. O estilo "telegráfico" pode ser tão irritante quanto uma interminável série de frases. Desde que seja possível, indica-se a média de vinte palavras por frase. Porém, use o bom-senso.

13º Tempos verbais

A maior parte dos documentos são escritos no presente do indicativo. No caso de propostas de modificações, devem ser descritas como se já existissem. O passado, geralmente, é utilizado para descrever informações básicas, apesar de também ser correto o uso do presente histórico. O futuro é empregado para descrever os resultados que são esperados com as ações propostas.

14º Terminologia

Deve ser empregada aquela que seja consistente com o documento que está sendo produzido. Não se preocupe com a repetição de termos técnicos e não busque sinônimos para eles, pois isso mais confunde que ajuda. Além disso, evite superlativos, exageros, enaltecimentos ou críticas. A redação técnica é usada para descrever, não para vender, persuadir, elogiar ou coisas pelo estilo.

15º Construção de frases

Escreva no sentido direto; não use frases vazias, duvidosas ou imprecisas. Lembre-se que o objetivo de um documento técnico é a precisão. Sempre que possível, especifique e quantifique, mesmo quando se tratar de uma probabilidade estatística de ocorrência.

16º Emprego do humor

O humor não cabe dentro da redação técnica e não deve ser usado. Mesmo porque, o sentido de humor nas pessoas é particular, individual e pessoal e pode provocar dupla interpretação.

17º Uso de descrições

Duas formas alternativas existem: das partes para o todo, e o inverso, do todo para as partes. O analista pode ficar na dúvida quando descrever um sistema: se deve adotar um ou outro caminho. Uma alternativa é iniciar com uma breve descrição do sistema, depois o detalhamento e encerrar com um resumo. Em alguns casos, é preferível separar por funções do que em partes físicas.

18º Impactos ambientais

Sempre que eles existirem, devem ser descritos e previstos nos documentos que estão sendo produzidos. Não oculte que o ambiente será afetado pelas funções do sistema.

19º Visão global

Independente da posição hierárquica que o usuário ocupe na estrutura organizacional, ele deve sempre receber uma descrição global do sistema, isto fará com que ele saiba o que ocorrerá se algum erro for cometido, ou onde recorrer se alguma coisa falhar.

- **Utilização das ilustrações**

Todas as ilustrações constantes no texto técnico devem ser planejadas e previstas junto com o desenvolvimento do próprio texto. Uma ilustração adequada pode reduzir o texto e simplificá-lo. Como já foi dito em seu momento, uma imagem vale por mil palavras. O conteúdo da ilustração deve ser definido pela mesma pessoa que está elaborando a redação do documento; mesmo quando não se possui o dom de desenhar, deve-se montar o primeiro rascunho, verificando a sincronia entre texto e ilustração. Essas ilustrações, visam:

⇒ fornecer uma imagem de alguma característica de objetos, máquinas ou equipamentos (veja como exemplo a Figura 6.49);

⇒ descrever relações internas físicas ou lógicas que de outra forma seriam difíceis de projetar (veja como exemplo o diagrama geral de desenvolvimento deste livro, colocado após o índice);

⇒ destacar partes ou peças através de recursos gráficos como a foto ou o desenho explodido (veja como exemplo a Figura 6.21).

As ilustrações devem ser compatíveis com o nível do texto, com o objetivo do documento e direcionado ao público leitor.

1º Comicidade

Como já foi dito (16ª observação anterior), os desenhos cômicos, as piadas, as sátiras, as caricaturas, as *charges* não são aplicáveis no texto técnico. A defesa mais frequente para seu uso é de que chamam a atenção e atraem para a leitura. Isto é um engano, ninguém, nas empresas, lerá por passatempo, mas para obter informações e saber o que fazer em determinada situação empresarial.

2º Poluição visual

Da mesma forma que uma ilustração pode auxiliar na transmissão de uma mensagem, seu uso excessivo prejudica, polui e confunde o leitor. As ilustrações devem ser usadas com sobriedade e bom-senso.

- **Revisão da redação técnica**

Após concluída a elaboração e produção do texto, ele deve ser integralmente revisto, considerando-se dois pontos de vista:

1º Revisão técnica

O objetivo da revisão técnica é verificar se o texto está completo, coerente, integrado e lógico. A revisão técnica diz respeito ao conteúdo. Deve ser desenvolvida junto com outros analistas e contar com a ajuda do usuário ao qual o documento se destina.

2º Revisão gramatical

O objetivo da revisão gramatical é verificar se o texto foi produzido de acordo com as regras gramaticais, sintaxe, concordância, ortografia, morfologia da língua na qual foi escrito o documento. A revisão gramatical diz respeito à forma. Deve ser desenvolvida por profissional especializado no assunto.

D. Aplicação

Muitos são os tipos de documentos desenvolvidos dentro de um complexo empresarial, nos quais se emprega a redação técnica. Esses documentos têm como finalidade básica estabelecer e divulgar regras, normas, parâmetros que disciplinam e normatizam as ações e atividades nas diversas etapas de desenvolvimento de qualquer trabalho. Visam, em especial, conduzir todas essas atividades sem interrupção e, além disso, prever em quais circunstâncias podem ocorrer variações e desvios, estabelecendo as ações respectivas.

O que diferencia um documento de outro é apenas seu objetivo básico. Assim, todas as colocações feitas até este momento são válidas para todos eles.

Os principais documentos empresariais são:

1º Memorando

É um meio de comunicação interna rápida; seu uso é mais informal, despersonalizado; é curto e incisivo, vai direto ao assunto.

2º Relatório

É a exposição narrativa de um assunto ou fato organizacional; trabalha em sua essência com constatações; pode apresentar diferentes níveis de detalhamento; o maior cuidado diz respeito ao equilíbrio na narrativa.

3º Circular

Apresenta um único item ou tema que deve ser comunicado em geral; conceitua o que é, informa que existe e estabelece as regras básicas sobre o tema.

4º Projeto

Tem como objetivo apresentar um problema e desenvolver uma alternativa de solução. Os principais cuidados que se devem ter dizem respeito à ordenação dos argumentos, à classificação das importâncias e à estruturação lógica dos diversos itens abordados.

5º Manual

Indicam em especial como fazer uma determinada atividade. Dependendo de seu uso, podem ser classificados em:

a. *Organizacional:* estabelece a estrutura existente na empresa; define cargos, funções, níveis de autoridade, responsabilidade, delegação.

b. *Diretrizes:* são guias para orientar o raciocínio no processo de tomada de decisão; canalizam as decisões no percurso até os objetivos empresariais; facultam algum nível de arbítrio.

c. *Procedimentos:* fixam métodos ou um conjunto de técnicas e processos para trabalhar com atividades futuras; constituem mais guias de ação do que de raciocínio; estabelecem a sequência cronológica de atos.

d. *Normas:* podem ser denominados também de *instruções*; estabelecem um curso de ação específico e definido em certa situação; são guia de ação; não permitem nenhum grau de liberdade; podem ou não estar contidas no procedimento.

e. *Operações:* são empregados dentro de unidades produtivas; estabelecem a sequência e métodos que devem ser empregados na execução das respectivas operações.

f. *Padrões:* são especificações predeterminadas para atividades específicas da empresa como as relacionadas com os níveis de qualidade.

g. *Técnicos:* geralmente acompanham o produto final e também recebem o nome de *instalação*; fornecem as características básicas do produto, potência, peso, funcionamento; podem ter uma apresentação detalhada de partes e componentes; podem apresentar especificações de regulagem, tolerância, capacidade, velocidade, voltagem, amperagem.

h. *Formulários:* representam cada um dos formulários existentes dentro da empresa com todos os detalhes que lhe dizem respeito.

i. *Funcionários:* fixam e divulgam os direitos e deveres do empregado dentro da empresa; planos de ajuda e benefícios, prêmios e sanções e demais assuntos pertencentes ao tema.

Independente de seu objetivo e da forma como são desenvolvidos, existem alguns problemas associados ao uso de manuais dentro das empresas. Os mais destacáveis são:

⇒ Conflito entre os níveis que devem ser adotados no detalhamento, conforme descrito no item que trata do estilo da redação técnica. Quanto mais geral, menos sofrerá o processo de desatualização, porém não poderá ser usado como guia de ação. Quanto mais detalhado, mais rapidamente ele se tornará obsoleto, porém enquanto for aplicável ele reduzirá o nível de erros.

⇒ Devido aos objetivos de cada um deles, não contempla em nenhum momento o lado informal das decisões, das operações, das normas, das ações empresariais.

⇒ Apresentam altos custos de elaboração, produção, implantação e manutenção, pois deve-se contar com profissionais especializados para a elaboração de cada um deles.

⇒ Nos casos em que houver alto índice de desatualização, o custo se eleva em função das constantes manutenções necessárias, pois de nada adianta um manual desatualizado.

⇒ Devido à dinâmica dos negócios e da vida empresarial, há uma certa tendência dos manuais à inflexibilidade, isto será agravado se no planejamento de sua estrutura não for previsto o processo de atualização.

6.4.4 Documentação de sistemas

A. Objetivo

- Proporcionar um conjunto de documentos que possibilitem a manutenção futura do sistema e a avaliação do desempenho do sistema.
- Registrar de forma oficial todos os esforços associados ao sistema pela equipe de profissionais envolvidos, os custos relacionados às atividades, às soluções e que serão usados como material de apoio em outros trabalhos de desenvolvimento, similares ou não.
- Demonstrar os dados conhecidos, de forma lógica e suas relações entre as partes envolvidas.
- Facilitar o entendimento entre equipes que estejam associadas em projetos e entre os participantes de cada uma das equipes envolvidas.
- Oferecer uma descrição global e exata de todos os trabalhos desenvolvidos dentro de um sistema.

B. Definição

- Coletânea de todos os papéis, formulários, documentos, apontamentos que são produzidos durante todas as etapas da vida de um sistema qualquer.
- Organização e estruturação lógica da coletânea de documentos provenientes de um sistema qualquer.

C. Descrição

A documentação de um sistema, seja ele qual for, deve ter como características básicas ser exata, racional, simples e completa.

Não se trata de estabelecer neste capítulo como ela deve ser produzida. Ela já existe e já foi produzida ao longo de cada uma e de todas as etapas descritas nos capítulos anteriores deste texto.

A preocupação maior diz respeito à fixação de padrões adequados que deverão ser seguidos por todos os envolvidos. Estes padrões tanto podem contemplar documentos produzidos pela equipe de Engenharia de Sistemas, pelo usuário ou, simplesmente, um documento burocrático como é o caso de uma aprovação para uma mudança no sistema já existente e em uso na empresa.

A documentação do sistema, não importando sua origem ou a forma de confecção, deve sempre estar atualizada e completa com todos os fatos e atos que representam a vida do sistema. Assim, ela deve ser confeccionada em folhas intercambiáveis que facilitem a retirada, consulta, devolução e substituição. Em todas as folhas deve estar identificado a qual sistema pertence.

Duas são as grandes divisões que podem ser feitas com relação aos documentos gerados. São elas:

1. Arquivo do projeto

Deve conter todos os documentos gerados ao longo da vida do projeto e do sistema, a última versão dos documentos aprovados e, considerando que é um histórico voltado para trabalhos futuros, os desenhos, ideias, discussões e propostas das tarefas que estão sendo executadas. Representa a situação atualizada em que se encontra o desenvolvimento e serve como ponte para a comunicação entre equipes de trabalho.

Não existe uma regra básica para a estruturação do índice do arquivo do projeto, mas o bom-senso indica que é preferível, dentro da separação básica do assunto, que é o título do projeto, manter-se uma divisão o mais parecida possível com os passos e etapas do desenvolvimento do projeto descrito a partir do Capítulo 2.

O arquivo deve conter um índice, dentro do índice o conteúdo de matérias e as remissivas necessárias. Elaborar o arquivo não deve significar duplicação de documentos; eles devem ser únicos, centralizados, fáceis de serem localizados e acessados; cada vez que um documento for retirado do arquivo, deve ser colocado, no conteúdo respectivo da matéria, a especificação de que foi retirado, por quem e para quê; quando da devolução, basta acrescentar a data em que ela ocorreu.

Um só motivo existe que justifique a duplicação de documentos: várias equipes estão trabalhando no mesmo projeto simultaneamente. Nestes casos, deve-se ter cuidado para que uma equipe não esteja trabalhando com uma versão do documento desatualizada. Assim, deve ser acrescentada a informação da duplicidade da documentação e quem é o depositário de cada uma das cópias.

2. Arquivo do usuário

É originário do arquivo do projeto, basta para isso reorganizar itens, copiando e redigindo notas que estejam adaptadas à linguagem do usuário. Não pode, em momento algum, ser de conteúdo diferente daquele existente no arquivo do projeto. Este arquivo deve ser mantido em separado do arquivo do sistema, usando-se referência cruzada para sua indicação e identificação.

D. Aplicação

Apenas como sugestão, é apresentado a seguir um possível índice para o arquivo do projeto. Ele foi elaborado levando em consideração o método de desenvolvimento de sistemas e de Engenharia da Informação, já descrito anteriormente nos Capítulos 2, 3, 4 e 5.

1. Identificação da empresa

- Identificação e histórico da empresa.
- Características básicas de mercado, produto, produção.
- Organogramas e estruturas divisionais e setoriais.
- Políticas, normas, regulamentos, diretrizes.
- Glossário de termos e abreviaturas utilizadas.
- Normas vigentes para sistemas.

2. Direção do projeto

- Estrutura: composição do comitê de direção; bases da engenharia da informação empregadas.
- Profissionais: mão de obra alocada; profissionais e cargos; nomeação das pessoas envolvidas.
- Planejamento: calendários e cronogramas. Gráficos e diagramas das atividades; cronogramas de fases e etapas; comparações e acompanhamento dos crono-gramas
- Controle: orçamentos; relatórios e informações de custos e benefícios; relatórios de evolução e progressos; alterações e mudanças efetuadas durante o projeto; atas de reuniões, relatórios de demonstrações, exposições; correspondência em geral sobre o projeto.

3. Desenho do sistema

- Situação atual: análise de oportunidades; análise e desenho do sistema atual; definição do problema; estudo da estrutura existente; processo dos produtos; fluxos e diagramas das informações; avaliação da situação atual.
- Necessidades e limitações: objetivos que devem ser alcançados pelo novo sistema; estrutura; informações; desenho global da situação atual e de suas necessidades e limitações; contatos efetuados; levantamento de dados; sugestões recebidas.
- Situação proposta: desenhos, diagramas, fluxos da proposta; fluxo de informações; desenho de arquivos do sistema; necessidades de *software* e *hardware*; definição de subsistemas; revisões e alterações.
- Objetivos do novo sistema: definições aprovadas do problema; objetivos definidos para o sistema; parâmetros do sistema; método de desenvolvimento.
- Necessidades para o novo sistema: organizacionais; informações; controles; mão de obra; equipamentos; máquinas; fluxo de informações; funções e suas definições; gráficos das funções; arquivos; inter-relações e seus fluxos; fluxo dos dados; especificações de sistema; especificações de subsistemas.

4. Desenvolvimento do sistema

- Subsistemas: definição; diagramas; fluxos; arquivos; tabelas; parâmetros; *hardware*; *software* (para cada subsistema).
- Programação: especificações; programação básica; parâmetros; testes.
- Programas: diagramacão; definição; descrição; rotinas; arquivos; registros; tabelas; codificação; compilação; teste (para cada programa).
- Procedimentos: definição; descrição; fluxo; estrutura; *layout* de formulários, relatórios e listagens (para cada um dos procedimentos).
- Testes: programas; rotinas; módulo; subsistemas; sistema.

5. Implantação do sistema

- Operação: definições; inicialização; instruções; cronograma e cronologia de operações; informações de erros e exceções; conversões de arquivos e programas; rotinas de verificação
- Conversão: cronograma; definições; execução.
- Treinamento: programas; cronogramas e calendários.

6. *Hardware* e *software*

- Propostas apresentadas.
- Análise de *hardware* e *software*.
- Seleção e decisão.
- Instalação de *hardware*.
- Testes e verificações de *software*.
- Avaliações de *hardware* e *software*.

7. Manutenção

- Avaliações do desempenho do sistema.
- Solicitações de modificações.
- Análise das solicitações.
- Providências de manutenção.

A seguir, um exemplo de documentação de sistemas padronizado pela diretoria de sistemas da Universidade São Marcos, que é utilizado pelos alunos dos cursos correlatos para documentação de sistema. A publicação está sendo feita com a anuência expressa da instituição.

CRONOGRAMA DE EXECUÇÃO DE PROJETO

Projeto:

Sistema:

Subsistema:

Data:

Página:

Substitui Anterior de

DESCRIÇÃO DA ATIVIDADE	ORÇADO/ REAL	PERÍODO												
		1º MÊS	2º MÊS	3º MÊS	4º MÊS	5º MÊS	6º MÊS	7º MÊS	8º MÊS	9º MÊS	10º MÊS	11º MÊS	12º MÊS
	SEMANA	1 2 3 4	1 2 3 4	1 2 3 4	1 2 3 4	1 2 3 4	1 2 3 4	1 2 3 4	1 2 3 4	1 2 3 4	1 2 3 4	1 2 3 4	1 2 3 4

ELABORADO POR:

COORDENADO POR:

PROFESSOR ORIENTADOR:

AVALIAÇÃO:

PLANEJAMENTO DE ALOCAÇÃO DE MÃO DE OBRA

Projeto:	Data:
Sistema:	Página:
Subsistema:	Substitui Anterior de

FASE/ ATIVIDADE	TIPO DE PROFISSIONAL	PERÍODO DE _____ A _____												TOTAL H/M*
		J	F	M	A	M	J	J	A	S	O	N	D	

ELABORADO POR:	COORDENADO POR:	PROFESSOR ORIENTADOR:	AVALIAÇÃO:

*   Horas/mês totais

DESCRIÇÃO DA LÓGICA GLOBAL

Projeto:	Código:	Data:
Sistema:	Código:	Página:
Subsistema:	Código:	Substitui de:
Programa: Código:	Rotina:	Código:

| ELABORADO POR: | COORDENADO POR: | PROFESSOR ORIENTADOR: | AVALIAÇÃO: |

FLUXOGRAMA DE OPERAÇÃO

Projeto:	Código:	Data:
Sistema:	Código:	Página:
Subsistema:	Código:	Substitui de:

FLUXOGRAMA DE OPERAÇÃO	DESCRIÇÃO

ELABORADO POR:	COORDENADO POR:	PROFESSOR ORIENTADOR:	AVALIAÇÃO:

DESCRIÇÃO DE PROGRAMA

Projeto:	Código:	Data:
Sistema:	Código:	Página:
Subsistema:	Código:	Substitui de:

Programa:	Código:

OBJETIVOS DO PROGRAMA:

___

FLUXOGRAMA

      I   P   O

	ORDEM	DENOMINAÇÃO	TIPO	I/O	ORGANIZAÇÃO	NOME DO ARQUIVO
DENOMINAÇÃO DOS ARQUIVOS	1					
	2					
	3					
	4					
	5					
	6					
	7					
	8					
	9					
	10					

ELABORADO POR:	COORDENADO POR:	PROFESSOR ORIENTADOR:	AVALIAÇÃO:

DESCRIÇÃO DE REGISTRO

Projeto:	Código:	Data:
Sistema:	Código:	Página:
Subsistema:	Código:	Substitui de:

| ARQUIVO: | CÓDIGO: | CATÁLOGO: |
| REGISTRO: | CÓDIGO: | CATÁLOGO: |

| BASE DO ARQUIVO: | NÚMERO REGISTROS: | NÚMERO POSIÇÕES: | FORMATO DO ARQUIVO: | CAMPOS DE CLASSIFICAÇÃO: | TIPOS DE ORGANIZAÇÃO: S / IS / D |

N	POSIÇÃO INÍCIO	FIM	TAMANHO	NÍVEL	NOME SIMBÓLICO	REAL	FORMATO 9*	A**	X***

| ELABORADO POR: | COORDENADO POR: | PROFESSOR ORIENTADOR: | AVALIAÇÃO: |

* Numérico
** Alfabético
*** Alfanumérico

REPRESENTAÇÃO DE REGISTRO

Projeto:

Subsistema:

Código do Arquivo:

Tamanho do Registro:

Sistema:

Fase:

Código de Registro:

Campo de Identificação:
de _____ até _____

ELABORADO POR: CHEFE DE ANÁLISE: CHEFE DE OPERAÇÃO: GERENTE DE CPD:

REPRESENTAÇÃO DE REGISTRO (IBM)

FORMATAÇÃO DE ARQUIVO

Instrumentos e Ferramentas 309

Projeto:

Subsistema:

Nome do Arquivo:

Arquivo: Unidade Periférica:

Sistema:

Fase:

Código do Arquivo:

Fator de Bloco: Registro:

ELABORADO POR:	CHEFE DE ANÁLISE:	CHEFE DE OPERAÇÃO:	GERENTE DE CPD:

6.4.5 Apresentação de projetos

A. Objetivo

- Promover a capacidade de liderar reuniões.
- Estabelecer esquemas para estruturação de ideias.
- Assegurar o sucesso do projeto apresentado.
- Desenvolver as condições necessárias para exercer a influência sobre as pessoas.

B. Definição

- É o instrumento utilizado para se obter de forma oficial a aprovação de projetos ou de propostas de solução de problemas na Engenharia da Informação e na Análise de Sistemas.
- É um instrumento de vendas.

C. Descrição

Em sua base, a apresentação de projetos trabalha com a comunicação verbal entre as pessoas. Pelas suas características, que serão apresentadas mais adiante, trata-se de um universo rico e variado em símbolos e significados e complexo de ser esvaziado seu conteúdo. Mais ainda se considerarmos que cada pessoa, pela sua educação e socialização, possui um universo quase que infinito de alternativas e variantes.

Os pontos mais importantes em sua descrição dizem respeito ao público-alvo, aos recursos necessários e, em especial, ao próprio apresentador. Estes aspectos serão apresentados a seguir.

1. Público-alvo

Alguns dos aspectos que dizem respeito ao público-alvo já foram estabelecidos no item 6.4.3, todos eles continuam válidos também neste momento.

Porém, no presente caso, a preocupação maior é com o impacto da presença física de uma pessoa frente a outra e todas as suas consequências; com isto deve ser acrescentado ainda as seguintes definições:

- nível cultural das pessoas que estarão presentes;
- importância da participação no sistema de cada um dos presentes;
- níveis e formas de associação informal e afinidade entre os presentes;
- antagonismos, inimizades ou inveja entre os convocados;
- relações intergrupais e intragrupais;
- políticas, forças, poderes adversos ou contraditórios;
- quantidade de pessoas envolvidas por órgão, área, departamento, setor ou seção;
- interesse individual da pessoa sobre o sistema.

A lista colocada poderia ser muito maior; na realidade, todas essas informações já estão disponíveis devido aos levantamentos efetuados e, entre eles, as entrevistas com as pessoas. Neste momento, a equipe completa de Engenharia da Informação deve estar reunida para que todos eles aportem suas sugestões, opiniões e informações sobre as pessoas que irão participar de cada uma e de todas as apresentações do projeto.

O bom-senso nos indica algumas pequenas estratégias iniciais para as definições do público-alvo, tais como:

- evite juntar pessoas muito antagônicas entre si; a tendência natural é que quando uma concorda a outra não e vice-versa;

- selecione o grupo de forma homogênea; não misture níveis hierárquicos, quando isto ocorre, acaba prevalecendo a opinião do nível mais alto, além de envolver o problema de detalhamento do que será apresentado;

- considere os sentimentos entre as pessoas convocadas e os profissionais do projeto; quando há simpatia tudo é muito mais fácil.

Quando se consideram todas as variáveis do público, o que ocorre é que a quantidade de apresentações necessárias aumenta consideravelmente. Isso não importa, o que realmente interessa é que o projeto seja aprovado. Mesmo porque uma apresentação para a diretoria é diferente de uma operacional em tudo. Assim, inicie o processo já sabendo que como mínimo devem ser feitas três apresentações: uma estratégica, uma tática, uma operacional.

A nível estratégico é, em geral, a primeira que é feita, ela visa a primeira aprovação, a liberação de verbas; é feita com a diretoria ou com o primeiro escalão hierárquico da empresa. São apresentadas as linhas gerais do projeto e os estudos de viabilidade.

Após essa aprovação, ocorre a tática onde se procura envolver os segundos escalões ou gerências, para informar da aprovação superior e comunicar os inícios dos trabalhos. A partir deste momento, a direção se inverte. Inicia-se pelos níveis mais baixos e percorre-se a estrutura de baixo para cima.

Dificilmente uma proposta ou projeto que tenha sido aprovado pela presidência ou diretoria da empresa não será aceita pelos gerentes ou supervisores.

2. Recursos

O ser humano observa com os órgãos dos sentidos e eles devem ser exaustivamente utilizados durante qualquer tipo de comunicação. Os dados disponíveis sobre nossa utilização dos sentidos nos indicam que 60% do trabalho é feito com a visão, 30% com o ouvido e apenas 10% com o tato, olfato e paladar.

Com isso o que se diz é que devemos estimular fundamentalmente a visão e a audição, para que se obtenha o mais alto índice de percepção.

No momento de escolher o recurso que será utilizado na apresentação, é preciso levar em consideração alguns fatores:

- defina qual seria o melhor recurso para o caso em questão;

- verifique as normas e políticas da empresa sobre o tema;

- qual (quais) recurso(s) a pessoa que fará a apresentação se sente mais confortável usando;

- saiba qual será o tamanho da plateia;

- visite o local onde será feita a apresentação e verifique quais as instalações disponíveis, tais como tomadas de força, interruptores de luz, posição das cadeiras, acústica e demais detalhes;

- deve ter tamanho adequado ao ambiente onde será usado;

- seu uso deve ser natural e não forçar o apresentador;

- deve ser simples e completo, não use coisas sofisticadas que você não saiba manipular;

- possibilidade do uso de cores;

- usado como explicação, ilustração, apoio;

- verifique qual o tempo disponível para elaborar o material de apoio necessário ao recurso e à apresentação;

- lembre-se que salas grandes e plateias numerosas precisam de letras e desenhos grandes;

- use abreviaturas que todos conheçam e dominem;

- todas as somas e resultados no material de apoio devem estar absolutamente corretas;

- clareza, nitidez, exatidão, limpeza devem estar presentes em qualquer material que for usado;

- qualquer equipamento precisa de tempo para ser instalado e testado antes da apresentação e tempo para ser desmontado após a apresentação.

Existem muitos recursos a nossa disposição, todos eles têm características positivas e quando usados de forma adequada podem ser ótimos. Os mais comuns são:

- *Lousa e giz*: o mais simples de todos, porém requer alguns cuidados especiais. Devemos saber antecipadamente o que será escrito ou desenhado. No caso de desenhos, eles devem ser simples para que não tomem muito tempo do analista, se forem feitos durante o transcurso da apresentação. Além disso, não se deve escrever quando se fala e vice-versa, pois ocorrerá divisão da atenção e como a pessoa escreve no quadro de costa para o público, pode ser difícil ouvi-la. Devem ser usadas cores para destacar pontos importantes e apagar o que já foi usado, pois desenhos e textos, distraem a atenção das pessoas.

- *Painel magnético* (ou magnetoplan ou quadro branco): é muito semelhante à lousa, mas trabalha com pincel atômico; apresenta a facilidade de ser magnético e é dotado de pequenos quadrados imantados que têm como finalidade prender papéis no quadro durante o processo de explicação, podendo ser retirados quando terminar, o que permite que se reaproveite o material em outras apresentações.

- *Flip-chart*: é constituído por um cavalete onde são colocadas folhas de papel no tamanho A0 e A1. Essas folhas são preparadas antecipadamente pelo apresentador. Conforme vão sendo usadas, elas são colocadas para trás, como num álbum. As matérias ou tópicos já abordados ficam à disposição do apresentador, mas não à vista da plateia.

- *Retroprojetor*: é o mais usado de todos devido a sua praticidade. É limpo e fácil de usar; pode-se controlar um grupo melhor pois não se perde o contato com a plateia; o material empregado pode ser usado para diversas apresentações; facilita o emprego da técnica de *striptease*, que consiste em ir descobrindo partes individuais da transparência para formar um todo; permite usar cores, ilustrações, desenhos para chamar a atenção;[12] dependendo do tamanho da tela,[13] pode ser usado para públicos realmente grandes (500 ou mais pessoas).

---

[12] Em especial quando produzido por *softwares* especialmente desenvolvidos para este fim, como é o caso do *Powerpoint* e, mais ainda, quando acoplado a um computador com tempos cronometrados.

[13] Ou quando acoplados à *Datashow*.

- *Filmes e vídeos*: sempre que usar este recurso, faça uma apresentação antes do que será visto. Após a exibição, reserve um tempo para as perguntas da plateia. O maior problema é que é necessário que se apaguem as luzes e, a partir desse momento, o apresentador perde o controle sobre a plateia. Se o assunto não interessar a todos ou o filme for monótono e cansativo, a tendência natural é que as pessoas adormeçam ou fiquem em conversas paralelas.

3. Apresentador

O apresentador é o instrumento que a equipe de desenvolvimento utiliza para tornar público o escopo do sistema alvo da análise. Pelos motivos que serão apontados a seguir, pode ou não ter participado das etapas anteriores foram sido cumpridas.

Não há regras fixas e preestablecidas que definam ou configurem o que se deve fazer nestes casos. A principal variável que se trata aqui é o processo de comunicação que deve ser estabelecido entre o apresentador (ou analista) que representa toda uma equipe de profissionais e o usuário (ou público-alvo) que vai receber a mensagem.

Assim, não se fala neste texto de regras ou princípios, mas apenas de recomendações importantes e com certeza úteis. Essas recomendações podem se referir às estratégias na abordagem durante a verbalização ou aos comportamentos emitidos pelo apresentador durante a tarefa.

- ***Estratégias***: dizem respeito à forma de abordar o tema.

  * Desperte, de início, o maior interesse possível na plateia sobre o tema; passe a mensagem às pessoas de que ali está algo muito importante, que elas pagaram por isso e que devem aproveitá-lo.

  * Mantenha o interesse durante a apresentação; de nada terá adiantado causar impacto de início se ele se evaporar nos dez primeiros minutos.

  * Memorize a sucessão de ideias que serão apresentadas.

  * Se cometer um engano, corrija-o imediatamente e siga em frente sem maiores considerações; o mais certo é que ninguém tenha percebido o erro.

  * Faça da verbalização algo vivo, dinâmico, fluido, articulado logicamente; saiba perfeitamente o que dizer, em que ordem e como vai dizer.

  * Dê ênfase aos pontos importantes e intercale-os com pontos de menos importância; nossa tendência natural é dizer que tudo é importante, isso é verdade em termos sistêmicos mas não o é para o usuário.

  * Faça pausas entre os diversos pontos importantes, isso ajuda a plateia a assimilar melhor, porém não deixe que a pausa dure mais do que três ou quatro segundos, o tempo certo de uma respiração pausada.

  * Tenha cuidado quando fizer comparações e só as faça se elas forem realmente necessárias; é preferível usar exemplos desde que adequados.

  * Havendo a necessidade de exemplos, não exagere, um só é o suficiente.

  * Tenha cuidado com os comparativos, superlativos e as apologias; se houver necessidade de uma justificativa,[14] por um imprevisto, acidente ou qualquer situação constrangedora, faça-a de forma cortês e breve, e volte imediatamente ao tema.

  * Tenha cuidado com o uso de frases feitas, usadas uma vez, elas podem causar um certo impacto, porém repetidas constantemente ao longo de uma palestra, elas desqualificam a apresentação.

---

[14] Observe que não cabem "*des-culpas*" no ambiente empresarial e profissional; se algo realmente saiu errado, a responsabilidade é sim da equipe de sistemas, vale uma explicação dada de forma elegante e rápida. Apenas isso.

314 Manual de Organização, Sistemas e Métodos • Ballestero-Alvarez

* Use adequadamente os recursos audiovisuais; considere que "uma imagem vale por mil palavras".

* Forneça cópia do material que usar; a plateia terá como posteriormente consultar as notas, retornar ao tema e fixar o conteúdo da mensagem.

* Use sempre que possível uma certa dose de humor; durante uma apresentação, a atenção das pessoas percorre a curva normal, seu pico máximo ocorre em média cinquenta minutos após o início, a partir daí ela começa a cair; se, nesse momento, provocarmos uma reação agradável da plateia, a tendência é voltar a subir e manter a atenção dirigida ao apresentador.

* Responda às questões que sejam feitas de forma honesta, clara e rápida; é preferível, nesse momento, um "não sei, vou pesquisar" do que algo improvisado; não faça isso, a improvisação gera insegurança.

* Se você tiver dificuldades, após uma pergunta, de voltar ao ponto de origem, peça, logo no início, que elas sejam feitas ao final.

* Encerre de forma concisa e elegante; faça um rápido resumo (conforme indicado mais adiante); a partir daí, se for o caso, inicie o plenário de questões ou debates.

* Lembre-se que um tema de uma hora pode ser resumido em cinco minutos; mas jamais faça um assunto de cinco minutos durar uma hora.

• **Comportamentos**: dizem respeito à linguagem "falada" pelo nosso corpo durante uma apresentação. Observe que todas as pessoas normais possuem uma série quase infindável de formas de apreensão da realidade a sua volta.

Tão importante como saber falar é saber ouvir, pois o processo de comunicação só se concluirá se o que está sendo "falado" for "ouvido" realmente por alguém.

Para que possamos "ouvir" de forma adequada, devemos treinar e aguçar nossa sensibilidade de percepção. Observe que as pessoas não falam apenas pela boca, elas transmitem uma mensagem completa usando o corpo todo: pés, pernas, abdômen, tórax, braços, mãos, cabeça e, finalmente, a face.

É sobre esse aspecto da mensagem global que o comportamento do apresentador nos interessa neste momento. Os principais itens a serem observados estão comentados a seguir.

* **Aparência**: é a primeira impressão que a pessoa passa. Apresente-se de forma limpa, arrumada, com aparência agradável. Não chame a atenção sobre si, ela deve estar concentrada totalmente no que você está apresentando. Tenha senso de ridículo, olhe-se no espelho antes de sair de casa de forma crítica, nem sempre podemos usar tudo que gostamos.

* **Postura**: assuma uma posição confortável, porém não relaxada ou displicente. Mantenha os pés ligeiramente afastados para que o peso de seu corpo se distribua de maneira uniforme e equilibrada: tronco inclinado suavemente para a frente, queixo para cima, ombros para trás, eretos com naturalidade. A mensagem que você estará passando para a plateia é de que você tem controle sobre si mesmo e sobre a situação. Evite mover-se para frente e para trás (você pode parecer uma gangorra), não fique se balançando de um lado para outro (parecendo o pêndulo do relógio cuco). Não se encoste ou apoie em algum móvel existente ou na parede, vai parecer que você está morrendo ou fazendo um supremo esforço para estar lá.

* **Movimentos**: faça-os de forma natural, ande devagar, não fique parado no centro como se estivesse pregado ao chão; a tendência natural da plateia, quando o apresentador anda, é acompanha-lo com os olhos e isso provoca movimentos corporais, o que facilita a fixação da atenção. Não se esqueça

que todos os movimentos corporais, devem confirmar o que você está dizendo, por exemplo: braços abertos na altura do peito para a plateia pode significar que serão acolhidas as participações; braços cruzados no peito indica não aceitação e fechamento; tapar a boca com a mão pode indicar que não devo falar. Os movimentos corporais devem ser utilizados para fixar, esclarecer e confirmar as verbalizações. Tenha cuidado para não tropeçar, mas também não fique o tempo todo olhando para o chão; reconheça o terreno e pise com segurança. Cuidado para *jamais* passar pela frente do foco do projetor de imagens.

* ***Gestos***: os movimentos faciais, da cabeça, dos ombros devem complementar a mensagem que se está dizendo. Deixe os papéis de lado, não se prenda a eles, nossa tendência natural é começar a ler. Se você precisar localizar algum tópico numa folha, vire os papéis com rapidez e elegância, porém não de forma estabanada. Se você não sabe o que fazer com as mãos, cruze-as nas costas, nossa tendência é endireitar as costas levantando os ombros, o que provoca a distribuição harmoniosa do peso do corpo sobre os calcanhares. Não entrelace os dedos. Não cruze os braços. Não mantenha as mãos nos bolsos. Tenha sempre uma das mãos trabalhando. Cuidado com os movimentos dos braços, não fique parecendo um ventilador. Quando não usar as mãos, deixe os braços ao longo do corpo com as palmas voltadas para dentro com naturalidade. Aponte as direções. Use os dedos e mãos para chamar a atenção sobre itens importantes; identifique grandezas, aprovação, desaprovação das ideias que está expondo. Habitue-se a usar um ponteiro ou indicador para localizar itens na transparência ou nos quadros; porém tenha cuidado, pois nossa tendência é ficar abrindo e fechando o ponteiro ou brincando com ele.

* ***Olhos***: mantenha-os em contato com as pessoas presentes; olhe-as, identifique-as; olhar para uma pessoa significa "eu sei que você está aqui, eu estou falando com você, você é importante". Não fixe os olhos numa única pessoa. Percorra com o olhar, lentamente, toda a plateia. Você deve passar a mensagem de que está falando a cada um individualmente e a todos. Quando alguém perguntar, olhe para a pessoa. Quando responder, comece olhando para ela, continue dirigindo-se à plateia e finalize nela, perguntando se a resposta é satisfatória. Há pessoas que, quando olhadas nos olhos, se inibem ou se sentem pouco à vontade; bem, isso é problema delas. Mas, se este é seu caso, uma alternativa é fixar um ponto no encontro das sobrancelhas com o nariz na altura dos olhos.

* ***Voz***: deve ser clara, tom agradável, boa dicção, com intensidade de volume adequado para que todas as pessoas ouçam com clareza.

A mulher tem o timbre de voz mais alto que o do homem. A voz feminina é aguda e a voz masculina é grave. Geralmente, quando a mulher eleva o volume (fala alto), a tendência natural é gritar ou produzir sons esganiçados e desagradáveis. O homem, quando eleva o volume, a tendência é soar como estrondo e sons retumbantes. A solução, para o caso da mulher, é reduzir o tom para outro inferior (falar uma oitava abaixo) e aumentar o volume. No caso do homem, deve ser o contrário, subir o tom e descer o volume.

A voz, durante o discurso, deve ser usada com dois objetivos: agradar os ouvidos que a recebem e produzir uma musicalidade de acordo com a mensagem que está sendo transmitida.

A musicalidade da voz relaciona o tom, o volume e a velocidade. Todos eles fazem do ato de falar uma arte que tanto pode envolver, cativar, agradar, interessar e contaminar os participantes, quanto aborrecer, irritar e cansar. É importante, antes de transmitir a mensagem, saber falar. Para tanto, observe o seguinte:

⇒ a voz é o produto resultante da vibração, pela passagem do ar, das cordas vocais. Nossas cordas vocais são exatamente iguais às cordas de um instrumento musical e elas reagem da mesma forma: produzindo sons harmônicos ou desafinados;

⇒ quando falar, solte o ar dos pulmões (expiração) pela boca e encha os pulmões (inspiração) pelo nariz; respirar pela boca pode provocar calos nas cordas vocais;

⇒ os sons são formados nas cordas vocais, portanto, não fale pelo nariz, pelo estômago ou pela barriga;

⇒ abra a boca para falar, complete os sons antes que eles abandonem os lábios;

⇒ pronuncie claramente cada letra e cada sílaba, não junte as palavras;

⇒ leia muito, ler enriquece o vocabulário, use o dicionário quando não souber o que a palavra significa;

⇒ não cante para falar, as palavras possuem acentuação própria e, quando unidas numa frase, produzem o ritmo e a musicalidade próprias do idioma;

⇒ aproveite o ritmo e a musicalidade do idioma para evitar que o discurso seja monótono;

⇒ empregue a velocidade correta para poder transmitir exatamente a mensagem que você deseja;

⇒ evite vícios de linguagem, tais como "ah", "né", "ok", isso distrai a plateia e as pessoas ficam mais preocupadas em contar quantas vezes, numa hora, você disse "tá?" do que no conteúdo da mensagem.

D. Aplicação

Cada projeto de sistemas possui particularidades em sua confecção que devem ser consideradas no instante em que se define qual tipo de apresentação deverá ser empregada. As que devem ser consideradas são:

- Implantação de um novo sistema e consequente modificação na parte operacional. Implica em mudanças radicais na forma de trabalho.

- Manutenção de sistema já existente ou sua respectiva atualização. As alterações são poucas a nível operacional e sua filosofia básica permanece inalterada.

- Mudança de equipamentos utilizados na entrada e na saída dos dados. O sistema permanece inalterado em sua definição e operação.

Os itens listados dizem respeito a maior ou menor quantidade de modificações que serão incorporadas ao meio ambiente onde o sistema estará atuando e será utilizado.

Existem vários tipos de apresentações possíveis que o analista ou engenheiro de informações poderá lançar mão nesses casos. Os principais são: reunião, exposição e demonstração. Serão detalhados a seguir nessa mesma ordem.

- ***Reunião***: considerando-se seu objetivo básico, pode ser classificado em quatro tipos, a saber:

    1. *Informativa*: a decisão já foi tomada e as pessoas estão reunidas apenas para serem informadas a respeito.

2. *Coletora de informações*: antes de tomar a decisão, o responsável ou líder reúne os participantes, expõe o problema e colhe todas as opiniões existentes; a decisão será tomada posteriormente pelo líder ou coordenador.

3. *Explicativa-persuasiva*: apesar da decisão já ter sido tomada, o líder explica aos participantes qual solução lhe parece a melhor, porque chegou a tal conclusão e tenta convencer todos os demais de que é a melhor.

4. *Opinativa-deliberativa*: o tema é exposto pelo líder, todas as opiniões são consideradas e o grupo, através da análise conjunta, decide qual a melhor alternativa.

A característica principal da reunião é a de contar com poucas pessoas. Essa noção de "pouco" pode ser relacionada ao nível de detalhamento, assim, numa reunião operacional, não devem ser convocadas mais do que seis pessoas; no nível estratégico, pode-se contar com até doze pessoas. Apesar da pequena quantidade, devem ser tomados alguns cuidados prévios:

* avise todos os participantes com antecedência, para que todos estejam disponíveis;

* remeta uma cópia do documento que é objeto da reunião e uma pauta dos temas que serão abordados;

* faça constar da pauta, de forma clara, qual é o objetivo básico da reunião;

* confirme, antecipadamente, os nomes dos que estarão presentes e verifique quais os motivos das eventuais ausências.

No dia da reunião, devem ser tomadas as seguintes providências:

* a equipe do projeto deve chegar antes ao local onde será realizada a reunião;

* verifique se há acomodações para todos os participantes;

* leve cópias suplementares dos documentos que foram distribuídos antecipadamente, para o caso de esquecimento de algum dos participantes;

* verifique a existência do material de apoio necessário, desde papel e lápis até os recursos audiovisuais que serão empregados;

* cuidado com a proporção de analistas e usuários. Não devem ser convocados o dobro de analistas que a quantidade de usuários. A presença em massa pode inibir as colaborações e opiniões. Se, por acaso, existir algum motivo específico para esse fato, ele deverá ser explicado antes do início da reunião;

* nomeie um elemento da equipe que deve ficar encarregado das anotações sobre os temas deliberados na reunião; essa nomeação deve ser comunicada a todos os participantes na reunião;

* evite que todos os analistas se coloquem do mesmo lado da mesa e os usuários na posição contrária. A tendência natural de se juntar ao grupo de origem buscando apoio, nesse momento, pode dar a impressão de debate, ou pior ainda, de combate. Intercale as pessoas; para isso coloque previamente o nome da pessoa na parte da mesa em frente à cadeira que irá ocupar. Alguns dizem que esta prática é impositiva; para evitar isso, uma estratégia é chegar antes do que o usuário e assumir o local definitivo; conforme os usuários forem chegando, ocuparão, naturalmente, os locais vagos. Esta prática evita, ainda, a ocorrência de conversas paralelas durante a reunião, perda de atenção, "toques" e outros.

Durante o decorrer da reunião, deverão ser observados os seguintes itens:

* as pessoas devem ser conhecidas, caso isto não seja verdade elas devem ser apresentadas conforme forem chegando;

* inicie a reunião pontualmente no horário preestabelecido, não permitindo atrasos, é falta de respeito para com os participantes;

* não permita interrupções externas, como avisos, telefonemas e assemelhados;

* restrinja a reunião a um único objetivo e não permita desvios de nenhuma espécie;

* observe que a quantidade de temas a serem tratados deve ser proporcional ao tempo que os participantes estão dispostos a conceder à reunião. O ideal é no máximo duas horas;

* resuma, assim que o tópico for resolvido, a solução adotada e peça para que a anotação seja feita no ato;

* leia, ao final da reunião, todas as anotações efetuadas em voz alta para todos os participantes;

* informe que será feita uma ata da reunião e que será distribuída cópia a todos os participantes.

Além destas regras e cuidados gerais, existem outras que dizem respeito a qualquer pessoa que esteja participando de uma reunião, em qualquer papel e com qualquer objetivo. São elas:

* fique sentado durante todo o tempo que durar a reunião; o caso contrário só se justifica para usar material audiovisual, para escrever no quadro ou semelhante;

* não interrompa quem está com a palavra, espere que termine para fazer apartes;

* não fuja do tema da discussão, não enverede por discussões que nada têm a ver com o tema;

* fale francamente sobre os temas em questão, falar não significa agredir;

* não monopolize o tempo disponível, a reunião não é monólogo, é interação;

* saiba ouvir o que os outros têm para dizer; saber ouvir é tão importante quanto saber falar, todos os presentes têm contribuições a fazer, se isto não for verdade, eles não deveriam ter sido convocados para a reunião;

* acompanhe os itens que estão sendo discutidos pela pauta;

* anote na pauta, ao lado do item, as observações particulares; isto não significa ficar desenhando ou rabiscando a folha;

* pergunte sempre que tiver dúvidas, se necessário peça exemplos; não se envergonhe de não saber ou não ter entendido;

* não se "ausente" da reunião, não fique apático, indiferente ou dormindo; é falta de respeito com os demais e com quem está falando;

* não permita que as pessoas saiam da reunião com a impressão de que nada foi resolvido, nada foi feito, que perderam o tempo para nada.

Apesar disso tudo, a reunião é uma ferramenta de grande ajuda ao analista, mas como qualquer uma das anteriores também apresenta vantagens e desvantagens. São elas:

Vantagens	trabalhando em ambientes pequenos com poucos participantes, podem ser muito bem controladas todas as variáveis;
	é possível convocar grupos antagônicos em separado para conseguir aprovações individuais;
	é fácil discutir pontos individualmente e chegar a um denominador comum;
	a distância com o ambiente de trabalho é relaxante para as pessoas e reduz o nível de interrupções;
	é fácil usar a persuasão sutil com poucas pessoas e trabalhar bem;
	quando são detectados erros, são menos desastrosos do que em ambiente grandes com muitas pessoas.
Desvantagens	risco de que se transforme no "encontro da turma";
	risco de provocar retaliações entre os participantes;
	convocar pessoas não envolvidas no projeto, só pelo "nome" ou a posição que ocupam;
	desculpa para usar o tempo para autopromover-se;
	convocar pessoas de hierarquia ou experiência e conhecimentos diferentes;
	risco do dirigente da reunião ser incompatível com os participantes.

- *Exposição*: a principal característica deste tipo de comunicação é a grande quantidade de pessoas que podem nela participar. Para que o auditório permaneça sempre interessado e participativo, o apresentador deve dedicar todas as atenções para sua apresentação. Não é fácil falar em público de forma interessante. A maior parte das pessoas nestas situações já passou por muitas experiências e nem sempre agradáveis ou positivas. Também de nada valem as regras, aqui, o fundamental é a prática. As regras básicas são as apresentadas a seguir, o que você fará com elas irá estabelecer o sucesso ou o fracasso da exposição:

  * *Divisão da exposição*: para isto considere o nível, o conhecimento e a experiência da plateia. A estruturação de uma exposição é composta por várias partes, em função das características da plateia é que se atribuem os tempos ideais para cada parte. Por exemplo:

    Introdução = 2 minutos

    Tema = 40 minutos

    Resumo = 3 minutos

    Discussão = 10 minutos

    Síntese = 3 minutos

    Conclusão = 2 minutos

    A *introdução* deve conter qual é a finalidade da exposição, o histórico do estudo e sua amplitude, qual a estrutura dos trabalhos naquele dia.

    O *tema* deve contemplar o assunto da exposição propriamente dito, no caso de sistemas: objetivos do sistema, melhorias que serão incorporadas, principais entradas do novo sistema, forma de processamento, saídas produzidas.

    O *resumo* condensa o tema abordado em poucas palavras e tem como objetivo ajudar a plateia na reflexão sobre o tema.

A *discussão* visa oferecer a oportunidade de levantar as questões, dúvidas, perguntas, comentários por parte da plateia. Se isto for feito, esteja preparado para elas e tenha o material eventualmente necessário à mão. Cuidado especial deve ser tomado no sentido de controlar o tempo concedido ao questionamento para não exceder o tempo previsto.

A *síntese* visa resumir rapidamente eventuais inclusões ou adendos aos trabalhos.

A *conclusão* tem como finalidade deixar claro à plateia quais foram os próximos pontos de ação que ficaram estabelecidos para o posterior desenvolvimento dos trabalhos.

- **Demonstração**: ela se faz necessária quando o sistema envolve novos equipamentos. Através dela se proporciona a prática efetiva da solução que está sendo desenvolvida. Será sempre executada em condições reais de uso. Como neste caso o trabalho é diretamente relacionado com máquinas e equipamentos, existem alguns cuidados especiais que devem ser tomados. São eles:

  * O profissional que fizer a demonstração deve conhecer profundamente o equipamento; se outro profissional conhece o sistema que será demonstrado e o equipamento, ambos devem ensaiar várias vezes todo o processo antes da demonstração, para que na hora certa ambos trabalhem de forma coordenada e sincrônica e não corram o risco de um dizer uma coisa e o outro fazer algo diferente.

  * Teste todo o equipamento que será usado; a demonstração do sistema e sua aprovação estarão seriamente ameaçadas se o produto que foi anunciado não for obtido.

  * Verifique se o tamanho do equipamento permite que todos os participantes vejam perfeitamente o que está ocorrendo; nada mais desagradável do que trinta pessoas ao redor de um microscópio.

  * Verifique se o tamanho do ambiente comporta a quantidade total de pessoas de forma cômoda e agradável.

  * Se o equipamento está instalado em local normal de trabalho, uma demonstração pode significar a parada da produção; mais, verifique se o ambiente não apresenta riscos de acidentes ou insalubridade; nestes casos a demonstração deve ser feita em outro local; parar a produção pode significar altos custos; pessoas estranhas chamam a atenção, desviando os cuidados especiais da produção e podem gerar acidentes.

  * Não se esqueça que as pessoas são naturalmente curiosas e podem querer "experimentar"; se isto for possível é o ideal, pois significa que o bloqueio foi quebrado e a pessoa está considerando a alternativa que está sendo demonstrada; caso contrário o profissional deve explicar de forma clara e honesta o porquê da resposta "não".

Tudo o que foi colocado neste capítulo nada mais é do que as regras básicas; quando aplicadas, funcionam, porém elas de nada servirão se ficarem aqui, no papel apenas.

Treino é a palavra-chave. Fale como se estivesse diante da situação de comunicação da qual se tratar. Grave, filme se possível. Ouça, veja depois a gravação e verifique de forma sensata o que deve e o que pode ser mudado. Repita este processo tantas vezes quantas sejam necessárias. Não se envergonhe.

Quando você estiver efetuando a apresentação de um projeto, não se esqueça de que foi você quem desenvolveu o sistema, você sabe do que está falando, os outros não. Não se iniba, você conhece o assunto, os outros não. Se for necessário, chame seus colegas de trabalho e faça uma prévia do que vai acontecer. Ouça as sugestões, não se preocupe em defender nada, apenas ouça. Com certeza, esta é a melhor maneira de aprender: fazendo.

Posfácio

Agora quando termino de ler e reler pela enésima vez meu texto segue em mim a impressão de que faltou alguma coisa para dizer, algum conceito muito importante, algum comentário que eu não poderia deixar passar. Pensando a esse respeito me dei conta do que faltava: declarar-lhe o meu débito imenso para com sua companhia, sua leitura e seu apoio.

Agradeço a você que veio comigo nesta jornada, a cada capítulo, página por página. Se seu objetivo era tomar conhecimento de como se desenvolve um sistema, tenho a certeza de que o atingiu.

Se, por outro lado, seu objetivo era conhecer as ferramentas que os profissionais da área de OS&M, Engenharia de Sistema ou (mais genericamente) Tecnologia da Informação (TI) usam, creio que também você sente não ter perdido seu precioso tempo.

No entanto, se você pretendia aprender e apreender uma teoria, uma abordagem, uma especialização, sinto informar que falta uma coisa muito importante, que é: praticar. Tudo está aí, nas páginas anteriores que eu escrevi e que você leu, no entanto você só se apropriará do conhecimento, de fato, no momento em que praticar o que lá está escrito.

Falta também outra variante da prática, que depende de sua determinação e coragem para o risco e o erro, que é: experimentar (uma e mil vezes) para chegar à excelência. Apenas quando temos coragem para experimentar e sabemos que corremos o risco de errar, mas seguimos em frente, com persistência e objetivos claros, é que atingimos a *expertise* (como se diz atualmente).

Originalmente, quando iniciei a construção deste texto (e lá se vão mais de 20 anos), eu desejava comunicar e contar a você o que conheci, vivi, experienciei e experimentei ao longo de minha carreira profissional (tanto como analista, quanto como treinadora e docente na área de sistemas) e creio que ao longo de cada uma dessas páginas, nas quais você me acompanhou, consegui isso.

Quero que você saiba que me sinto feliz por isso. Pelos objetivos que você atingiu e pelos meus objetivos atingidos (que sem você não se concretizariam).

Sabe por que essas palavras? Porque creio que já não tenho muito tempo para lhe dizer que você me fez muito feliz! Você não é capaz de imaginar o quanto!

Feliz por escolher o nosso livro (da Atlas e meu); feliz (eu) por você ter-se lembrado de meu nome (para aqueles que compram a nova edição); feliz por sentir que fomos capazes de nos atualizar, de evoluir, crescer e aprender, ou seja: mudar. A mudança é a essência da vida e a vida só existe em nós para que sejamos felizes. Eis nossa grande obrigação: sermos felizes.

Encerrei o prefácio desejando-lhe sucesso, fecho o livro desejando-lhe que...

SEJA MUITO FELIZ!

Esmeralda

Bibliografia

ADDISON, Michael. *Fundamentos de organização e métodos*. Rio de Janeiro: Zahar, 1976.

ARAUJO, Luis Cesar G. de. *O&M integrado*: comportamento, estrutura e tecnologia. São Paulo: Atlas, 1983.

BALLESTERO-ALVAREZ, María Esmeralda. *Organização, sistemas e métodos*. São Paulo: Makron, 1991.

_____. *Mutatis mutandis*: dinâmicas de grupo para o desenvolvimento humano. 5. ed. Campinas: Papirus, 2005. v. 1.

_____. *Mutatis mutandis*: dinâmicas de grupo para o desenvolvimento humano. 4. ed. Campinas: Papirus, 2005. v. 2.

_____. *Exercitando as inteligências múltiplas*: dinâmicas de grupo fáceis e rápidas para o ensino superior. 2. ed. Campinas: Papirus, 2005.

BANDLER, Richard; GRINDER, John. *Resignificando*: programação neurolinguística e a transformação do significado. São Paulo: Summus, 1986.

_____. *Sapos em príncipes*: programação neurolinguística. São Paulo: Summus, 1982.

BERTALANFFY, Karl Ludwing von. *La teoría general de los sistemas*. Madrid: FCE, 1976.

BILLER, George Rodrigo de Camargo. *Desenvolvimento de sistemas administrativos*. São Paulo: Pioneira, 1991.

BINGHAM, John; DAVIES, Garth. *Manual de análise de sistemas*. Rio de Janeiro: Interciência, 1977.

BIO, Sérgio Rodrigues. *Sistemas de informação*: um enfoque gerencial. São Paulo: Atlas, 1985.

BUCKLEY, Walter. *Sociologia e a moderna teoria dos sistemas*. São Paulo: Cultrix, 1985.

BUFFA, Elwood. *Administração da produção*. Rio de Janeiro: LTC, 1979.

CHANDOR, A.; GRAHAN, J.; WILLIANSON, R. *Análise de sistemas:* teoria e prática. Rio de Janeiro: LTC, 1977.

CHINELATTO Filho, João. *O&M integrado à informática*: comportamento, sistemas, métodos, mecanização. Rio de Janeiro: LTC, 1986.

CHURCHMAN, C. West. *Introdução à teoria dos sistemas*. Petrópolis: Vozes, 1989.

CRUZ, Tadeu. *Sistemas, organização e métodos:* estudo integrado das novas tecnologias de informação. São Paulo: Atlas, 1997.

DAVIS, William S. *Análise e projeto de sistemas:* uma abordagem estrutural. Rio de Janeiro: LTC, 1987.

DIEHL, Astor Antônio; TATIM, Denise Carvalho. *Pesquisa em ciências sociais aplicadas*: métodos e técnicas. São Paulo: Prentice Hall, 2004.

EDDINGS, Joshua. *Como funciona a internet*. 2. ed. São Paulo: Quark, 1994.

FARIA, Antonio Nogueira de. *Organização e métodos*. Rio de Janeiro: LTC, 1982.

FARINA, Modesto. *Psicodinâmica das cores em comunicação*. São Paulo: Edgard Blücher, 1982.

FEDERAL ELECTRIC CORP. *Uma introdução programada ao PERT*: técnica de avaliação e revisão de programas. São Paulo: Pioneira, 1967.

FELICIANO NETO, Acácio; HIGA, Wilson; FURLAN, José Davi. *Engenharia da informação*: metodologia, técnicas e ferramentas. São Paulo: Makron, 1988.

FRANÇOI, A. R. *Manual de organização*. Rio de Janeiro: LTC, 1972.

GANE, Chris; SARSON, Trish. *Análise estruturada de sistemas*. Rio de Janeiro: LTC, 1984.

HARTMAN, W.; MATTHES, H.; PROEME, A. *Manual de los sistemas de información*. Madrid: Paraninfo, 1984.

HUDSON, Ralph G. *Manual do engenheiro*. Rio de Janeiro: LTC, 1984.

LAUDON, Kenneth C.; LAUDON, Jane P. *Sistemas de informação gerenciais*. 3 ed. São Paulo: Prentice Hall, 2007.

———; ———. *Gerenciamento de sistemas de informação*. 3 ed. Rio de Janeiro: LTC, 1999.

———; ———. *Essentials of management information systems*: organization and technology. 2. ed. New Jersey: Prentice Hall, 1997.

LERNER, Válter. *Organização, sistemas e métodos*. São Paulo: Atlas, 1976.

LUPORINI, Carlos Eduardo Mori; PINTO, Nelson Martins. *Sistemas administrativos:* uma abordagem moderna de O&M. São Paulo: Atlas, 1985.

MACHLINE, Claude; MOTTA, Ivan de Sá; SCHOEPS, Wolfgang et al. *Manual de administração da produção*. Rio de Janeiro: FGV, 1979.

MARTIN, James. *Information engineering*. London: Savant Research Studies, 1990.

MARSCHAK, Jacob. Information economics reconsidered. *Working Paper* nº 149, Los Angeles: University of California, Western Management Science Institute, 1969.

MASLOW, A. Motivation and personality, Nova York: Harper & Row, 1954.

———. Motivación y personalidad. Madrid: Días de Santos, 1991.

MASON, R. O.; MITROFF, I. I. A program for research on mangement information systems. *A. I. S. Working paper*. Los Angeles: University of California, nº 72-11, jan. 1972.

MEDEIROS, João Bosco (Org.). *Manual de redação Atlas*. São Paulo: Atlas, 1996.

MILLER, George Armitage. The magical number seven: plus or minus two: some limits on our capacity for processing information. *The Psychological Review*, v. 101, n. 2, p. 343-352, 1955.

MOCK, T. J. Concepts of information value and accounting. *The Accounting Review*, p. 765, 443, Oct. 1971.

———; ESTRIN, T. L.; VASARHEHYI, M. A. Learning patterns, decision approach and value of information. *Journal of Accounting Research*, p. 129, 153, Fall 1973.

MORRIS, Daniel; BRANDON, Joel. *Reengenharia*: reestruturando sua empresa. São Paulo: Makron, 1994.

NEUFERT, E. *Arte de proyectar en arquitectura*. Buenos Aires: Ediciones G. Gili, 1948.

NILSEN, Jakob; TAHIR, Marie. *Homepage*: 50 websites desconstruídos. Rio de Janeiro: Campus, 2002.

OBERG, L. *Curso de desenho arquitetônico*: para arquitetos, desenhistas e construtores. Rio de Janeiro: Lançadora, 1967.

———. *Desenho arquitetônico*. Rio de Janeiro: LTC, 1984.

OLIVEIRA, Djalma de Pinho Rebouças de. *Sistemas, organização e métodos:* uma abordagem gerencial. São Paulo: Atlas, 1986.

PAGE-JONES, Milir. *Projeto estruturado de sistemas*. São Paulo: Makron, 1988.

PATRANABIS, D. *Principles of process control*. Nova Delhi: McGraw-Hill, 1990.

POPPER, Rudolf. *A elaboração de manuais na empresa*. São Paulo: Pioneira, 1981.

PROJETO BEI. *Tecnologia da informação para todos*. São Paulo: Bei Comunicação, 2002.

ROCHA, Luis Oswaldo Leal da. *O&M*: uma abordagem prática. São Paulo: Atlas, 1983.

RONCHI, Luciano. *Organização, métodos e mecanização*. São Paulo: Atlas, 1976.

ROSSINI, Alessandro Marco; PALMISANO, Angelo. *Administração de sistemas de informação e a gestão do conhecimento*. São Paulo: Pioneira Thomson, 2003.

SELLTZ, Claire; JAHODA, Marie; DEUTSCH, Morton et al. *Métodos de pesquisa nas relações sociais*. São Paulo: EPU, 1965.

SETTE TORRES, Ofélia. Material apostilado da Escola de Administração de Empresas da Fundação Getulio Vargas, 1982, n.º ADM-MS-502 (A-1622).

SIMCSIK, Tibor. *OMIS*: organização, métodos, informação e sistemas. São Paulo: Makron, 1992.

SIMON, Herbert; MARCH, James. *Teoria das organizações*. 5. ed. Rio de Janeiro: FGV, 1981.

STIEGLITZ, Harold. *Systems, organizations, analysis, management*: a book of reading. New York: McGraw-Hill, 1969.

THEIL, Henry. The development of international inequality: 1960-1985. *Journal of Econometrics*, North-Holland, 42, p. 145-155, 1989.

VASARHELYI, Miklas Autal; MOCK, Theodore Jaye. Sistemas de informação para administração. *Revista de Administração de Empresas*, Rio de Janeiro, FGV, 14(4):09-77, p. 69-77, jul./ago. 1974.

VASCONCELOS, Augusto de; GOULART, Paulo. *Análise e projeto de sistemas empresariais*. Rio de Janeiro: LTC/LTD, 1977.

WEIL, Pierre; TOMPAKOW, Roland. *O corpo fala*. Petrópolis: Vozes, 1983.

———. *Relações humanas na família e no trabalho*. Petrópolis: Vozes, 1986.

WETHERBE, James C. *Análise de sistemas*: para sistemas de informação por computador. Rio de Janeiro: Campus, 1986.

WIENER, Norbert. *Cibernética e sociedade*. 6. ed. São Paulo: Cultrix, 1993.

ZIMPECK, Beverly Glen. Sistemas e métodos de análise e descrição de cargos. In: *Administração de salários*. Rio de Janeiro: CEPLON-Assessoria, Métodos e Planejamento LTDA., Mimeo.

Índice Remissivo

A

Abend, 91
Aberto, 160
Abnormal end, 91
Acesso arbitrário, 244
Ações corretivas, 43
Acompanhamento do formulário, 287
Adaptação aos objetivos, 73
Agrupado, 160
Alocação de mão de obra, 41
Alvorada, 263
Ambições, 168
Amplitude de supervisão, 122
Análise
   comparativa, 142
   conjunta, 199
   das frequências, 164
   das solicitações, 164
   de sistemas, 21
   discriminante, 199
   do quadro distributivo do trabalho, 138
   dos arquivos, 64
   dos campos, 65
   dos documentos, 62
   e desenho do sistema, 40
   fatorial, 199
   por conglomerado, 199
Analista de sistemas, 29, 33
Andamento do projeto, 43, 44
Anexar/desanexar, 243
Antecessor, 204
Aparência, 314
Aplicação da cor em formulários, 266
Aplicativo, 85, 277
Apontamentos da entrevista, 178
Apresentador, 313
Aprisionamento, 289
Aptidão, 167
Área
   cega, 273
   de problema, 73
   do problema, 21
   máxima de trabalho, 155, 157
   normal de trabalho, 155, 157
Arquivamento do formulário, 287
Arquivo
   definitivo, 77
   do projeto, 21, 298
   do usuário, 299
   histórico, 21
   -mestre, 78, 80
Arquivos, 64, 82
Árvore(s) de decisão(ões), 218, 222
Aspectos
   estruturais, 114
   físicos do formulário, 284
   operacionais do formulário, 285
Assessoria, 115, 118
Assistemática, 193
Associação livre, 181
Associativa, 183
Atividade, 21, 61, 204
   fictícia, 208
   fictícia redundante, 209
   -fim, 286
   simples, 208
Autoridade
   executiva, 121
   legal, 121
   máxima, 121
   técnica, 121
Autorrealização, 171
Avaliação dos requisitos, 128
Avaliação sistêmica, 13

B

Back-up's, 109
Banco de dados, 12
Batch, 92
Bifurcação, 208
Binomial, 197, 198
Boneco, 261
Brevidade, 293
Bristol ou brilhacor, 262
Buffon, 263

C

Cadeia escalar, 121
Cálculo de tempos, 210
Cálculo diferencial, 200
Caminho crítico, 205
Campo, 193
Canalizações, 150
Capacidade de canal, 7

Capacitação, 141
Carga de comunicação, 81
Cargo, 127
Cargos Manuais, 127
Cargos semiprofissionais, 127
Champion bond, 263
Chaves, 148
CI, 211
Ciclo de vida, 261
Ciclos fechados, 209
Cilindros, 273
Circuito, 148
Circular, 296
Clareza, 293
Classificação, 241
Classificação dos grupos, 127
Clichê, 280
Clientes, 59
Codificação do formulário, 286
Coeficiente de rendimento, 69
Coerência, 176
Cold spot carbon, 268
Coletora de informações, 317
Comicidade, 295
Comitê de direção, 25
Comparação, 9
Comparação de custos, 69
Compatibilidade, 74, 96
Completar figura, 181
Completar frase, 181
Completar história, 181
Complexidade do diagrama, 47
Comportamento(s), 168, 314
Compras, 57, 59
Condições, 220
Condições de trabalho, 128
Conduíte, 149
Conduta das pessoas, 167
Conduta do ser humano, 166
Conector
  de área, 242
  de folha, 242
  de linha, 242
Conexões, 150
Confiabilidade, 9
Conflitos, 167
Conjunto significativo, 225
Consolidação das atividades, 137
Consolidação de arquivos, 93
Construção, 145
  de frases, 294
  do questionário, 184
Contabilidade, 58, 59
Contador de registro, 94
Conteúdo da pergunta, 184
Contínuos, 270
Controle, 145
  do formulário, 283
  gerencial, 15
  interno, 74
  operacional, 15
Convencional, comum ou linha, 267
Convenções de expansão, 256
Conversão, 21

do formato, 99
global, 100
Cópias de segurança, 109
Cores empregadas nos ambientes, 157
Corredor, 161
Couché, 263
CPM = *Critical Path Method*, 204
CPS = *Critical Path Scheduling*, 204
Crimpagem, 271, 273
Cronograma, 85
  de análise e desenho do
    sistema, 39
  de desenvolvimento do
    sistema, 39
  de entrega do equipamento, 39
  geral de desenvolvimento do projeto, 36
  para o estudo de viabilidade, 36
Cronometragem, 105
CT, 211
Curva da motivação, 168
Curva normal reduzida, 199
Custo × benefício, 9
Custo do sistema atual, 69
Custos de equipamentos, 70
Custos de pessoal, 69

D

d, 211
Datashow, 312
Decreto nº 32.329, 145
Definição de tarefas individuais, 136
Definição dos objetivos do sistema, 72
Degraus, 152
Delegação de poderes, 121
Demonstração, 320
Departamentalização por
  cliente, 117
  distribuição, 117
  função, 116
  processo, 117
  produto, 116
  projeto, 117
  quantidade, 117
  tempo, 117
  território, 117
Departamento, 61
Depósito de dados, 255
Depuradores, 96
Descartável, 268
Descrever um cargo, 131
Desenho (de sistema), 21
Desenho de sistemas, 88
Desenvolvimento, 84
Desenvolvimento (de sistema), 21
Desenvolvimento do sistema, 21
Design instrucional, xviii
Detalhamento, 10
Detalhamento diagramado do subsistema, 91
Detectar os tratamentos de exceção, 62
DFD, 251
Diagrama Afnor, 125
Diagrama bandeira, 124
Diagramação, 262

Diagrama
  circular, 123
  da rede PERT, 217
  de avaliação de arquivos, 77, 78
  de avaliação de funções, 78
  de uso de arquivos, 77, 78
  lambda, 124
Diagramas, 77
Dicotômica, 182
Diferença semântica, 183
DIN 476, 264
Diretrizes, 297
Disjuntor, 148
Disponibilidade, 10
Disposição para escrever, 294
Distribuição, 148
Divisão da exposição, 319
Divisão de arquivos, 78
Divisão do trabalho, 114
DNS, 188, 189
Documentação, 71, 78
Documentar o fluxo de informações, 62
Domínio, 188
Duração do formulário, 263
Dúvida nas ideias, 294
Dúvidas, 76

E

Eficiência, 75
Elaboração do fluxo de informação, 75
Elaboração do quadro distributivo do trabalho, 138
Elaboração do questionário, 183
Elo(s) fraco(s), 162, 164
Emissão do formulário, 282
Em linha, 92, 158
Em lote, 92, 95
Emprego do humor, 295
Empresa e meio ambiente, 54
Engenheiro de sistemas, 29, 33
Entidade(s) externa(s), 251, 256, 257
Entrada das condições, 220
Entrada de ações, 220
Entrada(s), 61, 83
Entradas em sequência, 220
Entradas repetidas, 220
Equipamento, 85
Equipe, 193
  de projeto, 25
  de subsistema, 25
  do projeto, 31
  pequena, 83
Escala
  de classificação, 182
  de importância, 182
  de intenção, 182
  Likert, 182
  multidimensional, 199
Escalas de redução, 146
Escolha da divisão de subsistemas, 85
Esforço, 128
Especialista, 33
Especificação, 21

Estandar, 21
Estilo da redação técnica, 293
Estimativas, 210
Estimulação, 170
Estocagem, 145
Estratégias, 313
Estratégias e políticas, 56
Estrutura
  da organização, 56
  das questões, 181
  das respostas, 183
  do texto, 291
  formal, 115
  linear, 123
Estruturada, 174
Estudo de viabilidade, 27, 86
Estudo exploratório, 192
Evento, 204
Evolução do projeto, 45
Exatidão das ideias, 293
Exceção(ões), 10, 80
Execução ou processo de programa, 21
Expansão, 75
Explicativa-persuasiva, 317
Exposição, 319
Extensões, 212

F

Fase, 21
Fase geral, 21
Fases de desenvolvimento de subsistema, 90
Fator
  de bloco, 94
  fixo, 158
  móvel, 158
FD, 212
Fechamento da entrevista, 179
Feedback, 13, 103
File, 93
Filmes, 313
Fim do desenho e análise do sistema, 28
Fim do desenvolvimento do sistema, 28
Fios, 277
FL, 212
Flexibilidade, 74
Flip-chart, 312
Flor post, 263
Flow-chart, 232
Fluxo
  da produção, 59
  de dados, 252
  de dados com comentário, 253
  de informações, 67, 91
  do formulário, 283
  do produto, 60
Fluxograma horizontal, 238, 245
Fluxograma vertical, 237
Fluxolocalgrama, 232
Fluxos do produto e de informações, 68
FN, 212
Folga, 205
  negativa, 205
  positiva, 205

zero, 205
Fontes
de informação, 74
primárias, 172
secundárias, 172
Forças motivacionais, 168
Forças motivadoras, 172
Formação das equipes, 31
Forma de arquivamento, 284
Forma de tratamento, 80
Formas
de impressão, 280
de resposta, 185
estruturais, 116
e tipos de carbono, 267
Formato, 262
Formulário contínuo, 270
Formulários, 297
Formulários eletrônicos, 275
Fornecedores, 59
Frequência, 10
Frequência de saída, 81
FrontPage, 277
FT, 212
Função, 21, 127
Função de distribuição normal, 205
Funcional, 115, 119, 159
Funcionários, 297
Funções, 84
Funções efetuadas por computador, 80
Furos de tração, 271

G

Gestos, 315
Gráfica externa, 289
Gráfica interna, 289
Gráfico de barras, 206
Gramatura do papel, 265

H

Habilidade, 128
Hardware, 26, 27, 39, 75, 77, 82, 85, 86, 87, 95, 300
Hectográfico, 280
Heliografia, 289
Heurística, 200
Hierarquia, 84
Homepage, 188
Hot spot carbon, 268
Hypertext transfer protocol, 188

I

Identificação
das atividades, 35
do formulário, 282, 286
do relacionamento entre atividades, 35
do respondente, 181
dos subsistemas, 84
Identificar a tarefa, 136
Impactos ambientais, 295
Implantação (do sistema), 21
Implantação do sistema, 40

Implantação e avaliação, 28
Implementação, 106
Importância do formulário, 263
Impulso, 168
Índices, 93
Individual, 193
Informação detalhada, 81
Informativa, 316
Infoway, 191
Início
da análise, 51
da entrevista, 176
do desenho e análise do sistema, 28
do desenvolvimento do sistema, 28
In loco, 174, 191
Integração das equipes, 115
Intensidade, 10
Intercalação, 241
Interceptação, 176
Internet, 188, 190, 191
Interruptores, 96, 148

J

Jatos, 270
Jornal, 263

K

Kraft, 263

L

Laboratório, 193
Largura da página, 275
Layout, 115, 300
Leiaute, 144, 158, 162
da página, 275
fluido, 275
Lei de Murphy, 104
Lei nº 11.228, 145
LES = *Least Cost Estimating and Scheduling*, 204
Líder de equipe, 32
Limpeza, 145
Linguagem, 175
Linha, 115, 118
Links, 277
Lista
de ações, 220
de atividades, 214
de condições, 219
de definições do formulário, 289
de precedência, 215
Livro de visitas, 276
Lógica
de decisão, 235, 236
de repetição, 235, 236
de sequência, 235, 236
Logotipo, 276
Loop, 210
Loop's, 209
Lotação de pessoas, 146
Lousa e giz, 312

M

Macro-fluxograma de atividades, 249
Mágico número sete, 7
Maior interesse, 116
Maior uso, 116
Manteiga, 263
Manual, 296
Manutenção, 74, 98
 do formulário, 286
 e consertos, 145
Máquinas e equipamentos, 144
Marcando a entrevista, 176
Marketing, 57
Massa de teste, 104
Matéria-prima, 144
Matricial, 120
Memorando, 296
Memória externa, 78
Método de sistema total, 84
Método dos elos, 162
Mimeografia, 289
Mimeográfico, 280
Modelo
 de fila, 200
 de pré-teste, 200
 de processo de Markov, 199
 de resposta, 200
 financeiro, 69
 matemático, 68
Modelos de aprendizagem, 167
Modelos estatísticos completos, 199
Motivação, 168
Motivo superior, 171
Motivos
 de estima, 171
 de segurança, 171
 fisiológicos, 171
Movimentação, 144
Movimentos, 314
Mudança imediata, 110, 112
Mudança modular, 112
Multimídia, 276
Múltipla escolha, 182
Multiprocessamento, 96
Multiprogramação, 96

N

Nanquim, 263
Não estruturada, 174, 181
Não participante, 193
Natureza da tarefa, 127
Navegação, 276
NB 43, 145
NB 76, 157
NBR 6492, 145
NBR 7195, 157
NBR 13532, 145
NCR, 289
NCR (*Non Carbon Required*), 268
Necessidade, 84
Necessidades dos subsistemas, 86
Necessidades legais e políticas, 74
Necessidades (requisitos), 21

Níveis de centralização e descentralização, 122
Nível
 de detalhamento, 290
 de detalhe, 76
 de profundidade da análise, 51
Nomenclatura dos Cargos, 129
Normal, 197, 199
Normas, 297
 de método e controle de qualidade, 30
 de procedimento, planejamento e controle, 30

O

Objetivo, 21
Objetivos específicos, 71
Objeto, 61
Observação assistemática, 194
Observação sistemática, 195
Offset, 269, 280, 289
Olhos, 315
One-time, 289
On-line, 81, 92
Operações, 297
Operadores booleanos, 189
Opinativa-deliberativa, 317
Orçamentação básica de sistemas de
 informação, 42
Outras equipes, 31

P

Padrões, 297
Padrões das medidas, 71
Padronização, 10
Painel, 174
Painel magnético, 312
Panorâmico, 161
Paralelo, 99
Parte descritiva, 43
Participante, 193
Pé direito, 145
Pequeno arco, 245
Percepção humana, 175
Percepção temática, 181
PERT/CPM, 204
PERT = *Performance Evaluation and Review Technique*, 204
Pessoal, 58
Picote, 271
Planejamento estratégico, 14, 15
Planos, 270
Planta baixa, 153, 162
Plastiplate, 280
Poisson, 197, 198
Política de privacidade, 276
Poluição visual, 295
Ponderar soluções, 76
Pontos de luz, 148
Pontuação, 294
Posição no trabalho, 155
Postura, 314
Precisa × correta, 10
Preto, 158
Previsão, 10, 71

Princípios de departamentalização, 116
Priorização na conversão, 84
Privação, 170
Probabilidade, 205
Problema, 73
Procedimento(s), 21, 297
Processamento
  de pequenos lotes, 159
  diário, 110
  em paralelo, 111
  predefinido, 243
Processo, 145
  paralelo, 99
  produtivo, 59
  sequencial, 99
Produção, 57
Produção mecânica, 262
Profissionais envolvidos no projeto, 24
Programação das entrevistas, 176
Programação matemática, 200
Programa (de computador), 21
Programador, 29, 33
Programa-fonte, 103
Programa-objeto, 103
Programas principais, 81
Project, 203
Projeto, 21, 296
Proporção áurea, 264
Proporção harmônica, 154
Proposta de novo quadro distributivo do
  trabalho, 142
Psicologia experimental, 166
Psicologia social, 165
Público-alvo, 290, 310

Q

Quadro
  de distribuição residencial, 149
  de frequências, 163
  de solicitações, 163
  dos elos, 163
Qualidade de informação, 8
Quantidade
  de detalhes, 83
  de vias e os destinos, 264
  produzida, 293
Questões abertas, 181
Questões fechadas, 182

R

Racionalização, 142
Raclette, 281
Realizando a entrevista, 177
Real time, 95
Rebuscamento no estilo, 294
Reconhecimento, 171
Recursos, 311
Redação da pergunta, 184
Rede de eventos no desenvolvimento de um
  sistema, 46
Redefinição de finalidade, 73
Redundância, 293
Redundância × eficiência, 10

Registro *off line*, 241
Regressão múltipla, 199
Régua de fluxo, 239
Relações humanas, 165
Relatório, 296
Relatório da entrevista, 179
Relevância, 10
Relevante, 262
Remalina(s), 271
Rendimento do trabalho, 167
Representação gráfica, 122
Representante do usuário, 32
Reprografia, 289
Requisito do cargo, 127
Responsabilidade, 128
Resultados, 73, 75
Retângulo de ouro, 264
Retroprojetor, 312
Reunião, 316
Revisão
  da redação técnica, 296
  dos objetivos, 71
  gramatical, 296
  técnica, 296
Rotina, 22
Rotogravura, 281

S

Saída(s), 61, 83
Secção áurea, 154
Secretário da equipe, 32
Segmento áureo, 154
Segurança, 145
Separação de controle, 116
Sequência das perguntas, 185
Sequência de conversão, 100
Serrilha(s), 271, 272
Serviços ou limitações, 22
Simplicidade, 293
Simulação, 101, 104, 213
  computadorizada, 69
  diagramada, 69
Simulações redundantes, 209
Simulador, 68
Simultaneidade, 85
Sin-Carbon, 268
Sistema
  cibernético, 13
  de informação, 12, 22
  tomador de decisões, 12
Sistemática, 193
Site, 188, 276
Software, 27, 75, 77, 82, 85, 86, 87, 95, 203, 300
Softwares, 39, 40, 206, 312
Solução alternativa, 164
Soluções alternativas, 76
State of the world, 8
Striptease, 312
Sub-rotina, 22
Subsistema, 22
Sucessor, 204
Sulfite, 263
Super bond, 263

Super white, 263
Supressão de concorrência, 116
Switches, 96

T

Tabelas, 93
Talho-doce, 281
Tamanho das frases, 294
Tamanho do papel, 264
Tarefa, 127
Taxonomia(s), 11, 14
TE, 205, 211
Técnica, 22
Técnicos, 297
Tempo
  de resposta, 81
  mais provável, 204
  otimista, 204
  pessimista, 204
  real, 95
Tempos de início e fim, 216
Tempos de processo, 98
Tempos verbais, 294
Teoria
  da decisão estatística, 200
  dos jogos, 200
  elementar da amostragem, 197
Terminal, 242
Terminologia, 20, 294
Teste de mesa, 102
Texto ALT, 276
TI, 211
Tipo de preenchimento, 264
Tipo de produto, 144
Tipográfica(o), 269, 280
Tipos
  de departamentalização, 116
  de entrevistas, 174
  de formulários, 269
  de investigação, 173
  de papel, 262
  de subordinação, 115
  organizacionais, 118
TL, 205, 211
Tombo, 286

Tramitação, 262
Transações de entrada, 110
Transmissão, 10
Tratamento
  aleatório, 80
  imediato, 81
  sequencial, 80, 99
Tratamentos, 83
Treinamento de programadores, 107
Treinamento de usuários, 107
TS, 205
TT, 211

U

Uso
  de arquivos, 81
  de cores em tubulações, máquinas e
    equipamentos, 157
  de descrições, 295
  de modelos, 68
  de modismos, 294
  ou finalidade do formulário, 263
Utilização das ilustrações, 295

V

Validar dados, 93
Valor da informação, 8
Vão livre, 145
Variância, 205
Variável, 262
Vegetal, 263
Vendas, 59
Verso, 289
Verso carbonado, 268
Viabilidade, 40
Vídeos, 313
Visão global, 295
Visão unilateral, 196
Volume, 141
Volume de solicitações, 81
Voz, 315

W

World wide web, 188

Índice Onomástico

500 maiores, 55

A

ABNT – Associação Brasileira de Normas Técnicas, 157, 264
Addison, Michael, 323
AFNOR – Association Française de Normalisation, 124
Anthony, Robert N., 14, 15
Araujo, Luis Cesar G. de, 323
ASA – American Standard Association, 64
Associação Brasileira de Normas Técnicas, 145

B

Ballestero-Alvarez, María Esmeralda, 323
Bandler, Richard, 323
Bertalanffy, Karl Ludwing Von, 3, 7, 323
Biller, George Rodrigo De Camargo, 323
Bingham, John, 323
Bio, Sérgio Rodrigues, 323
Bolsa de Valores, 8
Brandon, Joel, 324
Buckley, Walter, 323
Buffa, Elwood, 323
Business Week, 55

C

Chinelatto Filho, João, 323
Churchman, C. West, 6, 7, 323
Comitê Gestor da Internet no Brasil (CGI), 189
Cruz, Tadeu, 323

D

Darwin, Charles, 294
Davies, Garth, 323
Davis, William S., 323
Deutsch, Morton, 325
Diário Oficial, 188
Diehl, Astor Antônio, 323
DIN (Deutsche Industrie Norm), 264

E

Economisch-Statische Berichten, 55
EDDINGS, Joshua, 323
Editora Atlas, 277
Einstein, Albert, 172

Emery, F. E., 7
Emery, James C., 11
Estrin, T. L., 9, 324

F

Faria, Antonio Nogueira De, 324
Farina, Modesto, 324
Fayol, 165
Federal Electric Corp, 324
Feliciano Neto, Acácio, 324
Financial Times, 55
Fortune, 55
Françoi, A. R., 324
Furlan, José Davi, 324

G

Gane, Chris, 324
Gerrity, T. P., 16
Girone, Adalberto, xviii
Goulart, Paulo, 325
Grinder, John, 323

H

Hartman, W., 36, 324
Harvard Business Review, 214
HIGA, Wilson, 324
Holanda, Aurélio Buarque de, 115
Hudson, Ralph G., 324
Hymans, 237

I

International Labour Office, 144
International Standard Organization (ISO), 264

J

Jahoda, Marie, 325

L

Laudon, Jane P., 9, 324
Laudon, Kenneth C., 9, 324
Le Courier, 266
Lerner, Válter, 324
Levy, F. K., 214
Lichtenber, Georg Christoph, 264
Likert, 182
Lincoln, Abraham, 172

Luporini, Carlos Eduardo Mori, 324

M

Machline, Claude, 324
March, James, 15, 325
Marschak, Jacob, 7, 8, 324
Martin, James, 324
Maslow, A., 168, 171, 172, 324
Mason, Richard O., 12, 1, 324
Matthes, H., 324
Medeiros, João Bosco, 324
Metthes, H., 36
Miller, George Armitage, 7, 324
Mitroff, I. I., 14, 324
Mock, Theodore Jaye, 9, 324, 325
Morris, Daniel, 324
Motta, Ivan De Sá, 324
Murphy, 104

N

Neufert, E., 146, 324
Nilsen, Jakob, 324

O

Oberg, L., 325
Oliveira, Djalma de Pinho Rebouças de, 325

P

Page-Jones, Milir, 325
Palmisano, Angelo, 325
Patranabis, D., 325
PB (Padrão Brasileiro), 264
Pinto, Nelson Martins, 324
Platão, 264
Popper, Rudolf, 325
Proeme, A., 36, 324
Projeto BEI, 325

Q

Quem é quem, 55

R

Rocha, Luis Oswaldo Leal da, 325

Romanelli, Francesca, xviii
Ronchi, Luciano, 325
Roos, Beatriz Garcia, 165
Roosevelt, Eleanor, 172
Rossini, Alessandro Marco, 325

S

Sarson, Trish, 324
Schoeps, Wolfgang, 324
Selltz, Claire, 325
Sette Torres, Ofélia, 325
Simcsik, Tibor, 325
Simon, Herbert, 15, 16, 325
Stieglitz, Harold, 325

T

Tabelas Normalizadas de Grossman, 221
Tahir, Marie, 324
Tatim, Denise Carvalho, 323
Theil, Henry, 8, 325
Thompson, G. L., 214
Timaios, 264
Tompakow, Roland, 325
Trist, E. L., 7

U

Universidade São Marcos, 300

V

Vasarhelyi, M. A., 9, 16, 324, 325
Vasconcelos, Augusto de, 325

W

Weil, Pierre, 325
Wetherbe, James C., 325
Wiener, Norbert, 7, 325
Wiest, J. D., 214

Z

Zani, William M., 14, 15
Zimpeck, Beverly Glen, 325

Formato	21 x 28 cm
Tipografia	Gatineau 10/12
Papel	Offset Sun Paper 90 g/m² (miolo)
	Cartão Supremo 250 g/m² (capa)
Número de páginas	360
Impressão	Bartira Gráfica

Dobre aqui | **Cole aqui**

Sim. Quero fazer parte do banco de dados seletivo da Editora Atlas para receber informações sobre lançamentos na(s) área(s) de meu interesse.

Nome: _____

_____ CPF: _____ Sexo: ○ Masc. ○ Fem.

Data de Nascimento: _____ Est. Civil: ○ Solteiro ○ Casado

End. Residencial: _____

Cidade: _____ CEP: _____

Tel. Res.: _____ Fax: _____ E-mail: _____

End. Comercial: _____

Cidade: _____ CEP: _____

Tel. Com.: _____ Fax: _____ E-mail: _____

De que forma tomou conhecimento deste livro?

☐ Jornal   ☐ Revista   ☐ Internet   ☐ Rádio   ☐ TV   ☐ Mala Direta

☐ Indicação de Professores   ☐ Outros: _____

Remeter correspondência para o endereço: ○ Residencial   ○ Comercial

Dobre aqui

Indique sua(s) área(s) de interesse:

○ Administração Geral / Management
○ Produção / Logística / Materiais
○ Recursos Humanos
○ Estratégia Empresarial
○ Marketing / Vendas / Propaganda
○ Qualidade
○ Teoria das Organizações
○ Turismo
○ Contabilidade
○ Finanças

○ Economia
○ Comércio Exterior
○ Matemática / Estatística / P. O.
○ Informática / T. I.
○ Educação
○ Línguas / Literatura
○ Sociologia / Psicologia / Antropologia
○ Comunicação Empresarial
○ Direito
○ Segurança do Trabalho

Comentários

_____

_____

_____

Corte aqui

Manual de Organização, Sistemas e Métodos / Ballestero-Alvarez

ISR-40-2373/83

U.P.A.C Bom Retiro

DR / São Paulo

CARTA - RESPOSTA
Não é necessário selar

O selo será pago por:

01216-999 - São Paulo - SP

REMETENTE:
ENDEREÇO: